中国式现代化简史

当代中国研究所 著

李正华 宋月红 主编

图书在版编目(CIP)数据

中国式现代化简史 / 当代中国研究所著；李正华，宋月红主编 . -- 北京：当代中国出版社，2023.12（2024.5 重印）
ISBN 978-7-5154-1297-9

Ⅰ.①中… Ⅱ.①当…②李…③宋… Ⅲ.①社会主义建设—现代化建设—概况—中国 Ⅳ.① D61

中国国家版本馆 CIP 数据核字（2023）第 204474 号

出 版 人	王　茵
责任编辑	袁又文　柯琳娟　刘晓冰
责任校对	贾云华　康　莹
印刷监制	刘艳平
封面设计	李默涵　鲁　娟
出版发行	当代中国出版社
地　　址	北京市地安门西大街旌勇里 8 号
网　　址	http://www.ddzg.net
邮政编码	100009
编 辑 部	（010）66572264
市 场 部	（010）66572281　66572157
印　　刷	中国电影出版社印刷厂
开　　本	710 毫米 ×1000 毫米　1/16
印　　张	26.25 印张　3 插页　392 千字
版　　次	2023 年 12 月第 1 版
印　　次	2024 年 5 月第 3 次印刷
定　　价	99.00 元

版权所有，翻版必究；如有印装质量问题，请拨打（010）66572159 联系出版部调换。

目 录

绪 论 ··· 001

第一章　为求索中国式现代化创造根本社会条件········· 011
第一节　中国共产党成立与新民主主义革命道路的开辟··········· 012
一、马克思主义传入中国·· 012
二、中国共产党诞生··· 016
三、开辟农村包围城市、武装夺取政权的革命道路············ 019
第二节　中国革命的首要问题是土地问题······························ 023
一、创建农村革命根据地和民主政权建设························ 023
二、开展土地革命和土地制度改革································ 029
第三节　中国共产党对中国工业化道路的探求························ 034
一、使中国由农业国变为工业国··································· 035
二、建立一个"中华民族的新社会和新国家"··················· 040
第四节　新民主主义革命胜利与人民当家作主的新中国············ 045
一、新民主主义革命的全国性胜利································ 045
二、中国人民政治协商会议第一届全体会议召开与新中国成立 049

第二章　中国式现代化的奠基·· 054
第一节　新中国工业化的经济基础······································· 054
一、农村土改消灭了封建剥削制度································ 055

二、没收官僚资本企业为社会主义国营企业 ……………………………… 056
　　三、国民经济恢复为大规模经济建设打下基础 …………………………… 057
　　四、三大改造建立了公有制经济 …………………………………………… 059

第二节　人民当家作主的制度保证 …………………………………………… 061
　　一、人民民主政权的巩固 …………………………………………………… 061
　　二、社会主义政治制度的确立 ……………………………………………… 064

第三节　工业化建设的精神动力和智力支持 ………………………………… 065
　　一、意识形态领域的学习运动 ……………………………………………… 065
　　二、为工农开门办教育 ……………………………………………………… 068
　　三、为人民大众的文学艺术 ………………………………………………… 069
　　四、科学技术事业的发展 …………………………………………………… 070

第四节　争取有利的国际和平环境 …………………………………………… 072
　　一、新中国的外交方针 ……………………………………………………… 072
　　二、取消帝国主义在中国的特权 …………………………………………… 073
　　三、《中苏友好同盟互助条约》的签订 …………………………………… 074
　　四、和平共处五项原则 ……………………………………………………… 076

第五节　社会主义工业化的起步 ……………………………………………… 077
　　一、"一五"计划的编制 …………………………………………………… 077
　　二、开展大规模的工业建设 ………………………………………………… 079
　　三、中国工业化孕育了人类文明新形态的雏形 …………………………… 080

第三章　中国式现代化的艰辛探索 ………………………………………… 084

第一节　探索中国式现代化道路 ……………………………………………… 084
　　一、《论十大关系》开始对中国式现代化进行探索 ……………………… 085
　　二、中共八大提出"工业化"为核心的"四个现代化"雏形 …………… 086
　　三、工业、农业、科技文化现代化建设取得初步成就 …………………… 089

第二节　对现代化道路的重新认识 …………………………………………… 092
　　一、对共产主义和现代化的认识误区 ……………………………………… 092

二、重新认识共产主义和现代化……………………………………094
　　三、调整社会关系和探索现代经济管理体制………………………097
第三节　提出"四个现代化"战略目标……………………………………099
　　一、艰苦奋斗、奋发图强的现代精神文明风貌……………………099
　　二、"两弹一星"和三线建设构筑国防现代化基础…………………101
　　三、提出"四个现代化"战略目标……………………………………104
第四节　坚持现代化建设的艰辛努力……………………………………107
　　一、抵制动乱勉力维持生产建设……………………………………107
　　二、四届全国人大重申"四个现代化"战略目标……………………109
　　三、恢复联合国合法席位和调整国际战略…………………………111
第五节　结束"文化大革命"和总结现代化建设成就……………………112
　　一、粉碎"四人帮"和结束"文化大革命"……………………………112
　　二、改革开放前中国现代化建设的成就及其影响…………………113
第六节　探索中国式现代化的改革开放新路……………………………118
　　一、教育科技的拨乱反正开创现代化建设的春天…………………118
　　二、探索对外开放的现代化建设新路………………………………119

第四章　中国式现代化的开创……………………………………………122
第一节　以经济建设为中心推进现代化………………………………122
　　一、把工作着重点转移到社会主义现代化建设上来………………122
　　二、提出"中国式的现代化"…………………………………………124
　　三、确定现代化建设"三步走"发展战略……………………………129
　　四、全面改革经济体制以有效地实现现代化………………………131
　　五、把对外开放作为现代化建设的重要步骤………………………135
第二节　努力建设高度的社会主义民主………………………………138
　　一、改革完善党和国家的领导制度…………………………………139
　　二、把党建设成为领导社会主义现代化事业的坚强核心…………143
　　三、修订宪法与推进社会主义民主法制建设………………………146

第三节　努力建设高度的社会主义精神文明 ········· 149
一、社会主义精神文明建设的提出与部署 ·········· 149
二、加强文化建设 ································· 151
三、推进思想建设 ································· 154
四、反对资产阶级自由化，确保社会主义现代化的正确方向 ··· 155

第四节　推进国防现代化和打开外交新局面 ········· 157
一、国防建设的战略调整 ··························· 158
二、建设强大的现代化、正规化的革命军队 ········· 159
三、外交方针的调整和对外关系的变化 ············· 160
四、积极应对国际风云变幻 ························· 162

第五章　在改革开放中推进中国式现代化 ············ 164

第一节　奠定中国式现代化的体制基础 ············· 164
一、南方谈话解决重大理论问题 ····················· 164
二、以经济体制改革为重点的各项改革加速推进 ····· 167
三、社会主义市场经济体制初步建立 ················· 171
四、加强中国共产党的领导 ························· 174

第二节　处理中国式现代化的重大关系 ············· 177
一、"十二大关系"的提出 ··························· 178
二、"两手抓，两手都要硬" ························· 181
三、坚持可持续发展和区域经济协调发展 ············· 185
四、取得应对亚洲金融危机和一系列重大斗争的胜利 ··· 189
五、正确处理国际国内关系 ························· 193

第三节　提出和实施中国式现代化"新三步走"战略 ··· 197
一、"新三步走"战略明确了中国式现代化的阶段任务 ··· 197
二、实施科教兴国战略、人才强国战略 ··············· 201
三、加入世界贸易组织，不断扩大对外开放 ··········· 204
四、人民生活总体上达到小康水平 ··················· 208

第六章　中国式现代化的发展 ············ 212

第一节　推动经济又好又快发展 ········ 212
一、全面建设小康社会目标的提出 ········ 213
二、转变经济发展方式 ········ 215
三、统筹城乡、区域协调发展 ········ 217
四、建设资源节约型、环境友好型社会 ········ 219

第二节　加强党的执政能力和社会主义民主法治建设 ········ 221
一、加强党的执政能力和先进性建设 ········ 221
二、发展中国特色社会主义民主政治 ········ 223
三、推进依法治国基本方略 ········ 225
四、建设服务型政府 ········ 227

第三节　文化繁荣发展和构建社会主义和谐社会 ········ 229
一、建设社会主义核心价值体系 ········ 229
二、社会主义文化繁荣发展 ········ 231
三、以民生为重点的社会建设 ········ 233
四、加强和创新社会管理 ········ 235

第四节　坚持和平发展和参与全球治理 ········ 237
一、推动和谐世界建设 ········ 237
二、实施互利共赢的开放战略 ········ 239
三、全方位开展对外交往 ········ 241
四、积极参与全球治理 ········ 243

第七章　中国式现代化的创新突破 ············ 245

第一节　促进经济向高质量发展转变 ········ 245
一、引领新常态 ········ 246
二、以新发展理念为引领 ········ 247
三、推进供给侧结构性改革 ········ 248
四、大力实施创新驱动发展战略 ········ 249

五、构建开放型经济新体制························250

第二节　发展社会主义民主政治·························251
　　一、完善党的领导体制机制························251
　　二、坚持和完善人民代表大会制度··················252
　　三、全面展开社会主义协商民主····················254
　　四、巩固和发展最广泛的爱国统一战线··············255
　　五、坚持和完善基层群众自治制度··················256

第三节　扎实推进社会主义文化强国建设·················257
　　一、坚定文化自信································257
　　二、培育和践行社会主义核心价值观················259
　　三、建设社会主义文化强国························260
　　四、加快构建中国特色哲学社会科学················261

第四节　促进共同富裕·································262
　　一、推动实现更高质量就业························262
　　二、解决区域城乡差距····························263
　　三、打响脱贫攻坚战······························264
　　四、建立覆盖城乡居民的社会保障体系··············265
　　五、打造共建共治共享的社会治理格局··············266
　　六、共享发展成果································267

第五节　建设美丽中国·································268
　　一、践行绿水青山就是金山银山的理念··············269
　　二、构建生态文明制度体系························270
　　三、防治环境污染力度空前························271
　　四、推动形成绿色生产生活方式····················273
　　五、积极参与全球生态治理························274

第六节　走和平发展道路·······························276
　　一、倡导推动构建人类命运共同体··················276
　　二、提出和促进"一带一路"国际合作················277
　　三、积极参与全球治理体系改革和建设··············279

四、坚决维护国家主权、安全、发展利益……………………… 280

第八章　中国式现代化的全面深化和拓展……………………… 282
第一节　推进建设现代化经济体系……………………………… 282
　　一、深化供给侧结构性改革……………………………………… 283
　　二、推动建设创新型国家………………………………………… 284
　　三、实施乡村振兴战略…………………………………………… 285
　　四、实施区域协调发展战略……………………………………… 287
　　五、完善社会主义市场经济体制………………………………… 289
　　六、推动形成全面开放新格局…………………………………… 291
第二节　发展全过程人民民主…………………………………… 292
　　一、加强党的集中统一领导……………………………………… 292
　　二、加强人民当家作主制度保障………………………………… 294
　　三、推动社会主义协商民主广泛、多层、制度化发展………… 295
　　四、深化依法治国实践…………………………………………… 297
　　五、深化机构和行政体制改革…………………………………… 298
　　六、巩固和发展爱国统一战线…………………………………… 299
第三节　推动社会主义文化繁荣兴盛…………………………… 301
　　一、建设具有强大凝聚力和引领力的社会主义意识形态……… 302
　　二、培育和践行社会主义核心价值观…………………………… 303
　　三、加强思想道德建设…………………………………………… 304
　　四、繁荣发展社会主义文艺……………………………………… 305
　　五、推动文化事业和文化产业发展……………………………… 306
第四节　加强和创新社会治理…………………………………… 308
　　一、深化教育改革………………………………………………… 308
　　二、实现更高质量和更充分就业………………………………… 309
　　三、加强社会保障体系建设……………………………………… 310
　　四、历史性地解决绝对贫困问题………………………………… 311
　　五、实施健康中国战略…………………………………………… 312

六、加强社会治理制度建设⋯⋯⋯⋯⋯⋯⋯⋯⋯⋯⋯⋯⋯⋯⋯ 313
　　七、维护国家安全⋯⋯⋯⋯⋯⋯⋯⋯⋯⋯⋯⋯⋯⋯⋯⋯⋯⋯⋯ 314
　第五节　大力推进生态文明建设⋯⋯⋯⋯⋯⋯⋯⋯⋯⋯⋯⋯⋯⋯ 316
　　一、推进绿色发展⋯⋯⋯⋯⋯⋯⋯⋯⋯⋯⋯⋯⋯⋯⋯⋯⋯⋯⋯ 316
　　二、着力解决突出环境问题⋯⋯⋯⋯⋯⋯⋯⋯⋯⋯⋯⋯⋯⋯⋯ 317
　　三、实施重要生态系统保护和修复重大工程⋯⋯⋯⋯⋯⋯⋯⋯ 318
　　四、改革生态环境监管体制⋯⋯⋯⋯⋯⋯⋯⋯⋯⋯⋯⋯⋯⋯⋯ 319
　第六节　推动构建人类命运共同体⋯⋯⋯⋯⋯⋯⋯⋯⋯⋯⋯⋯⋯ 320
　　一、对外工作体制机制改革⋯⋯⋯⋯⋯⋯⋯⋯⋯⋯⋯⋯⋯⋯⋯ 320
　　二、发展全球伙伴关系⋯⋯⋯⋯⋯⋯⋯⋯⋯⋯⋯⋯⋯⋯⋯⋯⋯ 321
　　三、促进"一带一路"国际合作⋯⋯⋯⋯⋯⋯⋯⋯⋯⋯⋯⋯⋯ 323
　　四、参与全球治理体系改革和建设⋯⋯⋯⋯⋯⋯⋯⋯⋯⋯⋯⋯ 324

第九章　以中国式现代化全面推进中华民族伟大复兴⋯⋯⋯⋯⋯ 327
　第一节　新时代新征程中国共产党的使命任务⋯⋯⋯⋯⋯⋯⋯⋯ 328
　　一、全面建成社会主义现代化强国总的战略部署⋯⋯⋯⋯⋯⋯ 328
　　二、党对中国式现代化理论体系的初步构建⋯⋯⋯⋯⋯⋯⋯⋯ 331
　第二节　把推进中国式现代化作为新时代最大的政治⋯⋯⋯⋯⋯ 334
　　一、中国式现代化是中国共产党领导的社会主义现代化⋯⋯⋯ 334
　　二、中国式现代化是强国建设、民族复兴的唯一正确道路⋯⋯ 336
　　三、中国式现代化的鲜明特色和实践要求⋯⋯⋯⋯⋯⋯⋯⋯⋯ 340
　　四、中国式现代化是一种全新的人类文明形态⋯⋯⋯⋯⋯⋯⋯ 344
　第三节　大力推进中国式现代化⋯⋯⋯⋯⋯⋯⋯⋯⋯⋯⋯⋯⋯⋯ 345
　　一、系统谋划、统筹兼顾、整体推进中国式现代化⋯⋯⋯⋯⋯ 346
　　二、加快发展新质生产力，扎实推进高质量发展⋯⋯⋯⋯⋯⋯ 357

附录　党的二十大以来中国式现代化大事记⋯⋯⋯⋯⋯⋯⋯⋯⋯ 364
后　记⋯⋯⋯⋯⋯⋯⋯⋯⋯⋯⋯⋯⋯⋯⋯⋯⋯⋯⋯⋯⋯⋯⋯⋯⋯ 410

绪　论

现代化，是近代以来中华民族孜孜以求的梦想，中国式现代化是中国共产党领导中国人民接续奋斗取得的重大成果。党的二十大报告指出："在新中国成立特别是改革开放以来长期探索和实践基础上，经过十八大以来在理论和实践上的创新突破，我们党成功推进和拓展了中国式现代化。""中国式现代化，是中国共产党领导的社会主义现代化"。① 深入研究中国共产党领导中国式现代化的伟大历程和巨大成就，对于"守好中国式现代化的本和源、根和魂，毫不动摇坚持中国式现代化的中国特色、本质要求、重大原则，确保中国式现代化的正确方向"②，以中国式现代化推进中华民族伟大复兴，具有十分重要的意义。

一、新民主主义革命的伟大胜利，为推进现代化扫清了障碍

建设现代化强国，实现中华民族伟大复兴，是近代以来中国人民梦寐以求的目标，是中华民族的最高利益和根本利益。1840年鸦片战争爆发以来，由于帝国主义的侵略和清朝政府的腐朽，中华民族陷入积贫积弱、任人宰割的悲惨境地，中华文明遭遇难以赓续的深重危机。先进的中国人在内外交困中苦苦探索通向现代化的发展道路，但是，无论是提倡"师夷长技以制夷"

---

① 习近平：《高举中国特色社会主义伟大旗帜　为全面建设社会主义现代化国家而团结奋斗》，《人民日报》，2022年10月26日。

② 《正确理解和大力推进中国式现代化》，《人民日报》2023年2月8日。

的洋务运动，颁行带有资本主义色彩的《资政新篇》的太平天国运动，具有资产阶级改良性质的戊戌变法，还是孙中山先生领导的推翻统治中国几千年的君主专制制度的辛亥革命，无一不以失败而告终，都未能找到符合中国国情、解决中国问题的现代化道路。

中国共产党成立后，努力探索现代化道路。中国共产党吸取旧民主主义革命的失败教训，深刻认识到，建设现代化国家、实现中华民族复兴，必须首先取得民族独立、人民解放，扫清现代化的障碍。党的二大明确提出了反帝反封建的民主革命纲领，"推翻一切军阀，由人民统一中国本部，建立一个真正民主共和国"①。对如何建立独立的民主的共和国、取得新民主主义革命的胜利，党在幼年时期曾产生过"道路依赖"，以为只要复制俄国革命道路，革命就能成功，并为此付出了巨大代价。1927年大革命失败后，残酷的斗争使党逐渐走向成熟。以毛泽东为主要代表的中国共产党人，在建立和保卫中央苏区、进行反"围剿"战争中，开创出一条符合中国实际的革命道路——"农村包围城市，武装夺取政权"。随后，党在领导人民进行艰苦抗战的进程中，又系统地阐明了新民主主义理论，提出了建立新民主主义国家的构想。1940年，毛泽东在《新民主主义论》中明确指出，要建设一个有新政治、新经济而且有新文化的中华民族新社会和新国家，把一个政治上受压迫、经济上受剥削、被旧文化统治因而愚昧落后的中国，变为一个政治上自由、经济上繁荣、被新文化统治因而文明先进的中国。②1945年，毛泽东在中共七大上作《论联合政府》的报告指出："在新民主主义的政治条件获得之后，中国人民及其政府必须采取切实的步骤，在若干年内逐步地建立重工业和轻工业，使中国由农业国变为工业国。"③随后，毛泽东在1947年、1949年又多次提出把中国由落后的农业国转变为先进的工业国的路线方针。

中国共产党正是依靠新民主主义革命的正确道路和正确理论，团结带领中国人民经过浴血奋战、百折不挠，以武装的革命反对武装的反革命，推翻

---

① 《建党以来重要文献选编（1921—1949）》第1册，中央文献出版社2011年版，第130页。
② 《毛泽东选集》第2卷，人民出版社1991年版，第663页。
③ 《毛泽东选集》第3卷，人民出版社1991年版，第1081页。

压在中国人民身上的帝国主义、封建主义、官僚资本主义"三座大山",于1949年建立了人民当家作主的中华人民共和国,赢得了新民主主义革命的胜利,搬开了阻碍中国现代化的"拦路虎",为中国推进现代化扫清了障碍,创造了必要的、先决的政治条件和根本的社会条件。

二、社会主义革命和建设的伟大成就,为探索中国式现代化新道路提供了宝贵经验、理论准备、物质基础

中华人民共和国的建立和生产资料私有制社会主义改造的胜利完成,开启了中国实践现代化的新纪元。党在社会主义过渡时期就提出了国家工业化的建设目标。随着社会主义建设的推进,1964年12月,周恩来在三届全国人大一次会议上将社会主义建设的目标由实现工业化扩展为"四个现代化"。他郑重宣布:要把我国建设成为一个具有现代农业、现代工业、现代国防和现代科学技术的社会主义强国,赶上和超过世界先进水平。1975年1月在四届全国人大一次会议上,周恩来又重申了实现四个现代化的目标和步骤,并指出从第三个五年计划开始,我国国民经济的发展,可以按两步来设想:第一步,用十五年时间,即在1980年以前,建成一个独立的比较完整的工业体系和国民经济体系;第二步,在20世纪内,全面实现农业、工业、国防和科学技术的现代化,使我国国民经济走在世界的前列。他还指出:今后十年,是实现上述两步设想的关键的十年。在这个时期内,我们不仅要建成一个独立的比较完整的工业体系和国民经济体系,而且要向实现第二步设想的宏伟目标前进。

新中国成立初期,中国是一个贫穷落后的农业国,"现代性工业在国民经济中只占百分之十左右"[④]。中国要现代化,必须将落后的农业国转变为先进的工业国。中共中央综合考虑国内外形势,借鉴苏联的经验,确立了集中力量发展重工业的战略方针。从1953年起,中国在苏联援助下启动建设156个重大项目。这些项目基本涵盖各个工业门类,其中153个为重化工项目。

---

④ 《周恩来选集》上卷,人民出版社1980年版,第317页。

"一五"计划期间，中国工业生产能力迅猛增长，1953年至1956年，中国工业总产值每年递增19.6%，农业总产值每年递增4.8%。[①]中国在较短的时间内，完成了中国工业体系和国民经济的构建，为推进国家工业化和国防现代化奠定了物质和技术基础。随后，通过开展"三线建设"，在中西部地区逐步建成了以重工业为主导的战略后方基地。作出突破国防尖端技术的战略决策，成功研制"两弹一星"，极大增强了国防科技工业实力。通过20世纪70年代引进美国、联邦德国、法国等西方发达国家的成套技术设备，促进了冶金、石化等基础工业发展。通过各种动员方式，引导"工农商学兵"全面投入国家现代化建设事业，取得了举世瞩目的巨大进步，以经济增长为例，1952年至1978年，中国国内生产总值年均增长6.6%。[②]

新中国成立后，党坚定地将社会主义道路作为实现中国现代化的唯一途径，解决了鸦片战争以来，几代先进中国人殚精竭虑、不断奋斗，力图将中国引上现代化道路，但终究未能如愿以偿的问题，使现代化在中国具有了现实的可能性。党从优先发展重工业的社会主义工业化入手，逐步提出分"两步走"到20世纪末实现四个现代化的奋斗目标，使中国成功地走出一条适合中国国情的工业化、现代化道路，走出一条借鉴苏联经验、超越西方、符合中国国情的社会主义现代化新路。党领导中国人民，自力更生、艰苦奋斗，发挥社会主义集中力量办大事的优越性，以相对少的资金投入，经过20多年的努力拼搏，就在旧中国一穷二白的基础上建立起独立的比较完整的工业体系和国民经济体系，社会主义现代化建设迈出坚实步伐。新中国在现代化道路的理论和实践探索中虽历经严重曲折，但取得的具有开创性意义的巨大成就不可否认，为新时期开创中国式现代化新道路提供了宝贵经验、理论准备、物质基础。

---

① 《中国近现代史纲要》，高等教育出版社2018年版，第246页。
② 江宇：《改革开放取得巨大成就离不开前30年留下的遗产》，红色文化网，https://www.hswh.org.cn/m/show.php?classid=34&id=60330。

三、改革开放和社会主义现代化建设，开辟了中国式现代化新道路

1978年召开的党的十一届三中全会，总结历史经验，作出了把党和国家工作中心转移到经济建设上来、实行改革开放的历史性决策。以邓小平为主要代表的中国共产党人，从中国的特点和实际出发，适时对四个现代化的战略目标进行了调整，创造性地将中国传统文化中的小康社会理想和社会主义现代化结合起来，构思中国现代化的蓝图，明确提出"中国式的现代化"概念，把实现"小康社会"作为阶段性目标，阐述了中国现代化建设"三步走"发展战略，开辟了中国式现代化新道路。

1979年12月，邓小平在会见日本首相大平正芳时明确提出"中国式的四个现代化"的概念，用"小康之家"来诠释"四个现代化"。[③]1982年，邓小平在党的十二大开幕词中指出："我们的现代化建设，必须从中国的实际出发，……照抄照搬别国经验、别国模式，从来不能得到成功。"[④]"我们搞的现代化，是中国式的现代化。"[⑤]党的十三大系统阐述了社会主义初级阶段理论，概括了党在社会主义初级阶段的基本路线，制定了到21世纪中叶分"三步走"、基本实现社会主义现代化的发展战略。

1992年，党的十四大确立了社会主义市场经济体制改革的目标，经济体制改革得以深入推进，极大释放了经济发展活力，有力地推进了中国式现代化建设的历史进程。党从容应对关系改革发展稳定全局的一系列风险考验，坚定不移推进改革开放伟大事业。从农村到城市，从经济领域到政治等领域，改革不断扩大。从建设经济特区、沿海开放城市到建立各类开发区，开放范围逐步由沿海向内地延伸。尤其是2001年加入世贸组织之后，中国国际化步伐明显加快，深度融入全球产业分工体系。进入21世纪，在人民生活总体上达到小康水平之后，党对实现第三步战略目标作了进一步规划，正式确定"新三步走"发展目标。党的十六大提出在21世纪头20年全面建设惠及十几

---

③ 《邓小平文选》第2卷，人民出版社1994年版，第237页。
④ 《邓小平文选》第3卷，人民出版社1993年版，第2页。
⑤ 《邓小平文选》第3卷，人民出版社1993年版，第29页。

亿人口的更高水平的小康社会的目标。党的十七大提出了全面建设小康社会的新要求。这些战略安排，有力引领着中国的现代化进程。

在市场化和国际化双轮驱动下，中国经济社会快速发展，综合国力不断增强。国内生产总值由1978年的3645亿元增加到2012年的538580亿元。中国国内生产总值2000年超过意大利，2005年超过法国，2006年超过英国，2007年超过德国，2010年达到了40万亿元，超过日本，成为世界第二大经济体。中国基本建成了全世界最完整的现代工业体系，逐步缩小了同世界先进水平的差距。以制造业为例，1990年中国制造业增加值占全球的比重为2.7%，居世界第九位；2000年提高到6%，上升到世界第四位。中国制造业规模2004年超过德国，居世界第三；2007年超过日本，居世界第二；2010年超过美国，跃居世界第一。2011年惠及全民的医疗保障网基本建成；2012年城镇居民和农村居民人均可支配收入分别比1978年增长了71倍和58倍。①

改革开放后，面对风云变幻的国际形势，中国共产党坚决排除各种干扰，大力推进实践基础上的理论创新、制度创新、文化创新以及其他各方面创新，将现代化建设的普遍规律与中国社会主义初级阶段的基本国情结合起来，深化了对社会主义现代化建设规律的认识，成功开创了中国特色社会主义。中国实现了由计划经济逐步向社会主义市场经济的转变，实现了从生产力相对落后的状况到经济总量跃居世界第二的历史性突破，实现了人民生活从温饱不足到总体小康、奔向全面小康的历史性跨越。中国大踏步赶上了时代，中国式现代化建设取得的巨大成功，为实现中华民族伟大复兴提供了充满新的活力的体制保证和快速发展的物质条件。

四、新时代成功推进和拓展中国式现代化，创造了人类文明新形态

在长期探索和实践基础上，十八大后，党对建设社会主义现代化国家在认识上更加深入、在战略上更加成熟、在实践上更加丰富，成功推进和拓展了中国式现代化，掀开了社会主义现代化建设史新的一页。

---

① 国家统计局编：《中国统计年鉴（2013）》，中国统计出版社2013年版，第378页。

党的十八大以来，面对中国社会主要矛盾的转化和世界百年未有之大变局，以习近平同志为核心的党中央坚持把马克思主义基本原理同中国具体实际相结合，同中华优秀传统文化相结合，创立了习近平新时代中国特色社会主义思想，实现了马克思主义中国化时代化新的飞跃，为中国式现代化提供了根本遵循。党进一步深化对中国式现代化的内涵和本质的认识，概括形成中国式现代化的中国特色、本质要求和重大原则，初步构建中国式现代化的理论体系，使中国式现代化更加清晰、更加科学、更加可感可行。概括提出并深入阐述中国式现代化理论，是党的二十大的一个重大理论创新。党的二十大报告明确指出：中国式现代化是人口规模巨大的现代化、是全体人民共同富裕的现代化、是物质文明和精神文明相协调的现代化、是人与自然和谐共生的现代化、是走和平发展道路的现代化。中国式现代化的本质要求是：坚持中国共产党领导，坚持中国特色社会主义，实现高质量发展，发展全过程人民民主，丰富人民精神世界，实现全体人民共同富裕，促进人与自然和谐共生，推动构建人类命运共同体，创造人类文明新形态。中国式现代化的重大原则是：坚持和加强党的全面领导、坚持中国特色社会主义道路、坚持以人民为中心的发展思想、坚持深化改革开放、坚持发扬斗争精神。①

为了推进中国式现代化，党的十八大提出"两个一百年"奋斗目标，即：在中国共产党成立 100 年时全面建成小康社会，在新中国成立 100 年时建成富强民主文明和谐的社会主义现代化国家。党的十九大又对"两个一百年"奋斗目标进行了充实和完善，对全面建成社会主义现代化强国作出了分两步走的战略安排，即：在 2020 年全面建成小康社会、实现第一个百年奋斗目标的基础上，再奋斗 15 年，在 2035 年基本实现社会主义现代化。从 2035 年开始，再奋斗 15 年，到 21 世纪中叶把中国建成富强民主文明和谐美丽的社会主义现代化强国。党的二十大报告明确提出要以中国式现代化全面推进中华民族伟大复兴。党还深入实施科教兴国战略、人才强国战略、乡村振兴战略

---

① 参见习近平：《高举中国特色社会主义伟大旗帜 为全面建设社会主义现代化国家而团结奋斗》，《人民日报》2022 年 10 月 26 日。

等一系列重大战略。2015年正式实施制造强国战略，着力增强制造业核心竞争力，制造强国建设取得了显著成效，中国制造在全球产业链供应链中的地位和影响力持续攀升。

十八大以来，党领导中国人民稳经济、促发展、战贫困、建小康、控疫情、应变局，攻克了一个个看似不可攻克的难关险阻、创造了一个个令人刮目相看的人间奇迹，"书写了经济快速发展和社会长期稳定两大奇迹新篇章"[①]。党和国家事业取得历史性成就、发生历史性变革。在错综复杂的国内外环境中，在发展面临的风险挑战空前上升的情况下，2012年到2021年，中国经济保持住了中高速增长的稳定势头，成为全球经济增长的主要动力。中国经济平均增长率为6.6%，居世界主要经济体前列，远高于2.6%的同期世界平均增速和3.7%的发展中经济体平均增速。中国对世界经济增长的平均贡献率达到了38.6%，超过七国集团国家贡献率的总和，居世界首位。[②]2012年至2021年，中国国内生产总值由54万亿元上升到114万亿元。中国经济占世界经济的比重从11.3%增长到18.5%，提高了7.2个百分点，稳居世界第二位。中国人均国内生产总值从39800元增长到81000元。[③]2022年，国内生产总值121万亿元。

截至2020年底，全国832个贫困县全部摘帽，98%以上贫困户得到扶贫产业带动，近1亿农村贫困人口实现脱贫，历史性地解决绝对贫困问题，实现了小康这个中华民族的千年梦想，打赢了人类历史上最大规模的脱贫攻坚战，完成了第一个百年奋斗目标。居民收入水平持续较快增长，2013年至2022年我国居民人均可支配收入从18311元增加到36883元，年均实际增长6.6%，与经济增长保持基本同步。

为了满足人民日益增长的优美生态环境需要，中国制定和修改环境保

---

① 习近平：《高举中国特色社会主义伟大旗帜 为全面建设社会主义现代化国家而团结奋斗》，《人民日报》2022年10月26日。
② 参见2022年9月27日在北京展览馆开幕的"奋进新时代"主题成就展。
③ 习近平：《高举中国特色社会主义伟大旗帜 为全面建设社会主义现代化国家而团结奋斗》，《人民日报》2022年10月26日。

护法、大气污染防治法、水污染防治法、土壤污染防治法、固体废物污染环境防治法、噪声污染防治法、海洋环境保护法、环境影响评价法等法律，用最严格制度最严密法治保护生态环境。通过蓝天保卫战，环境空气质量明显改善。通过农业农村污染治理攻坚战，持续推进农村环境整治。通过碧水保卫战，长江修复、城市黑臭水体治理、饮用水水源地保护等标志性战役成效显著，全国水环境质量明显改善。坚持山水林田湖草沙一体化保护和系统治理，实施重要生态系统保护和修复重大工程总体规划，生态系统治理彰显成效。中国紧跟时代、放眼世界，积极倡导共建地球生命共同体，推动共建绿色"一带一路"，大力支持发展中国家绿色低碳发展，实现由全球环境治理参与者到引领者的重大转变。

党科学统筹世界百年未有之大变局和中华民族伟大复兴战略全局，领导中国人民成功推进和拓展的中国式现代化道路，打破了"现代化等于西方化"的思维定式，创造了人类文明新形态。这一文明新形态新就新在，它以世界眼光关注人类前途命运，从人类发展大潮流、世界变化大格局、中国发展大历史中正确认识和处理同外部世界的关系；它以中国共产党的领导为根本保证，以社会主义为根本方向，是一条不同于西方主要资本主义国家走的那种把本国的富裕建立在别国贫困基础上的崛起之路；它将自身发展进步的命运牢牢掌握在自己手中，拓展了发展中国家走向现代化的途径，为解决世界现代化难题贡献了中国方案。

新时代党领导中国人民在政治、经济、文化、社会、生态以及外交国防等方面推进的一系列变革性实践，实现的一系列突破性进展，取得的一系列标志性成果，为中国式现代化提供了更为完善的制度保证、更为坚实的物质基础、更为主动的精神力量，推动中国迈上全面建设社会主义现代化国家新征程。

从拯救民族危亡到建立社会主义制度、扫清现代化的根本障碍，从国家工业化到四个现代化、中国式现代化，从"一穷二白"、温饱不足到总体小康、全面小康，从全面建成小康社会到开启全面建设社会主义现代化国家新征程，中国共产党领导中国人民经过 100 余年的不懈奋斗、70 多年的现代化建设，探索、开创和不断拓展了中国式现代化道路，走完了西方资本主义国家用几百年才走完的现代化路程，创造了人类现代化史上的奇迹，有力推动具有 5000 多年文明历史的中华民族全面迈向现代化新征程。历史证明，中国式现代化符合中国实际、反映中国人民意愿、适应时代发展要求，是实现中华民族伟大复兴的唯一正确道路。

第一章
为求索中国式现代化创造根本社会条件

  人类社会发展的历史是先进生产力不断取代落后生产力的历史。推翻阻碍生产力发展的资本主义制度，解放和发展社会生产力，是无产阶级政党的历史使命。在近代中国，中国共产党成立之前，无数仁人志士为救国救民、救亡图存，主张兴办工业，但主要是向西方学习甚至模仿、照搬，尽管苦苦求索，进行各种尝试，然而均以失败而告终，都没有找到中国实现工业化的正确道路。中国共产党是无产阶级政党，代表了中国先进生产力的发展要求。党在诞生后，就向世人宣示，中国要实现工业化，必须彻底反帝反封建，并提出走新民主主义工业化道路的思想主张。于是，党团结带领中国人民，浴血奋战、百折不挠，经过北伐战争、土地革命战争、抗日战争、解放战争，推翻帝国主义、封建主义、官僚资本主义三座大山，取得新民主主义革命的伟大胜利，建立起人民当家作主的新中国，实现了民族独立、人民解放。党在开辟新民主主义革命道路的过程中，在局部地区进行了根据地创建、土地制度改革，提出并开展了一系列工业化发展方略和实践，推动解放和发展了社会生产力。

  中国式现代化是中国共产党领导的社会主义现代化。历史雄辩地表明，没有共产党就没有新中国。党从诞生之日起，就把为中国人民谋幸福、为中华民族谋复兴作为初心和使命，"初心如磐、使命在肩"，团结带领人民进行新民主主义革命，在胜利基础上成立新中国，为求索中国式现代化创造了根本社会条件。

第一节　中国共产党成立与新民主主义革命道路的开辟

马克思主义科学揭示了人类社会发展规律。十月革命一声炮响,给中国送来了马克思列宁主义。从此,马克思主义的命运同中国共产党的命运、中国人民的命运、中华民族的命运紧紧连在一起。作为代表先进生产力的无产阶级政党——中国共产党在诞生后,坚持把马克思主义作为根本指导思想,制定民主革命纲领,掀起大革命浪潮,开辟了新民主主义革命道路,推动马克思主义中国化,为中国共产党领导中国式现代化提供了政党基础和思想基础。党的领导决定了中国式现代化的根本性质。

一、马克思主义传入中国

人类社会先后经历原始社会、奴隶社会、封建社会和资本主义社会。这些社会形态的陆续出现,彰显了人类社会的发展进步。然而,资本主义社会并非人类社会的终点,同样会被新的更高级的社会形态所代替。这个社会形态就是共产主义社会,社会主义是其初级形态。1848年2月,马克思、恩格斯合作撰写的《共产党宣言》发表,标志着科学社会主义的诞生。

生产力是推动人类社会进步最活跃、最革命的要素,是历史前进的决定性力量,这一思想贯穿在《共产党宣言》之中。《共产党宣言》深刻阐述了马克思主义的革命纲领,并强调为实现共产主义或社会主义,无产阶级需要促进生产力发展。《共产党宣言》中指出,消灭私有制,解放生产力,必须通过无产阶级反对资产阶级的斗争,直至爆发革命,建立无产阶级专政才能实现,"工人革命的第一步就是使无产阶级上升为统治阶级,争得民主"[1]。无产阶级实现专政,是为社会生产力的发展开拓道路,"无产阶级将利用自己的政治统治,一步一步地夺取资产阶级的全部资本,把一切生产工具集中在国家即组织成为统治阶级的无产阶级手里,并且尽可能快地增加生产力的总量"[2]。如

---

[1] 马克思、恩格斯:《共产党宣言》,人民出版社2014年版,第49页。
[2] 马克思、恩格斯:《共产党宣言》,人民出版社2014年版,第49页。

此，无产阶级还需采取一些经济方面的措施①，目的是变革旧社会的全部生产方式，直接干涉私有制，巩固无产阶级专政。无产阶级发展社会生产力，创造更多的社会财富，目的是使共产主义或社会主义建立在坚实的物质基础之上，为最终实现共产主义创造条件。

《共产党宣言》一经问世，就推动了世界社会主义发展，深刻改变了人类历史进程，在随后的历史中也深刻改变了中国。中华民族是世界上伟大的民族，有着5000多年源远流长的文明历史，为人类文明进步作出了不可磨灭的贡献。1840年鸦片战争以后，中国逐步沦为半殖民地半封建社会，国家蒙辱、人民蒙难、文明蒙尘，中华民族遭受前所未有的劫难，"中国向何处去"的问题切实摆在了每一个中国人面前。为了拯救民族危亡，中国人民奋起反抗，仁人志士奔走呐喊，太平天国运动、戊戌变法、义和团运动、辛亥革命接连而起，各种救国方案轮番出台，但都以失败而告终。由于缺乏科学理论的指导、先进坚强的阶级领导以及现实的国内外客观条件的限制，中华民族还没有真正找寻到属于中国的富强之路。中国迫切需要新的思想引领救亡运动，迫切需要新的组织凝聚革命力量，需要新的政党引领中国探索现代化的道路。

十月革命一声炮响，为中国送来了马克思列宁主义。从目前文献资料来看，1899年《万国公报》上登载的《大同学》一文，是中国最早宣传马克思主义学说的文章。作为外来传入的一种思潮，起初马克思主义并未引起中国思想界的重视，"在十月革命以前，中国人不但不知道列宁、斯大林，也不知道马克思、恩格斯"②。但是，随着新文化运动、十月革命、五四运动的接连爆发，马克思主义作为无产阶级革命理论迅速被接受，并且引发了学习和讨论的浪潮。

新文化运动作为近代中国的一次思想启蒙运动，使中国知识分子重新审视"共和"在中国的可能性。陈独秀认为，辛亥革命的失败并不代表"共和"本身出现了问题，而是中国人民的"国民性"致使"共和"在中国水土不服，

---

① 马克思、恩格斯：《共产党宣言》，人民出版社2014年版，第49页。
② 《毛泽东选集》第4卷，人民出版社1991年版，第1470—1471页。

只有国民性质与行为得到改善后中国才能实现共和。1915年，陈独秀在上海创办《青年杂志》（后改名《新青年》），拉开了新文化运动的序幕。对"德先生"和"赛先生"的追求是新文化运动的基本口号，"只有这两位先生，可以救治中国政治上道德上学术上思想上一切的黑暗"①。"德先生"指民主，是对封建专制主义政治制度和意识形态的直接反对。"赛先生"指科学，即用自然科学直接批驳旧社会的迷信。拥护"德先生"和"赛先生"，就是要反对旧道德和旧文化，开启伦理革命与文学革命。陈独秀、鲁迅等纷纷撰文发表自己的主张，一时间，新文化运动开启了中国又一个百家争鸣的时代，"生动活泼的，前进的，革命的"时代正在到来。但是，早期的新文化运动未结合群众力量，没有从根本上动摇反动统治者以及帝国主义侵略者的统治根基。

恰在此时，俄国爆发了十月革命。十月革命使得无产阶级在历史上第一次真正地掌握了政权，并依照无产阶级的意愿对国家进行改造和建设。十月革命表明，只有劳动群众的觉醒与联合才能够开创出一个维护绝大多数人利益的崭新的社会制度，更为主动地推动国家现代化发展。毛泽东在给蔡和森的信中提出："我看俄国式的革命，是无可如何的山穷水尽诸路皆走不通了的一个变计"。②这一"变计"为中国的未来发展提供了新的道路指引，人们翘首期盼着俄国的道路可以帮助中国摆脱发展困境。

李大钊是十月革命后介绍和传播马克思主义的伟大先驱，是中国最早的马克思主义传播者。李大钊认为，十月革命为人类带来了新生活、新文明、新世界的曙光。他撰写并发表了《法俄革命之比较观》《庶民的胜利》《Bolshevism的胜利》等文章和演讲，热情洋溢地向国人介绍这一科学理论。1918年7月，他在《言治》季刊第3册发表《法俄革命之比较观》，开始系统介绍马克思主义。他指出，"世界中将来能创造一兼东西文明特质、欧亚民族天才之世界的新文明者，盖舍俄罗斯人莫属"③，他号召国人适应世界新潮

---

① 《陈独秀文集》第1卷，人民出版社2013年版，第362页。
② 《中国共产党重要文献汇编》第1卷，人民出版社2022年版，第325页。
③ 中国李大钊研究会编注：《李大钊全集（最新注释本）》第2卷，人民出版社2006年版，第227页。

流，迎接一个新俄罗斯和世界文明的新曙光。1918年11月，第一次世界大战结束，消息传到国内，举国欢庆，他在中山公园来今雨轩发表演说《庶民的胜利》，他说："劳工主义的战胜，也是庶民的胜利。""一九一七年的俄国革命，是二十世纪中世界革命的先声。""须知今后的世界，变成劳工的世界。"[①] 同年12月初，他在《新青年》第5卷第5号上发表《Bolshevism的胜利》，文中强调指出这次的胜利"是社会主义的胜利，是Bolshevism的胜利，是赤旗的胜利，是世界劳工阶级的胜利，是二十世纪新潮流的胜利"[②]。李大钊的这三篇文章对马克思主义在中国的传播起到先导作用。

1919年5月，五四运动爆发。第一次世界大战结束后，中国首次以战胜国的身份走向国际舞台，人们热情讴歌着"公理战胜，强权失败"，寄希望于巴黎和会能够使苦难的中国扬眉吐气。但是，当时的中国政府提出的合理要求遭到拒绝，巴黎和会为了平衡帝国主义内部的利益，将德国在中国山东的特权转交给日本。巨大的心理落差使得中国人民陷入愤怒之中，真正认识到资本主义国家所谓"民主"的虚伪性，纷纷走上街头为了国家的利益而怒吼。五四运动中，首先挺身而出的是青年学生。1919年5月4日，北京3000余名大学生集结于天安门前开展示威游行。学生的斗争赢得社会人士的广泛同情和支持。6月5日，上海日商纱厂工人罢工，支援爱国学生。在工人罢工的影响下，上海等重要城市的商人也纷纷罢市。随后，工人罢工、学生罢课、商人罢市的"三罢"斗争迅速扩展到全国20多个省100多个城市。五四运动进入新的阶段，运动中心由北京转移到上海，运动主力也由学生变为工人。在这场运动中，无产阶级爆发出前所未有的革命热情和革命力量，以独立的姿态第一次登上历史舞台。

五四运动既是一场以先进青年知识分子为先锋，广大人民群众参加的彻底反帝反封建的伟大爱国革命运动，也是一次传播新思想新文化新知识的伟

---

① 中国李大钊研究会编注：《李大钊全集（最新注释本）》第2卷，人民出版社2006年版，第255—256页。

② 中国李大钊研究会编注：《李大钊全集（最新注释本）》第2卷，人民出版社2006年版，第259页。

大思想启蒙运动。在这场对中国思想层面的现代化改造过程中，新旧思想相互争锋，困扰近代中国多年的关于未来现代化发展道路的问题出现了新的解答方式，即中国可以走以马克思主义为指导思想进行彻底社会革命的道路。五四运动推动了中国社会进步，促进了马克思主义在中国的传播，促进了马克思主义同中国工人运动的结合，为后来中国共产党成立做了思想上干部上的准备，为新的革命力量、革命文化、革命斗争登上历史舞台创造了条件，是中国旧民主主义革命走向新民主主义革命的转折点。

五四运动后，马克思主义逐步在中国思想领域广泛传播。李大钊致力于马克思主义的宣传，在《新青年》上发表《我的马克思主义观》，第一次系统性地向国人介绍马克思主义学说。此后中国的有识之士开始研究、接受并宣传马克思主义，介绍马克思主义、社会主义革命、工人运动的文章如雨后春笋般涌出，马克思主义者的著作也被翻译成中文在各大报纸、杂志上连载。马克思主义给苦苦探寻救亡图存出路的中国人民指明了前进方向、提供了全新选择。

二、中国共产党诞生

随着马克思主义在中国的广泛传播，马克思主义理论的科学性被更多先进知识分子所认可，成为观察、认识和改造中国的工具，用以指导工人运动和群众斗争。在中国人民和中华民族的伟大觉醒中，在马克思列宁主义同中国工人运动的紧密结合中，中国共产党应运而生。

陈独秀和李大钊在中国共产党的建立过程中发挥了先导性重要作用。1920年3月，李大钊在北京大学组织马克思学说研究会。同年5月，陈独秀在上海组织马克思主义研究会，并于8月正式成立了共产党早期组织。这一组织实际上成为全国各地进行建党活动的发起组织和联络中心。此后，北京、长沙、广州、济南等地兴起了若干党的早期组织。各地共产党早期组织成立后，积极研究和宣传马克思主义，开展工人运动，进一步促进了马克思主义与工人运动的结合。工人群众开始逐步接受马克思主义，阶级觉悟得到根本性提高。1921年3月，李大钊在北京号召各地共产主义者成立"一个强固精密的组织"，以促进"中国彻底的大改革"①，公开呼吁创建工人阶级政党。

1921年7月23日晚，来自上海、北京、长沙、武汉、济南、广州等地，以及共产国际的代表齐聚一堂，在上海法租界望志路106号（今兴业路76号）召开了中国共产党第一次全国代表大会。党的一大确立党的名称为"中国共产党"，提出把社会主义和共产主义作为自己的奋斗目标，而且坚持用革命的手段来实现这个目标，确定"革命军队必须与无产阶级一起推翻资本家阶级的政权，必须支援工人阶级"，"承认无产阶级专政，直到阶级斗争结束"，"消灭资本家私有制"，以及"联合第三国际"为党的纲领。②党的一大宣告了中国共产党的诞生。中国产生了共产党，这是开天辟地的大事变，深刻改变了近代以后中华民族发展的方向和进程，深刻改变了中国人民和中华民族的前途和命运，深刻改变了世界发展的趋势和格局。

中国共产党的诞生，是近代中国历史发展的必然产物，是中国人民在救亡图存斗争中顽强求索的必然产物，是中华民族在追求复兴的道路上不断觉醒的必然产物。在半殖民地半封建的东方大国进行革命，面对帝国主义和封建主义的强大势力，革命任务艰巨而又复杂，迫切需要坚强的领导力量。中国先进知识分子在经过反复分析、实验、比较和推求后，认识到"激烈方法的共产主义，即所谓劳农主义，用阶级专政的方法，是可以预计效果的，故最宜采用"③，最终选择马克思主义作为改造中国社会的武器，选择走俄国十月革命的道路。这样，在古老落后的中国建立起一个无产阶级的革命政党，这是中国历史上第一个完全新式的无产阶级政党。

中国共产党诞生后，中国拥有了一个能够支撑并凝聚全国力量朝着胜利迸发的先进政党作为革命领导核心，中华民族的命运有了光明的发展前景，中国革命从此有了正确的前进方向。近代以来，中国人民反帝反封建斗争的屡次失败，最重要的原因就是没有找到一个先进、坚强的政党作为凝聚自己

---

① 中国李大钊研究会编注：《李大钊全集（最新注释本）》第3卷，人民出版社2006年版，第271页。
② 《建党以来重要文献选编（1921—1949）》第1册，中央文献出版社2011年版，第1页。
③ 《毛泽东文集》第1卷，人民出版社1993年版，第2页。

力量的领导核心。中国共产党的诞生，从根本上改变了这种局面，中国革命有了可信赖的组织者和领导者，中国人民革命有了主心骨、领路人，苦难深重的中国人民开始掌握自己的命运，中国人民在精神上转为了主动，这是中国人民选择的必然结果。从此，在中国共产党的团结带领下，中华民族凝聚起强大力量，中国革命的面貌焕然一新。

中国共产党从成立之日起，就把马克思主义作为根本指导思想，镌刻在自己的光辉旗帜上。中国共产党摆脱了以往一切政治力量追求自身特殊利益的局限，作为中国最先进的阶级——工人阶级的政党，不仅代表工人阶级的利益，而且代表整个中华民族和中国最广大人民的根本利益。中国共产党扎根在人民之中，与人民休戚与共、生死相依。作为马克思主义政党，中国共产党一经诞生，就把为中国人民谋幸福、为中华民族谋复兴确立为自己的初心使命。历史证明，中国共产党之所以能够在近代以后各种政治力量反复较量中脱颖而出，根本原因就在于党在坚持初心使命上矢志不渝、坚如磐石。中国共产党的诞生，是中国人民的选择，中国人民和中华民族的前途和命运从此发生深刻改变。

为中国人民谋幸福、为中华民族谋复兴，是中国共产党人的初心和使命，是党的性质宗旨、理想信念、奋斗目标的集中体现。党像光芒四射的灯塔，指明了中国人民前进的道路和方向，领导中国人民艰辛探索、团结奋斗。中国共产党人的初心和使命，建立在马克思主义科学真理基础之上，建立在马克思主义揭示的人类社会发展规律的基础之上，并在实践中不断丰富、发展，推进马克思主义中国化。中国共产党在登上中国政治舞台后，把马克思主义作为根本指导思想，并把马克思主义基本原理同中国具体实际相结合、同中华优秀传统文化相结合，用马克思主义的真理力量激活中华民族历经几千年的中华文明，中华文明再次展现出强大活力，为彻底改变中华民族发展方向和进程注入了磅礴的力量。中国共产党坚持以马克思主义作为行动指南，始终践行初心使命，始终坚持共产主义理想和社会主义信念，满怀信心地以改造中国为己任，团结带领全国各族人民为争取民族独立、人民解放和实现国家富强、人民幸福而不懈奋斗，绘就了人类发展史上的壮美画卷。

三、开辟农村包围城市、武装夺取政权的革命道路

没有革命的理论,就没有革命的实践。马克思主义基本原理具有普遍适用性,只有把马克思主义与各国实际相结合才能显示出强大的真理力量。毛泽东指出:"马克思列宁主义的伟大力量,就在于它是和各个国家具体的革命实践相联系的。对于中国共产党说来,就是要学会把马克思列宁主义的理论应用于中国的具体的环境。"[①] 中国共产党在成立后,最重要的任务就是学习运用马克思主义来观察、分析和解决中国面临的实际问题。在艰苦的革命斗争过程中,以毛泽东同志为主要代表的中国共产党人经过艰难探索,逐步解决大革命失败后中国革命的道路问题,开辟出农村包围城市、武装夺取政权的这样一条前人没有走过的道路,为中国革命胜利指明了正确的方向。

中国共产党成立后,制定反帝反封建的民主革命纲领,开展工农群众运动,掀起大革命的高潮,中国革命很快出现新的局面。1922年7月16日,中国共产党第二次全国代表大会在上海召开。大会初步阐明了现阶段中国革命的性质、对象、动力、策略、任务、目标、前途。党的二大宣言指出,党的目的是要"组织无产阶级,用阶级斗争的手段,建立劳农专政的政治,铲除私有财产制度,渐次达到一个共产主义的社会"[②]。在当时历史条件下,党的奋斗目标包括"消除内乱,打倒军阀,建设国内和平","推翻国际帝国主义的压迫,达到中华民族完全独立",统一中国为"真正民主共和国"[③]等。这样,党的二大第一次提出明确的反帝反封建的民主革命纲领,为中国人民指明了现阶段革命斗争的任务和方向。这个纲领很快传播开来,"打倒列强,除军阀"成为广大群众的共同呼声。

党在成立后,主要致力于组织领导工人运动和农民运动。这一时期的工人运动,在中国共产党的领导下彰显出中国工人阶级坚定的革命性和坚强的战斗力,扩大了党的政治影响。这个时期的斗争给中国共产党提供了重要经验教训。中国革命的敌人十分强大,仅仅依靠工人阶级孤军奋战难以战胜强

---

① 《毛泽东选集》第2卷,人民出版社1991年版,第534页。
② 《建党以来重要文献选编(1921—1949)》第1册,中央文献出版社2011年版,第133页。
③ 《建党以来重要文献选编(1921—1949)》第1册,中央文献出版社2011年版,第133页。

大的敌人，必须团结一切可以团结的力量，争取与可能的同盟者合作。于是，中国共产党推动实现了第一次国共合作。国共合作后，以广州为中心，很快汇集了全国的革命力量。从1924年到1927年，在中国大地上掀起了一场席卷全国的革命运动，其声势之浩大，群众发动之广泛，在此前的中国历史上不曾出现过，人们通常称之为"大革命"。在国共合作的背景下，1925年7月1日，国共两党在广州成立国民政府，1926年7月9日，国民革命军在广州誓师北伐。北伐军势如破竹，至1927年3月，完全占领长江以南地区。然而此时，国民党蒋介石得到帝国主义列强的支持，开始破坏统一战线。4月12日，蒋介石在上海发动反革命政变，7月15日，汪精卫正式同中国共产党决裂。国共合作全面破裂，大革命宣告失败。

中国共产党参与领导的大革命在中国革命史上写下光辉的篇章。大革命是一场以工农群众为主体的，民族资产阶级和小资产阶级参加的人民革命运动。它沉重打击了帝国主义在华势力，基本推翻了北洋军阀的反动统治，使民主革命思想在全国范围内得到空前的传播，推动了中国社会的进步。这一时期，党及其领导的革命力量得到壮大，党的组织得到迅速发展。从建党到大革命失败前夕短短6年时间内，党由起初只有50多人，发展成为拥有近5.8万名党员、领导着280余万工人和970余万农民的具有相当群众基础的政党。工人运动和农民运动得到进一步发展，国民革命思想由南向北，在全国范围内以前所未有的规模广泛传播开来。但是，这场大革命是在敌强我弱的阶级力量对比下进行的，中国共产党还比较年轻，缺乏应对复杂环境的政治经验，也缺乏对中国社会和中国革命基本问题的深刻认识。正如毛泽东指出的："这时的党终究还是幼年的党，是在统一战线、武装斗争和党的建设三个基本问题上都没有经验的党，是对于中国的历史状况和社会状况、中国革命的特点、中国革命的规律都懂得不多的党，是对于马克思列宁主义的理论和中国革命的实践还没有完整的、统一的了解的党。"[①] 这场失败了的大革命，是未来胜利的革命的一次伟大的演习。

---

① 《毛泽东选集》第2卷，人民出版社1991年版，第610页。

大革命的失败，使党从残酷的现实中认识到，没有革命的武装就无法战胜武装的反革命，就无法夺取中国革命胜利，就无法改变中国人民和中华民族的命运，必须以武装的革命反对武装的反革命。

在极端危急情况下，1927年7月中旬，中共中央临时政治局常委会毅然决定了三件大事：将党所掌握和影响的部队向南昌集中，准备发动武装起义；组织工农运动基础较好的湘、鄂、粤、赣四省农民发动秋收起义；召集中央紧急会议讨论决定大革命失败后的新方针。1927年8月1日，在以周恩来为书记的中共中央前敌委员会领导下，贺龙、叶挺、朱德、刘伯承等率领2万多名将士举行南昌起义，打响了武装反抗国民党反动派的第一枪，标志着中国共产党独立领导革命战争、创建人民军队和武装夺取政权的开始。8月7日，中共中央在湖北汉口秘密召开紧急会议（即八七会议），着重批评大革命后期以陈独秀为首的中央所犯的右倾机会主义错误，确定实行土地革命和武装起义的方针，选举出以瞿秋白为首的新的中共中央临时政治局。毛泽东在发言中说："以后要非常注意军事。须知政权是由枪杆子中取得的。"① 这次会议使党在政治上进了一大步，中国革命开始了由大革命失败到土地革命战争兴起的历史性转变。八七会议后，党派出干部分赴各地，恢复和整顿党组织，发动武装起义。9月9日，毛泽东领导5000多人发动湘赣边界秋收起义。秋收起义，起先以攻打中心城市长沙为目标，遭到重创后，毛泽东改变原有部署，率领部队向南转移到敌人统治力量薄弱的农村山区，寻找落脚点，保存革命力量。继南昌起义和秋收起义之后，12月11日，张太雷和叶挺、叶剑英等领导发动广州起义，起义军一度占领广州绝大部分市区，成立苏维埃政府，但因寡不敌众，最终失败。此外，党还领导了其他地区的武装起义，但由于敌我力量悬殊，这些起义大多失败了。

事实证明，在当时的客观条件下，在半殖民地半封建的旧中国，中国共产党人不可能像俄国十月革命那样通过首先占领中心城市来取得革命在全国的胜利，党迫切需要找到适合中国国情的革命道路。从进攻大城市转为向农

---

① 《毛泽东文集》第1卷，人民出版社1993年版，第47页。

村进军，成为中国革命具有决定意义的新起点。1927年10月上旬，毛泽东率领起义军到达井冈山北麓的宁冈县，开始创建井冈山根据地，进行边界党、军队和政权的建设。1927年11月，湘赣边界第一个红色政权——茶陵县工农兵政府成立。1928年5月，湘赣边界党的第一次代表大会召开，毛泽东被选为中共湘赣边界特委书记，加强党对军队的领导，改变军队过去只顾打仗的旧传统，担负起打仗消灭敌人、打土豪筹款、做群众工作三项任务。毛泽东和朱德根据连续打退湘赣两省国民党军队进攻的经验，总结出游击战的基本原则，即"敌进我退，敌驻我扰，敌疲我打，敌退我追"十六字诀。在这一军事原则指导下，根据地的范围不断扩大。

党领导人民在根据地进行土地革命，各县掀起分田高潮，广大贫苦农民从分地的事实中认识到红军是为他们的利益而斗争的。有了广大农民的支持，根据地得到进一步巩固和发展。井冈山根据地的建立，为中国共产党领导的各地武装起义树立了榜样，提供了较为完整的经验，推动了革命形势的发展，点燃了工农武装割据之火。正如毛泽东所指出的："边界红旗子始终不倒，不但表示了共产党的力量，而且表示了统治阶级的破产，在全国政治上有重大的意义。"[①]

以农村地区为工作重点，到农村地区去发动农民，进行土地革命，在农村地区开展武装斗争，建立根据地，这是大革命失败后中国革命发展的客观规律要求的。由于敌人十分强大，红军极为弱小，中国革命要走上胜利发展的道路，必须把工作重心放在农村，在农村建立革命根据地，积蓄革命力量，在条件成熟时夺取城市，最后夺取全国的胜利。毛泽东指出："红军、游击队和红色区域的建立和发展，是半殖民地中国在无产阶级领导之下的农民斗争的最高形式，和半殖民地农民斗争发展的必然结果；并且无疑义地是促进全国革命高潮的最重要因素。"[②] 中国革命只能走与资本主义国家不同的道路，这是中国革命发展的特殊规律。以毛泽东同志为主要代表的中国共产党人，把

[①] 《毛泽东选集》第1卷，人民出版社1991年版，第81页。
[②] 《毛泽东选集》第1卷，人民出版社1991年版，第98页。

马克思列宁主义基本原理同中国具体实际相结合，开辟了农村包围城市、武装夺取政权的正确革命道路，为夺取新民主主义革命胜利指明了正确方向，这是夺取中国革命胜利唯一正确的道路。在农村建立根据地，以农村包围城市、武装夺取政权道路的提出，是马克思主义在中国的创造性的运用和发展，标志着马克思主义中国化理论成果即毛泽东思想的初步形成。

第二节　中国革命的首要问题是土地问题

中国革命的基本问题，在于农民问题，而农民问题的核心在于土地问题。中国共产党要取得新民主主义革命的胜利，领导中国建设现代化，推动社会生产力发展，必须重视农民在革命中的地位，在农村进行一场大的社会变革，制定和执行革命的土地纲领，提升农民政治地位，改造农村基层政权，对土地制度进行改革，努力为农民利益斗争，提高农民经济收入和思想文化水平，在农村尝试建立一种向现代化发展的崭新的社会秩序。这些围绕土地问题的举措，不仅确保了新民主主义革命夺取最后胜利的人力、物力源泉，还为推动新中国成立后国家由农业国走向工业国奠定了坚实基础。

一、创建农村革命根据地和民主政权建设

大革命失败后，中国共产党的工作重心从大城市转向农村，自此开启了农村革命根据地的创建。

随着中国共产党在农村创建革命根据地，根据地也在逐步发生从根本上摧毁中国封建制度根基的社会大变革。党在革命根据地建立各级政权，进行经济、文化、法制、党建、社会、军事等方面的各项建设，革命根据地呈现出生机勃勃的景象，农村地区发生千百年来最深刻的社会变革。

大革命失败后，毛泽东率领湘赣边界秋收起义的工农革命军上井冈山，进行创建井冈山革命根据地的斗争，拉开了中国共产党建设革命根据地的序幕。1927年11月，工农革命军攻占茶陵县城，成立茶陵县工农兵政府。1928年1月，工农革命军攻占遂川县城。2月中旬，打破江西国民党军队的第一

次"进剿",井冈山根据地初步形成。井冈山革命根据地是中国共产党领导创建的第一个农村革命根据地。为巩固根据地,在政治建设上,成立了县、区、乡各级工农民主政权,给予农民参与政治的权利。在经济建设上,发动群众打倒土豪劣绅,开展分田斗争,使农民获得梦寐以求的土地,根据地经济有了发展。在文化建设上,加强对党和红军性质的宣传,通过标语、民歌等形式抨击封建腐朽文化。在军队建设上,注重政治教育,推行三大纪律、六项注意(后增补为八项注意),加强对军队的无产阶级思想领导,密切了军政、军民关系。井冈山的斗争开辟了此前中国革命从未有过的农村包围城市,武装夺取政权的革命道路,在复杂的环境下为后续的根据地政权建设积累了宝贵的经验。

自井冈山革命根据地成立后的四年里,党先后建立了10多块农村革命根据地,根据地发展到相当规模,至1930年,已发展到10余省、300多个县。1928年党的六大通过《苏维埃政权的组织问题决议案》,提出建立工农兵代表会议(苏维埃)的政权,因为"这是引进广大的劳动群众参加管理国事的最好的方式,也就是实行工农民权独裁制的最好的方式"[①]。成立一个全国性的苏维埃政权提上了日程。1931年11月,中华苏维埃第一次全国代表大会宣告中华苏维埃共和国临时中央政府成立,通过《中华苏维埃共和国宪法大纲》《中华苏维埃共和国土地法令》《中华苏维埃共和国劳动法》及其他多项重要决议和法令。《中华苏维埃共和国宪法大纲》规定,"中国苏维埃政权所建设的是工人和农民的民主专政的国家。"[②] "这个专政的目的,是在消灭一切封建残余,赶走帝国主义列强在华的势力,统一中国,有系统的限制资本主义的发展,进行国家的经济建设,提高无产阶级的团结力与觉悟程度,团结广大的贫农群众在它的周围,以转变到无产阶级的专政。"[③] 大纲还规定,"苏维埃全政权是属于工人、农民、红军兵士及一切劳苦民众的。在苏维埃政权下,所有工

---

① 《建党以来重要文献选编(1921—1949)》第5册,中央文献出版社2011年版,第378页。
② 《建党以来重要文献选编(1921—1949)》第8册,中央文献出版社2011年版,第649—650页。
③ 《建党以来重要文献选编(1921—1949)》第8册,中央文献出版社2011年版,第649页。

人、农民、红军兵士及一切劳苦民众都有权选派代表掌握政权的管理"①。中华苏维埃共和国临时中央政府的成立,标志着中国共产党第一次统一了全国苏维埃运动的领导,从此,各地苏维埃政府有了共同遵循的施政纲领和最高权力机关,一定程度上对各根据地起到加强中枢指挥的作用,推动了革命进程。

在苏维埃政府建设过程中,中国共产党逐渐探索形成政法制度、经济制度、文化教育制度等。政权建设方面,中华苏维埃共和国中央执行委员会是最高政权机关,全国工农兵代表大会是最高权力机关,实行各级工农兵代表大会制度,分乡(市)、区、县、省和全国五级;成立中央人民委员会,下设"九部一局",即外交、军事、劳动、土地、财政、教育、内务、司法、工农检察等人民委员部和国家政治保卫局,后增设总务厅、国民经济部、粮食部;重视司法建设,成立最高法院,先后颁布120余部比较完备的法律、法令;注重廉政建设,成立中央审计委员会,建立审计监督制度。经济建设方面,加强对经济工作领导,统一完善财政税收政策,建立独立金融货币体系,发展农业生产、手工业生产和对外贸易,建设邮电交通事业等。根据地的经济主要是农业经济,发展农业生产是经济建设的头等任务。根据地的农村劳动力和耕牛等生产资料十分缺乏,农业生产又受到战争的严重影响,政府动员和组织群众开展互助合作,鼓励妇女参加劳动,调剂劳动力使用。这些举措打破了敌人对根据地的经济封锁,逐渐形成新民主主义经济的雏形。文化教育建设方面,加强干部教育,创办马克思主义学校、高尔基戏剧学校等各类学校,培养革命干部和各类专业人才;提高工农文化水平,设立夜校、补习学校、识字班等;发展新闻出版事业,创办《红色中华》《红星》《斗争》等报刊,通过革命标语、革命歌谣、红色戏剧等形式,宣传革命思想;在农村推行移风易俗,注入现代政治和社会文化元素,树立社会新风尚等。

中央苏区的建设,意味着中国共产党历史上第一次在相当大的范围内进行了国家政权的建设,在革命根据地内部树立了新的社会秩序,建立了相对先进的工商业、邮电业、交通运输业以及财政金融体系,是"创造中国新社

---

① 《建党以来重要文献选编(1921—1949)》第8册,中央文献出版社2011年版,第650页。

会的序幕"①，为后来党在延安时期和新中国成立后领导各方面建设积累了宝贵经验。正如毛泽东所说，"党开辟了人民政权的道路，因此也就学会了治国安民的艺术"②。第五次反"围剿"失败后，由于"左"倾错误所带来的政治、经济、文化等方面的影响，特别是军事行动上的失败，中华苏维埃政权难以巩固并发展现有的成果，中央苏区革命根据地的建设被迫中断。

抗战爆发后，要在敌后独立自主地开展并坚持持久广泛的游击战争，就必须建立并巩固根据地。为建立广泛的抗日民族统一战线，1935年12月召开的瓦窑堡会议决定将"中华苏维埃共和国"改为"中华苏维埃人民共和国"，毛泽东在会上指出，"从现在起，应当改变为除了工人、农民和城市小资产阶级以外，还要加上一切其他阶级中愿意参加民族革命的分子"③，改变不适应抗日要求的部分政策。对民族工商业资本家，"在双方有利的条件下，欢迎他们到苏维埃人民共和国领土内投资，开设工厂与商店，保护他们生命财产之安全，尽可能的减低租税条件，以发展中国的经济"④。党从抗战大局出发，对陕甘宁边区（原陕甘宁革命根据地的苏维埃政府，后改名为陕甘宁特区政府）进行一系列民主改革，其在政治、经济、文化与教育、民族、社会等方面均有着创新性发展。

政治建设方面，制定《陕甘宁边区抗战时期施政纲领》和《陕甘宁边区施政纲领》，创建独具特色的边区参议会制度，边区（省）、县的参议会是最高权力机关；实施不分阶级、不分党派、不分宗教信仰、男女平等、民族平等的民主普选制度；在政府中实行"三三制"原则；建立独立的司法机关；重视人权问题，颁发专门具体的保证人权财权条例，保障人民的人权、财权。经济建设方面，根据"经济建设一项乃是其他各项的中心"⑤思想，将"发展经济，保障供给"作为根据地财经工作的总方针，以农业发展作为经济建设

---

① 《建党以来重要文献选编（1921—1949）》第7册，中央文献出版社2011年版，第578页。
② 《毛泽东选集》第2卷，人民出版社1991年版，第611页。
③ 《毛泽东选集》第1卷，人民出版社1991年版，第156页。
④ 《建党以来重要文献选编（1921—1949）》第12册，中央文献出版社2011年版，第542页。
⑤ 《毛泽东文集》第2卷，人民出版社1993年版，第370页。

的核心，推行减租减息政策，辅以工商业、交通运输业、内外贸易的建设；成立陕甘宁边区银行，发行货币，稳定金融。文化教育建设方面，秉持"一切文化教育事业均应使之适应战争的需要"的原则，构建民族、科学、大众的新民主主义文化，对普通民众进行各种形式的新文化启蒙，传播马列主义和自然科学知识；成立抗日军政大学、鲁迅艺术学院、延安大学等高等教育机构，接收并教育广大爱国青年；普及免费的儿童义务教育，发展消除文盲的民众教育，开办主旨鲜明的干部教育；加强党报党刊、新华社、新华广播电台等舆论阵地建设，发展文学创作和戏剧演出。民族政策与实践方面，坚持团结中华各民族为统一的力量，共同抗日图存的方针；实行民族平等，尊重民族文化、风俗习惯和宗教信仰等政策，成立专门机构负责少数民族工作，设立民族问题研究室进行民族问题的研究工作；在少数民族聚居地区实行民族区域自治政策，注重培养少数民族干部。社会建设方面，开展以"自救"为核心的社会救助工作，初步建立"低水准、覆盖广"的救助体系；以模范村建设带动乡村治理和乡村建设发展，提高社会生产力，树立农村地区新风尚；建立基本医疗保障制度，积极医治传染病、常见病、地方病，为八路军前线抗战提供医疗保障。

陕甘宁边区逐渐成为政治民主、民族团结、经济发展、政府廉洁的全国抗日民主的模范区。边区的建设与同时期国民党统治区的建设形成鲜明对比，其中蕴含着鲜明的人民性、革命性特点，百姓切实的安全感、获得感、幸福感使人心逐渐向中国共产党聚拢。华侨领袖陈嘉庚公开表示："中国的希望在延安"。[①] 美国记者埃德加·斯诺在采访、对话和实地考察后，将红色政权与工农红军的事迹撰写成《红星照耀中国》一书，向世界展示中国共产党为实现民族解放而艰苦奋斗和牺牲奉献的精神，瓦解了种种歪曲、丑化共产党的谣言。抗日根据地的建设，既是对一个旧社会的改造，又是对一个新社会的开创。

---

① 全国政协文史和学习委员会编：《亲历者说：中国抗战编年纪事（1940年）》，人民出版社2015年版，第239页。

抗战胜利后，面对国民党统治集团挑起全面内战的种种举措，要想获得战争胜利，必须加强各解放区的战争，组织和依靠各解放区人民群众支援前线。全面内战爆发时的解放区与抗战时期的解放区相比有较大变化，解放区的面积、人口都有较大发展。各解放区根据中共中央提出的"必须作持久打算""一切依靠自力更生，立于不败之地"①的方针，采取一系列措施，使解放区日趋巩固。政治上，在新解放区建设人民政权，建立工会、农会、妇女会等团体。老解放区则进一步加强基层政权和各级群众组织建设，健全领导机构，调整干部配备。经济上，根据"发展经济、保障供给、统一领导、分散经营、军民兼顾、公私兼顾"的财经工作方针，有计划地发展生产和整理财政，满足战争的物资需求，同时保证人民生活有所改善。通过兴修水利、发放农业贷款等方式，恢复和发展农业生产，同时城市的工商业也得到较好恢复和发展。在人民军队建设方面，推行"精兵简政"，压缩政府机关和军队人员，普遍开展练兵运动，改进和加强部队政治工作及后方勤务工作，提高军队政治素质和军事素质，增强战斗力。加强民兵工作，为参军参战和开展支前做好准备。民族工作方面，明确提出民族区域自治政策，1947年5月1日，成立内蒙古自治政府，这是中国共产党领导成立的第一个少数民族自治政府，为各少数民族区域自治开创了先例和积累了经验。各解放区的军民自力更生，艰苦奋斗，使人民解放军有了巩固的后方，得到源源不断的人力、物力、财力支援，为战胜国民党反动派提供了基本保证。在摧毁旧政权的过程中，中国共产党还着手建立全国性政权和统一的财经工作，对东北解放区、华北解放区都加强了统一领导，积累了政权建设和经济建设经验，为建立新中国作了准备。

革命的根本问题是政权问题。实践证明，中国革命要走上胜利发展的道路，必须把工作重心放在农村。中国共产党坚持以马克思主义为指导，根据中国社会和革命特点，创建了农村革命根据地。广大农村革命根据地逐渐脱离了旧有的社会状态，向着新的文明形态不断进发，为后来中国共产党人建

---

① 《毛泽东选集》第4卷，人民出版社1991年版，第1188页。

设国家政权提供了经验。农村革命根据地的创建，为解放农村生产力、保障农民权益、提高农民政治地位提供了政权保障，为新中国成立后实现国家工业化创造了根本社会条件。

二、开展土地革命和土地制度改革

旧中国是一个传统农业国，直到1933年，现代制造业、采矿业及公共事业部门也只占国内生产净值的3.4%，农村人口占比超过80%。在封建土地所有制下，农村的土地大量集中在地主和富农手中。据薛暮桥《中国农村经济常识》中推算，人口约占10%的地主和富农，占据了近65%的耕地，而最为贫穷的、占比超过70%的贫雇农只占有全部耕地的18.4%。[①]不事生产的地主阶级利用土地获取高额地租，土地被用于兼并或挥霍、闲置，大大阻碍了农村生产力发展。农民生活贫困，广大农村地区普遍落后，近代中国经济和社会发展陷入停滞。面对这样的发展实际，中国共产党开展土地革命，发动土地制度改革，为发展社会生产力提供了必要条件。

由于缺乏对中国社会经济情况，特别是革命运动规律、性质和任务的科学理解和分析，党的一大并未将农民土地问题纳入中国革命亟须解决的重要问题中。党在创建之初，十分关注中国占人口大多数的农民。《共产党》月刊曾发表《告中国的农民》一文，其中指出："中国农民占全人口底大多数，无论在革命的预备时期，和革命的实行时期，他们都是占重要位置的。设若他们有了阶级的觉悟，可以起来行阶级斗争，我们底社会革命，共产主义，就有了十分的可能性了。"[②]1921年9月，沈定一在浙江萧山成立衙前农民协会，发起抗租减租运动。1922年7月，彭湃在广东海丰县成立农民协会，鼓励受压迫的农民联合起来反抗封建土地制度。同年11月，在陆丰召开的工农兵代表大会通过的《没收土地案》决定开展土地革命，并采取没收一切土地，统一分配的办法，实现"耕者有其田"。虽然这一政策存在着严重的"左"的错

---

① 薛暮桥：《中国农村经济常识》，上海新知书店1935年版，第26页。
② 中国社会科学院现代史研究室、中国革命博物馆党史研究室选编：《"一大"前后——中国共产党第一次代表大会前后资料选编（一）》，人民出版社1985年版，第207页。

误，不讲结果、四面出击，不利于团结一切可以团结的力量，然而，这些农民运动实践为党领导农民运动积累了经验。

经过实践积累和理论探索，党逐渐认识到农民是无产阶级的同盟者，在革命中具有重要地位。共产国际的指示精神为党解决农民土地问题提供了借鉴。1922年，共产国际在莫斯科召开了远东各国共产党及民族革命团体第一次代表大会，会上指出当前中国共产党的主要任务是认清组织农民的重要性，强调争夺大地主、大军阀的土地分给农民，在封建势力强大的中国具有决定性意义。1923年，党的三大通过《农民问题决议案》，明确指出中国革命的成功须彻底解决农民问题，并号召青年革命者参与到农民运动的宣传及调查中去。在大革命期间，许多共产党人认识到建立工农联盟的重要性。李大钊考察农民的经济状况后指出，"中国的浩大的农民群众，如果能够组织起来，参加国民革命，中国国民革命的成功就不远了"①。1926年5月，党领导召开的广东省第二次农民代表大会作出《农民运动在国民革命中之地位决议案》，明确提出："半殖民地的中国国民革命便是一个农民革命。""农民问题是国民革命中的一个中心问题，国民革命能否进展和成功，必以农民运动能否进展和成功为转移。"②毛泽东在考察湖南湘潭、湘乡、衡山等地的农民运动后撰文指出："国民革命需要一个大的农村变动，辛亥革命没有这个变动，所以失败了。现在有了这个变动，乃是革命完成的重要因素。"③中国共产党将解决农民问题视为北伐战争政纲的主干，并以广州为中心，逐步推行减租减息运动。同时，彭湃、毛泽东等人兴办农民运动讲习所，对农民运动的理论与方法进行系统总结与传授，着重培养领导农民运动的骨干人才。在农民运动的实践中，中国共产党人深化了对农民土地问题的理解，逐渐认识到农民才是中国革命的主力军，建立巩固好工农联盟才能取得革命胜利。

---

① 中国李大钊研究会编注：《李大钊全集（最新注释本）》第5卷，人民出版社2006年版，第85页。
② 《第一次国内革命战争时期的农民运动资料》，人民出版社1983年版，第287页。
③ 《建党以来重要文献选编（1921—1949）》第4册，中央文献出版社2011年版，第112页。

党以土地革命为中心展开革命斗争，在农村革命根据地的实践中尝试变封建土地所有制为农民土地所有制，形成了土地革命的路线、方针与政策。正确领导农民解决土地问题，正确地领导农民斗争，成为革命胜利的希望所在。1927年7月，中共中央发表《目前农民运动总策略》，指出中国革命在进入新阶段后要着力建设农民政权和农民武装，依靠土地革命和革命武装夺取政权。八七会议上，党中央确立土地革命为中国革命的中心任务，是中国革命新阶段的主要的社会经济内容，强调用"平民式"的、自下而上发动农民暴动的方式解决农民问题，进而解决中国革命问题。根据八七会议精神，在农村地区进行了土地革命斗争，其中最具代表性的是井冈山地区的土地革命。井冈山的土地斗争由"打土豪"和"分田地"两阶段组成。首先利用暴力革命的形式开展打土豪、分浮财、废高利贷、取消苛捐杂税的斗争，激起群众的革命热情，然后再分别实行分田试点、全面分田。为确保土地分配工作的顺利开展，毛泽东多次深入农民群众中进行调查研究，以确定没收土地的程度及分配土地的标准。1928年春，先在小范围内试点，6月后全面展开。根据土地革命经验，12月，毛泽东主持制定井冈山《土地法》，将土地没收分配的标准定为具体的9条14款，以法律形式肯定农民分得土地的神圣权利，否定了封建土地所有制。井冈山土地革命运动的胜利，使无地或少地的农民分得了土地，激发了农民生产的积极性，促进了农业生产的发展。但井冈山《土地法》也并非尽善尽美，毛泽东指出，井冈山《土地法》在夺取土地对象、土地所有权、土地买卖三方面有着原则性错误。1928年6月至7月，党的六大召开，会议在正确分析中国土地制度及农村阶级状况、基本矛盾的基础上，对当前的土地革命实践进行了总结探讨，基本统一党内关于土地问题的不同认识，推动了土地革命的发展。在党的六大精神指导下，1929年4月，毛泽东主持制定兴国县《土地法》，将井冈山《土地法》中规定的"没收一切土地"改为"没收一切公共土地及地主阶级的土地"[①]。随后，这一地区的土地革命迅速开展。

---

① 《建党以来重要文献选编（1921—1949）》第6册，中央文献出版社2011年版，第184页。

经过党的六大统一认识后的一年多的土地革命实践，各根据地土地革命广泛开展，全党对土地分配对象、具体办法、土地所有权等问题比之前更加明确，基本形成了一套比较切实可行的土地革命路线，即"依靠贫农、雇农，联合中农，限制富农，保护中小工商业者，消灭地主阶级，变封建、半封建土地所有制为农民的土地所有制；以乡为单位，按人口平均分配土地，在原耕地基础上，抽多补少，抽肥补瘦"的路线，全国各根据地农民的生产热情与革命热情日益高涨。土地革命的深入开展，使农民在政治上、经济上翻了身，农民生活有了改善，农村生产力得到发展，极大激发了革命的积极性。然而，囿于当时党内路线的摇摆，这一阶段党的土地政策因错误路线指导产生了偏差，出现严重的"左"倾现象。一些地区为彻底肃清封建半封建势力、巩固苏维埃政权，严格执行"地主不分田""富农分坏田"方针，发生严重侵犯中农利益、消灭富农经济的错误。遵义会议后，党的土地政策相应发生调整，这些错误得以纠正。

随着国内主要矛盾与阶级关系的变化，以及党的抗日民族统一战线策略的制定，减租减息政策成为党在抗日战争时期处理土地问题的基本政策。为团结大多数人参加抗日，党开始改变土地改革政策，对富农的土地及其他财产，除封建剥削部分外，采取保护政策。1935年12月召开的瓦窑堡会议在中央政治局会议作出的《关于改变对付富农策略的决定》基础上，指出："苏维埃人民共和国改变对待富农的政策。富农的财产不没收，富农的土地，除封建剥削之部分外，不问自耕的与雇人耕的，均不没收。乡村中实行平分一切土地时，富农有与贫农中农分得同等土地之权。"[①] 七七事变之后，洛川会议正式提出以减租减息作为抗战时期解决农民问题的基本政策。为表示联合各阶级坚决抗日的决心，巩固抗日民族统一战线的社会基础，中国共产党停止了没收地主土地的运动，在抗日根据地实行减租减息政策。实施这一政策有三个前提，即承认农民（包括雇农）是抗日与生产的基本力量；承认地主的大多数是有抗日要求的，一部分开明绅士是赞成民主改革的；承认资本主义生

---

① 《建党以来重要文献选编（1921—1949）》第12册，中央文献出版社2011年版，第542页。

产方式是中国现时比较进步的生产方式，而资产阶级，特别是小资产阶级与民族资产阶级，是中国现时比较进步的社会成分与政治力量。这三个前提有效地调节了农村各个阶级的利益，在调动农民参与抗战的积极性的同时，又可以在最大程度上联合富农、团结地主的力量进行抗日，巩固和发展了抗日根据地，把发展统一战线和解决农民问题很好地结合了起来。1942年初，中共中央连续作出《关于抗日根据地土地政策的决定》《关于如何执行土地政策决定的指示》，对减租减息政策及其执行办法作出了明确规定。经过广泛且深入实施减租减息政策，各抗日根据地中各个阶级的土地占有关系和经济地位发生了很大变化，团结了各个阶级、阶层，巩固了抗日民族统一战线，根据地经济也有了长足发展。

抗战胜利后，中国社会主要矛盾发生变化，党所领导的土地斗争也逐步由减租减息转变为没收、分配地主的土地，党的土地政策发生重要转变。抗日战争胜利后，中国人民普遍希望休养生息，重建家园，中国共产党从人民这一愿望出发，提出和平、民主、团结方针，力争实现和平建国。同时，面对国民党积极向解放区"收复失地"、夺取胜利果实的态势，中共中央决定继续贯彻执行中共七大提出的政治路线，即"放手发动群众，壮大人民力量，在我党的领导下，打败日本侵略者，解放全国人民，建立一个新民主主义的中国"①。在这一阶段，党在东北解放区继续实行减租减息的土地政策。1945年12月，中共中央发出《建立巩固的东北根据地》的重要指示，强调在东北农村地区发动农民群众，开展减租减息和生产运动。在新解放区的土地改革则从反奸清算运动开始。由于新解放区中相当一部分为对日反攻后收复的日占区，这些地区长期遭受反动势力的压迫，人民受旧思想束缚严重，对党的方针政策普遍持犹豫、观望态度。为此，党在新解放区首先开展反奸反特、清匪反霸、控诉与清算汉奸和特务等的群众运动，摧毁旧政权，建立民主政权，然后再转入大规模的群众性的减租减息运动。反奸清算运动通过政治斗争与经济斗争相结合的方式，抓住了新解放区的社会主要矛盾，赢得了群众

---

① 《毛泽东文集》第3卷，人民出版社1996年版，第303页。

的信任，建立了新的社会秩序，提高了人民群众保卫和建设解放区的积极性。在老解放区，则对减租减息法令进行了复查工作。

随着减租减息和反奸清算运动的深入发展，革命形势发生变化，已经不能满足农民对于解决土地问题的要求。为统一认识，更有力地领导和支持农民的革命行动，中共中央汇合各地农民运动的经验与干部意见，于1946年5月颁布《关于土地问题的指示》（简称"五四指示"），决定将减租减息的政策改为没收地主土地分配给农民。"五四指示"统一了各地干部对于土地问题的不同认识，打压了封建势力在农村的嚣张气焰，争取了社会舆论，使得各解放区能够更加放开手脚进行土地制度的变革。1947年7月至9月，中共中央工作委员会在西柏坡召开全国土地会议，通过《中国土地法大纲》，宣布"废除封建性及半封建性剥削的土地制度，实行耕者有其田的土地制度""废除一切地主的土地所有权"[①]等。《中国土地法大纲》确立了党在土地改革方面的总路线，全国进入了土地改革运动的高潮。1948年末，解放区一亿多农民获得了土地，解放战争期间的土地改革任务基本完成。土地改革的积极成果反哺了解放战争，农民群众踊跃参军参战，强有力地支持了解放战争。经过土地制度改革，中国的耕地面积、作物产量、农业技术等方面均有大幅提高，数以亿计的农民在政治上、经济上根本地翻了身，农村生产力、生产关系发生了本质性变化。

第三节　中国共产党对中国工业化道路的探求

自从中国沦入半殖民地半封建社会深渊，现代化问题便同中国的民族独立、国家统一等问题捆绑在一起，成为近代中国面临的基本问题和最紧迫的问题。对于近代中国来说，现代化即是摆脱半殖民地半封建状态下的旧政治、旧经济、旧文化，一改近代以来积贫积弱、受人欺辱、一穷二白的现状，快步追赶上时代的步伐。历史证明，工业化道路是一个国家走向繁荣富强的正

---

① 《建党以来重要文献选编（1921—1949）》第24册，中央文献出版社2011年版，第417页。

确道路。中国共产党从诞生时起，就向世人宣示，中国要实现工业化，就必须彻底反帝反封建，扫除工业化道路上的"拦路虎"，而且提出并在局部地区成功实践了新民主主义工业化道路，这些为新中国成立后的大规模工业化建设创造了条件和积累了宝贵经验。

一、使中国由农业国变为工业国

现代化的核心是实现工业化，并由工业化所带来的生产力、生产方式的大幅度进步，推动国家整体迈入现代化的历史进程。实现国家工业化是中国实现现代化的关键。为了完成历史赋予的重大使命任务，中国共产党人在新民主主义革命进程中，尤其在建设根据地过程中，把是否有利于中国工业化的发展作为制定政策的根本出发点之一，而且在不同革命时期的不断实践探索中，逐步形成了使中国稳步由农业国变为工业国的设想。

近代中国是一个经济落后的农业国家，社会生产力落后，立于其上的政治、文化、军事、社会也都不发达。要想走向富强，就必须变更经济社会发展的重心。走工业化道路，让中国由"落后"变为"先进"，是近代中国的革命志士们的共识，也是他们终其一生奋斗的重要目标。孙中山认为，人类社会要想获得发展，必然要走向工业化，他指出，人类社会"既由农业时代进而为工业时代"，"虽农业之发达可以有限，而工业之发达实乃无穷"。[1] 陈独秀认为，工业化是中国进步和发展的重要内容，他指出："我以为要想中国产业界资本雄厚可以同外国竞争，非由公共的力量强行把全国底资本都集合到社会的工业上不可。"[2] 不过，与孙中山不同，陈独秀还提出，中国要走工业化，一定要避免走西方国家的工业化道路，因为这对于中国来说，是条错路。陈独秀强调："欧、美、日本底社会危机，就是这个人的工业主义造出来的，我希望想'使地方进于治安之轨道中'的穆先生及其他企业家，千万别跟欧、美、日本人走这条错路！"[3] "中国底资本固然还没有集中到工业上，但是现在

---

[1] 《孙中山全集》第5卷，人民出版社2015年版，第127页。
[2] 《陈独秀文集》第2卷，人民出版社2013年版，第17页。
[3] 《陈独秀文集》第2卷，人民出版社2013年版，第18页。

已经起首了；倘然仍旧走欧、美、日本人的错路，前途遍地荆棘，这是不可预防的。"①在此基础上，毛泽东后来将这些主张加以系统化，并结合中国革命实际，逐渐形成一整套完整的新民主主义理论，其中包括新民主主义工业化的理论，提出了关于中国如何实现工业化的构想。

　　无产阶级是中国先进生产力和生产关系的代表，在中国革命中具有重要地位，是决定革命能否成功的领导力量。中国要实现工业化，与其他国家由资产阶级来领导不同，需要由无产阶级及其政党来领导。对于这一问题，毛泽东最先指出并进行了深入分析。毛泽东指出："工业无产阶级人数虽不多，却是中国新的生产力的代表者，是近代中国最进步的阶级，做了革命运动的领导力量。"②在近代中国，官僚买办资产阶级代表中国城乡资本主义生产关系的资产阶级的上层，他们是国际资产阶级的附庸，是帝国主义的仆从，他们与资本—帝国主义相勾结，出卖中国利益，阻挠中国先进生产力的发展，也阻挠中国独立实现工业化；民族资产阶级代表中国城乡资本主义生产关系的资产阶级的中层，他们诞生在半殖民地半封建的中国，在经济和政治上具有妥协性，对帝国主义和封建势力具有软弱性、依附性，在民主革命中具有动摇性，他们独自解决不了资产阶级民主革命需要解决的基本问题，不能成为民主革命的领导力量；小资产阶级代表中国城乡资本主义生产关系的资产阶级的下层，他们的政治经济地位决定了他们愿意拥护民主革命，是革命的同盟军，但是他们缺乏革命的彻底性、坚决性，在紧要关头往往会对革命产生怀疑，变得消极，甚至逃避。所以，领导资产阶级性质、开辟中国资本主义工业化道路的民族民主革命，"中国资产阶级是不能尽此责任的，这个责任就不得不落在无产阶级的肩上了"③。正是因为如此，毛泽东说："中国工人阶级的任务，不但是为着建立新民主主义的国家而斗争，而且是为着中国的工业化和农业近代化而斗争。"④

---

① 《陈独秀文集》第 2 卷，人民出版社 2013 年版，第 19 页。
② 《毛泽东选集》第 1 卷，人民出版社 1991 年版，第 8 页。
③ 《毛泽东选集》第 2 卷，人民出版社 1991 年版，第 674 页。
④ 《毛泽东选集》第 3 卷，人民出版社 1991 年版，第 1081 页。

近代中国要想走工业化道路，只能由无产阶级这一先进阶级来领导，然而资本—帝国主义国家不允许中国走上独立富强的道路。近代中国由于外国资本主义入侵，社会内部发生重大变化。起初，中国封建社会内部已经孕育资本主义萌芽，如果没有外国资本主义的影响，中国将缓慢发展到资本主义社会。但是由于外国资本主义入侵，改变了中国社会经济发展的进程。外国资本主义对中国社会经济产生两个方面的作用，一方面，破坏了中国自给自足的小农经济基础，也破坏了城市手工业和农村家庭手工业发展，另一方面，外国资本主义对中国城乡经济有一定的促进作用，推动了资本主义生产力和生产关系在中国的发展。毛泽东指出："这些情形，不仅对中国封建经济的基础起了解体的作用，同时又给中国资本主义生产的发展造成了某些客观的条件和可能。因为自然经济的破坏，给资本主义造成了商品的市场，而大量农民和手工业者的破产，又给资本主义造成了劳动力的市场。"① 但是，近代中国是一个半殖民地半封建的社会，外国资本主义和本国封建势力相互勾结压制中国资本主义的发展，因为，"帝国主义列强侵入中国的目的，决不是要把封建的中国变成资本主义的中国。帝国主义列强的目的和这相反，它们是要把中国变成它们的半殖民地和殖民地"②。中国要想像资本—帝国主义一样发展起强大的工业、走资本主义工业化道路，是不可能实现的。

中国革命的基本特点决定了"中国革命是世界革命的一部分"③。十月革命爆发和世界上建立起第一个社会主义国家之后，世界历史的方向改变了。马克思主义传入中国后，中国共产党得以诞生，自此，中国资产阶级民主主义革命属于新的资产阶级民主主义革命范畴，"而在革命的阵线上说来，则属于世界无产阶级社会主义革命的一部分了"④。"这种革命的殖民地半殖民地，已经不能当作世界资本主义反革命战线的同盟军，而改变为世界社会主义革命

---

① 《毛泽东选集》第 2 卷，人民出版社 1991 年版，第 626—627 页。
② 《毛泽东选集》第 2 卷，人民出版社 1991 年版，第 628 页。
③ 《毛泽东选集》第 2 卷，人民出版社 1991 年版，第 666 页。
④ 《毛泽东选集》第 2 卷，人民出版社 1991 年版，第 667 页。

战线的同盟军了。"① 毛泽东强调指出："然而这种革命，已经不是旧的、被资产阶级领导的、以建立资本主义的社会和资产阶级专政的国家为目的的革命，而是新的、被无产阶级领导的、以在第一阶段上建立新民主主义的社会和建立各个革命阶级联合专政的国家为目的的革命。"② 这就决定了中国革命的第一步或者第一个阶段是，"建立以中国无产阶级为首领的中国各个革命阶级联合专政的新民主主义的社会"③，即推翻帝国主义和封建主义的压迫。要实现这一任务，就要参与到世界革命当中来，"决不能离开社会主义国家和国际无产阶级的援助。这就是说，不能离开苏联的援助"④，变为世界革命的一部分。

在革命胜利后，中国必须大力发展工业、走工业化道路，毛泽东很早就认识到中国实现工业化的重要性。在土地革命时期，毛泽东将解决土地问题与发展工业联系在一起，认为解决土地问题的意义还在于以此为基础"发展中国工业"⑤。他将民主和工业放在同等重要位置，以突出强调中国发展努力的方向，他指出："由于半殖民地半封建的中国，是缺乏民主和工业的不统一的大国，武装斗争和以农民为主体的军队，是中国革命的主要斗争形式和组织形式。"⑥ 随着革命形势的发展，到了抗日战争时期，毛泽东逐渐认识到，打败日本侵略者、实现革命成功、建立政权和发展工业是紧密相关的，他强调，"要打倒日本帝国主义，必需有工业；要中国的民族独立有巩固的保障，就必需工业化"⑦。他意识到中国的大规模工业化必须要有稳定的国家政权作为政治保障，"没有独立、自由、民主和统一，不可能建设真正大规模的工业。没有工业，便没有巩固的国防，便没有人民的福利，便没有国家的富强"⑧。

---

① 《毛泽东选集》第 2 卷，人民出版社 1991 年版，第 668 页。
② 《毛泽东选集》第 2 卷，人民出版社 1991 年版，第 668 页。
③ 《毛泽东选集》第 2 卷，人民出版社 1991 年版，第 672 页。
④ 《毛泽东选集》第 2 卷，人民出版社 1991 年版，第 680 页。
⑤ 《毛泽东选集》第 2 卷，人民出版社 1991 年版，第 43 页。
⑥ 《毛泽东选集》第 3 卷，人民出版社 1991 年版，第 974 页。
⑦ 《毛泽东文集》第 3 卷，人民出版社 1996 年版，第 146 页。
⑧ 《毛泽东选集》第 3 卷，人民出版社 1991 年版，第 1080 页。

只有建立起新民主主义的国家，推行新民主主义的政治、经济、文化，为工业化发展扫清障碍，才能在中国实现国家工业化，进而推动中国走向独立和富强。毛泽东逐渐形成关于工业化的理论，提出了"使中国由农业国变为工业国"的目标，强调这是中国解放生产力，推动社会发展，实现人民利益的必由之路，这也是无产阶级的政党——中国共产党的历史使命。在抗日战争胜利前夕，他在党的七大上明确指出："中国一切政党的政策及其实践在中国人民中所表现的作用的好坏、大小，归根到底，看它对于中国人民的生产力的发展是否有帮助及帮助之大小，看它是束缚生产力的，还是解放生产力的。消灭日本侵略者，实行土地改革，解放农民，发展现代工业，建立独立、自由、民主、统一和富强的新中国，只有这一切，才能使中国社会生产力获得解放，才是中国人民所欢迎的。"[1]"解放中国人民的生产力，使之获得充分发展的可能性，有待于新民主主义的政治条件在全中国境内的实现。"[2]毛泽东强调，"在新民主主义的政治条件获得之后，中国人民及其政府必须采取切实的步骤，在若干年内逐步地建立重工业和轻工业，使中国由农业国变为工业国"[3]。随着革命形势的逐步明朗，中国发展工业化的目标也变得更为明确。1947年，毛泽东提出："中国人民的任务，是要在第二次世界大战结束、日本帝国主义被打倒以后，在政治上、经济上、文化上完成新民主主义的改革，实现国家的统一和独立，由农业国变成工业国。"[4]1949年，党的七届二中全会强调，党要"在革命胜利以后，迅速地恢复和发展生产，对付国外帝国主义；使中国稳步地由农业国转变为工业国，把中国建设成一个伟大的社会主义国家"[5]。要在中国建立独立而完整的工业体系，"只有待经济上获得了广大的发展，由落后的农业国变成了先进的工业国，才算最后地解决了这个问题"[6]。1949年6月，毛泽东在《论人民民主专政》中再次强调："我

---

[1] 《毛泽东选集》第3卷，人民出版社1991年版，第1079页。
[2] 《毛泽东选集》第3卷，人民出版社1991年版，第1081页。
[3] 《毛泽东选集》第3卷，人民出版社1991年版，第1080页。
[4] 《毛泽东选集》第4卷，人民出版社1991年版，第1245页。
[5] 《毛泽东选集》第4卷，人民出版社1991年版，第1437页。
[6] 《毛泽东选集》第4卷，人民出版社1991年版，第1433页。

们现在的任务是要强化人民的国家机器……以此作为条件，使中国有可能在工人阶级和共产党的领导之下稳步地由农业国进到工业国，由新民主主义社会进到社会主义社会和共产主义社会，消灭阶级和实现大同。"①

在新民主主义工业化理论不断形成过程中，中国共产党在革命根据地也进行了工业化发展实践，中央苏区、陕甘宁边区等在抗日战争时期、解放战争时期都十分强调发展工业，军事工业、棉纺织业、印刷工业、交通运输业等方面有所发展。东北地区由于具有相对较好的工业基础和较为齐全的工业门类，在解放后得到较快恢复和发展，工业化发展实践支持和保障了解放战争的胜利，培养了工业技术和管理人才，为革命胜利后新中国大规模工业化建设提供了经验。

使中国由农业国转向工业国的设想及其在局部地区的成功实践，为新中国成立后推动工业化快速发展打下了坚实基础。由此，中国的工业化道路以农业国国情为基础，以解决近代中国争取民族独立、人民解放和实现国家富强、人民幸福这两大历史任务为目标，是一条既不同于资本主义传统、也不同于苏联的中国式工业化道路。毛泽东在总结中国近代革命经验时指出："没有中国共产党的努力，没有中国共产党人做中国人民的中流砥柱，中国的独立和解放是不可能的，中国的工业化和农业近代化也是不可能的。"② 以毛泽东同志为主要代表的中国共产党人孜孜求索着中国式现代化道路。

二、建立一个"中华民族的新社会和新国家"

历史充分证明，任何一个国家的现代化都应以稳定的国家政权为前提，建立一个稳定的国家政权，提供一个和平安定有序的建设环境，是推行大规模工业化，进而推进国家整体现代化的关键。为领导中国的现代化发展，夺取新民主主义革命的完全胜利，中国共产党始终不渝地追寻着建立新的国家政权，不仅为成立一个新的中国提出完整的理论构想，同时在实践上进行着

---

① 《毛泽东选集》第 4 卷，人民出版社 1991 年版，第 1476 页。
② 《毛泽东选集》第 3 卷，人民出版社 1991 年版，第 1098 页。

各种充分准备，致力于建立一个"中华民族的新社会和新国家"。

政权问题是一切革命的根本问题，它决定着革命的发展和革命政策施行中所出现的一切问题。中国共产党早在 1922 年党的二大上，就明确提出"真正民主共和国"[①]，毛泽东后来指出，这个共和国是一个代表全国人民利益的共和国，因为"全国人民要求一个为他们自己谋利益的民主共和政府"[②]。自此，为了建立这个民主共和国，中国共产党围绕反帝反封建的民主革命纲领进行了一系列艰苦卓绝的斗争，终于在 1931 年 11 月，召开了中华苏维埃第一次全国代表大会。中华苏维埃共和国成立，由中国共产党领导的第一个具有国家形态雏形的中央红色政权诞生了，揭开了中国共产党人建设全国政权的序幕。同年 12 月 1 日，《中华苏维埃共和国中央执行委员会布告（第一号）》发布，宣告："从今日起，中华领土之内，已经有两个绝对不同的国家：一个是所谓的中华民国，他是帝国主义的工具，是军阀、官僚、地主、资产阶级用以压迫工农兵士劳动群众的国家。蒋介石、汪精卫等的国民政府，就是这个国家的反革命政权机关。一个是中华苏维埃共和国，是广大被剥削被压迫的工农兵士劳苦群众的国家。他的旗帜是打倒帝国主义，消灭地主阶级，推翻国民党军阀政府，建立苏维埃政府于全中国，为数万万被压迫被剥削的工农兵士及其他被压迫群众的利益而奋斗，为全国真正的和平统一而奋斗。"[③]中华苏维埃共和国的成立，标志着中国共产党领导的革命政权建设已发展成为国家形态，是中国共产党人领导人民大众建立新政权的伟大尝试，是中国共产党领导和管理国家的前奏曲。

在抗日战争全面爆发前的 1936 年，中国共产党依照建设全民族抗日统一战线的任务，提出了建立"统一的民主共和国"[④]，组成联合政府的设想。随着革命斗争形势的发展和政权建设的实践经验累积，以毛泽东同志为主要代表的中国共产党人不断进行探索，最终在《新民主主义论》中给出了明确回

[①] 《建党以来重要文献选编（1921—1949）》第 1 册，中央文献出版社 2011 年版，第 133 页。
[②] 《毛泽东文集》第 1 卷，人民出版社 1993 年版，第 429 页。
[③] 《建党以来重要文献选编（1921—1949）》第 8 册，中央文献出版社 2011 年版，第 728 页。
[④] 《毛泽东文集》第 1 卷，人民出版社 1993 年版，第 429 页。

答，即描绘了一个新民主主义社会制度的蓝图。1940 年，毛泽东发表《新民主主义论》，坚定回答了中国向何处去的问题，他指出："我们共产党人，多年以来，不但为中国的政治革命和经济革命而奋斗，而且为中国的文化革命而奋斗；一切这些的目的，在于建设一个中华民族的新社会和新国家。在这个新社会和新国家中，不但有新政治、新经济，而且有新文化。这就是说，我们不但要把一个政治上受压迫、经济上受剥削的中国，变为一个政治上自由和经济上繁荣的中国，而且要把一个被旧文化统治因而愚昧落后的中国，变为一个被新文化统治因而文明先进的中国。一句话，我们要建立一个新中国。"[①] "建设一个中华民族的新社会和新国家"，成为党此时的目标和任务。毛泽东还从政治、经济、文化三方面初步回答了"什么是新民主主义国家，怎样建设新民主主义国家"的问题。

在政治方面，这个新社会和新国家是一个无产阶级领导下的一切反帝反封建的人民联合专政的民主共和国。"国体——各革命阶级联合专政。政体——民主集中制。这就是新民主主义的政治，这就是新民主主义的共和国"[②]。在经济方面，这个新社会和新国家主要发展农业生产，同时注重发展工业生产和贸易等。国家经济将由国营经济、私营经济、合作社经济三部分组成，走"节制资本"和"平均地权"的道路，"并不没收其他资本主义的私有财产，并不禁止'不能操纵国民生计'的资本主义生产的发展"，"这个共和国将采取某种必要的方法，没收地主的土地，分配给无地和少地的农民"，"农村的富农经济，也是容许其存在的"。[③] 在文化方面，这个新社会和新国家挣脱帝国主义、封建主义文化思想的奴役，实行人民大众的反帝反封建的文化，即"民族的科学的大众的文化"。文化应当为新政治、新经济服务，新民主主义文化是民族的、科学的、大众的文化，是"无产阶级领导的人民大众的反帝反封建的文化"[④]。毛泽东描绘的未来新中国的美好蓝图，为中国革命指出了

---

① 《毛泽东选集》第 2 卷，人民出版社 1991 年版，第 663 页。
② 《毛泽东选集》第 2 卷，人民出版社 1991 年版，第 677 页。
③ 《毛泽东选集》第 2 卷，人民出版社 1991 年版，第 698 页。
④ 《毛泽东选集》第 2 卷，人民出版社 1991 年版，第 678 页。

前景光明的新道路，他强调："新民主主义的政治、新民主主义的经济和新民主主义的文化相结合，这就是新民主主义共和国"，"这就是我们要造成的新中国"。①新民主主义的前途是社会主义，而不是资本主义。

1945年，抗日战争即将胜利，中国共产党在"两个中国之命运"中争取光明的前途和命运，提出废除国民党一党专政独裁，积极推动各阶级联合的新政府的成立。毛泽东在党的七大上发表《论联合政府》的报告，再次强调了中国共产党对新政府的设想。毛泽东指出，当前"中国急需把各党各派和无党无派的代表人物团结在一起，成立民主的临时的联合政府，以便实行民主的改革，克服目前的危机，动员和统一全中国的抗日力量，有力地和同盟国配合作战，打败日本侵略者，使中国人民从日本侵略者手中解放出来"②。然后，"需要在广泛的民主基础之上，召开国民代表大会，成立包括更广大范围的各党各派和无党无派代表人物在内的同样是联合性质的民主的正式的政府，领导解放后的全国人民，将中国建设成为一个独立、自由、民主、统一和富强的新国家"③。他强调，这个国家是"一个以全国绝对大多数人民为基础而在工人阶级领导之下的统一战线的民主联盟的国家制度，我们把这样的国家制度称之为新民主主义的国家制度"④。而且，这个国家制度真正适合中国人口中最大多数的要求，即能够得到工人阶级、农民阶级、城市小资产阶级、民族资产阶级、开明士绅及其他爱国分子的同意。为了"走团结和民主的路线，打败侵略者，建设新中国"⑤，中国共产党积极促成中国政治协商会议的召开，针对政府组织、国民大会、和平建国纲领、宪法草案等多个问题展开讨论。中国共产党的民主建国尝试虽然因国民党的阻挠而失败了，但全国各界民主人士皆体会到中国共产党要和平、要民主的决心，主动向中国共产党靠拢，为之后由中国共产党领导的新生的人民政协的诞生奠定了基础。

---

① 《毛泽东选集》第2卷，人民出版社1991年版，第709页。
② 《毛泽东选集》第3卷，人民出版社1991年版，第1029页。
③ 《毛泽东选集》第3卷，人民出版社1991年版，第1029—1030页。
④ 《毛泽东选集》第3卷，人民出版社1991年版，第1056页。
⑤ 《毛泽东选集》第3卷，人民出版社1991年版，第1030页。

解放战场上的决定性胜利，使中国共产党进一步思考建设人民民主国家的历史必然性以及新中国的政权性质和基本政策。1949年3月，党的七届二中全会召开，全面分析了新民主主义社会的经济状况和若干基本矛盾，并根据党的工作重心由乡村转移到城市这一重大战略调整，提出即将诞生的新中国应先重视城市的生产建设工作，再由城市领导乡村建设，即进入由城市领导乡村的建设时期。全会强调，党要着手进行建设，将恢复和发展城市中的生产作为中心任务，城市中的其他工作，都必须围绕生产建设这个中心工作并为这个中心工作服务。党的七届二中全会确立的是革命胜利后建设新民主主义国家的蓝图，对新中国的各项建设具有指导作用。会后，中共中央及其所属机构由西柏坡迁至北平。中国共产党领导人民创建国家政权进入了一个新的阶段。

在革命即将取得胜利的形势下，召开新的政治协商会议和成立一个民主联合政府的一切条件，都已具备。在中国共产党的发起和领导下，1949年6月15日，在北平召开了新政治协商会议筹备会第一次全体会议，各民主党派、各人民团体、各界民主人士及国内少数民族、海外华侨等代表人士参加。会议选出毛泽东、朱德等21人组成筹备会常务委员会，下设六个小组。在常委会领导下，各小组很快完成了新政协召开和建立民主联合政府等的准备工作。但是，这个即将诞生的新中国是一个什么性质的国家？这个国家中各个阶级的地位和相互关系是什么，这个国家的前途是怎样的，等等，一系列问题需要作出回答。1949年6月，毛泽东发表《论人民民主专政》，阐明资产阶级的民主主义让位给工人阶级领导的人民民主主义、资产阶级共和国让位给人民共和国的历史必然性，提出人民民主专政理论。毛泽东指出，在现阶段，中国人民指的是工人阶级、农民阶级、城市小资产阶级和民族资产阶级。工人阶级是领导阶级，工人阶级和农民阶级的联盟是基础性力量，"由新民主主义到社会主义，主要依靠这两个阶级的联盟"[①]。由于中国经济落后，中国现代工业在整个国民经济中的比重还很小，所以民族资产阶级有很大的重要性，

---

① 《毛泽东选集》第4卷，人民出版社1991年版，第1478—1479页。

但不能充当革命的领导者，也不应当在国家政权中占主要地位。"这些阶级在工人阶级和共产党的领导之下，团结起来，组成自己的国家，选举自己的政府，向着帝国主义的走狗即地主阶级和官僚资产阶级以及代表这些阶级的国民党反动派及其帮凶们实行专政……对于人民内部，则实行民主制度……这两方面，对人民内部的民主方面和对反动派的专政方面，互相结合起来，就是人民民主专政"[①]。毛泽东强调，无产阶级建立自己的国家政权，要强化人民的国家机器，有步骤地解决国家工业化问题，"使阶级、国家权力和政党很自然地归于消灭，使人类进到大同境域"[②]，最终实现共产主义。这是中国社会前进的方向。毛泽东关于人民民主专政的理论，是对马克思列宁主义国家学说的丰富和发展，为新中国的建立奠定了理论和政策的基础。

第四节 新民主主义革命胜利与人民当家作主的新中国

近代中国社会的主要矛盾是帝国主义和中华民族的矛盾、封建主义和人民大众的矛盾。因此，要想解决民族危机，将中国引向正确发展轨道，就必须先完成民族独立、人民解放的历史任务。中国共产党自觉担负起救亡与进步的任务，奋力开展反帝反封建斗争。尽管因客观历史条件限制，在新民主主义革命时期，中国共产党并不能大规模开展现代化建设，但领导中国人民浴血奋战、百折不挠，创造了新民主主义革命的伟大成就，为新中国的建立奠定了根本政治基础和经济基础。1949年，新中国成立，中国发展开启了历史新纪元。

一、新民主主义革命的全国性胜利

在中国共产党开创出新民主主义革命道路之后，红军和革命根据地开始发展壮大，引起国民党蒋介石的恐慌，于是调动兵力大规模"围剿"红军。

[①] 《毛泽东选集》第4卷，人民出版社1991年版，第1475页。
[②] 《毛泽东选集》第4卷，人民出版社1991年版，第1469页。

此时，日本帝国主义开始武装侵略中国。1931年，九一八事变爆发，中华民族和日本帝国主义的矛盾逐渐变得特别突出和尖锐，超越国内阶级矛盾上升为主要矛盾，中国的政治形势发生深刻变化。日本侵华战争，是日本企图灭亡中国、变中国为其独占殖民地的帝国主义侵略战争。在这一严重危机面前，反对日本侵略的民族民主革命斗争，抗击侵略、救亡图存，成为中国人民的首要任务。

面对日本侵入中国东北，国民党妥协退让，蒋介石提出"攘外必先安内"的方针，并电告东北军："日军此举不过寻常寻衅性质，为免除事件扩大起见，绝对抱不抵抗主义"①。在这民族危机的严重关头，中国共产党率先举起武装抗日旗帜。中共中央、中华苏维埃共和国临时中央政府多次发表宣言、作出决议，号召工农红军和被压迫民众反抗日本侵略者的野蛮行径，把日本帝国主义驱逐出中国去。在九一八事变发生两天后，1931年9月20日，中共中央发表《中国共产党为日本帝国主义强暴占领东三省事件宣言》，提出："反对日本帝国主义强占东三省！立刻撤退占领东三省的海陆空军！自动取消一切不平等条约！"②1932年4月15日，中华苏维埃共和国临时中央政府正式对日宣战，领导全中国工农红军和广大被压迫民众，"以民族革命战争，驱逐日帝国主义出中国，反对帝国主义瓜分中国，彻底争得中华民族真正的独立与解放。"③中共中央在东北三省积极组织并领导抗日武装斗争，中共满洲省委和各地党组织在东北地区相继创建了十多支抗日游击队。1936年2月，全东北抗日军队的名称统一，东北抗日联军总司令部成立。此后，东北抗日联军发展为11个军，3万余人，有力打击了日本在东北地区的殖民统治。1935年华北事变后，中国共产党提出应建立广泛的抗日民族统一战线。1935年12月，中共中央在瓦窑堡召开扩大会议，提出，"党的任务就是把红军的活动和全国的工人、农民、学生、小资产阶级、民族资产阶级的一切活动汇合起来，成为

---

① 《张学良关于日军侵占东北三省的经过给国民党中央电》，《民国日报》1931年9月27日，第1版。
② 《建党以来重要文献选编（1921—1949）》第8册，中央文献出版社2011年版，第549页。
③ 《建党以来重要文献选编（1921—1949）》第9册，中央文献出版社2011年版，第245页。

一个统一的民族革命战线"①。1936年8月，中共中央公开发表《中国共产党致中国国民党书》，再次呼吁停止内战，建立抗日民族统一战线。1936年12月，西安事变爆发，在中共中央和周恩来等人的努力下，蒋介石接受"停止内战、联共抗日"等六项主张，为抗日民族统一战线的建立准备了必要前提。

1937年七七事变爆发，抗击侵略、救亡图存成为中国各党派、各民族、各阶级、各阶层、各团体以及海外华侨华人的共同意志和行动，中国进入全民族抗战阶段。1937年9月，国民党中央通讯社发表《中共中央为公布国共合作宣言》，承认中国共产党的合法地位，抗日民族统一战线正式建立。争取抗战胜利的关键，在于充分动员和依靠人民群众，实行民主、改善民生，在于使已经发动的抗战发展为全面的全民族抗战。1937年8月，中共中央在陕北洛川召开政治局扩大会议，通过《中国共产党抗日救国十大纲领》，党的全面抗战路线正式形成。党的全面抗战路线把实行全民族抗战与实行人民民主、改善人民生活结合起来，把反抗侵略与推进社会进步结合起来，成为引领全民族发展与进步的指南。抗战是一场艰苦的持久战，为动员和组织人民进行全面抗战，党提出持久战的战略总方针。1938年5月，毛泽东撰写《论持久战》，指出中国必须、也能够经过持久抗战取得最终胜利，科学预见持久战将经过战略防御、战略相持和战略反攻三个阶段，强调"兵民是胜利之本"②，"战争的伟力之最深厚的根源，存在于民众之中"③。党提出的持久战的战略总方针指明了争取抗战胜利的正确道路，坚定了人民争取抗战胜利的信心和决心，指引全民族抗战一步步走向胜利。

中国共产党坚持不懈地追求着民族独立与人民解放。在艰苦的抗日战争中，中国共产党以卓越的政治领导力和正确的战略策略，指引中国抗战的前进方向，始终勇敢战斗在抗日战争最前线，支撑起中华民族救亡图存的希望，是全民族抗战的中流砥柱。

抗战的胜利，是中国自近代以来第一次取得反侵略战争和民族解放战争

---

① 《毛泽东选集》第1卷，人民出版社1991年版，第151页。
② 《毛泽东选集》第2卷，人民出版社1991年版，第509页。
③ 《毛泽东选集》第2卷，人民出版社1991年版，第511页。

的完全胜利，中国人民终于在逾百年的黑暗后迎来了希望的曙光。抗战的胜利，是中华民族走向复兴的历史转折点，为新民主主义革命的彻底胜利和新中国的创建奠定了坚实基础。

在抗战胜利后，中国人民热切希望和平、民主，建设一个新的中国。中国共产党反映人民的要求，为争取全国范围内的和平民主进行了种种努力。虽然战后国际国内政治形势对中国人民实现和平建设新中国比较有利，但是，国民党统治集团的目标是"要使抗战胜利后的中国仍然回到抗战前老样子"①。为此，蒋介石接连发送三封电报邀请毛泽东赴重庆"共同商讨""目前各种重要问题"。毛泽东指出，蒋介石所组建的联合政府形式是"独裁加若干民主的"，是实现新民主主义的中国所必须要有的弯路。这种形式的政府，"我们还是要参加进去，进去是给蒋介石'洗脸'，而不是'砍头'……走这个弯路将使我们党在各方面达到更成熟，中国人民更觉悟，然后建立新民主主义的中国"②。毛泽东不顾个人安危，亲率代表团前往重庆进行和平谈判。毛泽东的举动，让全世界人民进一步认清了中国共产党追求和平的真诚愿望。会谈期间，毛泽东积极会见民主人士和国民党各派人员，向他们传递了共产党追求和平的心愿。1945年10月，国共双方签订《政府与中共代表会谈纪要》，即"双十协定"，国民党口头承认"和平建国的基本方针"，同意"长期合作，坚决避免内战，建设独立、自由和富强的新中国"。③1946年1月，中国共产党、中国国民党、中国民主同盟、中国青年党等党派共38位代表在重庆召开政治协商会议，通过了关于政府组织、国民大会、和平建国纲领、宪法草案、军事问题等项协议案。规定改组国民党一党政府，成立政府委员会为最高国务机关，委员的一半由国民党以外的人士充任；立法院为相当于议会的最高国家立法机关，由选民直接选举产生；行政院为最高行政机关，并对立法院负责。协议规定，中央与地方分权，省为地方政府自治的最高单位，省长民选等。这次政协协议的内容还不是新民主主义性质的，但是有利于冲破国民党

---

① 《毛泽东选集》第4卷，人民出版社1991年版，第1129页。
② 《毛泽东文集》第4卷，人民出版社1996年版，第7页。
③ 《毛泽东选集》第4卷，人民出版社1991年版，第1163页。

一党专政独裁，实行民主政治，有利于和平建国，受到人民的热烈欢迎。中国共产党准备严格履行这些协议，政协会议闭幕后的第二天，中共中央发出党内指示，指出："从此中国即走上了和平民主建设的新阶段。"全党要"准备为坚决实现这些决议而奋斗"①。然而，国民党对于和平谈判毫无诚意，只是"拖延谈判时间，积极准备内战"。在1946年6月完成战争准备后，悍然向解放区发动全面进攻。

中国共产党在努力争取和平民主局面的同时，保持高度警惕，没有放弃进行自卫战争的必要准备。毛泽东尖锐地指出，"蒋介石对于人民是寸权必夺，寸利必得。我们呢？我们的方针是针锋相对，寸土必争"②。中国共产党给予国民党反动派以坚决打击，制定了正确的政治方针和军事原则。随着解放战争的胜利推进，国民党统治区的人民也掀起了声势浩大的爱国民主运动，学生运动、工人运动、农民运动等风起云涌，逐步形成配合人民解放战争的第二条战线。国民党为了维护摇摇欲坠的统治，镇压各民主党派和爱国民主力量。1948年1月，民盟一届三中全会召开，确认中国共产党"值得每个爱国的中国人赞佩"，表示"今后要与他们携手合作"③。在中国共产党的推动和帮助下，其他民主党派也陆续表示愿意参加新民主主义革命的立场。这些事实表明，国民党政府不仅在军事战线上，而且在政治战线上，都打了败仗。1949年4月23日，解放军占领南京，国民党反动统治覆灭。中国共产党最终取得了解放战争的胜利，中国人民盼望已久的和平终于到来。

二、中国人民政治协商会议第一届全体会议召开与新中国成立

经过28年的浴血奋斗，中国共产党领导全国各族人民创造了新民主主义革命的伟大成就，建立了人民当家作主的新中国，实现了民族独立、人民解放，彻底结束了旧中国半殖民地半封建社会的历史。新中国的成立，标志着中

---

① 《建党以来重要文献选编（1921—1949）》第23册，中央文献出版社2011年版，第104页。
② 《毛泽东选集》第4卷，人民出版社1991年版，第1126页。
③ 中国民主同盟中央文史资料委员会编：《中国民主同盟历史文献（1941—1949）》，文史资料出版社1983年版，第376页。

国人民从此站起来了，成为自己和国家命运的真正主人。

新中国的成立与全国各界民主人士的支持密不可分。1948年"五一"前夕，中共中央发布"五一"口号，号召全国"各民主党派、各人民团体、各社会贤达迅速召开政治协商会议，讨论并实现召集人民代表大会，成立民主联合政府"①，得到民主党派和广大无党派民主人士的积极响应。1949年1月，以李济深、沈钧儒为首的民主党派的领导人和著名的无党派民主人士联合发表对时局的意见，明确宣告，"愿在中共领导下，献其绵薄，共策进行，以期中国人民民主革命之迅速成功，独立、自由、和平、幸福的新中国之早日实现。"②1949年6月，新政协筹备会议开幕，来自中国共产党、各民主党派、人民团体以及无党派人士的23个单位或界别、134位代表齐聚北京，共同商讨有关中国人民政治协商会议的召开事宜以及新中国的成立细则和具体方法。筹备会起草了《中国人民政治协商会议共同纲领》《中国人民政治协商会议组织法》以及《中华人民共和国中央人民政府组织法》三个重要文件。9月，经过认真讨论和周密筹备，基本通过《中国人民政治协商会议共同纲领（草案）》等三个文件草案，并确定将新政协会议定名为"中国人民政治协商会议"。人民政协是党把马克思列宁主义统一战线理论、政党理论、民主政治理论同中国实际相结合的伟大成果，是党领导各民主党派、无党派人士、人民团体和各族各界人士在政治制度上进行的伟大创造。

1949年9月21日，中国人民政治协商会议第一届全体会议召开。毛泽东在致开幕词时说："现在的中国人民政治协商会议是在完全新的基础之上召开的，它具有代表全国人民的性质，它获得全国人民的信任和拥护。""我们的工作将写在人类的历史上，它将表明：占人类总数四分之一的中国人从此站立起来了。"③9月27日，会议通过了《中国人民政治协商会议组织法》《中华人民共和国中央人民政府组织法》和中华人民共和国国都、纪年、国歌、国

---

① 《毛泽东选集》第4卷，人民出版社1991年版，第1349页。
② 中国民主同盟中央文史资料委员会编：《中国民主同盟历史文献（1941—1949）》，文史资料出版社1983年版，第505页。
③ 《毛泽东文集》第5卷，人民出版社1996年版，第343页。

旗四个决议案，决定：以北平为首都，将北平改名为北京；采取公元纪年；国歌暂定为《义勇军进行曲》；国旗为五星红旗。9月29日，又通过了《中国人民政治协商会议共同纲领》《中央人民政府副主席和全体委员名额》《关于选举中国人民政治协商会议全国委员会和中央人民政府委员会的规定》等三个议案。9月30日，会议选举出毛泽东为中央人民政府主席。

《共同纲领》第一章"总纲"第一条中规定，"中华人民共和国为新民主主义即人民民主主义的国家，实行工人阶级领导的、以工农联盟为基础的、团结各民主阶级和国内各民族的人民民主专政，反对帝国主义、封建主义和官僚资本主义，为中国的独立、民主、和平、统一和富强而奋斗"[①]。这一国体决定了国家的根本性质，决定了社会各阶级在国家中所处的地位，即工人阶级、农民阶级、小资产阶级、民族资产阶级和其他爱国分子是人民的范围，他们组成统一战线，对其他阶级实行专政。《共同纲领》在全国人民代表大会召开并制定宪法前，是具有临时宪法性质的重要文件，规定了中华人民共和国的国家性质以及国家政治、经济、军事、文化教育、民族、外交等各个领域的基本方针和政策，勾勒出新中国未来发展的清晰轨迹。它以法律的形式回答了在推翻帝国主义、封建主义和官僚资本主义反动统治后的中国，应该建立一个什么样的新国家和怎样建立一个新国家的重大问题，是新中国成立初期国家活动的基本准则。《共同纲领》奠定了中华人民共和国成立初期国家根本政治制度的法律基础，连同《中央人民政府组织法》《中国人民政治协商会议组织法》，在新中国国家政权制度建设和民主法制建设上是具有开创和奠基意义的历史性文献。

1949年10月1日下午2时，中央人民政府委员会第一次会议在中南海勤政殿召开，中央人民政府主席毛泽东率全体政府委员宣布就职，接受《共同纲领》为本政府施政方针。会议任命周恩来为政务院总理兼外交部部长，毛泽东为中国人民革命军事委员会主席，朱德为人民解放军总司令，沈钧儒为最高人民法院院长，罗荣桓为最高人民检察署检察长。根据《中华人民共和

[①] 《建国以来重要文献选编》第1册，中央文献出版社1992年版，第2页。

国中央人民政府组织法》中央人民政府委员会对外代表中华人民共和国，对内领导国家政权。中央人民政府委员会组织政务院，政务院是最高执行机关，表明中央政府是两级体制。10月19日，中央人民政府委员会举行第三次会议，任命董必武、陈云、郭沫若、黄炎培为政务院副总理，谭平山等15人为政务委员，李维汉为政务院秘书长。会议并任命政务院所属各部、委、会、院、署、行的负责人175人。10月21日，政务院宣告成立。

随着中央人民政府的建立，新解放区的地方各级人民政权也逐步建立起来。由于当时尚不具备召开人民代表大会选举人民政府的条件，地方各级人民政府的产生采取逐步过渡的办法。一般都是先建立军事管制委员会，接管国民党政府的一切公共机关，维护社会秩序，组织恢复生产。在条件允许后，召集各界人民代表会议，代行人民代表大会职权，选举产生地方人民政府。1950年1月，政务院先后发布省、市、县人民政府组织通则。12月，政务院发布区、乡（行政村）人民政府组织通则，将区、乡确定为基层政权。各级政府组织通则，规定地方各级人民政府的隶属关系、机构、组成和职权，使地方各级政权的建立具备初步的法规依据，形成省（市）、县、乡的地方行政体系。新中国成立初期，为保证中央政令的统一和贯彻执行，在国家行政层次上还实行过大行政区制度（初期称大行政区军政委员会），即在中央与省之间设立东北、西北、华东、中南、西南五大行政区。各大行政区人民政府委员会是所辖省（市）高一级的地方政权机关，同时又是中央人民政府政务院领导地方政府工作的代表机关。大行政区于1954年撤销。

人民当家作主的新中国的诞生，具有伟大而深远的历史意义。新中国的成立，实现了近代以来中国人梦寐以求的民族独立、人民当家作主，彻底改变了近代以后100多年中国积贫积弱、受人欺凌的悲惨命运，"彻底结束了旧中国半殖民地半封建社会的历史，彻底结束了极少数剥削者统治广大劳动人民的历史，彻底结束了旧中国一盘散沙的局面，彻底废除了列强强加给中国的不平等条约和帝国主义在中国的一切特权"[①]，实现了中国从几千年封建专制

---

① 《中国共产党第十九届中央委员会第六次全体会议公报》，人民出版社2021年版，第5页。

政治向人民民主的伟大飞跃，中华民族走上了实现伟大复兴的壮阔道路。

没有共产党，就没有新中国，就没有新中国的繁荣富强。坚持党的领导，是中华民族的命运所系。党始终坚守初心使命，矢志为中国人民谋幸福、为中华民族谋复兴，坚持把远大理想和阶段性目标统一起来。党领导人民夺取新民主主义革命伟大胜利，成立新中国，推动中国发展从此开启了新纪元。新中国的建设和发展从此在党的领导下坚定不移走上社会主义发展道路，中国人民、中华民族从此朝着实现中国式现代化的光明前景团结奋斗。

第二章
中国式现代化的奠基

实现国家工业化,是党领导各族人民实现国家独立和富强,使中国能够自立于世界民族之林的必由之路。毛泽东早就讲过:"没有工业,便没有巩固的国防,便没有人民的福利,便没有国家的富强。"经过头三年的制度变革、经济改组和社会改造,到1952年,国民经济得到全面恢复,民主建政和社会文化建设取得巨大成就。在党的过渡时期总路线指引下,我国开始了以实施第一个五年计划为中心的大规模经济建设,新中国工业化由此起步。尽管新中国工业化起步点很低,但是走出了一条与西方工业化国家完全不同的道路。党的领导、科学社会主义本质先进性、符合国情的正确决策、集中力量办大事的体制优势、工人阶级主人翁作用、全体人民广泛参与等特点,表现出社会主义工业化的强大优越性。1956年"一五"计划提前完成,积累了宝贵的经验,为中国式现代化奠定了基础。

第一节 新中国工业化的经济基础

土地改革在全国基本完成,从根本上铲除了中国封建制度的根基,带来了农民生产积极性的大提高、农村生产力的大解放、农村经济的大发展,为我国实现社会主义工业化扫清了障碍。没收官僚资本,人民政权掌握了国家的经济命脉,社会主义性质的国营经济在整个国民经济中居于主导地位,是工业化的必要前提。国民经济全面恢复,现代工业的比重有所上升,为我国开始由农业国逐步转变为工业国打下了基础。三大改造完成，社会主义经济制度的建立，为我国工业化的起飞增添了助力。

一、农村土改消灭了封建剥削制度

新中国成立时，还有占全国人口一多半的新解放区尚未完成土地改革。据国家统计局公布的统计资料，全国土地改革前在农村占农户总数不到4.75%的地主，占有总耕地的32.3%，而占全国农户52.3%的贫农、雇农，仅占有耕地总数的14.2%。地主人均占有耕地为贫雇农的二三十倍，农村存在着大量无地和少地的农民。这种状况严重阻碍农村经济和中国社会的发展。广大农民迫切要求进行土地改革，获得土地。

1950年，中央人民政府颁布《中华人民共和国土地改革法》，它规定废除地主阶级封建剥削的土地所有制，实行农民的土地所有制。由于当时的社会环境和阶级力量发生了根本改变，《土地改革法》在具体政策上与老解放区的土地改革相比有若干重要修改：第一，对富农由征收多余土地财产的政策改为保存富农经济的政策；第二，对中农的土地由彻底平分改为完全不动，提高小土地出租者保留土地的标准；第三，对地主，只没收土地、耕畜、农具、多余粮食及其在乡村多余的房屋，其他财产不予没收。这些政策有利于保护中农和团结民族资产阶级，有利于社会的稳定和工商业的发展，有利于减少土地改革的阻力。

随后，政务院又相继颁布《农民协会组织通则》《人民法庭组织通则》《关于划分农村阶级成分的决定》等法规政策，以保证《土地改革法》的具体实施。

在中国共产党的统一领导下，从1950年秋季开始，土地改革运动在新解放区陆续展开，中央及地方各级均设立土地改革委员会，指导土地改革运动。在土地改革过程中，各地还组织了由党政军干部、民主人士、知识分子等组成的土改工作队，经过培训后协助农民协会开展土地改革工作。

新解放区的土地改革有三个主要特点：第一，因地制宜，针对不同地区的不同情况分批进行；第二，放手发动群众，贯彻执行"依靠贫农、雇农，团结中农，中立富农，有步骤地有分别地消灭封建剥削制度，发展农业生产"的土地改革路线和政策，反对用行政命令的方法把土地"恩赐"给农民的"和平土改"；第三，建立广泛的统一战线，最大限度地孤立地主。

到1952年底，除部分少数民族地区和台湾地区外，全国土地改革基本完成。连同老解放区在内，完成土地改革的农业人口占全国总人口的90%以上，共没收了地主阶级约7亿亩土地，分给3亿多无地少地的农民，免除了土地改革前农民每年向地主缴纳的约700亿斤粮食的地租。

土地改革是中国几千年来在土地制度上从未有过的最彻底的改革，是近代以来中国人民反对封建主义斗争取得胜利的历史性标志。它从根本上铲除了封建制度的根基，第一次实现了"耕者有其田"。在土地改革中建立了农村基层政权，促进了工农联盟，加强了人民民主专政。土地改革带来了农村生产力的解放，为社会主义改造和社会主义建设创造了有利条件，为我国实现社会主义工业化扫清了障碍。

二、没收官僚资本企业为社会主义国营企业

官僚资本是指在半殖民地半封建的旧中国地主买办资产阶级凭借政权的力量发展起来的国家垄断资本。在国民党反动统治的22年里，特别是抗战胜利以后，官僚资本迅速膨胀，控制了全国银行总数的70%和产业资本的80%，以及全部的铁路、公路、航空运输和44%的轮船吨位。因此，没收官僚资本为人民的国家所有，是完成新民主主义革命任务的必然要求，也是国家掌握经济命脉、恢复国民经济和发展国营经济的重要前提。

没收官僚资本的主要方式，是依据1948年11月解放沈阳时创造的"各按系统，自上而下，原封不动，先接后分"经验，对一时来不及接管或尚无能力接管的企业，暂时委托原管理人负责管理，照常经营。如原管理人已离开，企业处于停业状态，则由人民政府委任经理或厂长，同工人一起进行管理。这样，既做到了快（一般在两三个月内即完成），又防止了乱，基本上没有发生生产停顿或破坏设备的现象。

到1949年底，合计接管官僚资本的金融企业2400余家、工矿企业2858

家。截至 1952 年，全国国营企业固定资产原值为 240.6 亿元，其中大部分为没收官僚资本企业的资产。这些资产收归人民的国家所有，构成新中国成立初期国营经济物质技术基础的最主要部分。

由于接管官僚资本企业时执行"原封不动"的政策，接收后还没有来得及对其进行改造，因此，有必要在国营企业中进行民主改革。首先，清理残余的反动党团组织及反革命分子，彻底废除搜身制、封建把头制等旧制度，建立党、团、工会组织，发动群众，依法严惩大把头、大恶霸。其次，普遍进行管理制度的改革，把一批在群众中有威信的工人和职员提拔到行政和生产管理领导岗位，建立工厂管理委员会和职工代表会议制度，推行企业管理民主化，改革不合理的规章制度，建立生产责任制、质量检验制等生产管理制度和经济核算制。1950 年 6 月颁布的《中华人民共和国工会法》，对于企业管理制度、劳动条件、工资福利、劳动仲裁等有关问题，赋予法律解释和依据，社会主义新型生产关系开始建立起来。

官僚资本企业较完整地转变为社会主义国营企业，使人民共和国掌握了国家的经济命脉，使社会主义性质的国营经济在整个国民经济中居于主导地位。这是实现社会主义工业化的必要前提。

三、国民经济恢复为大规模经济建设打下基础

旧中国经济本来极其落后，14 年日本侵华战争和 3 年多国民党反动派发动的内战，更使它遭到严重破坏。1949 年同当时历史上最高水平相比，工业总产值减少一半。根据联合国"亚洲及太平洋社会委员会"统计，1949 年中国人均国民收入 27 美元，不足亚洲平均水平 44 美元的三分之二，不足印度 57 美元的一半。在这种情况下，要变农业国为工业国，必须首先集中力量恢复国民经济。为此，党和国家确定了"公私兼顾、劳资两利、城乡互助、内外交流"的方针全力恢复经济。

恢复国民经济的工作千头万绪，农业的恢复是一切部门恢复的基础。新解放区土地改革完成以后，人民政府立即把恢复生产作为农村工作的中心任务来抓，鼓励农民扩大耕地面积，选用良种，增施肥料。为了解决缺乏牲畜、

农具和资金的个体经营的困难，党和政府提倡农民"组织起来"，按照自愿和互利的原则，开展劳动互助。国家从财政上尽可能多地安排农用资金，优先安排农用物资的生产和供应。同时，国家还相应调整农产品的收购价格，降低农业税，推广农业生产技术和良种等，扶持农业生产。在土地改革中，亿万农民焕发出前所未有的生产积极性，为农业的恢复和发展注入了新的活力。

水利是农业的命脉。1950年夏，安徽、河南连降大雨，淮北地区灾情严重，百年不遇。毛泽东连续批转3份关于淮北灾情的报告，并提出"一定要把淮河修好"。首期治淮工程赶在1951年洪水到来之前完成，初步发挥了抗洪和灌溉功能，淮河流域农业获得空前丰收。以往水灾频繁的沂河、沭河地区得到治理，也获得多年未有的丰收。水利建设成绩突出，1952年水利建设投资相当于国民党统治时期水利经费最多年份的52倍。全国水利建设工程完成的土方，相当于挖掘10条巴拿马运河或23条苏伊士运河。

交通特别是铁路运输的恢复，也是摆在优先地位的。1949年，全国能够勉强维持通车的铁路仅1.1万公里，而且无一条能够全线通车。广大铁路职工和铁道兵指战员在"解放军打到哪里，铁路就修到哪里"的口号下，修复了主要铁路线路。到1949年底，全国通车的铁路已近2.2万公里。到1952年底，铁路的营业里程增加到22876公里。在财政经济非常困难的条件下，国家在1950年毅然作出建设新铁路线的决策，先后动工兴建成渝线（成都至重庆）、天兰线（天水至兰州）和湘桂线的来镇段（来宾至镇南关）。新铁路的兴建，对活跃西南、西北物资交流，改善全国铁路布局，起到了重大作用。1950年，政务院决定动工兴建通向世界屋脊的康藏公路（今川藏公路）和青藏公路，其中康藏公路康定至昌都段于1952年11月提前通车。全国公路的通车里程，在1949年仅为5.4万公里，到1952年超过13万公里。交通运输的恢复和发展为国民经济全面恢复创造了有利条件。

为工业的恢复和发展，国家制定和实施了以恢复和发展国计民生急需的矿山、钢铁、动力、机器制造和主要化学工业为重点的一系列措施。主要有：增加对重工业和化学工业的投资，约占国家投资总额的34.5%。执行以恢复东北工业生产为主、兼顾内地工业布局的政策。国家还抽出一部分资金，有计划地新建一批急需的工业企业，如阜新海州露天煤矿、本溪煤铁公司、山西重型机械厂等。同时，恢复和增加轻工业生产，以满足人民日常消费的需要。

到 1952 年底，经过全国人民三年多的艰苦奋斗，新中国成立前遭到严重破坏的国民经济得到全面恢复，并有了初步发展。工业生产力的地位得到加强，现代工业的比重有所上升，为我国开始由农业国逐步转变为工业国打下了基础，进而确保了整个国家稳步地向社会主义迈进。

四、三大改造建立了公有制经济

1953 年，中国共产党正式提出了过渡时期总路线，这就是："从中华人民共和国成立，到社会主义改造基本完成，这是一个过渡时期。党在这个过渡时期的总路线和总任务，是要在一个相当长的时期内，逐步实现国家的社会主义工业化，并逐步实现国家对农业、对手工业和对资本主义工商业的社会主义改造。"过渡时期总路线，概括地说，就是"一化三改""一体两翼"。"一化"，即实现社会主义工业化，是总路线的主体；"三改"，即实现农业、手工业以及资本主义工商业的社会主义改造，是总路线的两翼。发展社会主义工业和实行社会主义改造，是彼此联系、相互促进的。一方面，社会主义工业是对整个国民经济实行社会主义改造的物质基础，只有充分强大的社会主义工业才能吸引、改组和代替资本主义工业，才能支持社会主义的商业改造和代替资本主义商业，才能用新的技术来改造个体农业和手工业，才能创造保证社会主义完全胜利的经济、文化和政治前提；另一方面，如果不对资本主义工商业和个体农业、手工业实行社会主义改造而任其自流，不但不能很好地支持社会主义工业的发展，而且会与社会主义工业化发生种种矛盾，社会主义工业化的最终目的和党在过渡时期总路线的根本目的就无法达到。

实现党在过渡时期总路线，就是要充分发展社会主义工业，并且把现有的非社会主义工业变为社会主义工业，使中国由落后农业国变为先进工业国。使社会主义工业成为在整个国民经济中起决定作用的领导力量；同时，要扩大社会主义全民所有制和农业合作社的集体所有制，把农民和手工业者以自己劳动为基础的私人所有制改造为合作社社员的集体所有制，把以剥削工人阶级的剩余劳动为基础的资本主义私人所有制改造为全民所有制。这条总路线明确地向全国人民提出了建设社会主义的伟大任务。这是党在历史的关键时刻采取的一个重大战略步骤。

随着党在过渡时期总路线的提出和宣传，对农业、手工业和资本主义工商业的社会主义改造，也在有步骤地向前推进。

对农业社会主义改造是通过农业合作化实现的。农业合作化按照自愿互利原则，通过典型示范逐步推广，经历了农业互助组、初级农业生产合作社、高级农业生产合作社三个阶段。农业合作社的优越性，促使农民踊跃参加。1955年下半年，全国掀起农业合作化高潮。第二年，农业合作化基本完成。个体农民被组织起来，土地为集体所有，农村集体经济建立起来。

对手工业的社会主义改造采取了由小到大、简单到复杂、低级到高级循序渐进的方法。国家坚持贯彻自愿互利原则，力求把合作社办得对生产者、国家和消费者三方面都有利。1956年6月，90%以上的个体手工业者参加了手工业生产合作社，手工业生产合作社也是一种集体所有制经济。

对资本主义工商业的社会主义改造，是通过国家资本主义途径实现的。在1953年底以前，着重发展以加工订货为主的初级和中级国家资本主义形式。从1954年起，开始转入重点发展公私合营这种高级形式的国家资本主义。1956年1月，资本主义工商业的社会主义改造出现高潮。年底，资本主义工商业社会主义改造基本完成。私人资本主义工商业被改造为全民所有制企业。在改造过程中，国家对资本家占有的生产资料实行赎买政策，即按全行业公私合营时资本家的资产发给定息。这种赎买政策，实现了和平过渡，是中国社会主义改造的创举。

三大改造完成，两翼振翅，社会主义经济制度建立起来，为工业化这一主体的腾飞增添了助力。

第二节　人民当家作主的制度保证

人民民主政权的建立和巩固，从根本上改变了中国社会的发展方向，为实现由新民主主义到社会主义的转变和建立社会主义制度、进行社会主义工业化建设，创造了政治前提。人民代表大会的根本政治制度，中国共产党领导的多党合作和政治协商、民族区域自治的基本政治制度的确立，构成了中国社会主义的政治制度体系，为人民当家作主提供了制度保证，为我国的工业化建设和发展奠定了重要基础，中华民族开始走上实现工业化的壮阔道路。

一、人民民主政权的巩固

巩固政权，首先是继续完成人民解放战争。

新中国成立时以白崇禧、胡宗南两股武装力量为主的100多万国民党军队，尚占据着以广州为中心的华南地区、以重庆为中心的西南地区和一些沿海岛屿。中国人民解放军遵照中央军委的统一部署，采取大迂回、大包围的作战方针，以雷霆万钧之势扫荡残敌，相继取得歼灭白崇禧集团的衡（阳）宝（庆）战役、广西战役的胜利，歼灭胡宗南集团、宋希濂集团的贵阳战役、重庆战役和成都战役的胜利，并用和平方式解放云南、四川、西康的广大地区。解放军吸取了进攻金门失利的教训，在四次成功组织偷渡的基础上，1950年5月取得解放海南岛的胜利。截至1950年10月，经过一年艰苦作战，解放军共歼灭国民党正规军128万余人，解放了除西藏以外的全部中国大陆和海南岛。

西藏位于祖国的西南边陲，自元朝纳入中央政府行政管辖，是中国领土不可分割的重要组成部分。中央人民政府成立后，西藏地方政府上层分裂势力在美、英等帝国主义势力策动下加紧分裂活动，公开打出"西藏独立"的旗号，制造"驱汉事件"，企图乘国民党政权覆亡之机将西藏地方从中国分离出去。中共中央确定绝不容许任何外国分割西藏的方针，同时基于慎重对待西藏地方的历史、民族、宗教等复杂问题，同西藏上层分裂势力进行了军事和政治紧密配合的斗争，一面向西藏进军，一面力争和平解放西藏。1951年，中央人民政府代表与西藏地方政府代表经过充分协商谈判，达成关于和平解放西藏办法的协议，西藏和平解放。同年10月，人民解放军进驻拉萨，受到西藏各界的热烈欢迎。祖国大陆获得完全统一。

中国大陆全部解放，统一大业只剩下台湾、香港、澳门问题。1950年的《人民日报》元旦社论，将解放台湾作为新中国1950年的主要任务之一。但是，解放台湾的军事准备由于朝鲜内战爆发而被迫推迟。香港、澳门问题是西方列强侵略中国造成的历史遗留问题，情况复杂。中共中央从国内局势和长期全球战略出发，作出全国胜利后暂时不收回香港和澳门的决策，采取"暂时维持现状"和"长期打算，充分利用"的方针，利用两地尤其是香港原有的地位、海外关系和对外贸易条件，促进新中国经济恢复与工业化建设。

在举国欢庆新中国成立的日子里，国内却连续出现多次大的物价波动，每一次波动都是因金融投机资本的兴风作浪，尤其是在上海等大城市。因此，平抑物价成为稳定经济、稳定社会、稳定人心的中心环节，而其中的关键是稳住上海。党和人民政府依靠国营经济力量，采取有力的经济措施和必要的行政、法律等手段，同投机资本开展"银元之战"和"米棉之战"。严厉取缔违法经营高利贷的地下钱庄，沉重打击破坏金融的非法活动。以上海为中心的"银元之战"取得胜利，人民币迅速进入市场流通。接着，人民政府在全国范围内组织了粮食、棉花、棉布、煤炭等商品的大规模调运。统一部署，集中抛售，使暴涨的物价迅速下跌，涨价被有效遏制，投机资本遭到毁灭性打击，人民政府完全掌握了市场主动权。随后，国家实行全国财政经济工作的统一领导和统一管理。

稳定物价和统一财经，是新中国成立后党和人民政府在财经战线上取得的第一个重大胜利。它结束了国民党统治时期物价高涨和财政收支不平衡的历史，为安定人民生活、恢复和发展工农业生产创造了条件。

新中国成立时，国民党反动派在大陆遗留了一大批反革命分子，他们不甘心失败，继续进行种种破坏活动，给生产恢复和人民生命财产安全造成极大危害。坚决镇压反革命活动，严厉制裁反革命分子，成为巩固新生人民政权的紧迫任务。1950年10月10日，中共中央发出《关于镇压反革命活动的指示》，执行"镇压与宽大相结合"的政策，即"首恶者必办，胁从者不问，立功者受奖"，对罪大恶极、怙恶不悛的反革命分子实行坚决镇压。到1951年10月底，全国规模的镇压反革命运动基本结束，有力地扫除了国民党遗留在大陆的反革命残余势力，社会秩序获得前所未有的安定，巩固了新生政权，为恢复生产、民主改革等各项工作的顺利进行提供了保障，也有力地支持、配合了土地改革和抗美援朝战争。

1950年6月25日，朝鲜内战爆发。美国政府作出武装干涉朝鲜内战的决定，并派遣第七舰队侵入台湾海峡，公然干涉中国内政，阻挠中国统一大业。10月初，以美国为首的"联合国军"不顾中国政府一再警告，悍然越过"三八线"，把战火烧到中朝边境。侵朝美军飞机多次轰炸扫射中国东北边境地区，给人民生命财产造成严重损失。

正当全国人民为尽快甩掉贫穷落后的帽子热火朝天恢复经济的时候，却爆发了这么一场不期而遇的战争。要不要迎战，敢不敢迎战，对百废待兴的新中国来说，是一个巨大的挑战。如果任战火蔓延，则不但影响国家的工业化目标，甚至国家安全都得不到保障。应朝鲜党和政府请求，1950年10月8日，毛泽东发布命令组成以彭德怀为司令员兼政治委员的中国人民志愿军。中国人民志愿军在敌机狂轰滥炸、我军后勤供应不足且气候严寒的极端困难条件下，连续英勇作战，经过五次战役，帮助朝鲜人民收复了"三八线"以北绝大部分国土，迫使敌军从总进攻变成总退却，从根本上扭转了朝鲜战局，将战线稳定在"三八线"附近。此后的两年，谈谈打打、以打促谈，志愿军采取零敲碎打、积小胜为大胜的战术以阵地防御和运动战相结合，积极进行战术反击作战，粉碎了敌军的一次次进攻，迫使美国于1953年7月27日在停战协定上签字。

抗美援朝战争，打出了国威军威和中国人民的精气神，捍卫了新中国国家安全，维护了亚洲和世界和平，彰显了新中国大国地位，为工业化创造了一个相对稳定的外部环境。

二、社会主义政治制度的确立

随着经济建设的发展，我国的民主政治建设也加紧推进。1954年9月，第一届全国人民代表大会第一次会议在北京举行。大会通过的《中华人民共和国宪法》是社会主义类型的宪法，也是我国有史以来真正反映人民利益的宪法。宪法规定了国家的性质和政治制度，中华人民共和国是工人阶级领导的、以工农联盟为基础的人民民主国家，中华人民共和国的一切权力属于人民，人民行使权力的机关是全国人民代表大会和地方各级人民代表大会。一届全国人大一次会议的召开和《中华人民共和国宪法》的通过，标志着人民代表大会制度这一根本政治制度在全国正式确立。人民代表大会制度是以人民代表大会为主体的，由人民代表大会作为国家机关体系的核心实行人民当家作主的国家政权组织形式。

1949年中国人民政治协商会议第一届全体会议的召开，标志着人民民主统一战线和全国人民大团结在组织上完全形成，中国共产党领导的多党合作和政治协商制度正式确立。1954年第一届全国人民代表大会召开后，中国人民政治协商会议不再代行全国人民代表大会职权。同年12月，中国人民政治协商会议举行第二届全国委员会第一次会议，通过《中国人民政治协商会议章程》，规定政协的性质，肯定人民政协作为人民民主统一战线的组织仍然需要存在。这表明，中国共产党领导的多党合作和政治协商制度是中国的一项基本政治制度，是从中国土壤中生长出来的具有中国特色的新型政党制度。

民族区域自治制度，作为中国一项基本政治制度，是中国特色解决民族问题的正确道路的重要内容，是党根据中国历史和现实的特点，运用马克思主义关于民族问题的理论解决中国民族问题的一项重大创造。1949年《共同纲领》确定实行民族区域自治制度。1954年《中华人民共和国宪法》则明确规定："中华人民共和国是统一的多民族的国家。""各少数民族聚居的地方实行区域自治。各民族自治地方都是中华人民共和国不可分离的部分。"将民族自治地方规范为自治区、自治州、自治县三级，县以下的少数民族聚居区设民族乡。民族区域自治制度的实行，对于中国在任何复杂的国际国内环境下，始终保持国家完整统一、促进各民族团结互助和发展进步，具有重大而长远的意义。

人民代表大会的根本政治制度，中国共产党领导的多党合作和政治协商、民族区域自治的基本政治制度的确立，构成了中国社会主义的政治制度体系，为确立我国社会主义经济基础，发挥集中力量办大事的优越性，加速工业化建设提供了政治保障。

第三节　工业化建设的精神动力和智力支持

新中国成立初期开展的全国性的学习运动使广大人民受到马克思主义启蒙教育，并逐步确立唯物主义世界观，增强了人民群众当家作主的主人翁意识。向工农开门办教育是新中国教育事业发展的新道路，为各条战线培养了一大批骨干，为新中国工业化建设提供了智力支持。在为人民大众文学艺术方针指导下，文艺工作者创造出一批以革命战争、社会改造为题材的作品，启发了人民政治觉悟，激励了他们生产和建设的积极性，成为工业化建设的精神动力。科学技术事业的发展，使中国工业化有了现代科技支撑，为"一五"计划中建设新工业基地，学习、消化、吸收从苏联引进的先进技术和设备培育了一支合格的专业技术队伍。

一、意识形态领域的学习运动

确立马克思主义在思想文化领域的指导地位，是无产阶级领导权在思想文化领域的反映。为用马克思主义思想原则教育亿万人民群众，新中国初期积极组织翻译和出版了一大批马克思主义经典著作，毛泽东亲自主持编辑出版《毛泽东选集》。在全国范围内开展马克思主义唯物论辩证法的宣传普及工作，为了帮助旧社会过来的知识分子提高政治觉悟，使之逐步成长为工人阶级知识分子，党和政府还在全国掀起了学习马克思主义普遍原理同中国具体实际相结合的毛泽东思想的热潮，在学习中用无产阶级思想清除地主买办阶级的反动思想，同时批判资产阶级思想，推动了知识分子的自我教育和自我改造。

为满足全国人民学习马列主义理论的迫切需要，三联书店和新华书店等出版部门用旧纸型或根据旧译本零散地重印和再版了一批马列著作，同时，也翻译了和从苏联引进了一些中文版著作。1950年12月，重建人民出版社。1953年，中共中央马克思恩格斯列宁斯大林著作编译局成立。这样就使马列著作翻译出版工作有计划、有步骤、有系统地进入了一个新的阶段。1953年9月至1958年，《斯大林全集》中文版出齐，共13卷，收入斯大林从1901年到1934年间的著作500篇，300多万字。

中央编译局根据《马克思恩格斯全集》俄文第二版第1至39卷，并参照德文本组织翻译，人民出版社1956年12月出版第一卷，至1974年12月，出齐39卷。《列宁全集》是中央编译局根据俄文第四版翻译，人民出版社1955年出版第一卷，到1963年出齐39卷。另外，还出版了一批马列著作单行本，如《共产党宣言》《国家与革命》以及《资本论》第一、二、三卷等。

确立、巩固、加强无产阶级的思想领导，最根本的是要用马克思主义教育亿万人民群众。1951年元旦，中共中央作出建立对人民群众的宣传网的决定。2月，发出健全各级宣传机构和加强宣传教育工作的指示，要求党的各级组织和每个党员，随时随地向人民群众进行宣传，向一切反动的和错误的思想与主张进行不调和的斗争，启发和提高人民群众的觉悟。同月，又发出《关于加强理论教育的决定（草案）》，要求全党特别是党的高级干部系统学习马克思列宁主义、毛泽东思想。

中共中央成立《毛泽东选集》出版委员会，于1951年10月、1952年4月和1953年4月，相继出版《毛泽东选集》一至三卷。毛泽东亲自选定篇目，进行校阅，补充文稿，整理文字，加写和修改题解与注释。《毛泽东选集》一、二、三卷收录的88篇文章，包含多方面内容，主要是关于新民主主义革命的理论、关于革命军队和军事战略策略、关于政策和策略、关于思想政治工作和文化工作、关于党的建设等，贯彻其中的是实事求是、群众路线和独立自主的立场观点和方法。它是中国共产党领导中国人民革命斗争经验的科学总结，是无产阶级革命家集体智慧的结晶，是中国人民革命的经典记录。

《毛泽东选集》的出版成为新中国成立后全国政治生活中的一件大事，广大干部、党员、青年、知识分子和各界群众自觉地掀起学习毛泽东著作的热潮，毛泽东思想得到广泛传播，对中国人民的思想产生深远影响。

针对当时人民群众的思想实际和文化水平，唯物史观教育主要采取学习社会发展史的方法，通过了解马克思主义关于社会发展的基本理论，借以掌握唯物主义基本观点。1950年6月，毛泽东在七届三中全会讲话中建议，为了争取一切爱国的知识分子为人民服务，"要办各种训练班，办军政大学、革命大学，要使用他们，同时对他们进行教育和改造。要让他们学社会发展史、历史唯物论等几门课程。"在党中央和毛泽东的号召下，从中央到地方，从机关到厂矿、企业、学校、部队，全国各部门各行业都掀起学习热潮。当时的学习教材主要有《从猿到人》《历史唯物论——社会发展史》《政治经济学》等。通过学习，宣传和普及了以下几个重要观点：

第一，劳动创造人类世界的观点。以恩格斯关于在劳动发展中找到了了解全部社会史的钥匙的观点为指导，强调必须抓住这把钥匙，通过大力宣传生产劳动在人类起源、社会生活和历史中的决定作用，阐明劳动创造人类社会的观点。

第二，阶级和阶级斗争的观点。主要内容是阶级和阶级斗争是社会生产发展到一定阶段的产物；阶级斗争是社会历史发展的直接动力；研究阶级和掌握阶级斗争学说的中心任务在于掌握阶级分析的科学方法，从纷繁复杂的社会历史现象中找出它的发展线索，使社会历史的研究真正具有科学性。在当时历史条件下，就是要站在无产阶级的立场，站在劳动人民的立场，同帝国主义、封建主义和官僚资本主义进行坚决的斗争。

第三，关于人民群众创造历史的观点。社会历史，首先是生产发展的历史，因而也就是劳动人民的历史。伟大的人物只有通过群众的力量，按照历史本身的发展方向，才能推动领导发展，脱离群众则将一事无成。要正确认识杰出人物以及工人阶级领袖在历史上的作用，批判"英雄创造历史"的唯心主义观点。

第四，马克思主义的国家观点。国家是分工和私有制的产物，是阶级统治的工具。它随着阶级的产生而产生，也将随着阶级的消亡而消亡。

1950年12月、1952年4月，《人民日报》相继发表毛泽东在1937年写的《实践论》和《矛盾论》。1951年初，《人民日报》连续发表学习《实践论》的社论。随后，全国迅速掀起学习"两论"的高潮，成为在全国范围内普及马克思主义唯物论辩证法的开端。随着《实践论》和《矛盾论》学习的深入，马克思主义哲学日益深入人心，资产阶级旧哲学和唯心主义世界观不断受到批判和清理。在此基础上，中共中央于1955年1月发出关于在干部和知识分子中宣传唯物主义思想、批判唯心主义思想的通知，号召全体人民树立唯物主义思想，批判唯心主义思想。

实践证明，这场全国性的学习运动取得了成功。它不是从抽象的定义和概念出发，而是结合具体而又生动的浅显事例，逐渐将学习引向深入。全国人民受到马克思主义启蒙教育，并逐步确立唯物主义世界观，同时不断清理头脑中各种非马克思主义思想，在实践中运用历史唯物主义和辩证唯物主义，增强了当家作主的主人翁意识。

二、为工农开门办教育

新中国成立后，国家教育的主要任务是完成对旧中国教育的根本改造，建设新教育，为国家建设培养人才。1949年12月，教育部召开第一次全国教育工作会议，就确定了教育必须为国家建设服务、学校必须向工农开门的教育建设总方针。

党和人民政府首先接管旧中国的公立学校，接办私立学校，接收外资津贴学校，逐步完成旧教育的改造，使教育在政权更迭的大变革中得以平稳有序的发展。在此基础上，发展新教育。

新教育贯彻"教育为生产建设服务，学校向工农开门"的方针，人民政府把工农教育放在突出重要的位置上，主要形式是开展识字教育，举办工农速成学校、工农业余学校、各类干部专修科、各类补习学校。1950年4月，全国第一所工农速成中学——北京实验工农速成中学正式开学。此后，教育部和各大行政区教育部纷纷兴办工农速成中学，省、市、县人民政府分别举办工农干部文化补习学校。在劳动人民聚居区和工矿区，新建大量的公立中小学和幼儿园，以方便工农子女就近入学。同等条件下高等学校的招生，优先录取工农干部及其子女。中等以上学校设立人民助学金和实行减免费的制度，对在校的工农和其他劳动人民子女的生活和学习给予更多的关心和照顾。1950年至1955年，全国各地创办的干部文化补习学校（班）、工农速成中学和大学预科（班），使3万多名工农干部、劳动模范、产业工人受到较正规的学校教育，其中有些优秀人物还上了大学。① 在广大农村，采取办冬学、识字班、学习小组和农民业余学校等形式，大力开展扫盲运动。

1951年底，国家开始有计划地全面调整高等学校院系，以解决旧中国高等院校数量少、分布不合理、院系设置脱离实际、课程设置庞杂的问题。经过调整，原有的高等学校分别成为综合性大学、专门学院与专科学校。一些院校新增了原子能、半导体、电子学、自动化等新技术专业，为培养掌握新兴科学技术人才奠定了基础。国家还选派留学生和实习生赴苏联和东欧国家学习，培养造就国家建设高级人才和新技术专家。

这一切，为新中国教育事业的发展开辟了道路，为各条战线培养了一大批骨干，为中国工业化建设提供了智力支持。

三、为人民大众的文学艺术

随着经济建设的高潮到来，必将会产生一个文化建设高潮。新中国的文化应该是什么样的？1949年7月召开的第一次文代会把毛泽东提出的文艺为人民服务并首先是为工农兵服务的方针，作为发展新中国人民文艺的基本方针，号召文艺工作者以最大的努力贯彻执行这个方针，更进一步地与广大人民、与工农兵相结合。1953年9月召开的第二次文代会，提出社会主义现实主义的创作方法，并把毛泽东所提"百花齐放"的原则当成整个文学艺术事业发展的方针。

由于全面贯彻了党的文艺方针，按照民族化、大众化的方向建设新文艺，新中国文艺工作取得了显著的成绩。具有民族形式和风格，反映时代精神、

---

① 《当代中国教育》（上），当代中国出版社、香港祖国出版社1999年版，第36—37页。

革命斗争和新人物新思想，正确表现和塑造历史事件和历史人物，热情歌颂人民革命事业胜利和人民生活新风貌的作品，受到广大人民的欢迎和赞赏。

新中国第一部电影故事片《桥》，使工人阶级第一次以主人公姿态出现在银幕上，揭开了中国电影史崭新的一页。《钢铁战士》《白毛女》《董存瑞》《渡江侦察记》《上甘岭》等优秀影片深受人民群众欢迎。丁玲的《太阳照在桑干河上》、周立波的《暴风骤雨》、杜鹏程的《保卫延安》、李准的《不能走那条路》、魏巍的《谁是最可爱的人》等都是在当代文学史上占有重要地位的优秀文学作品。其他形式的作品也取得了可喜的成绩，如歌剧《白毛女》《刘胡兰》，歌曲《歌唱祖国》《草原上升起不落的太阳》，舞蹈《采茶扑蝶》《荷花》等。少数民族文艺作品的发掘整理和优秀作品的创作也取得了可喜成果，如蒙古族作家玛拉沁夫的《科尔沁草原的人们》、壮族作家韦麒麟的《百鸟衣》、彝族撒尼人叙事长诗《阿诗玛》等。

戏曲界认真贯彻毛泽东提出的"百花齐放，推陈出新"方针，按照改戏、改人、改制的原则，积极推动传统戏曲改革。通过改革，既团结了旧艺人，又改革了旧戏。越剧《梁山伯与祝英台》、京剧《将相和》、川剧《柳荫记》等展示了戏曲改革的初步成果。现代戏创作获得突破，50年代初，就有评剧《刘巧儿》《小女婿》、沪剧《罗汉钱》、吕剧《李二嫂改嫁》等一批剧目以浓厚的生活气息受到观众的喜爱。

新闻、广播、出版事业也得到快速发展。全国形成覆盖农村的广播网。还系统整理出版了古典文学名著和近现代著名作家的文集，翻译出版了苏联的文学作品和其他一些世界名著。

在为人民大众文学艺术方针指导下，文艺工作者创造出一批以革命战争、社会改造为题材的作品，启发了人民政治觉悟，激发了人民劳动热情，提高了人民生产和建设积极性，起到了很好的作用，成为工业化的精神动力。

四、科学技术事业的发展

随着时代的进步，科学技术在社会发展中的作用越来越显著，也越来越为人们所重视。第二次世界大战后，发达国家劳动生产率的增长，很大一部分是依靠科学技术的结果。

旧中国的科技事业不仅研究水平落后，而且机构残缺不全、人才匮乏、经费拮据。1949 年，研究机构以及大学里的科研力量薄弱，能从事科学研究并有一定成就的自然科学家不到 700 人。

新中国成立以后，国家高度重视科学技术，制定的科技发展的新方针是：努力发展自然科学，服务于工业、农业和国防建设。1949 年 11 月 1 日，以郭沫若为院长的中国科学院成立，是国家最高学术领导机关和重点研究中心。1950 年 8 月，以李四光为主席的中华全国自然科学专门学会联合会（简称"全国科联"）和以梁希为主席的中华全国科学技术普及协会（简称"全国科普"）两个全国性学术团体成立。随后在全国大部分县以上地方、厂矿和一些农村建立了相应的机构，组织科学工作者进行科学研究和开展科学普及工作。

1953 年大规模经济建设开始后，国家急需大力发展自然科学。在新中国的感召和协助下，许多科学家为了报效祖国，冲破重重阻挠，毅然回国。从 1949 年 8 月到 1955 年 11 月，由西方国家归来的高级知识分子多达 1536 人，其中从美国回来的就有 1041 人。他们中间包括著名的科学家李四光、华罗庚、钱学森、赵忠尧、吴阶平、汪德昭、邓稼先、郭永怀、吴仲华等。这些人都成为重要科学领域的开拓者和重大科研项目的组织者。

国家还初步确定了学术职称评定规则，建立了培养研究生制度，设立了自然科学奖金。随着科研工作的逐步开展，一些专业性较强的部门，如医学等，又陆续成立了专门科学院；在重工业基地东北和战略要地西北建立了科学院分院，还加强了华南、西南地区科研机构的建设与调整，建立了一些科学院地方工作站。全国科研网络逐渐形成，研究体系日益完善。1955 年 6 月，中国科学院成立了学部，从全国优秀科学家中遴选了 233 位学部委员。到 1955 年底，全国科学技术人员已达 40 余万人，专业科研机构超过 800 个。

新中国科学技术事业初具规模。1956 年，国家制定了《1956—1967 年科学技术发展远景规划纲要（草案）》，提出 57 项重大科学技术任务，确定 616 个中心问题，并备有详细说明书，由此拉开了向科学进军的序幕。

科研机构的健全，科技队伍的扩大，科技发展规划的制定，使中国工业化有了现代科技支撑，为"一五"计划中建设新工业基地，特别是学习、消化、吸收从苏联引进的先进技术和设备培育了一支合格的队伍。

第四节　争取有利的国际和平环境

刚刚诞生的新中国按照三大外交方针，逐步展开对外关系，步入国际社会。废除旧中国签订的不平等条约，取消帝国主义在中国的特权，肃清帝国主义在中国的势力和影响，恢复了中国国家主权的完整，巩固了新中国的独立。《中苏友好同盟互助条约》的签订是新中国利用外国资本促进本国工业化的成功尝试。中国首倡的和平共处五项原则，为推动建立公正合理的新型国际关系作出了历史性贡献。卓有成效的外交工作和外交斗争，为我国的工业化建设争取到了较为有利的国际和平环境。

一、新中国的外交方针

第二次世界大战后，世界逐渐形成以美苏两大强国相互对峙为特征的两极格局，出现了帝国主义与和平民主两大阵营、资本主义与社会主义两种制度相互对抗与竞争的冷战局面。这一方面为新中国同苏联和一批人民民主国家以及周边新兴民族独立国家建立新型外交关系提供了可能，另一方面意味着新中国同以美国为首的西方国家之间存在着深刻的矛盾。在新中国成立前夕，毛泽东根据内外形势发展变化，用生动形象的语言提出"另起炉灶""打扫干净屋子再请客""一边倒"，确定了新中国的外交方针和指导原则。

"另起炉灶"，是指新中国不承认南京国民党政府同各国建立的外交关系，对于在中国的原各国使节，只当作普通侨民对待，而不当作外交代表对待，以便在新的基础上同世界各国建立新的外交关系。"打扫干净屋子再请客"，就是清除帝国主义国家在中国的特权、势力和影响，不给它们留下活动余地，然后再考虑建交问题。这对防止帝国主义钻进来捣乱有好处。"一边倒"，就是"倒向社会主义一边"，站在社会主义和世界和平民主阵营一边。毛泽东在《论人民民主专政》中正式提出"一边倒"。他说："我们在国际上是属于以苏联为首的反帝国主义战线一方面的,真正的友谊的援助只能向这一方面去找,而不能向帝国主义战线一方面去找。"

《中国人民政治协商会议共同纲领》将上述方针法律化,规定了具体政策,使新中国同旧中国半殖民地外交一刀两断,为正确处理和发展对外关系确立了基本原则。

新中国一经成立,便迎来了第一次建交高潮。苏联是第一个承认新中国的国家。1949年10月3日,中苏正式建交。随后,保加利亚、罗马尼亚、匈牙利、朝鲜、捷克斯洛伐克、波兰、蒙古、德意志民主共和国、阿尔巴尼亚、越南10个人民民主国家相继承认新中国并同意建交。这一外交成果具有重大意义,它有助于刚刚诞生的新中国步入国际社会,争取有一个相对有利的外部环境。

对于一些愿与新中国建交的周边民族独立国家和欧洲资本主义国家,中国政府采取区别对待的方针加以处理。有些国家虽然表示承认新中国,但仍同国民党集团保持所谓"外交"关系。对此,中国政府坚持先谈判后建交的原则,只有在对方明确承认一个中国即中华人民共和国并同台湾的国民党当局断绝"外交"关系,承诺支持恢复中华人民共和国在联合国的合法席位,将其境内属于中国的公产移交给中华人民共和国后,双方才能进行建交问题的磋商。本着这一原则,中国先后同印度、印度尼西亚、缅甸和巴基斯坦4个亚洲民族独立国家以及瑞典、丹麦、瑞士、芬兰4个欧洲资本主义国家建立了外交关系。至1951年5月,新中国同19个国家建立了外交关系,迈出了打破美国遏制和孤立中国政策的重要一步。

二、取消帝国主义在中国的特权

废除旧中国签订的不平等条约,肃清帝国主义在中国的残余势力和影响,是新中国外交的重要任务。1949年10月25日,中国海关总署成立。1951年,政务院发布了《中华人民共和国暂行海关法》及新的海关税则,收回了丧失100多年的海关自主权。

1950年1月至9月,北京、天津、上海的军管会先后宣布收回或征用美国、英国、法国、荷兰在当地的兵营，帝国主义在华的驻军权被全部取消。4月至7月，交通部、政务院财政经济委员会分别颁布文件，规定外国船只未经中国政府批准，不准驶入中国内河，丧失100多年的中国领水主权全部收回。

对于外国人在华拥有的企业和房地产，中央人民政府按照国籍、系统、行业等各种具体情况，采取个别处理和区别对待的方针予以解决。抗美援朝战争开始后，美国在1950年12月宣布管制中华人民共和国在美公私财产，并禁止一切在美国注册的船只开往中国。中国政府针锋相对，管制美国在华财产，冻结美国在华存款。对采取不友好态度的英国，中国政府也征用其在中国大陆的公私财产，帝国主义在中国的经济残余基本上被清除。

对于外国政府、私人和团体在中国设立的宣传机构，在城市接管时即开始清理。新中国不允许外国人继续在中国兴办报纸、杂志和电台，停止与中国无外交关系的外国通讯社和记者的活动。对外国人经办或接受外国津贴的文化、教育、卫生、救济等机构，允许它们在遵守中国政府法令的前提下继续存在。

废除旧中国签订的不平等条约，取消帝国主义在中国的特权，肃清帝国主义在中国的势力和影响，有助于巩固新中国的主权独立，并且为新中国同世界各国在平等互利的基础上建立和发展经济、文化关系开辟了道路。

三、《中苏友好同盟互助条约》的签订

新中国成立之初最重大的外交行动，是毛泽东1949年12月16日至1950年2月17日应邀对苏联进行的国事访问。此行目的有三：一是祝贺斯大林七十寿辰，二是签订新的中苏条约并就世界形势交换意见，三是商谈苏联向中国提供贷款。其中，最重要的是签订新约。毛泽东与斯大林举行了三次会谈，虽然双方存在矛盾和不同看法，但最终都作出了相应的让步。1950年2月14日，两国签订《中苏友好同盟互助条约》和有关协定。

毛泽东访苏，除了签订《中苏友好同盟互助条约》外，还签订了两项协定，它们是《中苏关于中国长春铁路、旅顺口及大连的协定》《关于苏联给中

华人民共和国政府以长期经济贷款作为偿付自苏联购买工业与铁路的机器设备的协定》。

关于旅大、特别是军港的问题。苏方不迟于1952年末从旅顺口撤军，并将该地区设施移交中国政府，中方偿付旅顺港的恢复与建设费用；苏方保证将大连的行政管理权完全交予中国政府等。

中长铁路本是清政府把筑路权出卖给俄国，由沙皇政府于1897年至1903年在中国东北修建的一条丁字形铁路。该路西起满洲里，东到绥芬河，从丁字口上的哈尔滨向南经长春、沈阳南达旅大，是我国东北地区的重要铁路干线。在俄（包括苏）、日、中（清、北洋、国民党）之间长时期纷繁复杂的斗争历史中，中长铁路的地位和作用也多次发生变化。经过协商，双方最后达成的协议是：苏方不迟于1952年末将中长铁路的一切权力及该路的全部财产无偿地移交中国政府。

当时，苏联在中国的财产共有三个部分。一是从战败的日本人手中获得的；一是自己经营后增值的部分，如在东北很著名的秋林公司；再就是从沙皇时起在中国修建的兵营及有关的房产。以上这些，不包括中长铁路及其各种附属设施。这些设施，无论是否地处旅大，后来都交由中国方面接收。这些资财中，包括苏制的武器和军事设施，对新中国而言，都是很宝贵的。

关于贷款和贸易等方面的事项。

根据毛泽东多借不如少借为好的原则，中方只向苏方借了3亿美元，年利率定为1%。根据协定，自1950年1月起，苏联开始付贷，5年间每年以同等数目即贷款总数的五分之一交付给中国。中国的付还以10年为期，每年付还同等数目即所收贷款总数的十分之一。这是新中国利用外国资本促进本国工业化的最初尝试。

《中苏友好同盟互助条约》是中华人民共和国成立后与外国政府签订的第一个平等条约，是新中国外交取得的重大胜利。毛泽东评价说："具有伟大历史意义的新的中苏条约，巩固了两国的友好关系，一方面使我们能够放手地和较快地进行国内的建设工作，一方面又正在推动着全世界人民争取和平和民主反对战争和压迫的伟大斗争。"

四、和平共处五项原则

为发展同新兴民族独立国家尤其是邻近的民族独立国家的关系，1953年12月，周恩来在会见印度代表团时第一次提出，两国应根据互相尊重领土主权、互不侵犯、互不干涉内政、平等互惠、和平共处的原则解决两国之间悬而未决的问题。上述原则后来被概括为和平共处五项原则。中国首倡的和平共处五项原则得到印度政府的赞同。1954年6月，在日内瓦会议休会期间，周恩来应邀访问印度和缅甸，分别与两国总理发表联合声明，一致同意以和平共处五项原则作为指导两国关系的基本原则，并指出这些原则不仅适用于各国之间，而且适用于一般国际关系之中。和平共处五项原则的表述几经斟酌，最后确定为：互相尊重主权和领土完整、互不侵犯、互不干涉内政、平等互利、和平共处。这一原则成为中国对外政策的基石，为推动建立公正合理的国际政治经济秩序发挥了积极作用。

在亚洲、非洲民族解放运动高涨的形势下，1955年4月，亚非29个国家和地区的政府首脑在印度尼西亚的万隆举行亚非会议（也叫"万隆会议"）。这是战后第一次没有西方殖民国家参加的国际会议。中国作为亚非地区最大的国家，本着争取扩大世界和平统一战线、促进民族独立运动、为建立和加强中国同若干亚非国家的关系创造条件、力求会议能取得成功的原则，应邀参加会议。面对会议可能走上岔道的危险，周恩来果断决定将准备了数月的发言改用书面散发，临时拟就一个补充发言，开宗明义地提出了"求同存异"的方针，他指出，亚非各国有着共同的历史遭遇，"从解除殖民主义痛苦和灾难中找共同基础，我们就很容易互相了解和尊重、互相同情和支持，而不是互相疑虑和恐惧、互相排斥和对立。"周恩来的发言受到与会各国代表的广泛赞扬，大会的紧张气氛逐渐缓和下来。随后，中国代表团积极开展会下交往，与各国代表团进行广泛的会晤和接触，推动《亚非会议最后公报》吸收中国代表团的建议，形成和平共处、友好合作的十项原则，使和平共处五项原则得到体现和引申。

亚非会议后，中国独立自主的和平外交取得新的进展。1954年10月至

1956年9月，中国与挪威、南斯拉夫、阿富汗、尼泊尔、埃及、叙利亚、也门等国先后建立了大使级外交关系，同芬兰、瑞士、丹麦由公使级升格为大使级外交关系，同英国、荷兰建立了代办级外交关系。

和平共处五项原则的提出，具有重大的战略意义。它是新中国在国际舞台上开展活动，突破美国的孤立和遏制政策，扩大对外交往的有力武器，不仅成为我国对外政策的基石，也逐渐在国际社会中被普遍接受，为推动建立公正合理的新型国际关系作出了历史性贡献。

卓有成效的外交工作和外交斗争，促进了国际紧张局势的缓和，扩大了我国在国际上的联系，显示出我国在国际事务中的重要作用，也为我国的工业化建设争取到了较为有利的国际和平环境。

第五节　社会主义工业化的起步

编制与实施"一五"计划是对中国实现工业化具有重大意义的重要步骤。"一五"计划从1953年开始执行，大规模经济建设在全国掀起热火朝天的浪潮。"一五"期间工业生产取得的成就，超过了旧中国的一百年。新中国迅速从废墟上站起来，为我国建立独立完整的工业体系奠定了基础，为工业化建设积累了宝贵经验。中国的工业化具有与西方工业化完全不同的特点，党的领导、科学社会主义先进本质、集中力量办大事的体制优势、符合国情的正确决策、工人阶级主人翁作用、全国人民广泛参与等中国工业化的特点孕育了人类文明新形态的雏形。

一、"一五"计划的编制

在一穷二白条件下开展大规模的经济建设，实现工业化，必须把有限的人力、物力、财力集中起来，建设一批国民经济急需的重大项目，这就需要有一个周密翔实的计划。编制与实施"一五"计划是对中国实现工业化具有重大意义的关键一步。

"一五"计划由周恩来、陈云、李富春主持制订，毛泽东自始至终指导着这一工作。1951年开始编制时要探讨的重要问题之一，是把一个经济落后的农业大国逐步建设成为工业国应当采取怎样的方针，通过怎样的途径。纵观世界各国实现工业化的历史，一种是西方资本主义国家走过的路，从发展轻工业开始，一般都用50年到100年时间实现工业化；一种是社会主义国家苏联走过的路，从重工业建设开始，只用十几年就实现了工业化。考虑到我国几乎没有重工业，交通运输业极不发达，轻工业因能源、原材料的制约一时开工不足，而且得不到新装备的补充和技术改造等国情，中国共产党作出了优先发展重工业的战略决策。

优先发展重工业，绝不意味着忽视其他方面的发展。1952年12月，中共中央在《关于编制一九五三年计划及五年建设计划纲要的指示》中清楚地说明，"集中力量保证重工业的建设"，但"决不能理解为可以忽视轻工业的发展、农业和地方工业的发展、贸易合作事业和运输事业的发展及文化教育卫生事业的发展，以至放松对这些事业的领导。如果那样，显然也是错误的"。对国民经济各个部门统筹兼顾，体现了综合平衡和按比例发展的指导思想。

在编制"一五"计划的过程中，党和政府还注意处理好经济建设中的几个重大问题。在投资规模上，坚持"自力更生为主，争取外援为辅"的方针。"一五"计划期间，国外借款只占财政总收入的2.7%，其余大量资金都是国内积累起来的。在发展速度上，将工业增长速度由年均20.4%改为14.7%。在经济效益上，注意充分发挥原有企业的增产能力。这样的建设规模、发展速度与国力相适应，既积极又稳妥。在产业布局上，基本建设投资及投资金额在限额以上的工业建设单位，有一半左右安排在内地，改变了历史上我国工业大多数集中在沿海地区的不合理状况。在积累和消费的比例关系上，把发展生产和改善人民生活恰当地结合起来，安排得比较合理。

"一五"计划边执行实施，边修改补充，共安排大中型建设项目（限额以上）694个，实际施工的达921个，其中包括苏联援助的156项（1950年签订援建50项，1953年签订新建与改建91项，1954年新增加设计和援建15项），德意志民主共和国、捷克斯洛伐克、波兰、匈牙利、罗马尼亚、保加利亚六国援建的 68 项。

1954 年 3 月，"一五"计划的编制进入最后阶段。毛泽东、刘少奇、周恩来等用四周时间集中审议"一五"计划草案。1955 年 3 月，中国共产党全国代表会议通过关于"一五"计划草案的决议。7 月 30 日，一届全国人大二次会议正式通过第一个五年计划。

二、开展大规模的工业建设

1953 年《人民日报》发表元旦社论，宣告中国开始执行第一个五年计划，号召全国人民同心同德，为实现国家工业化而积极奋斗。由此，全国人民以极高的政治觉悟和生产热情投身"一五"计划建设。

冶金工业是整个工业的基础，发展冶金工业的重点是对鞍山钢铁公司（简称"鞍钢"）进行大规模的改扩建。1953 年底，鞍钢的大型轧钢厂、无缝钢管厂、七号高炉首批竣工并投产。新的钢铁生产基地也在加快部署，武汉、包头大型综合性钢铁基地和齐齐哈尔特殊钢厂先后立项建设。马鞍山、重庆、太原等钢铁企业进行了调整和扩建，初步形成了新中国钢铁工业比较合理的布局。

在重型矿山设备、电站设备、交通运输设备、内燃机、机床工业、通用机械领域，除了改建原有的重点企业外，还新建了一批大型骨干企业。

有色金属工业根据"多出铜、早出铝"的方针，形成了一个从原料采掘到加工的完整铜铝加工工业。煤炭工业是能源建设的重点，在恢复、改建和扩建原有矿区的同时，先后开工建设了 12 个新矿区。电力工业投资大中型项目共 162 项，同期新增发电设备容量 247 万千瓦，超过计划的 20%，基本满足了"一五"计划期间生产和建设的用电需要。石油工业、化学工业、兵器工业也都获得长足发展。

这一时期国家还集中力量重点建设了航空和电子两个基础最薄弱的新兴工业部门。初教–5 和歼–5 分别于 1954 年、1956 年试制成功，中国成为当时少数几个能够制造喷气式飞机的国家之一。电子工业建设使中国具备了制造电子管、磁控管、电阻电容等无线电元器件以及多种雷达、指挥仪、坦克电台、飞机电台、无线电广播发射机等的能力。

"一五"计划后期，中国开始创建核工业和航天工业两个新兴尖端行业。1955年1月，中央决定发展核工业，随后便着手建设研究性重水反应堆和回旋加速器，苏联政府对此给予了技术援助。1956年4月，国家成立航空工业委员会，负责领导中国导弹和航空事业的发展建设。

工业建设战线喜报频传，平均每天都有一个开工或竣工。一大批旧中国没有的基础工业部门一个个建立起来，一大批工矿企业在内地兴办。旧中国重工业过分落后的面貌和不合理布局大大改观。按照"一五"计划的基本任务和各项主要指标的要求，五年间工业生产取得令人瞩目的成就，远远超过了旧中国的一百年。社会主义工业化的基础已经建立起来，也积累了宝贵经验。

三、中国工业化孕育了人类文明新形态的雏形

"一五"时期工业化虽然是起步，却与西方传统工业化存在本质上的区别。中国工业化，带有明显的新文明雏形意蕴。

首先，中国工业化是社会主义工业化，其路径不同。在党的过渡时期总路线指引下，发展社会主义工业和实行社会主义改造的任务是互相关联而不可分离的。社会主义工业是对整个国民经济实行社会主义改造的物质基础，只有充分强大的社会主义工业才能吸引、改组和代替资本主义工业，才能支持社会主义的商业，改造和代替资本主义商业，才能用新的技术来改造个体农业和手工业，才能创造保证社会主义完全胜利的经济上、文化上和政治上的前提；在另一方面，如果不对资本主义工商业和个体的农业手工业实行社会主义改造，而听其自流，那么它们就不但不能认真地支持社会主义工业的发展，而且必然会与社会主义工业化的事业发生种种矛盾，社会主义工业化的最终目的，党在过渡时期的总路线的根本目的，更无法达到。与社会主义改造同时并举的中国工业化是社会主义工业化，从这个意义上说，中国工业化的最初实践就体现出科学社会主义先进本质。此外，还有很重要的一点，就是中国工业化得到当时社会主义阵营大力的支援和帮助，这些援助项目都

成为中国工业化的骨干工程。

其次，中国工业化是中国共产党领导的工业化，党的集中领导是中国式工业化的显著特征。从 1952 年下半年起，中共中央决定将东北、华北、华东、中南、西北、西南各中央局的书记抽调回中央，邓小平、习仲勋、邓子恢等一批富有才干的中央局主要领导干部相继调中央工作，极大地加强了党中央的领导力量。1953 年召开的第二次全国组织工作会议，确定党的组织工作的任务是，动员全党从组织上保证过渡时期总路线的贯彻执行，保证国家"一五"计划的顺利实现，不断巩固和扩大党的组织，提高党员的思想政治觉悟，提高党组织的战斗力。同时，党中央还加强中央人民政府机构，增设中央人民政府国家计划委员会、高等教育部等部门，以适应工业化经济建设与文化建设的新形势和新任务的需要。各大区和各省、市的财经委员会相应的担负起计划任务，受中央统一指导，综合编制各行业长期和年度计划，并检查计划执行情况，形成全国一盘棋的组织领导方式。

再次，中国工业化体现了社会主义集中力量办大事的制度优势。为迎接大规模经济建设的到来，早在 1951 年 10 月，中央便决定抽调 3000 名县处以上干部到国营工业部门工作。1952 年下半年，中央又先后 3 次从地方抽调 5000 多名干部到中央各部门工作，其中 80% 以上分配到中央财经部门。为了解决苏联援建的 100 多家新建、改建或扩建的厂矿企业的领导骨干问题，中央抽调大批地级以上优秀干部到工业战线。各大区、省、市领导机关贯彻中央关于调配干部的方针，把统一调配干部作为具有决定意义的头等重要任务，实行逐级负责制，精心遴选，严格审查，保证把最优秀的干部输送到关键建设部门。据不完全统计，1952 年至 1954 年三年中，全国抽调到工业部门工作的干部共有 16 万多名，把如此之多的优秀干部有重点地配备到国营大企业中去，这在世界工业化历史中是极为罕见的，是我国工业化建设顺利取得开门红最重要的制度保障。

从次，正确处理工业化建设的重大关系。中国的工业化是在经济非常落后的情况下起步的，既缺乏资金，又没有先进的技术装备和足够的建设人才，因此，如何处理好工业化建设中的重大关系就成为工业化能否成功的重要问题。一是提出优先发展重工业，同时不放松农业、轻工业，对国民经济各个部门统筹兼顾、综合平衡和按比例发展的指导思想。二是在投资规模上，坚持"自力更生为主，争取外援为辅"的方针，工业化建设应以国内力量为主。三是在产业布局上，基本建设投资有一半左右安排在内地，改变了历史上我国工业大多数集中在沿海地区的不合理状况。四是在发展速度上，将工业增长速度控制在稳妥可靠的基础上。五是在经济效益上，注意充分发挥原有企业的增产能力。这样的建设规模、发展速度与国力相适应，既积极又稳妥。六是在积累和消费的比例关系上，把发展生产和改善人民生活恰当地结合起来。上述这些，对于后来我国经济建设具有深远的指导意义。

最后，工人阶级是中国工业化的生力军。近代西方资本主义工业化是建立在工人阶级血汗制度基础上的，工人处于被剥削的地位。中国工人则是国家的主人，是中国工业化的主体力量。工人阶级在工业化过程中充分发挥出主人翁作用，表现出高昂的劳动热情和创造精神，全国工人广泛开展劳动竞赛和技术革新运动。工人们通过提合理化建议，发挥老工人和技术人员的技术专长，改造旧机器设备，对生产技术作发明创造，迅速提高了我国工业技术水平。广大工人阶级还把技术革新与改进企业结合起来，使原有的落后生产组织和管理方法有了极大的改进，建立健全计划管理以及各种生产责任制和经济核算制，对于合理组织劳动力，合理使用原材料，提高产品质量，保证国家生产计划的完成都发挥了积极效应。劳动竞赛和技术革新运动还和厉行节约结合起来，创造了许多群众性的增产节约新形式。比如实行班组经济核算制、成本座谈会制度以及各厂矿普遍建立生产会议制度，深入细致地组织增产节约竞赛。这些新形式还有"诸葛亮会""生产检讨会""生产动员会""老技术工人座谈会"等。

工人阶级以主人翁的姿态焕发出极大的积极性和创造性，"一五"计划的宏伟目标化为了千百万职工的实际行动。以1953年劳动生产率为100，1955年就提高到122.5，工人阶级为国家创造了大量财富，使"一五"计划得以在1956年提前完成。以工人阶级为主力，全国城乡迅速形成参加和支援国家工业化建设的热烈氛围。在这激情燃烧的年代，除工人外，农民、知识分子也都焕发出从未有过的劳动热情。"每一秒钟都为创造社会主义社会而劳动"，每一天都在发生改变，工业化成为一场伟大的社会变革。所有这些都是资本主义工业化所不能比的，这些因素构成中国工业化所孕育的人类新文明雏形的重要因子。

第三章
中国式现代化的艰辛探索

1956年至1978年是新中国在曲折中艰辛探索中国式现代化道路时期。中共八大前后，中国共产党初步提出了工业化即现代化的远景口号，领导全国人民开始探索道路，进行实践。经过纠正"大跃进"过快追求现代化的错误，战胜了严重经济困难，1964年底举行的三届全国人大一次会议正式提出了"四个现代化"的战略目标和"两步走"步骤。这个目标即使在"文化大革命"时期也没有动摇，党领导全国人民抵制错误、坚持建设，经济上仍然有所发展，外交领域取得新突破。结束"文化大革命"后，中国共产党重新强调建设现代化的任务，在中共十一届三中全会上提出了"以现代化建设为中心"的伟大转变。

第一节 探索中国式现代化道路

1956年社会主义改造基本完成以后，中国的现代化是什么，当时提出了以工业化为核心实现现代化的正确路径，但应当走什么样的工业化—现代化道路，则在摸索中。走西方通过战争、殖民、掠夺的老路是不可能的，社会主义国家普遍照搬苏联模式和道路——高度集中，优先发展重工业。中国共产党在实践中发现，苏联经验与中国国情有较大差异，存在严重弊病。中共八大前后，以毛泽东为代表的中国共产党人开始积极探索不照搬外国的中国式现代化道路。

一、《论十大关系》开始对中国式现代化进行探索

1955年底到1956年初，毛泽东、刘少奇分别听取中央、国务院30多个部门的汇报，进行调查。毛泽东提出：现在我们有了自己的初步实践，又有了苏联的经验教训，应当更加强调从中国国情出发，开动脑筋。4月和5月，毛泽东分别向中央政治局和最高国务会议作了《论十大关系》的讲话，提出了当前国家和社会中必须处理好的十大关系：重工业和轻工业、农业；沿海工业和内地工业；经济建设和国防建设；国家、集体和个人；中央和地方；汉族和少数民族；党和非党；革命和反革命；是非；中国和外国的关系。其中许多重要内容第一次涉及了中国式现代化的构想。

关于优先发展重工业。这来自苏联经验，也是为了对接苏联对中国援助的156项重点工程。在重工业几乎为零、不能满足抗美援朝战争需要的新中国成立初期，是符合中国实际的。同时，毛泽东已经看到了苏联片面强调重工业优先的弊病：农业、轻工业发展缓慢，致使资金积累不足，食品日用品长期供应紧张，影响了居民消费。《论十大关系》辩证地指出，从长远观点来看，多发展一些农业、轻工业会使重工业发展得多些和快些，而且由于保障了人民生活的需要，会使它发展的基础更加稳固。由此，《论十大关系》还延伸谈到依靠重工业的国防建设，说我们要有更多的飞机大炮，还要有原子弹，才能不受人欺负。要把军费降低到一定比例，增加经济建设费用。只有经济建设发展快了，国防建设才能有大的进步。《论十大关系》强调农轻重并举的思想，是对苏联式现代化道路的一个重要改革。

关于集中和分散的关系。新中国成立之初，实行集中统一管理体制，反映了公有制改造的趋势和大规模经济建设的要求。但是，到"一五"计划末期，这种高度集中的体制使市场严重萎缩，地方和企业的权限衰减，影响了生产和流通，削弱了地方和企业的积极性。《论十大关系》指出，把什么东西统统都集中在中央或省市，不给工厂一点权力，一点机动的余地，一点利益，恐怕不妥。应当在巩固中央统一领导的前提下，扩大一点地方的权力，给地方更多的独立性，让地方办更多的事情。

关于国家、集体、个人三者之间的关系。《论十大关系》说，必须兼顾国家、集体和个人三方面，采取"统筹兼顾、适当安排"的方针，苏联的做法把农民挖得太苦，东西拿走太多。我们最近决定增加一些工资，主要加在工人方面，以便缩小上下两方面的距离。必须在增加农业生产的基础上，争取百分之九十的社员每年的收入比前一年有所增加，百分之十的社员的收入能够不增不减。缩小收入差距，是党和国家实现共同富裕的现代化特征的初步反映。

关于中国和外国的关系。《论十大关系》指出，我们的方针是，一切民族、一切国家的长处都要学，政治、经济、科学、技术、文学、艺术的一切真正好的东西都要学。但是，必须有批判地学，不能盲目地学，不能一切照抄，机械地搬用。对于苏联和其他社会主义国家的经验，也应当采取这样的态度。毛泽东在同一位西方国家大使交谈中说，我们愿意向世界上所有国家学习，如果美国人愿意的话，我们也愿意向他们学习。这实际提出了一个实现中国式现代化的必要条件——必须向世界开放，走和平发展道路。即使对不久前还在与中国处于战争状态、使毛泽东痛失长子的美国，也要学习他们好的方面，体现了为中国现代化奉献一切的博大胸怀。

《论十大关系》提出的所有这些关系，都围绕着一个目的——"调动一切积极因素"，尽快实现国家工业化—现代化。工人和农民是建设社会主义的基本力量，必须充分调动他们的积极性；中间势力是可以争取的力量；反动势力虽是一种消极因素，但是我们仍然要做好工作，尽量争取化消极因素为积极因素；中国共产党要与民主党派"长期共存，互相监督"。对一切反革命分子，都应当给以生活出路，使他们有自新的机会。《论十大关系》提出的"调动一切积极因素"，是建立在中国是世界人口最多、又是落后农业大国基础上的考虑，是以苏联东欧国家的经验教训为鉴戒，探索中国式现代化道路的起步。

二、中共八大提出"工业化"为核心的"四个现代化"雏形

1956年9月，中国共产党第八次全国代表大会在北京隆重举行。出席代

表 1026 人代表着全国 1073 万党员。这是一次以开放、民主、现代化为特征的大会，列席大会的有国内各民主党派和无党派人士的代表，还有苏联、法国等 50 多个国家的兄弟党代表团。按照会前毛泽东要有批评、不要尽歌功颂德的意见，不少代表在大会发言中对某些部门工作指名道姓地进行了批评；大会选举产生新的中央领导成员，按照得票多少排列。毛泽东在八大期间说，这次大会反映了人民的希望，建设工业。中国那么一块大地方，资源那么丰富，又搞了社会主义，如果不能赶超发达资本主义国家，就要从地球上开除你的球籍。要使中国变成富强的国家，需要 50 年到 100 年的时光。

  刘少奇代表中央作了政治报告，宣布："我们国内的主要矛盾，已经是人民对于建立先进的工业国的要求同落后的农业国的现实之间的矛盾，已经是人民对于经济文化迅速发展的需要同当前经济文化不能满足人民需要的状况之间的矛盾。"根据这个判断，提出了实现工业化—现代化的主要任务，即四个方面现代化的雏形："尽可能迅速地实现国家工业化，有系统、有步骤地进行国民经济的技术改造，使中国具有强大的现代化的工业、现代化的农业、现代化的交通运输业和现代化国防。"[①]围绕实现这一主要任务，八大进行了部署。

  周恩来在八大报告中提出，应根据需要和可能，合理地规定国民经济发展速度，把计划放在既积极又稳妥可靠的基础上，保证国民经济比较均衡地发展。大会制定了一个较长时期的发展规划，设想在三个五年计划或再多一点时间，基本完成国家工业化，同时积极发展轻工业，用更大的力量发展农业，相应地发展运输业和商业，使国家的发展和人民生活改善结合起来。陈云在八大上提出了"三个主体，三个补充"的思想。这些在理论上突破了苏联高度集中的计划经济模式，是探索现代经济体制的先声。

  中共八大后，发生了一些新问题。在国际上，1956 年 2 月，赫鲁晓夫在苏共二十大采取秘密报告的方式突然揭露斯大林，引起了社会主义阵营的极大震动和混乱。一些社会主义国家发生几十万人的示威游行，甚至演变为反

---

① 《建国以来重要文献选编》第 9 册，中央文献出版社 1994 年版，第 315—316 页。

政府暴乱。在国内，社会主义制度初步建立以后，党和政府一些工作部门还存在严重的作风问题，引起了群众不满，各地不断发生"闹事"风波。这警醒了中共中央和毛泽东，认为如果不能正确处理社会和人民内部矛盾，社会主义工业化将无法进行。

1957年2月，毛泽东作了题为《如何处理人民内部的矛盾》的讲话，经过补充修改后，以《关于正确处理人民内部矛盾的问题》为题在《人民日报》公开发表。文章共讲了12个问题，最后一个"中国工业化的道路"问题，对于《论十大关系》没有提出的概念作了重要补充阐述，明确提出"中国工业化的道路"内涵是：我国的经济建设是以重工业为中心，同时必须充分注意发展农业和轻工业。发展工业必须和发展农业同时并举，工业才有原料和市场，才有可能为建立强大重工业积累较多的资金；人民生活水平逐步提高，现代化建设才有稳固社会基础。

《关于正确处理人民内部矛盾的问题》基本点是：社会主义社会存在着两类不同性质的矛盾，即敌我矛盾和人民内部的矛盾，敌我之间的矛盾是对抗性的，人民内部的矛盾是非对抗性的。两类矛盾的性质不同，解决的方法也不同；解决敌我矛盾要用专政的方法，解决人民内部矛盾只能用民主的方法，具体化为一个公式，叫作"团结—批评—团结"；在我国的具体条件下，人民内部的矛盾如果处理不当，也可以转化为对抗性的矛盾。

此后，毛泽东、刘少奇、周恩来、邓小平等又到全国各地多次讲话，阐述和丰富这一思想。毛泽东在南京生动而充满感情地说："采取现在的方针，文学艺术、科学技术会繁荣发达，党会经常保持活力，人民事业会欣欣向荣，中国会变成一个大强国而又使人可亲。"[1]

从《论十大关系》到《关于正确处理人民内部矛盾的问题》，中国共产党人摸索到了实现中国式现代化的三大特征：在人口众多的国家实现现代化，要"调动一切积极因素"；要学习外国、对外开放；要走农轻重并举的工业化—现代化道路。这至今仍然是我们进行中国式现代化建设的指导性文献。

---

[1] 《毛泽东传（1949—1976）》（上），中央文献出版社2003年版，第652页。

三、工业、农业、科技文化现代化建设取得初步成就

"一五"计划的超额完成,初步奠定了以工业化为核心的现代化建设基础,为探索中国式现代化道路积累了重要经验。

工业方面,通过"一五"计划建设,诞生了工业门类残缺不全的旧中国完全空白的大批工业制造部门,如航空、汽车、拖拉机、远洋船舶、发电设备、重型机器、新式机床、精密仪表、电视通讯、坦克及兵工装备等制造部门。旧中国的落后产业结构得到初步改变。1957年与1952年相比,工业总产值在工农业总产值中的比重由43.1%上升到56.7%,农业下降为43.3%,改变了中国几千年来总产值以农业为主的状况。旧中国工业严重偏于沿海地区的畸形布局也得到改善。经过"一五"计划建设,全国工业产值中内地比例由27%提升到32%,中西部出现了重庆、成都、西安、兰州、包头、洛阳、宝鸡、湘潭、株洲、咸阳等重工业城市。

农业方面,主要是大兴农田水利建设。"一五"计划时期对全国绝大部分河流的堤防进行了培修,对淮河、长江、黄河水系进行治理,建成了梅山、佛子岭等水库,开始了对海河水系的治理。1957年全国耕地面积达到16.8亿亩,其中灌溉面积比1952年扩大了37%,都是当时中国有统计以来的最高记录。

文化和学术方面,提出了现代化建设的必要条件——"双百"方针。1956年5月2日,毛泽东在最高国务会议上确认"双百"方针说:现在春天来了嘛,一百种花都让它开放,不要只让几种花开放,还有几种花不让它开放,这就叫百花齐放。百家争鸣,是说春秋战国时代,有许多学派,诸子百家,大家自由讨论。现在我们也需要这个。在中华人民共和国宪法范围之内,各种学术思想,正确的、错误的,让他们去说,不去干涉他们。5月26日,中宣部领导人在知识界会议上,代表中共中央作了题为《百花齐放、百家争鸣》的报告,对"双百"方针进行了详细阐述:我们所主张的"百花齐放、百家争鸣"是提倡在文学艺术工作和科学研究工作中有独立思考的自由,有辩论的自由,有创作和批评的自由,有发表自己的意见、坚持自己的意见和保留自己的意见的自由。8月,中国科学院和高等教育部共同主持,在青岛召开遗

传学座谈会，宗旨是在学术界落实"百家争鸣"的方针，使各个学派都能够在学术上处于平等争鸣的地位。"双百"方针初步建立了中华民族传统文化和社会主义文化建设相结合的新方针，在探索中国式现代化道路中起到了重要的精神推动作用。

全面解决知识分子问题，是教科文卫方面现代化建设的重要准备。新中国成立以后，知识分子在数量上远不能满足大规模经济建设的需要，但是一些干部对于科学技术和科技人员的重要性缺乏重视，不尊重知识分子。针对这些问题，毛泽东召集中央会议决定，召开全面解决知识分子问题的会议，成立由周恩来负责的中共中央研究知识分子问题十人领导小组。1956 年 1 月，中共中央在北京召开关于知识分子问题的会议。周恩来代表中央作《关于知识分子问题的报告》指出，经过新中国成立后六年来贯彻执行党对知识分子的团结、教育、改造的政策，我国知识界的面貌已经发生根本变化，他们中间的绝大部分已经成为国家工作人员，已经为社会主义服务，已经是工人阶级的一部分。这个对知识分子阶级属性和社会作用的判断和估计，调动了知识分子建设现代化的积极性。

知识分子问题会议的另一大贡献，是提出"向现代科学进军"[①]。毛泽东在会上讲话说，要进行技术革命、文化革命；要搞科学，要革愚昧和无知的命。搞这样的革命，单靠大老粗，没有知识分子是不行的。他号召全党努力学习科学知识，同党外知识分子团结一致，为迅速赶上世界科学先进水平而奋斗。周恩来代表中央号召：现代科学技术正在一日千里地突飞猛进，人类正处在一个新的科学技术和工业革命的前夕。我们必须急起直追，"向现代科学进军"。1956 年 3 月，国务院成立科学规划委员会，在周恩来、陈毅、李富春、聂荣臻等领导人的组织下，汇集 600 多位科学家，并邀请近百名苏联专家，历时数月反复论证，编制出《一九五六——一九六七年科学技术发展远景规划纲要（修正草案）》。规划纲要提出了 13 个方面 57 项国家重要的科学技术任务，并确定 12 个带有关键意义的重点项目或课题。规划纲要成为全国

---

① 《建国以来重要文献选编》第 8 册，中央文献出版社 1994 年版，第 41 页。

人民向现代科学进军的号角。中国科学院哲学社会科学部在中央宣传部指导下，也组织专家编制了哲学社会科学 12 年远景规划。

这一时期的工业化—现代化建设，苏联和东欧社会主义国家的援助发挥了重要作用。中国同苏联签订了多项科学技术合作协定。到 20 世纪 50 年代末，中国从苏联和东欧各国获得了 4000 多项技术资料，议定了一批共同研究和帮助研究的重大科学技术项目。苏联东欧派到中国的技术专家有 8000 多人，中国派到苏联东欧的留学生有 7000 多人。"一五"计划期间施工建设的 700 多个大中型工业项目中，苏联援建的有 147 个，东欧援建的有 108 个。随着这些项目的建成投产，形成了新中国第一批大型现代化企业，大大增强了中国重工业和国防军事工业的能力，填补了一批生产技术领域的空白，初步建立了现代工业技术基础和建设大型现代化项目的经验。2015 年 5 月 8 日，习近平在莫斯科会见俄罗斯援华专家和亲属代表时说，中国有句老话，"吃水不忘挖井人"，中国人民感谢为中国建设和发展作出贡献的专家们。

在接受外国援助的同时，中国也强调不能照抄照搬苏联经验，要与中国的实际情况相结合。当时主要负责领导苏联援建工作的陈云多次指出，必须以新中国实际情况为一切工作的出发点。应向苏联专家说明，帮助我国设计项目时应根据我国目前财政状况，坚持因陋就简和实用的原则。他特别主张在学习苏联经验中，走自己的路，进行探索。1956 年，毛泽东在听取国务院重工业各部汇报时赞赏地说："学习苏联也不要迷信。对的就学，不对的就不学。""陈云同志管财经工作，苏联有些东西，他也不学。"①

这一时期中国工业化—现代化建设成就，使世界震惊。美国历史学家麦克法夸尔和费正清编著的《剑桥中华人民共和国史（1949—1965）》评价说，"一五"计划是一个令人吃惊的成功。人均增长率 6.5%，按此速度国民收入每 11 年将翻一番。另一个大陆型的农业经济国家印度的最初经济条件与中国相似，它在 50 年代的人均增长率远不足 2%。

---

① 《陈云年谱（1905—1995）》中卷，中央文献出版社 2000 年版，第 303 页。

第二节　对现代化道路的重新认识

1953年朝鲜停战后，世界出现了一个相对和平的时期，自鸦片战争以来一百多年饱受侵略之苦的中国人民热切希望利用这段时间，加快建设速度，提早实现国家工业化。同时，由于缺乏经验，脱离实际、急于求成的情绪也滋长起来。

一、对共产主义和现代化的认识误区

从1957年秋季起，中国掀起了一个大规模的建设热潮，形成了"鼓足干劲，力争上游，多快好省地建设社会主义"的社会主义建设总路线。总路线实际上突出的是多和快，强调"速度是总路线的灵魂"。

"大跃进"运动首先从农业拉开序幕。1957年10月，中共中央公布《一九五六年到一九六七年全国农业发展纲要（修正草案）》，要求12年内基本上消灭普通的水灾和旱灾，粮食年均亩产黄河以北达到400斤，黄河以南淮河以北达到500斤，淮河以南地区达到800斤。11月13日《人民日报》社论[①]号召实现"一个巨大的跃进"。全国掀起了空前规模的农田水利建设和积肥热潮，农业发展势头非常好。全国粮食产量1957年达到创当时历史最高记录的3901亿斤。受到农业战线的激励，1958年5月后，"大跃进"运动开始向工业特别是钢铁工业扩展。8月，中共中央北戴河会议号召全国人民用最大努力，为当年生产比1957年翻一番的1070万吨钢而奋斗。各级党委领导亲临一线，采取"小土群"（小高炉、土法上马、群众运动）等手段，全民大炼钢铁。机关、学校、农村、部队、医院等到处可见火光熊熊、烟雾弥漫的炼钢场。人们不分男女老少，不舍昼夜地投身其中，并捐献出家里铁锅等作为炼钢原料。1959年，"大跃进"运动从经济领域进一步扩大到科技、文教、卫生各个行业，形成全社会的热潮。

"大跃进"催生了人民公社化运动。在大规模农田水利建设高潮中，大型

[①]《发动全民，讨论四十条纲要，掀起农业生产的新高潮》，《人民日报》1957年11月13日。

农业工程需要统一规划和共同投入，原来几十户组成的小社已经不能适应要求，必须以乡为单位合并为一个大社；在严重缺乏机械的情况下，主要靠多投入劳动力，于是办食堂、托儿所等公共事业，解放妇女劳动力，就成为一种选择。1958年8月，中共中央北戴河会议通过了《关于在农村建立人民公社问题的决议》。短短三个月中，全国74万个农业社就改组合并成2.6万个公社，加入的农户占总数的99%以上，[①] 基本上实现了全国农村人民公社化。人民公社的基本特点被概括为"一大二公"。所谓"大"，就是规模大，原来一二百户规模的农业生产合作社被合并成拥有四五千户甚至一两万户的人民公社。所谓"公"，就是公有化程度高，几十个贫富不同、条件各异的合作社合到一起，财产全部上交公社，由公社统一核算、统一分配；实行供给制与工资制相结合的分配制度，社员在公共食堂吃饭不要钱；组织军事化、行动战斗化、生活集体化。

发动"大跃进"和人民公社化运动，反映了中国共产党和全国人民实现中国工业化的急迫愿望，促使经济发展出现了一个畸形高速度，希望在"三年、五年、七年之内，把我国建设成为一个大工业国"[②]。1960年1月中共中央在上海召开的政治局扩大会议甚至提出，到1967年基本实现工业、农业、科学文化和国防四个现代化，建立起完整的国民经济体系。[③] 于是导致这三年出现了以高指标和"共产风"为主要标志的严重"左"倾错误。"共产风"的错误，集中表现在人民公社化运动中，认为共产主义在中国的实现已经不是什么遥远将来的事情。许多地区大搞"一平二调三提款"，即平均分配、无偿调拨和提取下级单位和个人的生产资料和资金，严重损害了农民的生产积极性。

"大跃进"运动盲目扩大基本建设规模，片面强调发展重工业，国民经济结构各项比例严重失调。1958—1960年国民收入中积累率分别为33.9%、43.8%、39.6%，大大超过"一五"计划时期的年均24.2%。各工业部门为了

---

① 《建国以来重要文献选编》第11册，中央文献出版社1995年版，第598页。
② 《毛泽东传（1949—1976）》（上），中央文献出版社2003年版，第831页。
③ 《中国共产党历史（1949—1978）》第2卷下册，中共党史出版社2011年版，第567页。

支援钢铁生产而改变合理部署；农村地区过多抽调劳动力参加工业和水利建设，严重影响耕种和收获，造成全国粮食总产量大幅度减少。

1959—1961年，中国连续发生了三年严重自然灾害。1959年全国以旱灾为主的自然灾害，成灾面积80%以上在主要产粮区，对粮食收成影响很大；1960年全国除西藏外又发生了近百年少有的持续旱灾和洪水、台风灾害；1961年全国连续第三年发生严重自然灾害，成灾面积是新中国成立以来最大的。

由于中苏两党关系出现恶化，1960年苏联突然单方面废除了与中国的全部经济合作项目协议，撤走全部援华专家，带走援建图纸、计划、资料，停止供应物资设备，而且逼迫中国偿还主要因抗美援朝购买武器形成的债务，从而加剧了中国的经济困难。

以上三方面原因，造成了严重的国民经济困难局面：工农业总产值大幅度下降，1961年只相当上年的69%。主要农产品粮、棉、油等产量都急剧减少。粮食产量由1958年的4000亿斤，下降到1960年的2870亿斤，低于1951年产量；1961年略有回升仍只有2950亿斤。粮食、食油、肉类等供应持续紧张，形成了全国性危机。许多地区由于严重缺粮而相当普遍地发生浮肿病，不少省份农村非正常死亡人口急剧增加。

二、重新认识共产主义和现代化

毛泽东是"大跃进"和人民公社化运动的积极倡导者和推动者，也是他较早通过调查研究发现问题并努力纠正。他派人到最先在全国挂起人民公社牌子的七里营去调查。毛泽东说，我们共产党人的最终目标是建立共产主义社会，这是没有问题的。现在的问题在于什么是共产主义社会，并不是人人认识一致，甚至在高级干部中也各说各的，其中有不少胡话。

1958年11月到1959年3月，毛泽东先后主持召开了两次郑州会议、武昌会议和八届六中全会，采取一些措施纠"左"。毛泽东带领与会同志逐段逐章地学习和研究斯大林的《苏联社会主义经济问题》，联系实际，阐发了很多重要理论观点。

毛泽东指出：有些同志急于要宣布人民公社是全民所有，废除商业，实行产品调拨，这就是剥夺农民。现在农民的劳动，同土地和其他生产资料一样是他们自己所有的，因此有产品所有权。忘记了这一点，我们就有脱离农民的危险。

毛泽东批评说，我们有些人大有要消灭商品生产之势，不懂得在社会主义条件下利用商品生产的作用的重要性。"商品生产，要看它是同什么经济制度相联系，同资本主义制度相联系就是资本主义的商品生产，同社会主义制度相联系就是社会主义的商品生产。"①

毛泽东批评急于向共产主义过渡的倾向说：现在的题目，我看还是社会主义。社会主义里头有共产主义。"我们搞革命战争用了二十二年，曾经耐心地等得民主革命的胜利。搞社会主义没有耐心怎么行？"②毛泽东自我反省说：苏联在准备向共产主义过渡的问题上很谨慎，搞了那么多年，想过渡，但没有讲过渡，还说是准备条件。我们中国人，包括我在内，只有九年，就起野心。我们现在吹得太大了，我看是不合事实，没有反映客观实际。

1961年1月，中共八届九中全会正式决定对国民经济实行"调整、巩固、充实、提高"八字方针，任务是克服困难，恢复农业，恢复工业，争取财政经济状况的根本好转。毛泽东在全会上讲话，号召全党发扬实事求是的优良传统，大兴调查研究之风。他派出了身边工作人员分赴浙江、湖南、广东农村调查，自己南下沿途听取汇报。刘少奇、周恩来、朱德、陈云、邓小平等中央领导人也到湖南、河北、四川、上海、北京等地的农村进行调查，提出了很多纠正错误的意见。

1962年1—2月，中共中央召开了一次空前规模的七千人大会。刘少奇代表中央提出书面报告，指出了"大跃进"运动以来的工作缺点和错误，认为产生这些缺点错误的原因，一方面是经验不够，一方面是党内领导同志不够谦虚谨慎，违反了实事求是和群众路线的传统作风，削弱了民主集中制，因此妨碍了及时发现和纠正错误。毛泽东在大会上讲话说：凡是中央犯的错

---

① 《毛泽东文集》第7卷，人民出版社1999年版，第439页。
② 《毛泽东文集》第7卷，人民出版社1999年版，第440—441页。

误，直接的归我负责，间接的我也有份，因为我是中央主席。第一个负责的应当是我。邓小平、周恩来在讲话中也进行了自我批评。他们的讲话获得了热烈反响。

1962年2月，刘少奇在中南海西楼主持召开中共中央政治局常委扩大会议。陈云讲话指出当前的困难主要在五个方面，提出了六条克服严重困难的重要措施。经毛泽东同意，中央决定成立中央财经领导小组，由陈云出任组长，统一领导国民经济调整工作。国民经济调整全面铺开。

第一，继续动员大量城镇人口下乡。减少粮食销量和粮食征购量，增加农村劳动力，缓解粮食供应紧张局面。自1961年1月到1963年6月的两年半中，全国职工减少1887万人，城镇人口减少2600万人，吃商品粮人数减少2800万人。

第二，大幅度压缩基建项目。1962年全国施工的基本建设项目由1960年的8.2万多个，减为2.5万多个。缓和了财政、物资供应的紧张状况，加快了扭转经济比例失调局面的步子。

第三，调整农村生产关系，加强农业生产。中央制定了一系列文件，坚决改变高征购的错误，使农民得以休养生息。增加农村社队所需贷款和物资，提高粮食等农副产品的收购价格，允许社员经营少量自留地和小规模的家庭副业，恢复农村集市等。

第四，消灭财政赤字，稳定市场。在保持生活必需品价格基本稳定的同时，对一部分稀缺的针织品、自行车、钟表、茶叶、酒以及某些糖果和糕点等高档消费品实行高价政策，以回笼货币。

第五，加强对国民经济的集中统一领导。中央先后对计划、银行、财政、物资、基本建设等集中管理问题作出严格规定和具体要求，使中央控制的财政收入，由50%提高到60%。

国民经济调整迅速见效。1963年，粮食产量比上年增长6.25%；棉花产量增长60%；钢产量结束了连续两年下降的局面；财政收支有了2.7亿元的节余。1964年，粮食大丰收，产量增长10.29%，接近1957年水平；棉花产量增长近40%；钢产量增长26%。1965年，工农业生产都超额完成了年度计划，粮食产量基本达到 1957 年水平，棉花产量超过 1958 年水平，其余钢、煤、化肥都有较大幅度增长。人民生活有了较大的改善，部分凭票的商品开始敞开供应。因供应匮乏 1960 年春节起暂停的北京厂甸庙会，1963 年春节重新开放，给一度萧条的市场带来了盎然春意。

三、调整社会关系和探索现代经济管理体制

在国民经济调整的同时，对社会关系也进行了调整。1962 年 3 月，刘少奇在最高国务会议上代表中央向党外民主人士对 1958 年以来的工作缺点错误作了坦诚说明，表示责任在中国共产党。同月，周恩来在全国政协三届三次会议和二届全国人大三次会议上对几年来的缺点错误作了诚恳的自我批评。他指出，那些敢于提出不同意见的人，不是畏友而是诤友。民革中央副主席张治中在最高国务会议上说：中国共产党主动承担责任，自觉检讨错误，体现了对国家、对人民的忠诚态度和负责精神。

1962 年 4—5 月，全国统战工作会议和全国民族工作会议分别指出：党必须主动调整同知识界、工商界、民主党派、民主人士、宗教界、少数民族、归国华侨以及其他爱国人士的关系，发扬民主，加强团结，充分调动一切积极因素，克服当前困难。统战工作会议决定，凡是在交心运动中受到处分或者被划为"右派分子"的应一律平反；在拔"白旗"、"反右倾"运动中受到错误处理的都应该平反。到 1962 年底大部分被划为"右派分子"的人都摘掉了帽子。民族工作会议指出：今后五年应该调整各民族内部各阶级和阶层间的关系，集中力量恢复民族地区生产。有些地区这几年可以不办人民公社。

再次调整知识分子政策，是各项调整中的重点。1961 年，邓小平主持中央书记处，讨论通过了"高教六十条"（《教育部直属高等学校暂行工作条例（草案）》）；1962 年，由周恩来督促形成了"文艺八条"（《关于当前文学艺术工作若干问题的意见（草案）》）。这两个文件经中央批转全国执行，批示指出近几年不少同志对待知识、知识分子有一些片面认识，简单粗暴现象也有所滋长，必须引起严重注意。应该加以清理甄别，批判错了的要纠正，解除他们的思想疙瘩。在学术问题上，必须鼓励自由探讨、自由辩论、自由竞

争；在哲学社会科学中，必须批判地继承历史文化遗产，吸收有价值的东西；在文艺创作中，作家、艺术家有选择、处理题材的自由，提倡风格多样化。

1962年二三月间，全国科学工作会议和全国话剧、歌剧和儿童剧创作座谈会在广州举行。参加会议的科学家、作家、艺术家对几年来知识分子政策中"左"的偏向提出不少批评。周恩来与陈毅专程到广州，召集陶铸、聂荣臻等负责人开会，一致认为不应再用"资产阶级知识分子"的提法。3月2日，周恩来对两个会议的代表发表《论知识分子问题》的讲话，恢复了1956年知识分子问题会议的基本估计，指出我们历来都把知识分子放在革命联盟内，算在人民的队伍当中。陈毅对会议代表讲话强调，经过12年的考验，尤其是这几年严重困难的考验，证明我国知识分子是爱国的，相信共产党的，跟党和人民同甘共苦的。当场宣布给广大知识分子"脱帽加冕"，即脱"资产阶级知识分子"之帽，加"劳动人民知识分子"之冕。会议上许多人为之潸然泪下。3月27日，经过中央政治局讨论同意，周恩来在二届全国人大三次会议的政府工作报告中，郑重地向全国人民重申："知识分子中的绝大多数，都是积极地为社会主义服务，接受中国共产党的领导，并且愿意继续进行自我改造的。毫无疑问，他们是属于劳动人民的知识分子。"[①]

调整时期，还进行了现代经济管理体制改革探索，主要体现在农村"包产到户"和城市国营企业试办托拉斯上。

经济困难时期，安徽少数农民自发搞起了"责任田"，将农民的获益同产量联系在一起。1961年春天，中共安徽省委进行了试点和推广，实行的生产队占总数的91%。甘肃、浙江、四川等十几个省区也都实行了各种生产责任制，普遍增产，效果很好。中央农村工作部部长邓子恢经过一年调查，于1962年5月给中央和毛泽东写出报告，建议允许社员在一定范围有"小自由小私有"，指出生产责任制是今后搞好集体生产的根本环节。刘少奇、陈云、邓小平也都赞成和支持"包产到户"。邓小平说，可以用各种各样的方式。

[①] 《中国共产党历史（1949—1978）》第2卷下册，中共党史出版社2011年版，第608、609页。

"黄猫、黑猫，只要捉住老鼠就是好猫。"①农村"包产到户"的积极探索，为1978年以后农村家庭联产承包责任制积累了实践经验。

工业方面的现代化探索，是托拉斯改革。"大跃进"中各部主管企业纷纷下放，引发了全国工业的散乱局面，严重冲击了全国计划；1960年后，下放的权力又被收回中央，缺少自主活力，陷入了"一放就乱，一统就死"的怪圈中。1963年3月，中共中央决定成立中国烟草工业总公司，试行托拉斯的管理办法。所谓托拉斯，是由生产同类商品或在生产上有联系的大企业联合成的一种专业组织形式。1964年8月，中共中央和国务院批转了国家经委党组《关于试办工业、交通托拉斯的意见的报告（草案）》，提出1964年中央各部试办12个托拉斯，全国性的有烟草、盐业、汽车、拖拉机、内燃机、纺织机械、制铝、橡胶、医药、电力、长江航运等公司。托拉斯很快呈现出巨大的活力。如组建最早的烟草工业托拉斯，1964年卷烟综合生产能力提高了17%，劳动生产率提高了35%，卷烟加工费降低了21%。其他中央和地方管理的托拉斯也收到了较好的效果。

第三节　提出"四个现代化"战略目标

1961年到1965年，中国共产党领导全国人民自力更生、艰苦奋斗，走出了经济困难局面。在这个基础上，提出了建设"四个现代化"的战略目标。

一、艰苦奋斗、奋发图强的现代精神文明风貌

物质文明和精神文明相协调，是中国式现代化的一个有别于其他国家的显著特征。在战胜经济困难的斗争中，中国人民经受了严峻考验，涌现了大批英雄模范和事迹，汇聚成爱国奉献、艰苦创业的民族奋斗精神。

工业战线创业精神的样板，是大庆精神。1959年9月，在东北松辽盆地发现了世界级的特大砂岩油田，当时正值新中国成立十周年大庆之际，因此

---

① 《邓小平文选》第1卷，人民出版社1994年版，第323页。

命名为大庆油田。1960年2月20日，中央作出了石油大会战的决定，以石油部、地质部为主，农垦、机械、冶金、电力、建工、铁道、林业、商业等部提供大力支援。还从人民解放军当年退伍的军人中，动员3万人参加石油会战。石油职工和退伍军人在茫茫草原上风餐露宿，人拉肩扛，用3年多时间，建设起了我国最大的石油基地——大庆油田。到1965年，我国基本实现了石油自给。大庆油田建设中，以王进喜为代表的石油工人、科技人员和干部，提出了"三老、四严、四个一样"的科学态度和工作作风，创造出了中国式现代企业管理的宝贵经验。全国工业战线通过开展学大庆活动，涌现出一批大庆式的先进企业，对探索中国式现代企业的管理制度，作出了重要贡献。

农业战线改造自然的旗帜，是红旗渠精神。河南林县人民在县委领导下，经过多年苦战，开凿太行山，修建了"人工天河"红旗渠，创造了人间奇迹。在1960年动工后的8个月里，林县人民用普通的工具，斩断了45道山崖，搬掉了13座山垴，填平了58道沟壑，穿凿了7个隧洞，修建了56座渡桥、渡槽。此后，林县人民又经过四年苦战于1965年实现了总干渠的通水。周恩来当时向外宾介绍说，这是新中国创造的奇迹之一。

河南兰考县委书记焦裕禄，带领全县人民治理盐碱地和沙丘，积劳成疾，忍着晚期肝癌的病痛，仍然坚持在治沙第一线，"生也沙丘，死也沙丘，父老生死系。暮雪朝霜，毋改英雄意气！"[①]焦裕禄病逝后，1966年2月新华社播发了长篇通讯《县委书记的榜样——焦裕禄》，在全国引起了强烈反响。

这一时期，解放军英雄辈出。解放军沈阳军区某部运输连班长雷锋，在平凡工作岗位甘当螺丝钉，勇于奉献，乐于助人，表现了崇高的共产主义情操。雷锋牺牲后，1963年3月5日，毛泽东发出"向雷锋同志学习"的号召，党和国家主要领导人为雷锋题词。由此，全国各行各业掀起了持久的学习雷锋的热潮。雷锋成为中华民族的现代精神楷模。

解放军上海警备区某部第八连，身居闹市一尘不染，勤俭节约，助人为乐，始终保持艰苦奋斗优良传统，坚持人民军队爱国爱人民的政治本色，自

---

① 习近平：《念奴娇·追思焦裕禄》（1990年7月15日），《福州晚报》1990年7月16日。

觉抵制拜金主义腐朽思想的侵蚀，成为代表现代社会精神文明的集体榜样。1963年，该连被授予"南京路上好八连"称号。

这五年是一个曲折探索、困难重重的时期，也是一个意气风发、斗志昂扬的时代。全国掀起了学习解放军和学习雷锋、焦裕禄等英雄人物运动，形成了值得浓墨重彩书写的现代文明独特风貌。

二、"两弹一星"和三线建设构筑国防现代化基础

中国式现代化，不走一些国家通过战争、殖民、掠夺等方式实现现代化的老路，中国的旗帜是和平、发展、合作、共赢。同时，中国人民为了建设现代化，必须构建一个强大的国家安全保障，实现国防现代化。

20世纪60—70年代，国防科技尖端技术得到了突破性的发展。其中震撼世界的是第一颗原子弹试验成功。1956年，国家制定了科学技术现代化的第一个远景规划，提出研制导弹、原子弹"两弹"。毛泽东说："在今天的世界上，我们要不受人家欺负，就不能没有这个东西。"[①]1960年，苏联撤走全部专家，我国"两弹"的研制进入了完全依靠自己力量阶段。1961年，提出坚持攻关，争取1963年拿出原子弹初步设计方案，三五年或更长一些时间得到突破。1962年11月，中共中央成立以周恩来为首的十五人专门委员会，领导"两弹"研究试验工作。1964年，经过一系列准备，原子弹试验准备工作全部完成。

1964年10月16日15时，中国第一颗原子弹在新疆罗布泊戈壁滩爆炸成功。17时，毛泽东、刘少奇、周恩来等在人民大会堂接见参加音乐舞蹈史诗《东方红》创作和演出的全体人员，周恩来宣布了这个特大喜讯。全场雀跃，欢声雷动。

中国成功爆炸第一颗原子弹，有力地打破了超级大国的核垄断和核讹诈，提高了中国的国际地位。中国政府声明：中国一贯主张全面禁止和彻底销毁核武器；中国进行核试验，发展核武器，是为了防御；在任何时候，任何情

---

① 《毛泽东文集》第7卷，人民出版社1999年版，第27页。

况下，中国都不会首先使用核武器。

继原子弹爆炸成功后，1966年10月27日，中国第一枚导弹核武器发射成功，实现了原子弹、导弹"两弹结合"。1967年6月17日，中国第一颗氢弹爆炸成功，使中国成为世界上第四个掌握氢弹制造技术的国家，标志着中国核武器发展进程有了一个质的飞跃。中国从原子弹试验成功到突破氢弹技术，只用了两年零两个月，比美国、苏联都快得多。

早在1958年5月，毛泽东就提出"我们也要搞人造卫星"。中国科学院先进行了理论探索，到1965年火箭技术有了进一步发展，才开始卫星研制发射工作。1970年1月，"长征一号"三级运载火箭飞行试验成功。4月24日，中国第一颗人造地球卫星"东方红一号"在酒泉基地发射成功，卫星重173公斤，在重量和一些技术上超过了美国、苏联的第一颗卫星。这是中国航天空间技术的一个重要里程碑。1975年11月，中国第一颗返回式卫星在酒泉成功发射，准确入轨，安全降落在四川预定地区。中国卫星发射技术实现了第二个飞跃。

"两弹一星"的研制，蕴含着一大批科学家、技术人员和解放军官兵的心血和牺牲奉献精神。他们"干惊天动地事，做隐姓埋名人"，长期工作生活在戈壁荒漠、深山峡谷的基地，一干就是多少年，连家属都不知道他们在哪里，其中不少人为之牺牲了生命。在新疆马兰核试验基地烈士陵园里，就长眠着一群中华民族的优秀儿女。他们为中国式现代化艰苦奋斗、无私奉献的"两弹一星"精神，彪炳史册，永垂后世。

这一时期，尖端科技的突破性成就还有上海科学院生化研究所等单位协作研究用化学方法合成胰岛素，1965年首次人工合成牛胰岛素结晶。这在世界处于领先地位，为人类揭开生命奥秘迈出了一大步。

"两弹一星"作为中国现代科学技术的金字塔，是建立在三线建设建成的一大批尖端科技企业、设施构成的塔基上的。

20世纪60年代前期，中国大陆周边的安全形势日益严峻。而中国的工业和经济中心由于历史的原因，大多集中在东部大城市，一旦遭受入侵，将造成严重损失；西部地区经济比较落后，还没有建成可靠的国家战略后方。

1964年5月，针对这两大问题，毛泽东提出，要考虑解决全国工业布局不平衡的问题，加强三线建设，防备敌人的入侵。1964年8月，中央作出了在三线地区开展以战备为中心大规模建设工业交通、国防科技设施的重大战略决策。所谓三线地区，主要指西南的四川、贵州、云南，西北的陕西、甘肃、宁夏、青海，还有湘西、鄂西、豫西、晋西、粤北、桂北等，共13个省区。

三线建设跨越三个五年计划，到1980年全国三线地区共投入2052.68亿元，相当于1953—1964年这些省区投资的3倍，在中西部建成了约2000个大中型企业、设施和科研院所。三线建设无论是规模还是时间跨度，都堪称新中国历史上空前的经济建设战略。

由于涉及国防，三线建设当时在全国不见诸报端，几百万工人、干部、科技人员、解放军官兵，从全国四面八方默默来到人迹罕至的深山峡谷、大漠荒原，发扬"艰苦创业，无私奉献，团结协作，勇于创新"的三线精神，人拉肩扛，风餐露宿，战胜了险恶的自然条件，建设起了一座座现代化企业和交通设施。三线人扎根三线，一干就是几十年、几代人，凸显了"献了青春献终身，献了终身献子孙"的崇高情操。

三线建设取得了重大成就。首先，初步改变了我国工业布局不合理状况，在中西部地区形成了以能源交通为基础、原材料工业与加工工业相配套、科研与生产相结合的后方工业基地。攀枝花、酒泉、重庆钢铁厂等钢铁基地，六盘水、渭北等煤炭基地，成昆、襄渝、湘黔、阳安、青藏（西格段）等铁路干线，湖北第二汽车厂、陕西汽车厂、四川汽车厂、德阳东方汽轮机厂等大型制造企业，刘家峡、八盘峡、葛洲坝、乌江渡等水电站，江汉、长庆等油气田等，都成为中国中西部发展的产业支柱。到1978年，中西部工业固定资产原值已经占全国的56%，超过了东部沿海地区；职工人数由325.65万增加到1129.5万；工业总产值增长3.92倍。

其次，成功地建设起一个比较完整的国防战略后方，增强了我国的国防实力。三线地区先后建成400多个军工企业、80多个国防科研院所。到1975年，三线地区国防科技工业的固定资产、主要产品生产能力、技术力量和设备水平都已超过一、二线地区。我国第一颗原子弹、氢弹，第一个军用核反应堆，第一颗人造地球卫星，第一枚中程导弹，第一艘核潜艇，第一批喷气式歼击机，第一门远程火箭炮等，绝大部分研制、试验基地都布局在三线地区。这些重大突破，为国家安全和现代化建设提供了重要保障。正如邓小平在 1988 年所说："如果六十年代以来中国没有原子弹、氢弹，没有发射卫星，中国就不能叫有重要影响的大国，就没有现在这样的国际地位。"①

第三，推动了中西部地区的现代化进步，促进了偏僻山区和少数民族地区城镇化建设。通过新建、扩建，攀枝花、绵阳、六盘水、十堰、广元、乐山、德阳、金昌、都匀、凯里、汉中、天水等 60 多个新型工业科技城市拔地而起，闻名全国，如攀枝花号称"钒钛之都"、绵阳号称"科技城"、德阳号称"重装城"，六盘水号称"江南煤都"、金昌号称"中国镍都"。成昆、湘黔铁路和沿线工业群使过去不通公路不通电的大小凉山、乌蒙山脉少数民族落后地区得到"飞跃五十年"的进步。

由于对国际形势估计过于严重和受到"文化大革命"的冲击影响，三线建设中也出现了铺开过急过大、选址过于强调战备、注重经济效益不够等弊病，留下了一些后患问题。这些都在 1983—2006 年实施三线企业调整改造战略时得到了解决。

三、提出"四个现代化"战略目标

中国共产党领导我国社会主义建设在探索中曲折发展时期，虽然遭受过严重挫折，但仍然取得了很大成就。以后国家进行现代化建设所依赖的物质和技术基础很大部分是这个时期建立起来的，全国经济建设的主要骨干力量和管理经验很大部分也是这个时期培养和积累起来的。在探索现代化建设的经验、汲取教训方面，党和国家有了更深刻的认识，形成了以"工业七十条""农业六十条"为代表的经济管理制度。

1961 年 9 月中共中央颁发的"工业七十条"（《国营工业企业工作条例

---

① 《邓小平文选》第 3 卷，人民出版社 1993 年版，第 279 页。

（草案）》），对国营工业企业的性质、根本任务、管理原则，国家和企业的关系，企业内部的计划管理、技术管理、劳动管理，工资、奖励和生活福利，经济核算和财务管理，各项责任制，党委领导下的厂长负责制，工会和职工代表大会，技术和管理人员的地位，党的工作等方面，都作出了比较全面、具体的规定。"工业七十条"是我国企业管理的宝贵经验结晶，以后继续得到贯彻。1962年6月中共中央修改、形成的"农业六十条"（《农村人民公社工作条例（修正草案）》），在三级所有、队为基础的原则上，进一步规定生产队是人民公社的基本核算单位，实行独立核算，自负盈亏，直接组织生产和分配。这种制度至少30年不变。规定生产队可以划分作业小组，实行季节的或者常年的包工，给予奖励和惩罚。规定家庭副业是社会主义经济的必要补充部分，应当鼓励和允许社员利用剩余时间发展家庭副业，所得归社员所有，可以拿到集市出售。"农业六十条"纠正了"大跃进"时期的极端错误，对人民公社体制进行了根本性调整，调动了农民的积极性。

在国民经济取得好转的基础上，1964年12月21日至1965年1月4日，三届全国人大一次会议在北京举行。周恩来在政府工作报告中代表中共中央提出了建设"四个现代化"的战略目标：今后发展国民经济的主要任务，就是要在不太长的历史时期内，把中国建设成为一个具有现代农业、现代工业、现代国防和现代科学技术的社会主义强国。从第三个五年计划开始，第一步要建立一个独立的比较完整的工业体系和国民经济体系，第二步要全面实现"四个现代化"，使中国的经济发展走在世界的前列。这个建设"四个现代化"的战略目标，极大地鼓舞着依靠自力更生、艰苦奋斗精神走出艰难时期的中国人民继续前进。

"四个现代化"战略目标的提出，有一个历史过程，反映了中国共产党人对中国式现代化从内涵到实现时间、实现步骤的不断探索和认识。1954年9月23日，周恩来在一届全国人大一次会议作《政府工作报告》，代表党中央第一次提出关于"四个现代化"的构想："我国的经济原来是很落后的；如果我们不建设起强大的现代化的工业、现代化的农业、现代化的交通运输业和现代化的国防，我们就不能摆脱落后和贫困，我们的革命就不能达到目的。"①1957年8月，周恩来在主持国务院常务会议时又说明，工业现代化包括交通运输在内，因而"交通运输现代化"不再被单独作为一个现代化的概念。

1957年，毛泽东将"现代科学文化"纳入中国现代化的整体构想中。他在《关于正确处理人民内部矛盾的问题》和《在中国共产党全国宣传工作会议上的讲话》两个文件中，两次提出要将我国建设成为"一个具有现代工业、现代农业和现代科学文化的社会主义国家"②。1958年召开的中共八大二次会议沿用了这个提法。

1960年，毛泽东又提出要把国防现代化加入国家现代化的内容中。他在阅读苏联《政治经济学教科书》时说："建设社会主义，原来要求是工业现代化，农业现代化，科学文化现代化，现在要加上国防现代化。"③周恩来在阅读苏联《政治经济学教科书》的发言中，将"科学文化现代化"改为"科学技术现代化"。这样，"四个现代化"的基本内涵已经完整提出。

关于国民经济体系和工业化、现代化的关系。经过"一五"计划和"二五"计划，特别是经过了"大跃进"的挫折，中国共产党开始认识到建立完整的国民经济体系，比单一地建立工业化的基础更为科学和重要。1963年8月，周恩来在中共中央《关于工业发展问题》起草委员会会议上指出：国民经济体系不仅包括工业，而且包括农业、商业、科学技术、文化教育、国防各个方面。工业国的提法不完全，提建立独立的国民经济体系比只提建立独立的工业体系更完整。

"四个现代化"把农业现代化放在最前面，这反映了中国共产党在国家现代化认识中对农业发展的宝贵认识和教训总结。1956年，中共八大对国家经济建设投资安排的原则是，在适当考虑农业和轻工业的需求前提下，优先发展重工业。但是，在"大跃进"时期出现了重工业严重挤压轻工业、农业的国民经济结构不合理状况。1962年9月，在中共八届十中全会上，毛泽东提

---

① 《建国以来重要文献选编》第5册，中央文献出版社1993年版，第584页。
② 《毛泽东文集》第7卷，人民出版社1999年版，第207页。
③ 《毛泽东文集》第8卷，人民出版社1999年版，第116页。

出了以农业为基础、以工业为主导的发展国民经济的总方针。以农业为基础，就是一方面要求根据可能来加强农业，使之与现代工业和整个国民经济的发展速度相适应；另一方面，要求工业的发展建立在农业发展的可靠基础之上，不能脱离或超过农业所能提供的农产品和劳动力的承担能力。以工业为主导，就是要求大力发展生产生产资料的重工业，生产先进的技术装备，用以装备农业和国民经济各部门，迅速提高全社会劳动生产率，实现对农业和整个国民经济的技术改造。这一方针在过去的农轻重并举的原则上，更进一步地说明了国民经济发展中工农业的关系，是探索中国式现代化道路的重要成果。

"四个现代化"战略目标，是中国共产党领导全国人民对中国式现代化建设道路进行长期探索所取得的重大成果，是凝聚全党、全国人民力量为现代化奋斗的高扬旗帜。此后，即使党和国家遇到"文化大革命"那样严重的错误，但全国人民为实现现代化目标而奋斗的信心和决心始终没有动摇。

第四节　坚持现代化建设的艰辛努力

1966 年是"三五"计划的第一年，由于全国人民发挥了极高的建设热情和计划留有余地，计划实行不久，就显现了巨大的成效。1966 年 4 月，国家计委向中央汇报提出：原设想的"三五"计划，有可能提前两年实现。就生产来说，1970 年的主要生产指标，大部分在 1968 年可以完成，有些明年就可以完成。照这样的速度发展下去，我国的经济建设将取得更大的成就。但是，一个月后开始的"文化大革命"，使这个设想未能实现。

一、抵制动乱勉力维持生产建设

新中国成立以后，毛泽东一直在考虑，如何反对西方敌对势力的"和平演变"战略，保证中国的社会主义不改变颜色。20 世纪 60 年代初期中苏两党大论战之后，毛泽东又认为，苏联已经演变为"修正主义"，必须在国际上开展"反修"斗争。由于关于现代化建设进程中的一些重要问题如"大跃进"四清"等,毛泽东与中央一些领导人发生认识分歧,他对党内国内的政治形势也逐步得出了错误判断,认为这种分歧是两个阶级、两条路线的斗争,而且相当一部分权力"不在我们手中",必须由下而上地发动广大群众,打倒所谓的"党内走资本主义道路的当权派"。这就是1966年5月开始的"文化大革命"前的形势。

毛泽东的这种错误判断,在当时党内民主生活不正常、个人崇拜十分严重的情况下,给了党内一些野心家推波助澜的可乘之机。1966年5月,中共中央政治局召开扩大会议,通过了《中国共产党中央委员会通知》(简称"五一六通知"),断言"混进党里、政府里、军队里和各种文化界的资产阶级代表人物,是一批反革命的修正主义分子,一旦时机成熟,他们就会要夺取政权,由无产阶级专政变为资产阶级专政"。在"五一六通知"的影响下,6月1日北京大学一张针对中共北京市委和北大党委的大字报公开广播后,各地学校纷纷揪斗"黑帮",一些中学率先成立了群众造反组织红卫兵,并迅速推向社会,进行大串连和"破四旧"①运动,中断了国家机构的正常工作。三届全国人大常委会6月召开最后一次会议后没有再举行会议,全国政协机关、各民主党派机关也先后停止办公。

1967年1月,在张春桥、姚文元策划下,上海掀起了夺取上海市党政领导权力的"一月夺权"运动,其影响迅速扩展到全国,使各地党政机构濒于瘫痪。夏季,全国陷入"全面内战"的动乱局势。

毛泽东起初设想"文化大革命"只进行三个月至半年,但是这场运动如脱缰之马越来越失控,他不得不采取一些强力干预,派解放军"三支两军"(支左、支工、支农、军管、军训),筹备成立各地临时政权"革命委员会",要求群众组织实现"大联合",派出工人、解放军宣传队进驻大中学校,隔离审查煽动动乱的中央文革小组成员。严重动乱的局势开始逐步得到遏止。

经过艰难的努力,到1968年9月,全国各省、直辖市、自治区(除台湾省外)都先后成立了革命委员会。地方革命委员会取代了地方人民代表大会、

---

① 即所谓旧思想、旧文化、旧风俗、旧习惯。

人民政府的职能，却在宪法中没有依据。但是，革命委员会的成立，毕竟结束了全国性的无政府主义状态。军队和地方干部在其中发挥重要作用，使经济建设仍然能够维持进行。

"文化大革命"一开始，老干部为代表的中国共产党党内正确力量和广大群众就以各种方式进行了抵制极左错误的抗争。

1967年，谭震林、陈毅、叶剑英、李富春、李先念、徐向前、聂荣臻等一批国务院副总理和中央军委副主席，在1月中央军委碰头会和2月怀仁堂中央碰头会上，对江青、陈伯达、康生、张春桥等进行了激烈的驳斥和抗争。这场抗争被林彪、江青等人污蔑为"二月逆流"，遭到了压制，但其表现出的凛然正气，鼓舞着人民抵制、纠正"文化大革命"错误的斗争。

广大干部、群众以对祖国现代化建设坚定不移的信念，继续坚守工作岗位。从开国元勋到普通群众处处都可见到这种感人肺腑的事例。彭德怀元帅身陷囹圄、屡遭批斗，仍然给周恩来写信，建议对安顺场石棉矿渣加工利用，制成钙镁磷肥。归国华侨、飞机设计专家陆孝彭被诬蔑为"特务"遭到审讯和批斗，在勒令交代的纸上，仍继续论证着试制"强-5"喷气式飞机技术问题。水稻专家袁隆平在试验室稻种几次被人捣毁的情况下，仍然冒着危险在阴沟中秘密地进行着籼型水稻杂交的育种工作。[①]

二、四届全国人大重申"四个现代化"战略目标

1969年中共九大以后，毛泽东考虑筹备召开四届全国人大，使国家政治生活走向正轨。此后五年中，召开四届全国人大的工作历经了四次筹备、三次都因内乱而中断的艰辛过程。

1970年3月，毛泽东第一次提出了修改宪法、筹备召开四届全国人大的建议。8月，林彪、江青两个集团在中共九届二中全会上开始了争权夺利的斗争。第一次筹备工作暂时被搁置。

[①] 当代中国研究所：《中华人民共和国史稿》第3卷，人民出版社、当代中国出版社2012年版，第106—107页。

1971年8月，周恩来根据毛泽东指示再次筹备四届全国人大的工作已经初步就绪，计划在年底前召开。8月31日，他在起草的政府工作报告稿"四五"计划的设想中，将"四个现代化"具体部署为"要求一个适应战备的合理布局"，"一个稳固的农业基础"，"一个比较强大的工业"，"一个比较发达的交通网"，"一个城乡交通、内外交流的商业网"，"一个比较先进的科学技术和科学理论"。① 但林彪反革命集团的分裂活动也走向极端，他们铤而走险策划武装政变。阴谋败露后，9月13日，林彪及其妻子叶群、儿子林立果等策划政变骨干乘坐飞机仓皇出逃，在蒙古温都尔汗附近机毁人亡。第二次筹备工作再度中断。

毛泽东对林彪事件进行了反思，纠正了部分错误。1972年起，周恩来主持中央日常工作，批判了极左思潮，落实各个领域政策，调整"文化大革命"造成的严重比例失调的国民经济。

1973年8月，中共十大召开。根据毛泽东的指示，周恩来在大会上宣布，最近要召开四届全国人大。但是，从年底起，江青集团利用"批林批孔"运动，制造新的内乱。第三次筹备工作又被中断。

1974年10月，毛泽东第四次提出筹备召开四届全国人大的建议，要求"安定团结"和"把国民经济搞上去"。筹备期间，周恩来、邓小平挫败了江青集团"组阁"阴谋，确定了新的全国人大、国务院及各部委的领导人选。

1975年1月，历经坎坷的四届全国人大一次会议终于艰难地得以召开。周恩来抱病在政府工作报告中重申了1965年三届全国人大通过的分两步走、在20世纪末实现国家"四个现代化"的战略目标。这反映了全国人民久经内乱而人心思治的大势，举起了一面和"文化大革命"内乱作斗争的旗帜。四届全国人大后，邓小平接替病重的周恩来主持国务院工作，大刀阔斧地在军队、铁路、钢铁、科技、教育、农业等领域展开了全面整顿工作。3月5日，他在整顿的第一个重要讲话中就鲜明地提出："把我国建设成为具有现代农业、现代工业、现代国防和现代科学技术的社会主义强国。全党全国都要为实现

---

① 《周恩来年谱（1949—1976）》下卷，中央文献出版社1997年版，第478页。

这个伟大目标而奋斗。这就是大局。"①

10月，邓小平先后主持国务院和中央政治局会议，对国家计委拟订的《发展国民经济十年规划要点》进行了讨论。至12月，形成《发展国民经济十年规划纲要（草案）》，《纲要》提出，在1980年以前，建成我国独立的比较完整的工业体系和国民经济体系；到1985年进一步完善全国的经济体系，基本完成国民经济的技术改造，实现笨重体力劳动机械化。这个十年规划虽然在当时"文化大革命"动荡政治环境下难以实现，但反映了国家和人民实现现代化宏图的决心和愿望。

三、恢复联合国合法席位和调整国际战略

中国的现代化建设需要良好的外部环境。20世纪60年代末至70年代初，国际形势发生了重大变化。广大亚非国家纷纷独立，美国深陷越南战争不能自拔。毛泽东、周恩来敏锐地抓住这一时机，调整国际战略，开创了对外关系的新局面。

1969年初，美国总统尼克松就任后，表示有意改善中美关系。毛泽东指示中方作出了积极回应。经过秘密传递信息和协商，1971年7月，受尼克松派遣，美国国家安全事务助理基辛格秘密访华，与周恩来举行了会谈。中美双方决定次年尼克松访问中国。消息公布后，在世界特别是西方国家引起了极大震动。

1971年10月25日，第26届联合国大会以76票赞成、35票反对、17票弃权的压倒多数，通过了23国提案，恢复中华人民共和国在联合国的一切合法席位，并立即将台湾国民党当局的代表从联合国的一切机构中驱逐出去。表决结果宣布后，会议厅里爆发欢呼。恢复中国在联合国的合法席位，是20世纪70年代中国在外交战线上取得的一次重大胜利，实现了中国现代化的重要外部条件。此后，作为联合国安全理事会常任理事国之一的中国，进一步走上现代国际政治舞台，为实现联合国宪章的宗旨、维护世界和平、加强各

---

① 《邓小平文选》第2卷，人民出版社1994年版，第4页。

国友好合作、促进人类进步事业作出了不懈的努力。

1972年2月，尼克松访问中国。毛泽东同他就中美关系和国际事务坦率地交换了意见。周恩来同尼克松举行了会谈，并于2月28日发表了上海联合公报，这标志着两国关系开始走向正常化，为以后中国的现代化建设开启了西方世界的大门。随着中国在联合国合法席位的恢复和中美关系正常化的开始，中国先后同欧洲和亚非拉等大批国家建交。

1973年，毛泽东、周恩来审时度势，批准实施了从西方国家引进计划额度为43亿美元的27个大型成套先进技术设备方案（通称"四三方案"），又投资200亿元人民币，建成了武钢1.7米轧机工程，北京、上海和山东石油化工厂，辽阳、天津石油化纤厂、四川长寿维尼纶厂、泸州天然气化工厂、南京栖霞山化肥厂、唐山陡河电厂、天津大港电厂等几十个冶金、化肥、石油化工、电力大型项目。这是20世纪50年代苏联援建156个项目工程以来对外引进的又一次新开拓。邓小平、陈云还指导进行了补偿贸易和国际期货市场交易等对外贸易探索。这些项目的建成，为改革开放时期以现代化建设为中心进行了重要物质准备。

第五节　结束"文化大革命"和总结现代化建设成就

1976年，中国经历了种种大事变，最终以粉碎江青、张春桥、王洪文、姚文元"四人帮"为转折点，结束"文化大革命"。在1977年至1978年的两年里，开始纠正"阶级斗争为纲"，把实现"四个现代化"作为主要任务。

一、粉碎"四人帮"和结束"文化大革命"

邓小平主持的整顿工作，引起了江青集团的恐慌，他们利用各种机会，竭力对整顿进行攻击。毛泽东虽然支持了邓小平的整顿工作，但他不允许系统地纠正"文化大革命"错误路线。于是，1975年秋季，全国开展了"反击右倾翻案风"运动，邓小平主持整顿的大好形势顷刻急转直下。中国人民经历了一系列的不幸事件，面临着严峻的考验。

1976年1月8日，周恩来逝世。在为周恩来治丧期间，江青集团压制人民的悼念活动，加紧展开针对邓小平的"反击右倾翻案风"运动，致使人民长期积蓄的对"文化大革命"的不满如火山爆发般倾泻出来。自3月下旬起，南京、杭州、郑州、西安等城市的群众利用中国清明节的传统习俗，冲破阻力，举行了种种悼念周恩来的活动。4月4日清明节这一天，天安门广场聚集了百万以上群众，悼念活动达到高潮。凝聚着爱和恨的诗词、传单在广场上争相传诵传抄，表达了人民群众要求结束内乱、实现"四化"的心声。这场大规模四五群众运动虽然被压制下去，但为隔离审查"四人帮"、结束"文化大革命"奠定了坚实的群众基础。

9月9日，毛泽东逝世。中国人民沉浸在巨大哀痛之中。毛泽东是中国共产党、中华人民共和国和中国人民解放军的主要缔造者和领导者，是在世界上享有崇高威望的历史巨人。他虽然在晚年犯了发动"文化大革命"的错误，但他一生历史功绩仍然是第一位的。

国家多难之际，"四人帮"却加紧进行了争夺最高领导权的种种活动。10月6日晚，华国锋、叶剑英代表中央政治局采取断然措施，对"四人帮"实行了隔离审查。全国各地人民纷纷举行盛大集会和游行，衷心庆贺这一伟大的历史性胜利。

二、改革开放前中国现代化建设的成就及其影响

结束"文化大革命"，是中国现代化建设进程中的重大转折，以此为标志，可以分为前后两个历史时期。前一个时期，中国现代化建设取得了历史性巨大成就，也遭受了挫折。

"文化大革命"给现代化建设进程造成了严重损失。（1）持续的政治动乱冲击和破坏了生产建设，带来了直接的巨大物质损失。如1966年大串连、"停产闹革命"使铁路运输中断、企业停工停产；1967—1968年的武斗、造反、打砸抢高潮，毁坏大批国家和人民的财产设施，许多地方经济出现严重负增长；1976年因"反击右倾翻案风"许多地方再次出现生产停滞、经济秩序混乱局面。（2）这一时期经济发展速度和"文化大革命"之前的14年（1953年

至 1966 年）和之后的 6 年（1977 年至 1982 年）平均速度相比，比较缓慢。社会总产值年增长率 6.8% 分别低于前者的 8.2% 和后者的 8.9%，国民收入年增长率 4.9% 分别低于前者的 6.2% 和后者的 7.5%。"三五"计划和"四五"计划虽然得到完成，但计划指标比较低，"三五"计划本可以提前 2 年完成，"四五"计划原定指标较高，后来也三次降低。（3）经济效益大幅度下降。10 年中国民经济总量虽然有增加，但是企业管理制度被破坏使经济效益降低，消耗增大，浪费严重。许多重大项目的完成是靠多投资、"大会战"和多消耗取得的，时间也大为延长。大中型建设项目周期，"一五"时期为 6.5 年，"三五"和"四五"时期分别延长到 8.8 年和 10.7 年；建成投产率也由"一五"时期的 15.5% 下降到"三五""四五"时期的 11.5% 和 9.4%。（4）人民生活水平没有得到相应的提高。1976 年我国人均年消费粮食只有 381 斤，低于 1952 年的 395 斤。到 1978 年，全国农村还有 2.5 亿人没有解决温饱问题。全国职工平均工资下降，只在 1971 年对少部分人提高过一次工资。住宅、教育、文化、卫生保健等方面也造成了严重欠账。三年经济调整时期，城市居民供应的商品本来已经有不少取消了配给票证，"文化大革命"时期又不得不恢复甚至增加。

20 世纪 60、70 年代，世界处于新科技革命的兴起阶段，许多国家进入了高速发展阶段，而我国却处在内乱之中，丧失了宝贵的现代化建设机遇。实践证明，"文化大革命"不是任何意义上的革命和社会进步，而是一场给中国共产党、中华人民共和国和各族人民带来严重灾难的内乱。

尽管遭到了"文化大革命"的严重干扰和破坏，这一时期现代化建设仍然取得了一定的发展。1967 年到 1976 年的 10 年里，社会总产值平均年增长率 6.8%；工农业总产值平均年增长率 7.1%，其中工业为 8.5%，农业为 3.3%；除了 1967 年、1968 年和 1976 年一些指标出现了较大下降，其余各年均为正增长。

工业方面，全国主要工业产品年产量 1976 年与 1966 年相比：钢增长 33.6%，原煤增长 91.7%，油增长 499%，电量增长 146%，肥增长 117.7%，水泥增长 131.8%，机床增长 186%，汽车增长 141.9%；工业总产值指数（以

1952年为100）1976年比1966年增长128%。钢铁总产量1973年已经达到2522万吨，实现了1957年提出的15年总产量赶上英国的口号。原来比较落后的石油、化工、电子工业得到了很大发展，陆续开发扩建了大庆、胜利、大港、江汉、长庆等油田，1966年起原油产量年均递增18.6%。原来基本是空白的航天、核工业，建成了酒泉和西昌航天发射中心，成功进行了"两弹一星"试验。实现了"三年改变港口面貌"的奋斗目标，港口建设到1975年底，新增万吨级以上深水泊位48个，超过1949—1972年的总和，成为新中国成立以来成就最大的时期。①

这一时期，地方"五小"工业（地、县办的小钢铁、小机械、小化肥、小煤窑、小水泥工业）蓬勃发展起来。到1975年底，地方"五小"工业的钢、原煤、水泥、化肥年产量分别占全国的6.8%、37.1%、58.8%、69%。全国农业化肥施用量增长4倍多，全国农业机械总动力比1964年增长了近10倍。

农业方面，大搞治山造田、治河修渠的农田水利基本建设运动，取得了一系列重要成就。长江中下游兴建了荆江汉江分洪等工程，共建成500多座大中型水库，灌溉面积达1.5亿亩；全面治理黄河取得重要进展，扭转了黄河历史上"三年两决口"的险恶局面；治理淮河共开挖11条大河道，建成30多座大水库、2000多座中小水库，灌溉面积相当于1949年的5倍以上；根治海河，治理了子牙河等5大河系，建成80座大中型水库、1500座小水库，排洪能力比1963年提高5倍；治理辽河，建成水库220座，灌溉面积由63万亩增加到1100万亩。1977年和1965年相比，我国农田灌溉面积增长41%，机电排灌面积和水电站机电总装机容量分别增长355.58%和643%。② 农田水利和排灌机械的发展，为防御灾害提供了保证。全国受灾面积基本相同的1976年与1965年相比，成灾面积占受灾面积的比例由53.19%下降到26.9%。③

农业生产条件的改善，使我国粮食产量保持了稳定增长。1976年与1965

---

① 《谷牧回忆录》，中央文献出版社2009年版，第270页。
② 水利电力部编：《中国农田水利》，水利电力出版社1987年版，第25—43页。
③ 国家统计局编：《建国三十年国民经济统计提要（1949—1978）》，中国统计出版社1979年版，第74页。

年相比，粮食产量 5726 亿斤，增长 11.9%。① 在人口迅速增长的情况下，全国人均粮食占有量从 1965 年的 544 斤提高到 1976 年的 615 斤。这些都为以后农村联产承包改革和解放农业劳动力进行了一定的物质准备。

农村社队工业（主要指农村公社以下的集体工业）得到了长足的发展。1970 年，北方地区农业会议提出大办地方农机农具厂等企业，给单纯靠种植农作物的各地农村注入了新的活力。1975 年 9 月 5 日，浙江省永康县一位干部写信给毛泽东，建议积极发展农村工业，为农村剩余劳动力寻找出路。根据毛泽东的批示，邓小平对社队工业予以明确的肯定和积极的支持。《人民日报》发表了发展社队工业的调查报告《伟大的光明灿烂的希望》和肯定社队企业的评论文章。社队工业得到了更快的发展。全国社办工业产值由 1965 年的 5.3 亿元增长到 1976 年的 123.9 亿元，在全国工业产值中的比重由 0.4% 上升到 3.8%。② 这一时期农村社队工业的蓬勃兴起，为改革开放后乡镇企业"异军突起"大发展打下了基础。

对外引进方面，"四三方案"后，中国对外经济交往对象开始由"文化大革命"前的以苏联、东欧国家为主转向以西方国家为主，学习到一定的先进管理技术和知识。如陈云指导下的介入西方商品交易所、期货市场的外贸活动，邓小平主持 1975 年整顿中提倡的用补偿贸易手段开发大煤田等，都在改革开放时期得到全面使用。邓小平后来回顾指出："说到改革，其实在一九七四年到一九七五年我们已经试验过一段。"③ 胡乔木更具体地解释说：整顿"实际上内容不但包含了改革，也包括了开放。当时主要是指对外贸易，首先是引进国外先进项目"④。"四三方案"引进的设备和企业在 80 年代陆续投产后，化肥施用量和化纤产量大幅度增加，成为改革开放后取消粮票、布票的重要因素。

科学技术方面，除了"两弹一星"外，其他重要突破有，1970 年中国毅

---

① 以上数字据国家统计局编《中国统计年鉴（1991）》（中国统计出版社 1991 年版）各表计算。
② 国家统计局编：《中国统计年鉴（1983）》，中国统计出版社 1983 年版，第 214、215 页。
③ 《邓小平文选》第 3 卷，人民出版社 1993 年版，第 255 页。
④ 《胡乔木文集》第 2 卷，人民出版社 2012 年版，第 259—260 页。

然迈出了和平利用原子能的第一步，组织科研力量大会战，进行 30 万千瓦的"七二八"设计工程（即后来的秦山核电站），[①]这是中国核电事业的前驱。1972 年，中国中医研究院接受抗疟药研究任务，由科技组组长屠呦呦牵头，成功提取出一种新型抗疟药青蒿素，在全球特别是发展中国家挽救了数百万人的生命。2015 年，屠呦呦获得诺贝尔生理学或医学奖，这是中国科学家在中国本土进行的科学研究首次获诺贝尔科学奖。1972 年，湖南安江农业学校教师袁隆平开创的杂交水稻研究，由中国农科院和湖南省农科院牵头列为全国农林重大科研协作项目，1973 年育成籼型杂交水稻优良品种，1976 年在全国进行大面积推广应用，大幅度提高了产量，被誉为"第二次绿色革命"，是改革开放后取消粮票的另一重要因素。

环境保护成为基本国策。1972 年中国代表团参加联合国第一次人类环境会议，这是中国恢复联合国合法席位后，当时我国出席联合国会议的最大的一个代表团。会议之后，周恩来指示，要立即召开全国性的环境保护会议，国家和有关部门都要重视环境保护问题。[②]1973 年 8 月，国务院召开第一次全国环境保护会议，揭开了中国环境保护事业的序幕。会议确定了中国第一个环境保护工作方针——"全面规划，合理布局，综合利用，化害为利，依靠群众，大家动手，保护环境，造福人民"；审议通过了中国第一部环境保护的法规性文件——《关于保护和改善环境的若干规定（试行草案）》。[③]11 月 17 日，颁布了《工业"三废"排放试行标准》，这是中国第一个环境标准，结束了治理污染无章可循的历史。从此，中国的环境保护事业开始起步。

1979 年 9 月 29 日，叶剑英在国庆三十周年之际发表经过长期起草后由中央政治局讨论通过的讲话，宣布："我们在旧中国遗留下来的'一穷二白'的基础上，建立了独立的比较完整的工业体系和国民经济体系。""目前，全国工业企业达到三十五万个，全民所有制企业的固定资产达到三千二百亿元，

[①] 《当代中国的核工业》，中国社会科学出版社 1987 年版，第 87 页。
[②] 参见曲格平：《梦想与期待：中国环境保护的过去与未来》，中国环境科学出版社 2000 年版，第 37 页。
[③] 参见《中国环境保护行政二十年》，中国环境科学出版社 1994 年版，第 7、8 页。

相当于旧中国近百年积累起来的工业固定资产的二十五倍。从我们完成国民经济恢复任务的一九五二年算起,到一九七八年,我国工业发展尽管有过几次起落,平均每年的增长速度仍然达到百分之十一点二。"① 当年,邓小平更强调指出:"社会主义革命已经使我国大大缩短了同发达资本主义国家在经济发展方面的差距。我们尽管犯过一些错误,但我们还是在三十年间取得了旧中国几百年、几千年所没有取得过的进步。"②

这些现代化进步,是中国共产党领导全国各族人民共同奋斗的成果,是探索中国式现代化的初步体现。

第六节　探索中国式现代化的改革开放新路

1977 年 8 月,中共十一大在北京召开。大会政治报告宣布,以粉碎"四人帮"为标志,"文化大革命"宣告结束。报告提出今后的任务,是要调动和团结一切力量,为在 20 世纪把我国建设成为一个伟大的社会主义现代化强国而奋斗。大会通过的党章,写进了"四个现代化"的目标。

一、教育科技的拨乱反正开创现代化建设的春天

"文化大革命"中,教育、科技领域是重灾区,知识分子是受到严重打击的阶层。恢复中央领导工作的邓小平,深知教育、科技领域拨乱反正,关系到国家能不能实现现代化的根本问题。因此,他主动要求分管教育、科技工作,并且主持做出了两件振聋发聩的大事。一件是推翻教育界"两个估计",恢复全国高考;一件是召开全国科学大会,提出科学技术是生产力。

1977 年 7 月 23 日,邓小平在复职的第三天,就召集一所高校负责人听取汇报。他提出,我国 70 年代和国际上差距比较大了,科技人员十年接不上茬,重点大学可以从应届高中生中招生。8 月,邓小平主持召开科学和教育工

---

① 叶剑英:《在庆祝中华人民共和国成立三十周年大会上的讲话》,《人民日报》1979 年 9 月 30 日。
② 《邓小平文选》第 2 卷,人民出版社 1994 年版,第 167 页。

作座谈会，他肯定地说：新中国成立后十七年教育战线"主导方面是红线"，"知识分子绝大多数是自觉自愿为社会主义服务的"。①邓小平又专门致信华国锋、叶剑英、李先念等，提出必须在社会上招考大学生，才能保证质量。②在邓小平的推动下，1977年11月至12月，全国约有570万知识青年重新走进教室，参加了高考，其中27.3万人被录取。由此，社会上和青年中重新涌现了努力学习科学文化知识的热潮。

科技战线拨乱反正，是邓小平在复出前就关注的大事。1977年5月12日，他在和中国科学院负责人谈话时就指出，整个国家赶超世界先进水平，科学研究是先行官。1978年3月，全国科学大会在北京隆重举行。邓小平在大会开幕式上讲话，着重阐述了三个重大理论和现实问题：四个现代化，关键是科学技术的现代化；科学技术是生产力，而且正在成为越来越重要的生产力；绝大多数知识分子已经是工人阶级和劳动人民自己的知识分子。③大会制定了《一九七八——一九八五年全国科学技术发展规划纲要（草案）》，号召大家树雄心，立壮志，向科学技术现代化进军。科学的春天来到了！

二、探索对外开放的现代化建设新路

如何实现四个现代化？当时有两条道路。第一条是"文化大革命"前的老路，"既无内债又无外债"，完全依靠自己力量。第二条是向世界开放，引进外国的先进管理经验、技术、资金。

经过近两年的整顿，到1978年，经济形势有了明显的复苏。工业方面，1977年工业总产值比上年增长14.3%；1978年又比上年增长13.5%。农业方面，1978年和1976年相比，农业总产值（按1970年不变价格计算）增长10.8%，粮食、棉花、油料产量都超过了新中国成立以来的最好水平。④

当时的中央主要领导人产生了急于求成的倾向。1977年4月19日，粉碎

---

① 《邓小平文选》第2卷，人民出版社1994年版，第49页。
② 《邓小平年谱（1975—1997）》（上），中央文献出版社2004年版，第195页。
③ 《邓小平文选》第2卷，人民出版社1994年版，第86、87、89页。
④ 国家统计局编：《中国统计年鉴（1983）》，中国统计出版社1983年版，第149、158、159页。

"四人帮"刚刚过去半年,《人民日报》就发表社论提出:"一个新的跃进形势正在形成"。要求"赶超'三个水平'",即"首先达到和超过本单位历史最高水平,再赶超全国同行业的最高水平,进而赶超世界先进水平"。

1977年11月,全国计划会议向中央政治局提出《关于经济计划的汇报要点》,建议今后到2000年的23年中,分三个阶段打几个大战役,到20世纪末使我国的主要工业产品产量分别接近、赶上和超过最发达的资本主义国家,各项经济技术指标分别接近、赶上和超过世界先进水平。具体安排是,1981—1985年,展开基本建设的大计划,工业方面要建成120个大项目,包括30个大电站、8个大煤炭基地、10个大油气田、10个大钢铁基地、9个大有色金属基地、10个大化纤厂、10个大石油化工厂、十几个大化肥厂,新建和续建6条铁路干线,改造9条旧干线,重点建成5个港口。在2000年以前全面实现四个现代化。[①]1978年3月,五届全国人大一次会议通过了写进《汇报要点》高指标的《1976年到1985年发展国民经济十年规划纲要(草案)》。

当时,要实现这一系列计划指标是不合实际的。国民经济虽然有了较大好转,但多年积淀的问题没有得到根本解决,主要反映在农、轻、重比例失调上。农业方面,农产品严重不足,很多农村地区需要国家救济,外出逃荒讨饭现象严重。为了保证供应,国家进口大量粮食、棉花、油、食糖。一些建设项目如建设十几个大庆油田并没有得到勘探支持。

为了完成高指标的跃进计划,第一个办法是继续提高积累率,搞大会战,扩大基本建设投资规模。1978年积累率猛增到36.5%,是新中国成立以来仅次于"大跃进"时期1959年、1960年的第三高度。[②]

第二个办法是扩大引进外国资金和设备。当时,西方国家正处于经济萧条期,资金急需寻找出路。1978年春夏,谷牧、林乎加、段云分别率领代表团访问考察了欧洲五国、日本和港澳地区。回国后,他们分别向中央政治局汇报提出,我们比发达国家和地区已经落后很多,许多国家希望向中国提供

---

① 《当代中国的计划工作》办公室编:《中华人民共和国国民经济和社会发展计划大事辑要(1949—1985)》,红旗出版社1987年版,第385页。

② 国家统计局编:《中国统计年鉴(1983)》,中国统计出版社1983年版,第25、323、354页。

资金，许多国际经济通行办法我们可以采用。中央政治局同志听后都说：该是下决心采取措施的时候了。

积极利用外资，引进外国先进技术设备，是改革开放时期的一项重大政策，对中国的现代化建设起到了重要促进作用。但是，引进之初也出现了缺乏论证、借贷超过中国偿还能力的过热倾向。

1978年7月，国务院务虚会提出，要组织国民经济新的大跃进，要放手利用外国资金，大量引进国外先进技术设备。1978年，全年共签订了78亿美元的引进项目合同，确定的1978年至1985年引进规模由原来的65亿美元增加到180亿美元。此后，各方面又陆续提出一些引进项目。到9月，中央提出的十年内引进的总规模已经达到800亿美元，超过了我国的承受和消化能力。而且有些协议签订草率，没有进行可行性研究和综合平衡。

邓小平积极支持对外引进，又较早地看到了实现现代化更需要用改革来推动生产力发展。1978年10月，他在全国工会九大致辞说："各条经济战线不仅需要进行技术上的重大改革，而且需要进行制度上、组织上的重大改革。进行这些改革，是全国人民的长远利益所在"[1]。

"春江浩荡暂徘徊，又踏层峰望眼开。"[2] 中国的现代化建设，在徘徊前进中迎来了十一届三中全会的春风。

---

[1] 《邓小平文选》第2卷，人民出版社1994年版，第136页。
[2] 中共中央文献研究室编：《毛泽东诗词集》，中央文献出版社1996年版，第189页。

第四章
中国式现代化的开创

1978年12月,中共十一届三中全会作出把党和国家工作中心转移到经济建设上来、实行改革开放的历史性决策,开启改革开放和社会主义现代化建设的新时期。以邓小平同志为主要代表的中国共产党人,团结带领全党全国各族人民,以经济建设为中心,全面推进社会主义现代化建设,取得一系列显著成就,成功开创了中国式现代化道路。

第一节 以经济建设为中心推进现代化

中共十一届三中全会果断结束"以阶级斗争为纲",实现党和国家工作中心战略转移。自此,中国共产党开启了以经济建设为中心推进社会主义现代化建设的新历程。

一、把工作着重点转移到社会主义现代化建设上来

"文化大革命"结束后,广大干部群众期待着中国迅速摆脱困境,早日踏上社会主义现代化建设征程。然而,1977年2月7日,《人民日报》、《红旗》杂志、《解放军报》发表社论《学好文件抓住纲》,提出"凡是毛主席作出的决策,我们都坚决维护,凡是毛主席的指示,我们都始终不渝地遵循"(简称"两个凡是")的错误方针,使"左"的指导思想不能得到根本纠正。

邓小平等老一辈革命家旗帜鲜明地批评"两个凡是",倡导实事求是。

1977年7月，邓小平在中共十届三中全会的讲话中强调，要用准确的完整的毛泽东思想作指导思想，提出要把毛泽东倡导的群众路线和实事求是的作风恢复起来。这引起一批理论工作者和广大干部群众的共鸣，激发人们对"两个凡是"造成的思想阻碍进行反思和质疑，并开始讨论判断历史是非的标准。1978年5月10日，中央党校内部刊物《理论动态》第60期刊登《实践是检验真理的唯一标准》一文，鲜明地提出，检验真理的标准只有一个，就是千百万人民的社会实践。躺在马列主义、毛泽东思想的现成条文上，甚至拿现成的公式去限制、宰割、裁剪无限丰富的飞速发展的革命实践，这种态度是错误的。5月11日，《光明日报》以特约评论员文章的形式公开发表此文，新华社全文转发。5月12日，《人民日报》《解放军报》全文转载。全国绝大多数省、自治区、直辖市报纸也都陆续转载，从而引发了关于真理标准问题的讨论。真理标准问题的讨论为全党和全国人民冲破"两个凡是"的思想禁锢，重新确立实事求是的马克思主义思想路线，实现我国社会主义现代化建设走上正确道路的历史转折，奠定了思想基础。

在全党和全国人民思想解放的氛围中，党中央开始探索如何通过改革开放加快社会主义现代化建设。1978年，党中央先后派出多个由党政领导人率领的代表团出访欧洲、日本、东南亚和我国港澳地区，其中邓小平先后出访了日本、新加坡等七个国家。通过出访，党和国家领导人深刻认识到我国在经济、科技领域同世界先进水平的差距，学习和借鉴国外的先进管理经验和科学技术成为他们日益关注的问题。邓小平多次提出关于改革开放和工作重点转移的主张。1978年9月，邓小平在东北三省以及唐山和天津等地视察，发表系列重要谈话，论及体制改革和开放，强调现代化抓经济建设、发展生产力的重要性，提出将党的工作重点转移到经济建设上来。10月，邓小平在中国工会九大上致辞，提出揭批"四人帮"的斗争已经取得决定性胜利，下一步要加快实现四个现代化的步伐。

邓小平的主张得到党内很多领导同志的赞同和支持。在1978年11月10日至12月15日召开的中央工作会议上，中央政治局根据邓小平建议，讨论从1979年起把全党工作重点转移到社会主义现代化建设上来的问题，"搞四个现代化"成为会议的中心议题。12月13日,邓小平在闭幕会上作了题为《解放思想,实事求是,团结一致向前看》的讲话,强调"如果现在再不实行改革,我们的现代化事业和社会主义事业就会被葬送"。这篇纲领性讲话受到与会者的热烈拥护,实际上成为随后召开的十一届三中全会的主题报告,成为解放思想、开辟新时期新道路的宣言书。

1978年12月18日至22日,中共中央召开十一届三中全会,作出把党和国家工作中心转移到经济建设上来、实行改革开放的历史性决策。全会指出,"现在就应当适应国内外形势的发展,及时地、果断地结束全国范围的大规模的揭批林彪、'四人帮'的群众运动,把全党工作的着重点和全国人民的注意力转移到社会主义现代化建设上来"。全会强调,"实现四个现代化,要求大幅度地提高生产力,也就必然要求多方面地改变同生产力发展不适应的生产关系和上层建筑,改变一切不适应的管理方式、活动方式和思想方式,因而是一场广泛、深刻的革命"。

中共十一届三中全会的召开,重新开启中国社会主义现代化建设的进程,明确中国社会主义现代化建设的紧迫性,确立了开展改革开放来进行现代化建设的方针,在中国式现代化历程中具有重大转折意义。自此,党和国家"进入了以实现四个现代化为中心任务的新的历史时期"[①],全党全国各族人民一心一意投入社会主义现代化建设中来。

二、提出"中国式的现代化"

四个现代化的目标与步骤,是在新中国赶超战略视野之下,以西方发达资本主义国家为参照的,即要通过四个现代化建设使中国接近或赶上世界最发达的资本主义国家,使中国经济走在世界前列。然而,20世纪50年代末以来,由于"左"的指导思想的干扰,尤其是开展"文化大革命"和坚持以阶级斗争为纲的错误路线,社会主义现代化建设遭受严重挫折,四个现代化战略目标的实现面临艰巨挑战。

---

① 《邓小平年谱(1975—1997)》(上),中央文献出版社2004年版,第523页。

正因如此，邓小平自1975年领导全面整顿开始，就对20世纪内能否实现以西方发达国家为参照的四个现代化目标进行思考。1975年6月，邓小平在会见外宾时指出：我们发展社会主义经济，第一步是用10年左右的时间，把中国的工业、农业、科学技术这些方面建成独立的比较完整的体系，使各方面都有比较好的发展。第二步是在20世纪的末期达到现代化水平。所谓现代化水平，就是接近或比较接近现在发达国家的水平。当然不是达到同等的水平。在这个时期内还办不到，因为中国有自己的情况，首先是人口比较多。但还有25年的时间，我们有信心达到比较接近通常说的西方的水平。此后，邓小平在谈到农业现代化、国防现代化、教育科技现代化时，都分析了所面临的挑战和问题。例如，1975年9月3日，邓小平谈到教育时指出：教育方面存在不少问题，现在老师积极性不高，学生也不用心学，教学质量低，这样下去怎么能实现四个现代化？15日，邓小平谈到农业时指出：四个现代化，比较起来，更加费劲的是农业现代化。如果农业搞不好，很可能拉我们国家建设的后腿。到1977年9月，邓小平提出：在20世纪末实现四个现代化有希望，但要谦虚一点，合情合理一点，合乎实际一点。世界那个时候就不是今天70年代的样子。讲多数领域接近国际水平，相当一部分领域赶上去，个别领域超过，恐怕比较实际。把我们的目标定低一点，如果我们赶超做得很好，那不是更好嘛！总之，要比较实际一些。1978年9月，邓小平同金日成会谈时指出，最近我们的同志出去看了一下，越看越感到我们落后。什么叫现代化？50年代一个样，60年代不一样了，70年代就更不一样了。

到1979年，邓小平明确把"四个现代化"目标发展为"中国式的现代化"。1979年3月21日，邓小平会见外宾时提出了"中国式的四个现代化"新说法，他说：我们定的目标是在20世纪末实现四个现代化。我们的概念与西方不同，我姑且用个新说法，叫作中国式的四个现代化。现在我们的技术水平还是你们50年代的水平，如果20世纪末能达到你们70年代的水平，那就很了不起。3月23日，邓小平出席中央政治局会议，提出"中国式的现代化"的概念，他说：我同外国人谈话，用了一个新名词：中国式的现代化。到20世纪末，我们大概只能达到发达国家70年代的水平，人均收入不可能很高。10月4日，邓小平在中共中央召开的各省、市、自治区第一书记座谈会上指出：我们开了大口，20世纪末实现四个现代化。后来改了个口，叫中国式的现代化，就是把标准放低一点。特别是国民生产总值，按人口平均来说不会很高。12月6日，邓小平会见日本首相大平正芳，在回答大平首相关于中国整个现代化的蓝图是如何构思的问题时，较系统地阐述了"中国式的现代化"以及"小康"的概念。他指出：我们要实现的四个现代化，是中国式的四个现代化。我们的四个现代化的概念，不是像你们那样的现代化的概念，而是"小康之家"。到20世纪末，中国的四个现代化即使达到了某种目标，我们的国民生产总值人均水平也还是很低的。要达到第三世界中比较富裕一点的国家的水平，比如国民生产总值人均1000美元，也还得付出很大的努力。就算达到那样的水平，同西方来比，也还是落后的。1982年4月20日，邓小平向外宾指出：我们搞的现代化不是西方的现代化，是中国式的现代化，就是小康社会的现代化。没有30年到50年不行。现在正在努力实现第一阶段20年的目标，就是在20世纪末，人均国民生产总值达到800美元。实现了这个目标，我们的日子就好过多了，我们前进的基础就比较好、比较扎实了。

邓小平等中央领导人还对中国式现代化有关问题进行了阐述，提出了以下一系列宝贵思想，为中国式的现代化建设指明了方向。

其一，中国式的现代化，要从实际出发。1978年5月，邓小平与胡乔木等谈在准备的中国人民解放军全军政治工作会议上的讲话内容时，提出要着重讲实事求是问题。他说：不从现在的实际出发来提出问题，解决问题。这样天天讲四个现代化，讲来讲去都会是空的。1978年9月，邓小平在北方谈话中指出：不论搞农业，搞工业，搞科学研究，搞现代化，都要实事求是，老老实实；不恢复毛主席树立的实事求是的优良传统和作风，四个现代化没有希望。1978年11月，邓小平出访泰国，谈到中国现代化时指出：中国穷，但地方大，人也多。现在我们立下了雄心壮志，在20世纪末实现四个现代化。在实现四个现代化的过程中，我们将以农业为基础。1978年12月13日，邓小平在中央工作会议闭幕会的讲话中指出：过去我们搞革命所取得的一切胜利，是靠实事求是；现在我们要实现四个现代化，同样要靠实事求是。根据我国的实际情况，确定实现四个现代化的具体道路、方针、方法和措施。1979年3月，邓小平在党的理论工作务虚会上强调，现在搞建设，也要适合中国情况，走出一条中国式的现代化道路。要使中国实现四个现代化，至少有两个重要特点是必须看到的：一个是底子薄。第二条是人口多，耕地少。中国式的现代化，必须从中国的特点出发。1982年11月，邓小平强调指出：四个现代化建设的目标不能定得太高，太高是空的。步伐迈得太快，也会带来灾难。我们定的目标是在20世纪末翻两番。达到这个目标就使世界上四分之一的人口摆脱了贫困，就为人类做了一件大事情。

其二，中国式的现代化，要坚持正确的方向。1978年10月，邓小平指出：中国实现了四个现代化，那个时候是不是属于第三世界国家？我们的发展方向决定了我们的国家仍然是社会主义国家。如果那个时候我们的根本方向变了，那就是我们变质了，那我们就应公开号召世界人民同中国人民一起把中国打倒。总之，社会主义同霸权主义是水火不相容的。1979年3月，邓小平明确提出，要在中国实现四个现代化，必须在思想政治上坚持四项基本原则。这是实现四个现代化的根本前提。这四项基本原则是：第一，必须坚持社会主义道路；第二，必须坚持无产阶级专政；第三，必须坚持共产党的领导；第四，必须坚持马列主义、毛泽东思想。这四项基本原则是我们党长期以来所一贯坚持的。如果动摇了这四项基本原则中的任何一项，那就动摇了整个社会主义事业，整个现代化建设事业。1980年1月，邓小平在政协新年茶话会上强调指出：搞社会主义现代化建设，必须保证党的领导。我们之所以能经得起风浪，党的领导是最根本的一条保证。

其三，中国式的现代化，既坚持自力更生，不照搬别国模式，又要吸收外国资金和先进技术。1977年9月，邓小平在与外宾谈到中国加速现代化的重点时指出：我们实现四个现代化，是要使用世界上的一切先进技术。搞现代化，理所当然不是拿落后的技术作出发点，而是用世界的先进成果作出发点。当然，我们坚持自力更生的原则，主要依靠自己积累资金，凡是我们需要的先进的东西，条件适合的，我们都愿意吸收，包括军事技术上某些先进的东西。1979年4月18日，邓小平会见外宾时指出：我们搞四个现代化，原则是自力更生。任何国家的建设总应该以自己为主，同时也接受外国的先进技术，包括接受它们提供的资金。1980年4月29日，邓小平接受卢森堡电视台电视采访，在回答关于中国现代化建设问题时说：中国是一个大国，又是一个穷国。我们提出实现四个现代化的时候，必须看到这两个基本特点。中国既然是个大国，完全依靠外国资金来建设我们的国家是不可能的，必须立足于国内，立足于自力更生这个基本原则。就是立足于自己，也要照顾自己的特点，完全按照别的国家的模式来建设中国是不可能的。但是，中国自己关起门来建设也不行，必须充分吸收外国的先进经验，充分利用外国的资金、外国的技术，来加速我们的发展。我们欢迎国际资金来帮助我们发展。

其四，中国式的现代化，是先富带动后富、走向共同富裕。邓小平提出："要允许一部分地区、一部分企业、一部分工人农民，由于辛勤努力成绩大而收入先多一些，生活先好起来。一部分人生活先好起来，就必然产生极大的示范力量，影响左邻右舍，带动其他地区、其他单位的人们向他们学习。这样，就会使整个国民经济不断地波浪式地向前发展，使全国各族人民都能比较快地富裕起来。"[1]

其五，中国式的现代化，是全面的事业。1979年9月29日，叶剑英在庆祝中华人民共和国成立三十周年大会上的讲话中指出："我们所说的四个现代化，是实现现代化的四个主要方面，并不是说现代化事业只以这四个方面为限。我们要在改革和完善社会主义经济制度的同时，改革和完善社会主义政治制度，发展高度的社会主义民主和完备的社会主义法制。我们要在建设高度物质文明的同时，提高全民族的教育科学文化水平和健康水平，树立崇高的革命理想和革命道德风尚，发展高尚的丰富多彩的文化生活，建设高度的社会主义精神文明。这些都是我们社会主义现代化的重要目标，也是实现四个现代化的必要条件。"[2]

---

[1] 《邓小平文选》第2卷，人民出版社1994年版，第152页。
[2] 《三中全会以来重要文献选编》（上），人民出版社1982年版，第233—234页。

其六，中国式的现代化，是走和平发展道路的。1977年10月，邓小平会见外宾时指出：中国在若干年后强大起来了，四个现代化实现了，只要我们还是社会主义国家，就不会发动战争。1978年8月，邓小平会见日本外务大臣时再次强调，东南亚有些人担心中国实现四个现代化以后是否会称霸。我们再三说，中国永远不称霸，如果称霸，那就不是社会主义国家了，变了质。1979年12月，邓小平会见外宾时强调，中国加强自己的力量，实现四个现代化，对世界和平是有利的。

三、确定现代化建设"三步走"发展战略

邓小平等中央领导人还就中国式的现代化发展步骤进行了思考，从而逐步提出了"三步走"发展战略。

1981年4月，邓小平指出：讲到中国式的现代化的概念，就是在20世纪末我们肯定不能达到日本、欧洲、美国和第三世界中有些发达国家的水平。1979年我跟大平首相说到，在20世纪末，我们只能达到一个小康社会，日子可以过。设想十年翻一番，两个十年翻两番，就是达到人均国民生产总值1000美元。经过这一时期的摸索，看来达到1000美元也不容易，比如说800、900，就算是800，也算是一个小康生活了。

到1982年9月，邓小平提出的小康社会战略目标为中共十二大所接受。1982年9月1日至11日召开的中共十二大，提出"建设有中国特色的社会主义"崭新命题，把"小康"作为全党全国奋斗的主要目标以及国民经济和社会发展的阶段性目标，指出：1981年到20世纪末的20年，我国经济建设总的奋斗目标是，在不断提高经济效益的前提下，力争使全国工农业的年总产值翻两番，即由1980年的7100亿元增加到2000年的28000亿元左右。实现了这个目标，我国国民收入总额和主要工农业产品的产量将居于世界前列，整个国民经济的现代化过程将取得重大进展，城乡人民的收入将成倍增长，人民的物质文化生活可以达到小康水平。为实现这一奋斗目标，大会确定分两步走的战略部署：前十年主要是打好基础，积蓄力量，创造条件；后十年要进入一个新的经济振兴时期。大会提出新的历史时期全面开创社会主义现

代化建设的新局面的总任务：团结全国各族人民，自力更生，艰苦奋斗，逐步实现工业、农业、国防和科学技术的现代化，把我国建设成高度文明、高度民主的社会主义国家。这个总任务包括把社会主义现代化经济建设继续推向前进、努力建设高度的社会主义精神文明、努力建设高度的社会主义民主、坚持独立自主的对外政策、把中国共产党建设成为领导社会主义现代化事业的坚强核心。

中共十二大以后，邓小平重点思考小康之后中国如何发展的问题。1984年4月，邓小平在会见英国外宾时，第一次对小康之后的发展目标作了设想，指出，我们的第一个目标就是到20世纪末达到小康水平，第二个目标就是要在30年至50年内达到或接近发达国家的水平。1986年9月又提出到21世纪中叶达到中等发达国家水平。1987年4月，邓小平在会见西班牙外宾时，第一次从战略上对中国现代化建设作出分"三步走"的部署，把20世纪最后20年的"一步"分为"两步"，加上21世纪前50年的"一步"，共分"三步走"。他说：我们原定的目标是，第一步在80年代翻一番。以1980年为基数，当时国民生产总值人均只有250美元，翻一番，达到500美元。第二步是在20世纪末再翻一番，人均达到1000美元。实现这个目标意味着我们进入小康社会，把贫困的中国变成小康的中国。那时国民生产总值超过10000亿美元，虽然人均数还很低，但是国家的力量有很大增加。我们制定的目标更重要的还是第三步，在21世纪用30年到50年再翻两番，大体上达到人均4000美元。做到这一步，中国就达到中等发达的水平。

邓小平的这一战略构想为中共十三大所确定。1987年10月25日至11月1日召开的中共十三大，对中共十一届三中全会以来改革开放和社会主义现代化建设经验进行总结和理论概括，明确地阐明了社会主义初级阶段的理论，完整地概括了党在社会主义初级阶段的基本路线。大会正式提出了我国社会主义现代化建设"三步走"发展战略，即：第一步，实现国民生产总值比1980年翻一番，解决人民的温饱问题。这个任务已经基本实现。第二步，到20世纪末，使国民生产总值再增长一倍，人民生活达到小康水平。第三步，到21世纪中叶，人均国民生产总值达到中等发达国家水平，人民生活比较富裕，基本实现现代化。然后，在这个基础上继续前进。大会提出"建设有中国特色的社会主义理论"概念，并从12个方面对改革开放和社会主义现代化建设实践中形成和发展的科学理论观点进行归纳，使建设有中国特色的社会主义理论有了比较清晰的轮廓。

四、全面改革经济体制以有效地实现现代化

改革开放，就是为了适应社会主义现代化建设的需要。正如1978年9月，邓小平指出的：总的说来，我们的体制不适应现代化，上层建筑不适应新的要求。1979年3月，邓小平强调，为了有效地实现四个现代化，必须认真解决各种经济体制问题。

我国经济体制改革很快扬起风帆，并率先在农村取得突破和成功。改革从农村开始不是偶然的，是由我国基本国情和当时农村的困境决定的。"文化大革命"结束后，农村的问题尤为突出，当时有2.5亿人吃不饱肚子，吃饭问题成为最紧迫的大事，不改革已经没有出路了。1978年夏秋之际，安徽遭受百年不遇的特大旱灾，以万里为第一书记的中共安徽省委作出把土地借给农民耕种、不向农民征统购粮的决策。这一决策激发了农民的生产积极性，不仅战胜了特大旱灾，还引发凤阳县等地一些社队自发实行包产到户、包干到户。凤阳县小岗村18户农民，在包干契约上摁下手印，使小岗村成为农村改革的主要发源地。与此同时，其他地方的农民也实行上述改革。1982年1月1日，中共中央批转的《全国农村工作会议纪要》（即1982年中央"一号文件"）指出，目前，全国农村已有90%以上的生产队建立了不同形式的农业生产责任制，都是社会主义集体经济的生产责任制，反映了亿万农民要求按照中国农村的实际状况来发展社会主义农业的强烈愿望。此后，以包产到户、包干到户为主要形式的家庭联产承包责任制在全国范围内迅速推广开来。1982年，中国农业获得少有的大丰收，农业总产值比上年增加11.2%[①]，农村面貌出现可喜变化。

---

① 《关于一九八二年国民经济和社会发展计划执行结果的公报》，《人民日报》1983年4月30日。

农村改革的成功，促使大量农村劳动力从土地的束缚中解放出来，投入到非农产业中去，社队企业得到较快发展。1984年3月，中共中央、国务院转发农牧渔业部《关于开创社队企业新局面的报告》并发出通知，将社队企业更名为乡镇企业，充分肯定乡镇企业在整个国民经济和社会发展中的地位和作用，并提出发展乡镇企业的若干政策。此后，乡镇企业实现全面高速发展，仅用1986年、1987年两年时间，就超额完成了"七五"计划的产值目标。在农村社会总产值中，1987年乡镇企业的产值达到4756亿元，比1985年增长了71.9%，第一次超过了农业总产值。到1988年，全国乡镇企业数达到1888.16万个，从业人数达到9545.46万，总产值达到6495.66亿元。[1]1987年6月，邓小平对乡镇企业的发展给予高度评价，指出："农村改革中，我们完全没有预料到的最大的收获，就是乡镇企业发展起来了，突然冒出搞多种行业，搞商品经济，搞各种小型企业，异军突起。"[2]

中共十一届三中全会以后，城市经济体制改革在局部领域开始探索，主要围绕扩大国营企业经营管理自主权、实行工业生产经济责任制、发展多种经济形式等展开。1979年5月，国家经委、财政部等六部门发出通知，确定在京、津、沪的首都钢铁公司、天津自行车厂、上海柴油机厂等八家企业进行企业管理改革试点。7月，国务院发出《关于扩大国营工业企业经营管理自主权的若干规定》《关于国营企业实行利润留成的规定》等文件，要求各地选择少数国营企业进行扩大企业经营管理自主权试点，允许试点企业在完成国家计划的前提下制订补充计划扩大生产，并实行利润留成，推动了扩大企业自主权试点的深入。为了使企业把责、权、利进一步有机结合，1981年春，山东省率先在企业中试行工业生产经济责任制，实行利润留成或盈亏包干办法，调动了企业干部和职工的积极性。1981年10月、11月，国务院分别批转《关于实行工业生产经济责任制若干问题的意见》《关于实行工业生产经济责任制若干问题的暂行规定》，明确提出建立和实行经济责任制的要求。

---

[1]《乡镇企业年鉴（1989）》，中国农业出版社1990年版，第72、74、76页。
[2]《邓小平文选》第3卷，人民出版社1993年版，第238页。

所有制结构也开始进行改革，实行在国营经济为主导、公有制经济为主体的前提下，允许多种经济形式、多种经营方式并存，支持和提倡发展城镇集体经济和个体经济。这项改革的最初动因，是为了解决大量城镇青年就业问题。1980年8月上旬召开的全国劳动就业会议，提出在政府统筹规划和指导下，实行劳动部门介绍就业、自愿组织起来就业和自谋职业相结合的方针。8月17日，中共中央转发全国劳动就业会议文件，肯定"三结合"就业方针，强调当年需要安排就业的1200万人，除安排在国营企事业单位和"大集体"所有制单位外，还必须通过大力扶持"小集体"企业、"全民办集体"的合作社、以知青为主的集体所有制企业，以及鼓励扶持城镇个体经济发展等途径来解决。1981年10月，中共中央、国务院作出《关于广开门路，搞活经济，解决城镇就业问题的若干决定》，进一步强调"在社会主义公有制经济占优势的根本前提下，实行多种经济形式和多种经营方式长期并存，是我党的一项战略决策，决不是一种权宜之计"。按照这一政策精神，我国开始出现以公有制经济为主体，个体、私营等多种经济成分并存和共同发展的局面。

1984年10月20日，中共十二届三中全会在北京召开，会议通过《中共中央关于经济体制改革的决定》。《决定》突破把计划经济同商品经济对立起来的传统观念，强调我国社会主义计划经济必须自觉依据和运用价值规律，是在公有制基础上的有计划的商品经济；商品经济的充分发展，是社会经济发展不可逾越的阶段，是实现我国经济现代化的必要条件。《决定》阐述了加快以城市为重点的整个经济体制改革的必要性和紧迫性，规定了改革的性质、基本任务和各项方针政策。自此，经济体制改革的重点从农村转向城市，以城市为重点的全面经济改革，围绕进一步增强企业活力、改革价格体制、改革计划管理体制等环节，陆续开展起来，逐步形成一整套适应社会主义商品经济，把计划和市场、微观搞活和宏观控制有机结合起来的机制和手段。

1987年召开的中共十三大，对中共十二届三中全会提出的社会主义经济是公有制基础上的有计划的商品经济作了进一步深入阐述，指出社会主义有计划商品经济的体制，应该是计划与市场内在统一的体制；社会主义商品经济与资本主义商品经济的本质区别，在于所有制基础不同；计划和市场的作用范围都是覆盖全社会的，新的经济运行机制，总体上来说应当是"国家调节市场，市场引导企业"。按照这一理论认识，大会制定了加快和深化改革开放的基本方针和行动纲领。中共十三大以后，经济体制改革围绕转变企业经营机制这个中心环节展开，同时进行计划、投资、物资、财政、金融等方面体制的配套改革，逐步建立有计划商品经济新体制的基本框架。

经济体制改革的全面推进，促进了经济快速增长。1987 年 8 月 27 日新华社报道，经过将近 9 年的改革和开放，国民经济社会发展大体上实现了 4 个翻一番：工农业总产值翻一番，1986 年突破 15000 亿元大关，比 1978 年的 5634 亿元增长 1.7 倍，按可比价格计算也增长 1.15 倍，翻了一番多；国民生产总值翻一番，1986 年为 9380 亿元，比 1978 年增长 1.7 倍，1987 年又在持续上升，扣除涨价的因素同样比 1978 年翻一番；国家财政收入翻一番，1986 年国家财政收入达 2260 亿元，比 1978 年翻了一番，同时预算外的资金这个时期翻了两番多，已经相当于国家财政收入的四分之三；城乡居民收入翻一番，从 1979 年到 1986 年农民人均年纯收入已经增长 1.7 倍，城镇居民一年可用于生活费的收入也增长 82.5%。①

与此同时，在加速发展的过程中，经济领域出现了一些问题，1988 年突出表现为"四过一乱"，即过旺的社会需求、过快的工业发展速度、过多的信贷和货币投放、过高的物价涨幅以及经济秩序特别是流通秩序混乱。经济生活中存在的这些矛盾和问题，加上生产资料价格双轨制引发"官倒"等腐败现象，使群众反映强烈。在这种情况下，1988 年中央谋划推出的物价和工资改革，引发了全国性的抢购商品风潮。1988 年 9 月，中共十三届三中全会决定开展治理整顿，把 1989 年和 1990 年两年改革和建设的重点突出地放到治理经济环境和整顿经济秩序上来。经历了 1989 年春夏之交的政治风波，1989 年 11 月召开的中共十三届五中全会，决定把治理整顿时间从原定的"两年或者更长一些的时间"改为"包括今年在内，用三年或更长一点的时间，基本完成治理整顿任务"。到 1991 年底，中共中央、国务院宣布治理整顿的任务已经基本

---

① 《我国改革开放九年经济实现四个翻番》，《人民日报》1987 年 8 月 28 日。

完成。

虽然外有压力、内有困难,但是经过治理整顿和深化改革,1990年底,国民经济社会发展取得优异成绩。1986年至1990年,国民生产总值计划平均每年增长7.5%,实际增长7.8%;农业总产值计划平均每年增长4.0%,实际增长4.6%;工业总产值计划平均每年增长7.5%,实际增长13.1%。[①] 人民生活明显改善,全国绝大多数地区解决了温饱问题,开始向小康过渡;少数地区已经实现小康;温饱问题尚未完全解决的少数地区,人民生活也有不同程度的改善。这为到20世纪末实现国民生产总值翻两番的战略目标打下了良好的基础。

五、把对外开放作为现代化建设的重要步骤

中共十一届三中全会以后,邓小平等中央领导人多次阐述对外开放的重要性。例如,1977年10月,邓小平会见美国客人时指出:我们把吸收外国先进技术作为实现四个现代化的起点。1985年7月,邓小平会见日本客人时指出:开放政策是个新事物,开放会带来积极成果,发展生产力,给四个现代化建设带来积极影响,这是实现四个现代化的重要步骤,没有开放,四化就没有希望。

对外开放的重大突破是创办经济特区,这是党中央为推进改革开放和社会主义现代化建设进行的伟大创举。1978年四五月间,国务院派出赴港澳经济贸易考察组到香港、澳门实地调查。考察组在《港澳经济考察报告》中提出,发达国家的先进设备和技术,对港澳经济的发展起着至关重要的作用;可借鉴港澳的经验,把靠近港澳的广东宝安、珠海划为出口基地,力争经过三五年努力,在内地建设成具有相当水平的对外生产基地、加工基地和吸引港澳同胞的游览区。1979年1月,交通部和广东省联合向国务院报送《关于我驻香港招商局在广东宝安建立工业区的报告》,提出招商局初步选定在宝安县蛇口公社境内建立工业区,以便利用国内较廉价的土地和劳动力,利用国

---

① 国家统计局:《"七五"时期国民经济和社会发展概况》,中国统计出版社1991年版,第13页。

外的资金、先进技术和原材料，把两者现有的有利条件充分利用和结合起来。1月31日，中央批准了这份报告。7月，蛇口工业区破土动工，成为中国第一个出口加工区。这是兴办经济特区的开端。1979年4月召开的中央工作会议，专门讨论经济建设问题，中共广东省委第一书记习仲勋在会议上提出希望中央"让广东先走一步，放手干"的意见。中央赞同广东省委提出的在邻近香港、澳门的深圳、珠海以及汕头兴办出口加工区的意见。邓小平说："还是叫特区好，陕甘宁开始就叫特区嘛！中央没有钱，可以给些政策，你们自己去搞，杀出一条血路来。"1979年6月，中共广东省委、福建省委分别上报关于对外经济活动实行特殊政策和灵活措施的报告。7月，中共中央、国务院批转这两个报告，同意先在深圳、珠海两市试办出口特区，待取得经验后，再考虑在汕头和厦门设置特区的问题。1980年5月，中共中央、国务院批转《广东、福建两省会议纪要》，正式将"出口特区"定名为"经济特区"。8月，五届全国人大常委会第十五次会议同意在广东省深圳、珠海、汕头和福建省厦门设置经济特区，并批准《广东省经济特区条例》。特区建设者发扬敢闯敢试、敢为人先、埋头苦干的精神，经济特区很快成为我国对外开放的窗口、经济体制改革的试验区和经济发展的示范区。

深圳等四个经济特区创建后，在吸引和利用外资、引进先进技术以及各项建设中取得突出成就，为进一步扩大开放积累了经验。1984年1月下旬到2月中旬，邓小平到深圳、珠海、厦门这三个经济特区和上海视察，充分肯定了经济特区建设成就，提出增加开放城市的建议。1984年3月26日至4月6日，中共中央书记处和国务院联合召开沿海部分城市座谈会。5月4日，中共中央、国务院转发《沿海部分城市座谈会纪要》，正式确定开放14个沿海港口城市，即大连、秦皇岛、天津、烟台、青岛、连云港、南通、上海、宁波、温州、福州、广州、湛江和北海。1985年1月，国务院召开长江三角洲、珠江三角洲和闽南厦（门）漳（州）泉（州）三角地区座谈会，建议将这三个地区开辟为沿海经济开放区。2月，中共中央、国务院批转《长江、珠江三角洲和闽南厦漳泉三角地区座谈会纪要》，指出这三个经济开放区应逐步形成贸—工—农型的生产结构，即按出口贸易的需要发展加工工业，既是对外贸易的重要基地，又成为扩展对外经济联系的窗口。这样，我国初步形成由经济特区、沿海开放城市和沿海经济开放区组成，由点到面、由沿海到内地滚动发展的对外开放格局。

1988年初，党中央明确提出实施沿海地区经济发展战略，进一步扩大对外开放。3月18日，国务院发出《关于扩大沿海经济开放区范围的通知》，决定适当扩大沿海经济开放区。新划入沿海经济开放区的有140个市、县，包括辽东半岛、胶东半岛、河北省环渤海湾地区和广西北部湾地区一些市、县，以及杭州、南京、沈阳三个省会城市。1988年4月13日，七届全国人大一次会议通过国务院提出的关于设立海南省和建立海南经济特区的议案。4月14日，国务院批转《关于海南岛进一步对外开放加快经济开发建设的座谈会纪要》，提出在海南岛实行特殊经济政策，建立经济管理新体制，把海南岛建设成全国最大的经济特区，是贯彻沿海经济发展战略、进一步扩大对外开放的重要措施。4月26日，中共海南省委和省政府正式挂牌。5月4日，国务院作出《关于鼓励投资开发海南岛的规定》，规定国家对海南经济特区实行更加灵活开放的经济政策，授予海南省人民政府更大的自主权。海南经济特区的设立，开启了扩大开放、深化改革、加快发展的新篇章。至此，我国形成从南到北由5个经济特区、14个沿海开放城市、3个沿海开放地区、2个开放半岛构成的对外开放格局。

坚持改革开放是决定中国命运的一招。平息1989年政治风波以后，党中央着力继续扩大对外开放。1990年邓小平在上海过春节期间，提出"请上海的同志思考一下，能采取什么大的动作，在国际上树立我们更加改革开放的旗帜"[①]。1990年2月，中共上海市委、市政府正式向中共中央、国务院提出《关于开发浦东、开放浦东的请示》。4月18日，李鹏在上海大众汽车有限公司成立五周年大会上宣布：中共中央、国务院同意上海市加快浦东地区的开发，在浦东实行经济技术开发区和某些经济特区的政策。4月30日，上海市政府召开新闻发布会，宣布以引进外资为主的开发浦东十项政策。浦东的开

---

① 《邓小平年谱（1975—1997）》（下），中央文献出版社2004年版，第1307页。

发开放迅速启动，并取得较快的进展。开发开放浦东是党中央全面研判国际国内大势，统筹改革发展大局作出的重大决策，掀开了我国改革开放向纵深推进的崭新篇章。

沿海开放城市和开放地区在对外开放的推动下，经济发展更具活力，其辐射力、吸引力和综合服务能力显著增强。1991年，沿海11个省、自治区、直辖市的外贸出口额达到565亿美元，约占全国出口总额的78%，比上年增长18%，高于全国增长率。其中外商投资企业出口额已达116亿美元，比上年增长53%。[①]上海浦东新区的开放与开发已迈出实质性步伐。珠江三角洲经济区、渤海湾经济区等也呈现出勃勃生机。经济特区、开放城市及其经济技术开发区，以及包括开放地带在内的沿海开放地区，已经成为我国和亚太地区经济发展最具活力的区域，给我国进一步扩大开放，特别是推进内陆的开放，促进全国经济发展和繁荣，打下了良好的基础。

第二节　努力建设高度的社会主义民主

社会主义现代化事业是全体人民的事业，只有加强社会主义民主，才能够最广泛地动员和依靠人民。建设高度的社会主义民主，是社会主义现代化的根本目标和根本任务之一。1979年3月，邓小平在党的理论工作务虚会上指出：没有民主就没有社会主义，就没有社会主义的现代化。1980年8月，邓小平再次强调指出："我们进行社会主义现代化建设，是要在经济上赶上发达的资本主义国家，在政治上创造比资本主义国家的民主更高更切实的民主，并且造就比这些国家更多更优秀的人才。"[②]改革开放以来，在党的领导下，社会主义民主建设同社会主义法制的建设紧密结合，尤其是1982年《中华人民共和国宪法》的通过，使我国社会主义民主的发展和法制建设进入一个新的阶段，社会主义民主法制建设取得突出成就。

---

① 李岚清：《进一步扩大对外开放，加速发展对外经济贸易》，《求是》1992年第23期。
② 《邓小平文选》第2卷，人民出版社1994年版，第322页。

一、改革完善党和国家的领导制度

中国共产党是我国社会主义现代化建设事业的领导核心。在改革开放新的形势下，只有改善党的领导制度、领导方式和领导作风，才能加强党的领导作用。1978年12月，中共十一届三中全会根据党的历史上的经验教训，决定健全党的民主集中制，健全党规党法，严肃党纪。全会选举产生由100人组成的中央纪律检查委员会。纪律检查委员会的根本任务是维护党规党法，切实搞好党风。这是保障党的政治路线贯彻执行的一个重要措施。为适应现代化建设工作需要，全会加强了中央领导机构。这次全会后，虽然华国锋仍担任中共中央主席，但是就确立党的正确指导思想和社会主义现代化建设重大方针以及对实际工作的领导来说，邓小平已成为中央领导集体的核心。

为了适应全面开创社会主义现代化建设新局面的需要，党中央努力改善党的领导，提高党的战斗力。1980年1月，中共中央发出《关于成立中央政法委员会的通知》，从中央到地方各级党委都设立政法工作机构，在健全社会主义法制和领导体制方面迈出了重要的一步。1980年2月，中共十一届五中全会在北京召开。这次会议大部分议程是关于加强和改善党的领导，以适应发展社会主义现代化建设的。全会决定增加中央政治局常委的人数，恢复设立中央书记处作为中央政治局和它的常务委员会领导下的经常工作机构，并且选举产生了中央委员会总书记和中央书记处书记。全会讨论了《中国共产党章程》（修改草案），该草案总结历史经验，为适应社会主义现代化建设时期的需要，对党的干部制度作了一系列新的规定，包括废止干部职务实际上存在的终身制。全会讨论和一致通过了《关于党内政治生活的若干准则》。该准则提出了12条党内政治生活准则，对于坚持和改善党的领导，巩固党和人民群众的血肉联系，提高党在四化建设中的战斗力，有重要的促进作用。

中共十一届五中全会后，党中央进一步酝酿改革党和国家领导制度。1980年4月，中央政治局会议讨论通过的《中共中央关于丧失工作能力的老同志不当十二大代表和中央委员候选人的决定》指出：为了使党的领导机构能够适应社会主义现代化建设繁重任务的需要，中央决定，凡年事已高、丧失工作能力和生活自理能力的老同志,不当党的十二大代表和中央委员候选人。这是逐步更新领导班子的一个重要步骤。1980年8月,中央政治局召开扩大会议,主要讨论党和国家领导制度的改革及发展社会主义民主问题。8月18日,邓小平在会上发表《党和国家领导制度的改革》的讲话,指出改革党和国家的领导制度及其他制度的目的,是充分发挥社会主义制度的优越性,加速社会主义现代化建设事业的发展。他提出"干部队伍要年轻化、知识化、专业化"的要求,分析党和国家现行的领导制度、干部制度中存在的官僚主义、权力过分集中、家长制、干部领导职务终身制和形形色色的特权现象,以及产生这些弊端的社会历史原因,提出当前党和国家要逐步实行的重大改革措施是:向人大会议提出修改宪法的建议,设立中央顾问委员会,有准备有步骤地改变党委领导下的厂长负责制等。8月31日,邓小平的讲话经中央政治局讨论通过,成为党和国家领导体制改革的纲领性文件。

1982年2月,中共中央作出《关于建立老干部退休制度的决定》,建立老干部离休、退休和退居二线的制度,妥善解决新老干部适当交替的问题。1982年4月,国务院发出《关于老干部离职休养制度的几项规定》,对新中国成立以前参加革命工作、达到规定年龄的干部实行离休制度。在中共中央号召下,一大批老干部主动要求离开领导岗位离休、退休或退居二线。到1982年底,中央直属机关和中央国家机关已有7260多名老干部办理离休手续,占应离休人数的81%。与此同时,一批经过考验的中青年干部走上领导岗位。到1982年6月底,在党中央、国务院各部门领导班子中,新选拔的中青年干部占66%,领导班子的平均年龄由64岁降到60岁。[①]

为了提高工作效率,克服官僚主义,中共中央领导开展了精简行政机构的工作。1982年1月11日、13日,中央政治局专门开会讨论中央机构精简问题,邓小平阐述了精简机构的重要性,强调实现干部队伍的革命化、年轻化、知识化、专业化的目标。此后,中央直属机关和中央国家机关的机构改革工作逐步展开。1982年3月,国务院提出了机构改革方案。3月8日,五

[①] 《中国共产党的一百年》,中共党史出版社2022年版,第659页。

届全国人大常委会第二十二次会议通过《关于国务院机构改革问题的决议》，原则批准国务院机构改革的初步方案。通过改革，国务院副总理由13人减为2人，设国务委员，由国务院总理、副总理、国务委员和秘书长组成国务院常务会议，作为国务院的日常领导工作机构。根据撤销重叠机构、合并业务相近机构的原则，对国务院各部委、直属机构和办公机构进行了大幅度的裁减、合并。部委内部只设司、处两级，减少管理工作的层次。此外，国务院已有的临时性领导小组、办公室、委员会等各种非常设机构绝大部分被撤销，其工作由各有关部委承担。这样，国务院所属部委、直属机构和办公机构由98个裁并精简为52个，工作人员总编制由4.9万人缩减为3.2万人，减少三分之一左右。机构精简后，部级领导干部的平均年龄由64岁降到57岁，司、局级干部的平均年龄由59岁降到53岁；大学文化程度的干部，在部级领导班子中所占比重由原来的31%提高到48%，在司、局一级由原来的32%提高到45%。[①] 省一级领导机构的调整，从1982年10月开始，到1983年3月底基本完成。省级领导班子、党委常委、正副省长由原来的698人减为463人，减少34%，平均年龄由原来的62岁降到55岁，大专文化程度者所占比重由原来的20%提高到43%。地、市和省属部、委、厅、局的领导班子，党委常委、正副专员和正副厅、局长人数，由调整前的16658人减少36%，平均年龄由58岁降到50岁，大专文化程度者所占比重由原来的14%提高到44%。[②] 在农村，普遍建立了乡政府，减少了兼职，一般乡党委的领导成员都不再兼任政府的主要职务。

1987年10月，中共十三大报告提出反对官僚主义，并指出"发扬社会主义民主，都将有利于克服官僚主义"。报告认为，"政府机构庞大臃肿，层次过多，职责不清，互相扯皮，也是形成官僚主义的重要原因"，因此，"必

---

① 《关于国务院机构改革问题的报告——在第五届全国人民代表大会常务委员会第二十二次会议上》，《人民日报》1982年3月9日。
② 《中共中央关于批转中央组织部、省市自治区机构改革指导小组〈关于调整省、地两级领导班子的工作报告〉的通知》（1983年12月22日）。

须下决心对政府工作机构自上而下地进行改革"①。根据这一要求，国务院立即着手制定改革中央政府机构的方案。1988年3月25日至4月13日召开的七届全国人大一次会议，审议并原则批准了国务院机构改革方案。这次机构改革主要内容包括以下几个方面：一是以政企分开、政事分开为核心，落实职能转变，弱化政府部门直接干预企业微观管理的职能，强化经济部门的宏观管理职能。二是加强监督与调控部门，精简和削弱专业部门。三是在转变职能的基础上，合理设置机构，确定编制。国务院部委从原有的45个减为41个，直属机构从原有的22个减为19个，非常设机构从原有的75个减为44个，部门内设司局级机构减少约20%。国务院机构改革后的人员编制比改革前实有人员总计减少9700多人，占原有人数的19.7%。四是解决一批部门之间职能交叉、重复的问题。五是进行深化机构改革的试点工作，为逐步实行国家公务员制度创造一定的条件。②

经过改革，党和国家行政机构臃肿、人浮于事、领导班子老化的现象得到初步改善，干部队伍的年轻化、知识化和专业化迈进了可喜的一步。

1989年，针对政治风波中暴露出的党的领导受到削弱的问题，党中央决定在领导体制上进一步调整党同国家政权机关和其他社会政治组织的关系。1989年12月，中共中央发出《关于加强和改善党对工会、共青团、妇联工作领导的通知》《关于坚持和完善中国共产党领导的多党合作和政治协商制度的意见》；1990年3月18日，江泽民在参加全国人大、政协两会的党员负责同志会议上讲话，强调要坚持和完善人民代表大会制度；7月，中共中央发出《关于加强统一战线工作的通知》。这些文件和讲话都强调，必须坚持中国共产党的领导和社会主义基本政治制度，中国的国家性质和基本制度决不能动摇，任何国家政权机关和社会政治组织都不能背离中国共产党的领导，这是我国社会稳定和经济发展的根本保证。此后，被撤销的党组在国家机关、经济组织和文化组织中陆续恢复。

---

① 《十三大以来重要文献选编》（上），人民出版社1991年版，第39页。
② 陈维伟：《人事部部长赵东宛答记者问 国务院"三定"方案审议完毕》，《人民日报》1989年1月6日。

二、把党建设成为领导社会主义现代化事业的坚强核心

党的事业与党的建设紧密相连，中共十二大提出"努力把党建设成为领导社会主义现代化事业的坚强核心"，并强调"党风问题是关系执政党生死存亡的问题"，对党的建设提出了新的要求。按照这一目标要求，党中央在有计划有步骤地进行整党、纠正党员干部中的不正之风、推进干部队伍新老交替等方面，采取了新的举措，推动党的建设出现新的局面。

第一，开展全面整党工作。针对"文化大革命"遗留下来的党内思想、作风、组织三个严重不纯和纪律松弛的问题，十二大决定，从1983年下半年开始，用三年时间对党的作风和组织进行一次全面整顿。1983年10月11—12日召开的中共十二届二中全会通过了《中共中央关于整党的决定》，确定从1983年冬季开始全面整党。为了保证整党工作的日常领导，全会选举产生了中央整党工作指导委员会。这次整党，中央要求全体党员无例外地参加。当时全党有4000多万名党员，其中有900多万名干部，有近250万个基层和基层以上的党组织。这次整党采取从中央到基层组织，自上而下、分期分批整顿；每个单位党组织的整顿也是自上而下的，先领导班子、领导干部，后党员群众。这次整党实际上是分三期进行的。

1987年5月26日，中央整党工作指导委员会召开全国整党工作总结会议，宣布历时3年半的全国整党工作基本结束。经过整党，全党在思想、作风、纪律、组织四个方面都比整党前有了进步，党内存在的思想、作风、组织严重不纯的状况有了改变，同时积累了一些正确处理党内问题的重要经验。

第二，从严治党，加强作风建设。20世纪80年代初期，邓小平指出：我赞成陈云讲的"执政党的党风问题是有关党的生死存亡的问题"。针对在商品经济大潮的冲击下出现的部分党员干部、党政机关直接参与经商活动，以权谋私、搞"权钱交易"的不正之风，1984年12月3日，中共中央、国务院发出《关于严禁党政机关和党政干部经商、办企业的决定》，规定各级党政领导机关特别是经济部门及其领导干部决不允许运用手中的权力，违反党和国

家的规定去经营商业，兴办企业，谋取私利，与民相争。12月5日，中央纪律检查委员会发出《关于坚决纠正新形势下出现的不正之风的通知》，指出新形势下出现的不正之风极大地危害着党的事业，妨碍经济体制改革的顺利进行，必须坚决纠正，严肃查处。中央纪委和各级纪检机关查处大量违纪案件。从1982年到1986年，共处分违纪党员650141人，其中开除党籍的151935人。1985年和1986年，处分省军级干部74人、地师级干部635人。[①]

1987年10月中共十三大提出"从严治党，严肃执行党的纪律"的要求。1989年，针对一部分党员不同程度地卷入政治风波的问题，党中央认真抓了清查、清理工作，以保证党的队伍的纯洁性。1989年8月，中共中央发出《关于加强党的建设的通知》。根据《通知》精神，1989年秋冬和1990年春，各级党组织对政治风波中的重点人和重点事认真进行了清查、清理。其后又按照从严治党的方针，在全党进行了一次做合格共产党员的教育，并对中央和地方单位的375万名党员进行了重新登记工作。党员重新登记工作从1989年底开始，至1990年6月基本结束。在党员重新登记中，对少数不合格党员进行了妥善处理，对违纪党员进行了纪律处分。1989年11月，中共中央批转中央纪律检查委员会《关于加强党风和廉政建设的意见》，要求各级党组织严肃执行党的纪律，认真查处违纪案件，并进一步提出坚决纠正行业不正之风和认真清理党政干部违纪违法建私房、用公款超标准装修住房两个问题。党中央强调，加强党风廉政建设，必须从领导机关和领导干部抓起，必须贯彻"一要坚决，二要持久"的方针。

开展反腐倡廉建设，坚决同腐败现象、腐败分子作斗争，是加强党的建设的一个重要方面。1989年5月，邓小平指出："这次出这样的乱子，其中一个原因，是由于腐败现象的滋生，使一部分群众对党和政府丧失了信心。因此，我们首先要清理自己的错误"[②]。1989年6月，江泽民在中共十三届四中全会上明确指出："全国各族人民的眼睛盯着我们，看我们能不能拿出惩治腐

[①] 《中央纪律检查委员会向党的第十三次全国代表大会的工作报告》(1987年10月30日)，《人民日报》1987年11月5日。

[②] 《邓小平文选》第3卷，人民出版社1993年版，第300页。

败的实际行动来。"①1989 年 7 月 28 日，中共中央、国务院作出《关于近期做几件群众关心的事的决定》，要求从党中央、国务院的领导同志做起，在惩治腐败和带头廉洁奉公、艰苦奋斗方面先做七件事，即：进一步清理整顿公司；坚决制止高干子女经商；取消对领导同志少量食品的"特供"；严格按规定配车，禁止进口小轿车；严格禁止请客送礼；严格控制领导干部出国；严肃认真地查处贪污、受贿、投机倒把等犯罪案件，特别是抓紧查处大案要案。这些惩治腐败举措的实施，取得了良好社会效果。

第三，加强组织建设。针对干部队伍文化水平低、业务能力差、普遍老化，难以适应改革开放和现代化建设的迫切要求，十二大把"实现党的干部队伍的革命化、年轻化、知识化、专业化"写入党章。1983 年 6 月，中央召开工作会议，陈云在会上提出干部队伍三个梯队的配备问题和建立第三梯队的设想，指出："现在主持中央日常工作的同志也是六十岁以上的人了，……要抓紧选拔五十岁上下、特别是四十岁上下的优秀干部，趁我们还在的时候，把第三梯队也建立起来"②。这次会议正式作出建立第三梯队干部队伍的决策。在中央的推动下，全国范围内进行了规模空前的干部新老交替，到 1985 年 12 月，有 126.8 万名新中国成立前参加革命工作的老干部办理了离休手续。同时，全国已有 46.9 万名德才兼备、年富力强的中青年干部走上县级以上领导岗位，成为推进改革开放和社会主义现代化建设的中坚力量。③

第四，加强制度建设。在党的组织制度建设方面，主要是建立领导干部生活会制度，民主生活会制度，党员民主评议制度，干部选拔任用、推荐、交流制度和后备干部制度，干部考核、退休、生活待遇制度和出国出境制度，国有企业基层组织工作制度等。例如，《中共中央关于建立老干部退休制度的决定》（1982 年 2 月）、《中共中央、国务院关于中央党政机关干部教育工作的决定》（1982 年 10 月）、《中共中央关于严格按照党的原则选拔任用干部的通知》（1986 年 1 月）、《中国共产党全民所有制工业企业基层组织工作条例》

---

① 《江泽民文选》第 1 卷，人民出版社 2006 年版，第 63 页。
② 《陈云文选》第 3 卷，人民出版社 1995 年版，第 325 页。
③ 《陈云传》（下），中央文献出版社 2005 年版，第 1716 页。

（1986年9月）、《关于建立民主评议党员制度的意见》（1989年1月中共中央批转中央组织部通知）、《中共中央关于加强党的建设的通知》（1989年8月）、《关于县以上党和国家机关党员领导干部民主生活会的若干规定》（1990年5月中共中央印发）、《中国共产党发展党员工作细则（试行）》（1990年8月中共中央组织部印发）等。

在基层组织的产生和运行机制方面，中共十一届三中全会以后，党的组织工作法规制度建设迎来新的发展，自此，中央逐步加大组织工作法规建设力度，取得瞩目成就。如，1985年2月，中共中央发布《关于党的地方各级代表大会若干具体问题的暂行规定》，对党的代表大会、代表大会主席团、委员会委员和候补委员、纪律检查委员会、选举办法等都作了规定，建立起党代表常任制。1988年3月，中组部制定《关于党的省、自治区、直辖市代表大会实行差额选举的暂行办法》，规定候选人的差额不少于应选代表名额的20%，使党内的差额选举制度有规可依。1990年5月，中共中央颁布《关于县以上党和国家机关党员领导干部民主生活会的若干规定》，规范县以上党和国家机关党员领导干部的政治生活，对《关于党内政治生活的若干准则》中相关规定的落实作了细化。1990年6月，中共中央发布《中国共产党基层组织选举工作暂行条例》，通过改进候选人提名制度和选举方式，规范了党的基层组织代表和委员会的选举以及监督处分。

三、修订宪法与推进社会主义民主法制建设

在社会主义现代化建设中，民主与法制合而为一，不可分割。1978年12月，邓小平指出："为了保障人民民主，必须加强法制。必须使民主制度化、法律化，使这种制度和法律不因领导人的改变而改变，不因领导人的看法和注意力的改变而改变。"[①] 中共十一届三中全会后，社会主义民主法制建设逐步走上正轨。

由于1978年3月五届全国人大一次会议通过的《中华人民共和国宪法》

---

① 《邓小平文选》第2卷，人民出版社1994年版，第146页。

的许多内容已经不适应新时期政治、经济生活和社会主义现代化建设的需要，1980年9月，中共中央向全国人民代表大会提出了关于修改宪法和成立宪法修改委员会的建议。9月10日，五届全国人大三次会议通过《关于修改宪法和成立宪法修改委员会的决议》，成立宪法修改委员会，主持宪法的修改工作。宪法修改委员会提出宪法修改草案，由全国人民代表大会常务委员会公布，交付全国各族人民讨论，宪法修改委员会根据讨论意见修改后，提交五届全国人大五次会议审议。1982年12月4日，五届全国人大五次会议以无记名投票方式通过了新修改的《中华人民共和国宪法》（又称"八二宪法"）。

"八二宪法"以坚持四项基本原则为总的指导思想，重新阐明了我国的政治经济制度、国家机构和内外基本政策。宪法恢复"人民民主专政"的提法并赋予新的内容，规定中华人民共和国是工人阶级领导的、以工农联盟为基础的人民民主专政的社会主义国家，中华人民共和国的一切权力属于人民。宪法肯定生产资料的社会主义公有制是我国社会主义经济制度的基础，在法律规定范围内的城乡劳动者个体经济是社会主义公有制经济的补充。宪法增加了有关社会主义精神文明建设的内容，包括道德建设、思想建设等。宪法对国家机构设置作了许多新规定，包括加强人民代表大会制度、恢复设立国家主席和副主席、国家设立中央军事委员会领导全国武装力量、国务院实行总理负责制等。宪法强调国家的统一和民族的团结，规定"国家在必要时得设立特别行政区。在特别行政区内实行的制度按照具体情况由全国人民代表大会以法律规定"，为通过"一国两制"方式正式解决香港、澳门问题提供法律基础。

以"八二宪法"为依据，六届全国人大及其常委会不断加强立法工作，努力健全社会主义的法律体系。为适应进一步对外开放和深化经济体制改革的需要，制定有关经济方面的法律成为立法工作的重点。六届全国人大期间制定的29部法律中，经济方面的法律有16部，包括涉外经济合同法、外资企业法、海关法、统计法、会计法等。国家政治、经济、社会生活的主要方面已有法可依。

在发展社会主义民主方面，着重健全和完善人民代表大会制度、中国共产党领导的多党合作和政治协商制度、民族区域自治制度。为了改进和完善选举制度和人民代表大会制度，六届全国人大常委会第十八次会议于1986年12月通过了关于修改《中华人民共和国全国人民代表大会和地方各级人民代表大会选举法》和《中华人民共和国地方各级人民代表大会和地方各级人民政府组织法》的决定，对选举程序和方式作了一些改进，以切实保障选民的民主权利，更好地建设社会主义民主政治。中国共产党领导的多党合作和政治协商制度得到恢复和发展。1979年6月15日，邓小平在全国政协五届二次会议的开幕词中指出："我国各民主党派在民主革命中有过光荣的历史，在社会主义改造中也作了重要的贡献。这些都是中国人民所不会忘记的。现在它们都已经成为各自所联系的一部分社会主义劳动者和一部分拥护社会主义的爱国者的政治联盟，都是在中国共产党领导下为社会主义服务的政治力量。"①新时期，各民主党派在国家政治生活中的作用进一步发挥。在全国人大代表中，民主党派和无党派人士的比例从四届全国人大的8.2%上升到六届全国人大的18.2%；各级政协委员中有60%以上是民主党派和无党派人士。在全国人大常委会副委员长和全国政协副主席中，有30%以上是民主党派和无党派人士。1984年5月，六届全国人大二次会议通过《中华人民共和国民族区域自治法》，把宪法关于民族区域自治的基本原则具体化，充分尊重和保障各少数民族管理本民族内部事务的民主权利。

  基层民主建设取得较大进展。1983年10月，中共中央、国务院发出《关于实行政社分开建立乡政府的通知》，决定政社分开，建立乡政府作为基层政权，同时成立村民委员会作为基层群众性自治组织，村民委员会由村民民主选举产生，协助乡人民政府搞好本村的行政工作和生产建设工作。到1985年，全国农村共建立村民委员会94.8万多个。在普遍建立村民委员会的基础上，1987年11月，六届全国人大常委会第二十三次会议通过《中华人民共和国村民委员会组织法（试行）》，推动村民依法积极参加村委会的选举和建设。城市的基层民主建设，以发挥街道居民委员会的自治作用为主要特征。

---

① 《邓小平文选》第2卷，人民出版社1994年版，第186页。

"八二宪法"首次以国家根本法的形式明确规定了居民委员会的性质、任务和作用。到 1986 年底，全国各地建立居民委员会 8 万多个。1989 年 12 月，七届全国人大常委会第十一次会议通过《中华人民共和国城市居民委员会组织法》，标志着城市居民委员会的建设进入新的历史阶段。

此外，1982—1983 年，党中央领导开展打击经济领域中严重犯罪活动的斗争，有力地打击了走私贩私、贪污盗窃、行贿受贿、投机诈骗等严重经济犯罪分子，基本上保证了对外开放和对内搞活经济政策的正确执行，保障了社会主义现代化建设的有序进行。

第三节　努力建设高度的社会主义精神文明

社会主义精神文明是社会主义现代化的重要特征，物质文明为精神文明的发展提供物质条件和实践经验，精神文明又为物质文明的发展提供精神动力和智力支持，为它的正确发展方向提供有力的思想保证。因此，在社会主义现代化建设过程中，中国共产党在积极推进社会主义物质文明建设的同时，努力建设高度的社会主义精神文明。

一、社会主义精神文明建设的提出与部署

1979 年 9 月 29 日，叶剑英在庆祝中华人民共和国成立 30 周年大会上的讲话，首次提出了在建设高度物质文明的同时建设高度的社会主义精神文明的问题。1980 年 12 月 25 日，邓小平在中央工作会议上首次阐明了社会主义精神文明的科学内涵，指出："所谓精神文明，不但是指教育、科学、文化（这是完全必要的），而且是指共产主义的思想、理想、信念、道德、纪律，革命的立场和原则，人与人的同志式关系，等等。"[1] 这是中国共产党最早关于社会主义精神文明建设包括思想道德建设和教育科学文化建设两个方面的论述。

---

[1]《邓小平文选》第 2 卷，人民出版社 1994 年版，第 367 页。

1982年9月，中共十二大将社会主义精神文明建设作为基本任务，比较全面、系统地论述了社会主义精神文明建设的战略地位、主要内容以及社会主义物质文明和精神文明的辩证关系等一系列重大问题，指出：社会主义精神文明的建设大体可以分为文化建设和思想建设两个方面。文化建设指的是教育、科学、文学艺术、新闻出版、广播电视、卫生体育、图书馆、博物馆等各项文化事业的发展和人民群众知识水平的提高，它既是建设物质文明的重要条件，也是提高人民群众思想觉悟和道德水平的重要条件；思想建设主要内容是工人阶级的、马克思主义的世界观和科学理论，是共产主义的理想、信念和道德，是同社会主义公有制相适应的主人翁思想和集体主义思想，是同社会主义政治制度相适应的权利义务观念和组织纪律观念，是为人民服务的献身精神和共产主义的劳动态度，是社会主义的爱国主义和国际主义，等等。

20世纪80年代，加强文化建设和思想建设是社会主义精神文明建设的重要内容。思想建设决定着精神文明的社会主义性质，社会上不少错误的社会思潮与言论对于改革的顺利开展会产生不良影响。尤其是一些人，在党内外散布形形色色的资产阶级和其他剥削阶级腐朽没落的思想，散布对于社会主义、共产主义事业和对于共产党领导的不信任情绪等，扰乱人们特别是青少年思想，造成思想混乱和消极情绪。1983年10月召开的十二届二中全会，提出在思想战线清除精神污染的问题。之后，以理论界、文艺界为重点的思想战线展开清除精神污染的斗争，很快刹住极少数人搞精神污染的歪风。这一斗争到1984年初基本告一段落。

然而，1984年10月经济体制开始全面改革以后，不仅社会上出现了"一切向钱看"、损公肥私等各种不正之风，而且改革开放以来所形成的资产阶级自由化思潮，又到处散布自由化的言论和思想，企图将改革引向全盘西化的道路。这两种思想的合流，不仅影响经济建设的健康发展，还导致思想战线的混乱，社会主义精神文明建设的任务更加突出。

邓小平、陈云等党和国家领导人多次强调加强精神文明建设的重要性，并且把精神文明建设同端正党风、实现社会风气根本好转统一起来，希望通过精神文明建设来保证社会主义现代化建设的发展方向。为了加强精神文明建设，1986年9月28日召开的中共十二届六中全会通过了《中共中央关于社会主义精神文明建设指导方针的决议》，阐述社会主义精神文明建设的指导方针和根本任务，强调坚持以马列主义、毛泽东思想为指导，是社会主义现代化事业的根本，也是社会主义精神文明建设的根本；社会主义精神文明的战略地位决定了它必须是推动社会主义现代化建设的精神文明建设，必须是促进全面改革和实行对外开放的精神文明建设，必须是坚持四项基本原则的精神文明建设。社会主义精神文明建设的根本任务，是适应社会主义现代化建设的需要，培育有理想、有道德、有文化、有纪律的社会主义公民，提高整个中华民族的思想道德素质和科学文化素质。《决议》还对精神文明建设中的一些重要问题给予明确的回答。例如专门写入反对资产阶级自由化的内容，指出："搞资产阶级自由化，即否定社会主义制度、主张资本主义制度，是根本违背人民利益和历史潮流，为广大人民所坚决反对的。"[①]《决议》是中国共产党制定的第一个关于社会主义精神文明建设的纲领性文件，总结了改革开放以来中国精神文明建设的成就与经验，明确回答人们思想上的模糊认识，对于开展全面改革形势下的社会主义精神文明建设具有指导意义。此后，社会主义精神文明建设得到大力加强，为促进改革开放营造出良好的思想氛围。

二、加强文化建设

1982年4月3日，邓小平就实现社会主义现代化的政治保证问题发表意见，指出：把社会主义精神文明建设，作为一个重大任务长期抓下去。教育、科学、文学、艺术、卫生、体育都是社会主义精神文明的重要方面。按照这一精神，中国共产党大力推进科技、教育、文化、体育等各领域改革和建设，各项事业出现欣欣向荣的发展局面。

"四个现代化的关键是科学技术的现代化"[②]。1983年，国务院成立科技领导小组，领导科技改革试点，逐步确定了科技改革要有利于促进科技与经济

---

① 《十二大以来重要文献选编》（下），人民出版社1988年版，第1184页。
② 《十二大以来重要文献选编》（上），人民出版社1986年版，第15页。

的紧密结合，有利于充分发挥科技人员的积极性、创造性，允许一部分科技人员先富起来等原则。1985年3月，中共中央作出《关于科学技术体制改革的决定》，从运行机制、组织结构、人事制度等方面部署科技体制改革的主要内容。此后，我国科技体制改革逐步展开，主要包括进一步放开技术市场，扩大科研机构的自主权，加强科研经费管理，促进科技人员合理流动等。国家从20世纪80年代中期启动、实施了"星火计划"、"863"计划、"火炬计划"等重大科技计划，充分发挥科技对于经济发展的重要作用。

1983年10月，邓小平为北京景山学校题词"教育要面向现代化，面向世界，面向未来"，为教育事业的改革和发展指明了方向。1985年5月，中共中央作出《关于教育体制改革的决定》，部署教育体制改革，即有步骤地实行九年制义务教育；调整中等教育结构，大力发展职业技术教育；改革高等学校的招生计划和毕业生分配制度，扩大高等学校的办学自主权等。此后，教育体制改革有序开展，并取得显著成绩。在义务教育方面，1986年4月，六届全国人大四次会议审议通过《中华人民共和国义务教育法》，使普及九年制义务教育得以依法有效地贯彻。到1986年，全国有1052个县达到普及初等教育标准，占全国县总数的52%，学龄儿童入学率达96.4%。[①] 在中等教育方面，1986年各类中等职业技术学校在校学生共522万人，其中职业技术高中在校学生数达到480万人，占高中在校学生总数1253万人的38.3%，中等教育结构得到进一步调整。[②] 在高等教育方面，扩大高等学校在办学、财务、基建、干部管理、职称评定等方面的管理权限，并改革招生和毕业分配制度。从1985年起，高等院校招生由原来国家统一计划招生的模式转向国家任务计划与调节性计划相结合的模式。同时允许扩大办学部门、地方和学校分配毕业生的自主权，缩小国家计划分配的范围，对毕业生实行多渠道的分配方法。

由政府出资建设文化事业、生产经营管理依照计划进行的文化体制开始

---

① 《八年来建设成就图表之八·教育科技事业欣欣向荣》，《人民日报》1987年10月16日。
② 《中华人民共和国国家统计局关于1986年国民经济和社会发展的统计公报》（1987年2月20日），《人民日报》1987年2月21日。

了改革。20世纪80年代主要进行艺术表演团体的经营机制市场化改革，实行承包经营责任制。到1985年上半年，全国有三分之二以上的专业艺术表演团体实行承包经营责任制。1985年4月，中共中央办公厅、国务院办公厅转发文化部《关于艺术表演团体的改革意见》，针对艺术团体人浮于事、机构臃肿，在分配上吃"大锅饭"，领导体制和经营管理不适应艺术生产等问题，进一步明确专业艺术表演团体的性质和任务，提出改革艺术表演团体领导体制、扩大自主权、改革和完善管理制度、繁荣艺术创作、加强培养艺术人才等改革措施。此后，各地普遍进行了承包经营责任制等形式的艺术表演团体体制改革，增强了文化事业的发展活力。

1985年4月，国务院批转卫生部《关于卫生工作改革若干政策问题的报告》，指出卫生工作改革的目的是调动各方面的积极性，改善服务态度，提高服务质量和管理水平，有利于防病治病、便民利民。自此，卫生事业逐步适应改革开放新形势，从改革中找出路，从单一的向国家"等、靠、要"转为多渠道、多层次、多形式办医，坚持国家、集体、个人一起上的方针，为卫生事业的发展增添了活力。全国个体开业行医人数逐年增长，由1981年的1.8万人增至1989年的16.6万人，成为卫生事业的重要补充力量。全国村一级卫生站也得到了加强，80%以上的行政村实现了有医有药。由于医疗卫生条件的不断改善，人民群众健康水平明显提高。

体育事业在改革开放中迎来欣欣向荣的春天。中国女排在1981年获得世界杯冠军，后来的5年中又在世界锦标赛、奥运会和世界杯这三大赛事中4次夺冠，创下女子排球史上第一个"五连冠"。女排的顽强战斗、勇敢拼搏精神成为鼓舞全国人民努力奋斗的精神动力。1984年，我国首次派出体育代表团参加在美国洛杉矶举行的第23届奥运会，许海峰等运动员共赢得15块金牌，打破中国在奥运会史上金榜无名的纪录。1984年至1988年，聂卫平在前三届中日围棋擂台赛中获得"三连冠"，由此全国掀起学围棋的热潮。1990年9月22日至10月7日，第11届亚运会在北京举行，这是中国第一次举办综合性国际体育大赛，中国体育代表团取得金牌和奖牌总数第一的优异成绩。体育事业蓬勃发展所取得的优异成绩，极大地振奋了民族精神。

三、推进思想建设

思想建设既是社会主义精神文明建设的重要内容，又决定着社会主义精神文明的社会主义性质。改革开放以后党中央十分重视加强思想建设，陆续开展了一些活动。

一是开展"五讲四美三热爱"活动。1981年2月，全国总工会、共青团中央等九部门联合向全国人民特别是青少年发出倡议，开展以"五讲"（讲文明、讲礼貌、讲卫生、讲秩序、讲道德）和"四美"（心灵美、语言美、行为美、环境美）为主要内容的文明礼貌活动。在中共十二大以后，许多地方开展了热爱祖国、热爱社会主义、热爱党的"三热爱"活动，它与"五讲四美"汇合成为"五讲四美三热爱"的统一活动。多种形式的群众性精神文明创建活动全面展开，涌现"知识分子的优秀代表"蒋筑英、"中国式的保尔"罗健夫、身残志坚的"优秀共青团员"张海迪、"新时期的活雷锋"朱伯儒等先锋模范人物。1986年3月，首都社会主义精神文明建设先进单位和积极分子大会在人民大会堂举行，对首都开展精神文明建设涌现出来的先进单位和个人进行了表彰。其他各地也开展了类似表彰活动。

二是开展理想与纪律教育。1982年4月，邓小平就实现社会主义现代化的政治保证问题发表意见，指出：社会主义精神文明建设，中心是三句话，有理想、有道德、有纪律。1982年7月，邓小平在军委座谈会上的讲话中，阐明社会主义精神文明建设的根本任务主要是使我们的各族人民都成为有理想、有道德、有文化、守纪律的人民。1982年9月中共十二大提出"在今后五年内，要通过一切可能的途径，采取一切有效的方法，努力实现理想教育、道德教育、纪律教育在全国人民中首先是全国青少年中的普及。这是争取在五年内使社会风气根本好转的一项基本措施"[1]。1985年3月7日，邓小平在全国科技工作会议上作了关于必须坚持社会主义精神文明建设的重要讲话，要求党和政府必须教育人民做到有理想、有道德、有文化、有纪律，而理想

---

[1] 《十二大以来重要文献选编》（上），人民出版社1986年版，第32页。

和纪律教育特别重要。1986年9月，中共中央在关于精神文明建设指导方针的决议中进一步强调理想和纪律教育。在中央的要求倡导下，党政机关、企事业单位以及农村基层党组织，都把加强理想和纪律教育作为精神文明建设的一项重要任务来抓。

三是开展文明城市、文明单位、文明街道、文明村镇、文明户的创建活动。1985年4月，首都文明单位代表大会召开，对首都开展文明城市建设给予了肯定，此后，全国城市都组织开展文明城市建设活动。全国农村也开展了文明村镇、文明户的活动。全国各地涌现出大批文明村（镇）、文明厂（矿）、文明街道等文明单位。此外，1985年8月，中央绿化委员会办公室、中央五讲四美三热爱活动委员会办公室联合发出通知，要求各地积极宣传、组织开展栽种"三棵纪念树"活动，加速绿化，促进精神文明建设。1986年6月，中宣部等8个单位联合发出《关于加强农村"青年之家"建设的通知》，要求各地用社会主义的思想文化占领农村阵地，动员农村各方面的力量加强"青年之家"和各种文化活动阵地的建设，要把"青年之家"作为农村建设社会主义精神文明的一件实事来办。此外，全国还充分利用开展体育、卫生工作的机会，开展多种形式的精神文明创建活动。

四、反对资产阶级自由化，确保社会主义现代化的正确方向

改革开放以来，国内思想理论界逐渐出现了一股资产阶级自由化思潮，企图将中国引向资本主义道路。邓小平等中央领导人非常重视反对资产阶级自由化。1986年9月中共十二届六中全会通过的《中共中央关于社会主义精神文明建设指导方针的决议》，强调坚持以马列主义、毛泽东思想为指导加强社会主义精神文明建设，并专门写入反对资产阶级自由化的内容。然而，《决议》所强调的加强马克思主义在精神文明建设中的指导地位和反对资产阶级自由化的内容，在实际工作中并没有得到认真有力的贯彻。资产阶级自由化思潮的泛滥使高校学生受到严重影响。1986年底1987年初，全国不少城市发生学生上街游行的学潮。1986年12月，邓小平在总结反思学潮发生的原因时，认为这次资产阶级自由化思潮的蔓延以及导致的严重学潮，是几年来

反对资产阶级自由化斗争的旗帜不鲜明、态度不坚决的结果。他指出："这也不是一个两个地方的问题，也不是一年两年的问题，是几年来反对资产阶级自由化思潮旗帜不鲜明、态度不坚决的结果。要旗帜鲜明地坚持四项基本原则，否则就是放任了资产阶级自由化，问题就出在这里。"① 1987年3月，邓小平进一步分析揭露资产阶级自由化实质，指出："少数知识分子煽动学生闹事，他们的主张实际上是反对社会主义制度，搞资产阶级自由化。所谓资产阶级自由化，就是要中国全盘西化，走资本主义道路。中国根据自己的经验，不可能走资本主义道路。道理很简单，中国十亿人口，现在还处于落后状态，如果走资本主义道路，可能在某些局部地区少数人更快地富起来，形成一个新的资产阶级，产生一批百万富翁，但顶多也不会达到人口的百分之一，而大量的人仍然摆脱不了贫穷，甚至连温饱问题都不可能解决。只有社会主义制度才能从根本上解决摆脱贫穷的问题。"②

虽然邓小平等中央领导人一再郑重宣告，反对资产阶级自由化至少还要搞几十年，当时党内有的领导人对此仍有不同认识，1987年下半年，对资产阶级自由化的批判就停下来了。从1988年开始，报刊上鼓吹资产阶级自由化的文章越来越多，搞自由化的人还到处演讲，宣传他们的观点。资产阶级自由化思潮再度泛滥起来。1989年，极少数主张"全盘西化"的人借五四运动70周年、新中国成立40周年之机，挑起事端，煽动反对中国共产党领导、反对社会主义制度。4月15日，胡耀邦在北京逝世，中共中央发布讣告并举行追悼会，人民群众以各种形式表达自己的哀思。在悼念活动期间，极少数人借机制造谣言，攻击党的领导和社会主义制度；蛊惑群众冲击中共中央、国务院所在地中南海的新华门；在西安、长沙等城市发生一些不法分子打、砸、抢、烧的犯罪活动。

4月24日，中央政治局常委会会议对事态发展进行了讨论，认为一场有计划、有组织的反党、反社会主义的政治动乱已经摆在面前。4月26日，《人

---

① 《邓小平文选》第3卷，人民出版社1993年版，第194页。
② 《邓小平文选》第3卷，人民出版社1993年版，第207—208页。

民日报》发表社论《必须旗帜鲜明地反对动乱》，向全党全国人民指出这场斗争的性质。然而，极少数别有用心的人仍煽动群众占据天安门广场，组织各种非法活动，最终发展成为一场反革命暴乱。在关系党和国家生死存亡的紧要关头，中央政治局在邓小平和其他老一辈革命家坚决有力的支持下，依靠人民，旗帜鲜明地反对动乱，于6月4日采取果断措施，一举平息北京地区的反革命暴乱。北京和其他大中城市很快恢复正常秩序。这场斗争的胜利，捍卫了我国社会主义国家政权，维护了人民的根本利益，确保了中国社会主义现代化的正确方向。

在政治风波中，赵紫阳犯了支持动乱和分裂党的严重错误。1989年6月，中共中央召开十三届四中全会，审议并通过《关于赵紫阳同志在反党反社会主义的动乱中所犯错误的报告》。全会决定撤销赵紫阳担任的党内领导职务，并对中央领导机构部分成员进行调整，选举江泽民为中央委员会总书记。全会强调，要继续坚决执行中共十一届三中全会以来的路线、方针和政策，继续坚决执行中共十三大确定的"一个中心、两个基本点"的基本路线。

在新的中央领导集体已卓有成效开展工作的情况下，1989年9月，邓小平向中央政治局正式提出辞去中共中央军事委员会主席职务的请求，11月召开的中共十三届五中全会批准了邓小平这一请求，同时决定江泽民为中共中央军事委员会主席。以邓小平同志为核心的党的第二代中央领导集体和以江泽民同志为核心的党的第三代中央领导集体顺利实现新老交替，保证了党的理论、路线、方针、政策的稳定性、连续性和国家的稳定。

第四节 推进国防现代化和打开外交新局面

改革开放新时期，党和国家工作重点转移到社会主义现代化建设上来，这就要求其他一切工作包括国防军队建设和外交工作，都要围绕经济建设这一中心展开。

一、国防建设的战略调整

国防现代化是社会主义现代化建设的重要组成部分。新中国成立后的一段时间里，我国国防和军队建设始终处在应急状态，国防和军队建设的基点置于"早打、大打、打核战争"的临战准备上，如邓小平所指出的："过去我们的观点一直是战争不可避免，而且迫在眉睫。我们好多的决策，包括一、二、三线的建设布局，'山、散、洞'的方针在内，都是从这个观点出发的。"①

改革开放以后，中国的国际环境有了较大改善，军队建设指导思想发生战略性转变，从过去随时准备应付大规模侵略战争转变到和平时期建设的轨道上来。1977年12月，邓小平在中央军委全体会议上指出："我们能够争取比较长一点时间不打仗，对我们军队的现代化建设，对我们军队战斗力的提高，对我们的备战工作，都是有利的。"1980年3月，邓小平又在中央军委常委扩大会议上指出："冷静地判断国际形势，多争取一点时间不打仗还是可能的。在这段时间里，我们应当尽可能地减少军费开支来加强国家建设。"②

按照党中央的部署，改革开放以后国家的根本任务是集中力量进行社会主义现代化建设。国防建设服从和服务于国家经济建设大局，一段时间内较大幅度地减少了国防投入，国防费占国内生产总值的比例一直在下降。1978年中国国防费占国内生产总值比例为4.63%，1980年下降为4.29%，1983年为2.98%，1986年为1.97%，1988年仅为1.46%。③

改革开放新时期，我国坚定不移地奉行防御性的国防政策，贯彻积极防御的军事战略方针，在战略上实行防御、自卫和后发制人的原则。按照这一方针，人民解放军在保卫国家领土主权斗争中作出了新贡献。由于越南方面不断越境侵犯我国领土，抢掠财物，杀害平民，1979年二三月间，人民解放军边防部队实施对越自卫还击战，对入侵中国领土的越南军队予以重创。1984年收复老山后，人民解放军又进行了长达数年的老山坚守防御战。1988

---

① 《邓小平文选》第3卷，人民出版社1993年版，第126—127页。
② 《邓小平文选》第2卷，人民出版社1994年版，第78、285页。
③ 国务院新闻办公室：《中国的国防》，《人民日报》1998年7月28日。

年 3 月，中国海军军舰对窜到我国南沙群岛赤瓜礁海域进行挑衅的越南海军舰船进行还击。这些自卫还击战，保卫了我国领土主权完整，维护了国家尊严，展现了人民解放军威武之师的形象。此外，人民解放军在完成教育训练任务的同时，积极参加和支援国家经济建设，包括参加抢险救灾，参加国家和地方的重点工程建设，发挥人才技术优势开展科技助民，支援农业和扶贫开发工作，参加社会公益事业建设等，为国家的繁荣和发展作出重要贡献。

二、建设强大的现代化、正规化的革命军队

1981 年 9 月，邓小平指出，我国正处在继往开来的重要历史时期，我军肩负着保卫社会主义祖国、保卫四化建设的光荣使命，必须把我军建设成为一支强大的现代化、正规化的革命军队。1985 年 5 月 23 日至 6 月 6 日，中央军委召开扩大会议，作出把中国人民解放军的员额减少 100 万的决定，通过《军队体制改革、精简整编方案》，对军队体制改革、精简整编的原则、体制编制的改革和实施步骤等问题作了具体规定。

按照中央部署，百万大裁军从 1985 年下半年开始，全军依照先机关、后部队、院校和保障单位的顺序，自上而下地组织实施。一是压缩军队规模，减少数量，提高质量。到 1987 年，人民解放军的总员额由 423.8 万减到 323.5 万。之后，又作进一步的裁减，至 1990 年，全军总员额减到 319.9 万，共裁减员额 103.9 万，占裁减前总员额的 24.5%，至此，百万大裁军的任务已超额完成，人民解放军在精兵、合成、提高效能方面前进了一大步。二是撤并、压缩机构。将 11 个大军区精简合并成 7 个；人民解放军军事学院、政治学院和后勤学院合并成立国防大学。三是组建陆军集团军和陆军航空兵，加大技术兵种的比例，全军减少军级以上单位 31 个。四是初步理顺领导和管理体制，中央军委所属总部机关人员精简近一半。五是改进部队的组织编成，共减少团级以上单位 5900 多个，组建陆军合成集团军。六是调整干部与战士的编配比例，人员构成比较合理。① 到 1987 年，百万大裁军基本完成。

---

① 《中国的军备控制与裁军》，《人民日报》1995 年 11 月 17 日。

军队精简整编工作的完成，为军队体制改革提供了有利条件。军队体制改革方面，先后制定3个条例，建立军官军衔、文职干部和军官服役3项制度。1984年5月，六届全国人大二次会议通过《中华人民共和国兵役法》，重新规定人民解放军实行军衔制度。1988年7月，七届全国人大常委会第二次会议通过《中国人民解放军军官军衔条例》，以一级上将为最高军衔。1988年4月，中央军委正式颁布《中国人民解放军文职干部暂行条例》，规定：文职干部是中国人民解放军编制定额内不授予军衔的干部，实行任命和聘任相结合的制度。8月，全军共有10万多人转为文职干部。9月，七届全国人大三次会议审议通过《中国人民解放军现役军官服役条例》，对现役军官的基本条件和培训、考核和职务任免、奖励和处分、待遇、退出现役等作出具体规定。经过改革，人民解放军向革命化、现代化、正规化迈出一大步。

三、外交方针的调整和对外关系的变化

社会主义现代化建设需要一个和平的国际环境。中共十一届三中全会以后，根据改革开放和社会主义现代化建设的需要，中共中央基于国际形势的发展变化，作出一系列符合实际的判断，对外交政策进行重要调整，努力争取世界和平，为国内经济建设创造一个良好的环境。

一是改变过去认为大规模世界战争不可避免而且迫在眉睫的观点，对战争与和平问题作出新的判断。1980年4月，邓小平在会见外宾时指出：我们说争取20年的和平环境是可能的，我们需要一个比较长期的和平环境来发展；在当前严峻的国际形势下，我们党面临的重要任务也是争取世界和平、安全和稳定。从争取和平、延缓战争的角度出发，中国提出了新时期基本外交政策。1982年9月，中共十二大郑重申明中国坚持独立自主的对外政策，以和平共处五项原则为指导发展同各国的关系。1984年5月17日，邓小平提出"和平问题"和"南北问题"已成为世界上两大突出问题的论断。1985年3月4日，邓小平进一步指出："现在世界上真正大的问题，带全球性的战略问题，一个是和平问题，一个是经济问题或者说发展问题。和平问题是东西

问题，发展问题是南北问题。"①1986年4月，六届全国人大四次会议通过的《关于第七个五年计划的报告》，明确把中国外交政策概括为"独立自主的和平外交政策"，并从十个方面阐述了这一政策的主要内容和基本原则。

二是改变"一条线"外交战略。1973年，毛泽东提出建立从日本经欧洲到美国的"一条线"外交战略，以对付苏联的挑战。1978年8月，中国与日本签订《中日和平友好条约》；1978年12月16日中国与美国同时发表《中华人民共和国和美利坚合众国关于建立外交关系的联合公报》，决定自1979年1月1日起建立外交关系。然而，中美建交后，两国关系发展并不顺利，其中最主要的障碍是台湾问题。为争取和平、寻求建立更均衡的对外关系，中国自1982年起改变联美抗苏的"一条线"外交战略。在实际外交工作中，一方面，中美两国关系基本保持着稳定发展的势头；另一方面，中苏两国从1982年开始就关系正常化问题进行磋商，恢复了边界谈判。

20世纪80年代中期，中国基本完成外交政策的调整，中国在发展同世界各国友好关系方面取得重要进展。一是在处理同美苏两个超级大国关系方面，稳定中美关系的同时，逐步实现中苏关系正常化。中美之间虽然在台湾问题上始终存在障碍，但是两国在经济、贸易及科技交流合作方面保持较好的势头，80年代中期美国已经成为中国第三大贸易伙伴。1984年至1985年，中苏两国政府先后签订经济技术合作协定、科学技术合作协定等，使得两国贸易额逐渐增长，技术合作日益密切。到1989年5月，中苏两国关系实现正常化。二是在与周边国家的关系方面有了重要改善。1983年11月，中日双方共同确定"和平友好、平等互利、互相信赖、长期稳定"四项原则，为中日睦邻友好关系的健康发展奠定基础。中国同老挝就关系正常化问题进行谈判，两国恢复互派大使。中国同印度尼西亚关系有所好转，双方恢复直接贸易。中国同蒙古国的贸易和友好往来也有所增加。三是中国同亚非拉第三世界国家的友好关系进一步巩固。1983年至1987年，中国又同10个国家建立外交关系，与中国建交国总数达到135个。中国还积极参与以联合国为中心的多

---

① 《邓小平文选》第3卷，人民出版社1993年版，第105页。

边外交活动，广泛参加各种国际多边条约和国际公约，大力发展与国际组织的关系，在一些国际机构中积极发挥作用，扩大中国的国际影响。总之，经过对外交方针政策的调整，中国外交得到全方位发展，一个有利于中国改革开放和现代化建设的国际环境初步形成。

四、积极应对国际风云变幻

1989年政治风波平息以后，以美国为首的西方国家纷纷向中国施压，实行"制裁"。6月5日，美国总统布什宣布对中国采取5项"制裁"措施，包括中止一切中美政府间军售和商业性武器出口，中断中美两国军事领导人之间的互访活动等。6月20日，美国政府声明对中国采取新的"制裁"措施，包括停止与中国政府官员的所有高层接触、要求国际金融机构推迟考虑向中国提供新的贷款等。7月，西方七国首脑和欧洲共同体会议宣布对中国采取中止高层政治接触、延缓世界银行贷款等"制裁"措施。

1989年下半年起，东欧社会主义国家发生剧变，各国共产党和工人党先后失去执政地位。1991年底，苏联解体。世界格局发生巨大变化，持续几十年的冷战格局宣告结束，社会主义在世界范围内陷入低潮。

面对国际风云变幻，邓小平反复强调，要保持稳定和坚持改革开放，并提出冷静观察、稳住阵脚、沉着应付、韬光养晦、善于守拙、决不当头、有所作为等一系列指导方针。他指出，发达国家欺侮落后国家的政策没有变，中国自己要稳住阵脚；帝国主义肯定想要社会主义国家变质，东欧、苏联社会主义国家动乱不可避免，中国自己不要乱，"中国肯定要沿着自己选择的社会主义道路走到底。谁也压不垮我们。只要中国不垮，世界上就有五分之一的人口在坚持社会主义。我们对社会主义的前途充满信心"。在对外关系的处理上，对于西方国家，邓小平强调，虽然发达国家对中国戒心更大，但是"我们还是友好往来。朋友还要交，但心中要有数"；对于苏东剧变，邓小平指出："不管苏联怎么变化，我们都要同它在和平共处五项原则的基础上从容地发展关系，包括政治关系，不搞意识形态的争论。"①

根据上述方针，中国同东欧各国保持正常的友好关系，并妥善解决与原苏联加盟共和国的关系，中国政府承认原苏联加盟共和国独立，及时和独联体国家建立外交关系，并加强与这些国家的经济贸易往来。中国稳定和积极发展同周边国家的睦邻友好关系，很快取得丰硕成果。中国与韩国建立外交关系，与印度尼西亚恢复外交关系，中越关系实现正常化，中印关系有很大改善。在此期间，中国还与沙特阿拉伯、以色列等国家建立了外交关系。

针对西方国家出于各自利益在"制裁"中国的政策、做法上不尽一致的情况，中国逐个突破，推动西方国家陆续取消对华"制裁"。1990年7月，日本政府率先在西方七国首脑会议上宣布逐步恢复对中国的第三批日元贷款。10月，欧共体在卢森堡举行外长会议，决定取消对华"制裁"，恢复同中国在政治、经济和文化领域的正常关系。到1991年底，中国同大多数西方国家的关系基本回到正常轨道。对于美国，中国始终坚持严正立场，谴责美国干涉中国内政，申明中国不怕"制裁"、不怕孤立，决不会让步；与此同时，为恢复和发展中美关系作出艰苦努力，使中美关系逐步得到改善。1993年11月，亚太经济合作组织领导人非正式会议在美国西雅图召开，中美两国举行元首正式会晤，标志着以美国为首的西方发达国家对中国的所谓"制裁"被完全打破。

中国政府坚定不移地奉行独立自主的和平外交政策，克服种种困难，经受了国际风云变幻的严峻考验，为我国的改革开放和现代化建设创造了有利的外部环境，为反对霸权主义和强权政治，维护世界和平，促进共同发展，作出了应有的贡献。

---

① 《邓小平文选》第3卷，人民出版社1993年版，第321、320、353页。

第五章
在改革开放中推进中国式现代化

在经历了社会主义革命和建设时期的曲折探索、改革开放初期的"摸着石头过河"后，从1992年开始，中国确立了社会主义市场经济改革目标，将工业化和市场化作为实现现代化两个缺一不可的重要条件，建立并不断完善社会主义市场经济体制机制，正确处理中国式现代化的重大关系，提出和实施中国式现代化"新三步走"战略，中国式现代化在加快改革开放中不断向前推进。

第一节 奠定中国式现代化的体制基础

社会主义现代化必须建立在发达生产力的基础之上。不断发展生产力，就必须进一步解放生产力，必须建立充满生机和活力的社会主义新经济体制及相关体制，奠定中国式现代化的体制基础。

一、南方谈话解决重大理论问题

20世纪80年代末90年代初，西方国家对中国实行"制裁"、封锁和孤立的政策，外商投资止步观望，有些外商甚至抽掉资金将企业转移到东南亚等地，导致外贸出口下降，旅游业萎缩。在经济治理整顿过程中，一些措施要求过急、力度过大，不少地方出现市场疲软、销售不畅、库存增加的现象，导致生产萎缩、经济下滑。这就使一些人在思想上出现困惑：有的对社会主义的前途缺乏信心，对改革开放产生疑虑；有的提出改革开放究竟是姓"资"还是姓"社"的问题，担心搞市场经济、创办经济特区、发展非公有制经济会导致资本主义；还有的认为，苏东剧变是改革引起的，认为和平演变的主要危险来自经济领域，改革开放就是引进和发展资本主义，等等。中国的改革开放和社会主义现代化建设又一次走到了历史的重要关头。

1992年1月18日至2月21日，邓小平到武昌、深圳、珠海、上海等地视察，发表重要谈话，从理论上深刻回答长期困扰和束缚人们思想的许多重大认识问题，为中国改革开放和社会主义现代化建设注入新的生机和活力。

邓小平南方谈话，主要集中在以下几个方面。

第一，毫不动摇地坚持"一个中心，两个基本点"的基本路线。针对人们对中国改革开放的担心和疑虑，邓小平鲜明地指出："基本路线要管一百年，动摇不得。""说过去说过来，就是一句话，坚持这个路线、方针、政策不变。"①

第二，明确回答了什么是社会主义、怎样建设社会主义这一重大理论问题。针对人们对中国改革开放提出的姓"资"还是姓"社"的问题，邓小平一针见血地指出："改革开放迈不开步子，不敢闯，说来说去就是怕资本主义的东西多了，走了资本主义道路。要害是姓'资'还是姓'社'的问题。判断的标准，应该主要看是否有利于发展社会主义社会的生产力，是否有利于增强社会主义国家的综合国力，是否有利于提高人民的生活水平。"关于计划与市场的关系及社会主义的本质，他指出："计划多一点还是市场多一点，不是社会主义与资本主义的本质区别。""计划和市场都是经济手段。社会主义的本质，是解放生产力，发展生产力，消灭剥削，消除两极分化，最终达到共同富裕。"②

第三，提出发展才是硬道理。邓小平指出："对于我们这样发展中的大国来说，经济要发展得快一点，不可能总是那么平平静静、稳稳当当。要注

---

① 《邓小平文选》第3卷，人民出版社1993年版，第370—371页。
② 《邓小平文选》第3卷，人民出版社1993年版，第372、373页。

意经济稳定、协调地发展，但稳定和协调也是相对的，不是绝对的。发展才是硬道理。"他认为："现在，我们国内条件具备，国际环境有利，再加上发挥社会主义制度能够集中力量办大事的优势，在今后的现代化建设长过程中，出现若干个发展速度比较快、效益比较好的阶段，是必要的，也是能够办到的。我们就是要有这个雄心壮志！"①

第四，强调坚持"两手抓"，两手都要硬。邓小平指出："打击各种犯罪活动，扫除各种丑恶现象，手软不得。""在整个改革开放过程中都要反对腐败。……只要我们的生产力发展，保持一定的经济增长速度，坚持两手抓，社会主义精神文明建设就可以搞上去。"②

第五，提出正确的政治路线要靠正确的组织路线来保证，中国的事情能不能办好，社会主义和改革开放能不能坚持，经济能不能快一点发展起来，国家能不能长治久安，从一定意义上说，关键在人。说到底，关键是我们共产党内部要搞好。邓小平指出："中国要出问题，还是出在共产党内部。对这个问题要清醒，要注意培养人，要按照'革命化、年轻化、知识化、专业化'的标准，选拔德才兼备的人进班子。"③

第六，指出社会主义经历一个长过程发展后必然代替资本主义，这是社会历史发展不可逆转的总趋势，但道路是曲折的。针对有人对社会主义前途缺乏信心，邓小平坚信："世界上赞成马克思主义的人会多起来的，因为马克思主义是科学。"他说："不要惊慌失措，不要认为马克思主义就消失了，没用了，失败了。哪有这回事！"④

南方谈话科学地总结了中共十一届三中全会以来党的基本实践和基本经验，明确回答了长期困扰和束缚人们思想的许多重大认识问题，极大地促进了广大干部和群众的思想解放，有力地鼓舞了全党和全国各族人民的精神和干劲，对社会主义现代化建设事业产生了重大而深远的影响。

---

① 《邓小平文选》第 3 卷，人民出版社 1993 年版，第 377 页。
② 《邓小平文选》第 3 卷，人民出版社 1993 年版，第 378、379 页。
③ 《邓小平文选》第 3 卷，人民出版社 1993 年版，第 380 页。
④ 《邓小平文选》第 3 卷，人民出版社 1993 年版，第 382、383 页。

根据南方谈话精神，1992年10月召开的中共十四大明确提出，中国经济体制改革的目标是建立社会主义市场经济体制。南方谈话对计划与市场问题进行了精辟论述，为中共十四大确立经济体制改革的目标奠定了思想基础，提供了理论依据。对此，江泽民在十四大报告中作了明确阐述。他说："邓小平同志今年初重要谈话进一步指出，计划经济不等于社会主义，资本主义也有计划；市场经济不等于资本主义，社会主义也有市场。计划和市场都是经济手段。计划多一点还是市场多一点，不是社会主义与资本主义的本质区别。这个精辟论断，从根本上解除了把计划经济和市场经济看作属于社会基本制度范畴的思想束缚，使我们在计划与市场关系问题上的认识有了新的重大突破。"① 把社会主义制度与市场经济结合起来，是前无古人的伟大创举，是中国共产党人对马克思主义的重大发展，是社会主义发展史上的重大突破。

为了将中共十四大提出的社会主义市场经济体制改革的目标和基本原则具体化，设计社会主义市场经济体制的基本框架，1993年11月召开的中共十四届三中全会通过了《关于建立社会主义市场经济体制若干问题的决定》。这个决定，成为20世纪90年代进行经济体制改革的行动纲领。以邓小平南方谈话和中共十四大为标志，中国改革开放和社会主义现代化建设事业进入从计划经济体制向社会主义市场经济体制转变的新阶段。

二、以经济体制改革为重点的各项改革加速推进

在深化改革、扩大开放的过程中，由于一些地方和部门片面追求高速度，也由于旧的宏观调控机制逐渐失效，新的调控机制尚未健全，以致出现了新的经济过热现象。具体表现为：货币投放过量，金融秩序混乱；投资需求和消费需求出现膨胀趋势；财政困难状况加剧；工业增长速度过快，基础设施和基础工业的瓶颈制约进一步加大；出口增长乏力，进口增长过快，国家外汇结存基本无增长；物价上涨过快，通货膨胀呈加速之势，等等。

为了解决上述问题，中共中央和国务院果断采取一系列加强宏观调控的

---

① 《江泽民文选》第1卷，人民出版社2006年版，第226页。

措施。1993年6月,中共中央、国务院制定了《关于当前经济情况和加强宏观调控的意见》,提出了16条加强宏观调控的措施。① 这16条措施主要是实行适度从紧的财政政策和货币政策,整顿金融秩序和流通环节,控制投资规模,加强价格监督。

为确保宏观调控措施落实到位,中共中央、国务院在1993年7月连续召开了全国金融工作会议和全国财政、税收工作会议,提出了两个"约法三章"。

金融系统的"约法三章"是:第一,立即停止和认真清理一切违章拆借,已违章拆出的资金要限期收回;第二,任何金融机构不得擅自或变相提高存贷款利率;第三,立即停止向银行自己兴办的各种经济实体注入信贷资金,银行要与自己兴办的各种经济实体彻底脱钩。② 财税部门的"约法三章"是:第一,严格控制税收减免;第二,严格控制财政赤字,停止银行挂账;第三,财税部门及所属机构,未经人民银行批准,一律不准涉足商业性金融业务,所办公司要限期与财税部门脱钩。③

分税制是中央实施宏观管理政策的财力保证。随着改革的深化,分灶吃饭、财政包干的体制已不能适应形势需要。原来的财政体制导致中央财政收入在全国财政收入中的比例越来越小。中国是个大国,经济情况错综复杂,地区间经济发展不平衡,必须集中财力办大事,必须提高财政收入占国内生产总值的比重和中央财政收入占全国财政收入的比重,加强中央的权威。1993年,国务院决定实行分税制改革,按照中央和地方政府的事权划分,合理确定各级财政的支出范围;根据事权和财权相结合的原则,将税种划分为中央税、地方税和中央地方共享税,并建立中央税收和地方税收体系,由中央和地方两套税务机构分别征管。分税制的改革,对于理顺中央与地方的分配关系,调动中央、地方两个积极性,加强税收征管,保证财政收入和增强宏观调控能力,都发挥了积极作用。

---

① 《十四大以来重要文献选编》(上),中央文献出版社2011年版,第273—280页。
② 《十四大以来重要文献选编》(上),中央文献出版社2011年版,第304页。
③ 《十四大以来重要文献选编》(上),中央文献出版社2011年版,第310—311页。

宏观经济体制改革，其根本出发点是要给社会主义市场经济的发展提供一个相适应的体制性框架，从根本上解决经济周期性波动和政策变动的问题。这次改革从1992年着手设计、1993年方案出台，到1994年正式推开，通过涉及价格、税收、财政、金融、外贸、投资等多个领域的整体性改革，市场配置基础上的国家宏观调控新体制基本建立。经过三年时间，宏观调控措施取得显著成效：经济结构得到调整，过度投资得到控制，金融秩序逐步好转，物价涨幅明显回落。到1996年，中国经济成功实现从发展过快到"高增长、低通胀"的"软着陆"，避免了经济的大起大落。

以国有企业为重点的经济体制改革和其他各项改革向纵深拓展。

国有企业改革从以往的放权让利、政策调整进入转换机制、制度创新阶段。其主要任务是引导国有企业确立与市场经济要求相适应的资本和产权的观念，建立现代企业制度，通过国有经济布局与结构战略性调整，解决整个国有经济部门如何适应市场竞争优胜劣汰的问题，改变国有经济量大面广、经营质量良莠不齐和国家财政负担过重的局面。

国有企业的改革围绕两条主线展开：一是从单一企业视角建立现代企业制度，二是从整个国有经济视角实施国有经济战略性改组。前者实践贯穿整个时期，而后者主要从1996年以后开始全面展开。

按照"产权清晰、权责明确、政企分开、管理科学"的要求，从1993年开始，国有企业改革以建立现代企业制度为主。1994年11月，国务院批准了100家企业进行现代企业制度试点，另外还有2343家地方企业进行试点。到1997年，初见成效。

此外，国家还启动了一系列改革措施，主要包括：优化资本结构试点、积极推进试点城市国有企业兼并破产；降低切换国有债务、分离企业办社会职能；减员增效、实施下岗职工再就业工程；实施"三改一加强"（改组、改制和改造有机结合并加强企业内部管理）；学习邯郸钢铁经验、提高管理科学化水平；探索国有资产管理有效形式、设立国有控股公司；进一步进行企业集团试点；"抓大放小"搞活国有小型企业，等等。

中共十五大以后，开展国有企业三年脱困的改革攻坚战。一方面对纺织、煤炭、冶金、建材等行业进行结构调整，另一方面在1999年下半年开始全面推进"债转股"，以减轻企业债务负担、促进企业扭亏为盈。同时，深化养老、失业、医疗等社会保障制度改革，推进下岗职工再就业。到2000年，大多数国家重点企业进行了公司制改革，其中相当一部分在境内外上市。2000年，国有及国有控股工业企业实现利润2392亿元，为1997年的2.9倍。国有大中型企业改革和脱困的三年目标基本实现。

中共十五届四中全会明确指出，国有经济需要控制的领域包括涉及国家安全的行业、自然垄断性行业、提供重要公共产品和服务的行业，以及支柱产业和高新技术产业中的重要骨干企业。在这个方针指导下，国有经济布局和结构不断调整和优化，国有经济活力、控制力和影响力不断增强。同时，这些战略性调整也为下一步国有资产管理体制改革奠定了实践基础。在公有制经济进一步发展的同时，非公经济发展环境也进一步得到改善，私营、个体经济有了较快发展，多种所有制经济共同发展的格局快速形成。市场体系建设继续推进，资本、技术和劳动力等要素市场迅速发展，市场在资源配置中的基础性作用明显增强。

与此同时，财政、税收、金融、外贸、外汇、计划、投资、价格、流通、住房和社会保障等方面的改革不断推进。通过上述改革，中国加快了由计划经济体制向社会主义市场经济体制转轨的步伐，经济活力明显增强，经济建设呈现蓬勃发展的良好景象。

在推进经济体制改革的同时，政治体制改革迈出新步伐。为适应建立社会主义市场经济体制的需要，中共中央提出要依法治国、建设社会主义法治国家。1997年9月，中共十五大报告把"依法治国"正式确立为党领导人民治理国家的基本方略。报告指出："依法治国，就是广大人民群众在党的领导下，依照宪法和法律规定，通过各种途径和形式管理国家事务，管理经济文化事业，管理社会事务，保证国家各项工作都依法进行，逐步实现社会主义民主的制度化、法律化，使这种制度和法律不因领导人的改变而改变，不因领导人看法和注意力的改变而改变。依法治国，是党领导人民治理国家的基本方略，是发展社会主义市场经济的客观需要，是社会文明进步的重要标志，是国家长治久安的重要保障。"①十五大报告还把依法治国的目标由"建设社会主义法制国家"改为"建设社会主义法治国家"，极其鲜明地突出了法治。报告指出："我国经济体制改革的深入和社会主义现代化建设跨越世纪的发展，要求我们在坚持四项基本原则的前提下，继续推进政治体制改革，进一步扩大社会主义民主，健全社会主义法制，依法治国，建设社会主义法治国家。"②1999年3月15日，九届全国人大二次会议通过宪法修正案，明确规定，"中华人民共和国实行依法治国，建设社会主义法治国家"③，使依法治国的基本方略从国家根本法上得到了保障。依法治国基本方略的提出和建设社会主义法治国家奋斗目标的确立，是新时期法治建设史上的重要里程碑。以此为标志，我国法治建设进入以贯彻和实施依法治国基本方略为主要内容、以建设社会主义法治国家为奋斗目标的新的发展阶段，法治建设不断取得新成就，极大地推动了社会主义法治国家建设的历史进程。

中国的政治体制改革和民主法治建设向前推进，2001年9月颁布的《公民道德建设实施纲要》强调，要把法制建设与道德建设、依法治国与以德治国紧密结合起来，促进物质文明与精神文明协调发展。精神文明与民主法制建设不断加强。

三、社会主义市场经济体制初步建立

把建立社会主义市场经济体制确立为中国经济体制改革的目标，是中共十四大作出的一项具有深远意义的重大决定。中共十四大报告明确指出："实践的发展和认识的深化，要求我们明确提出，我国经济体制改革的目标是建立社会主义市场经济体制，以利于进一步解放和发展生产力。"④

经济体制改革确定什么样的目标，是关系中国整个社会主义现代化建设全局的一个重大问题，其核心是正确认识和处理计划与市场的关系。在固有

---

① 《江泽民文选》第2卷，人民出版社2006年版，第28—29页。
② 《江泽民文选》第2卷，人民出版社2006年版，第28页。
③ 《十五大以来重要文献选编》(上)，中央文献出版社2011年版，第711页。
④ 《十四大以来重要文献选编》(上)，中央文献出版社2011年版，第16页。

观念中，市场经济为资本主义所特有，计划经济才是社会主义经济的基本特征。邓小平南方谈话关于计划经济和市场经济的精辟论断，从根本上解除了把计划经济和市场经济看作属于社会基本制度范畴的思想束缚，使人们在计划与市场关系问题上的认识有了新的重大突破。

把社会主义制度与市场经济结合起来，是中国共产党人对马克思主义的重大发展，是社会主义发展史上的重大突破。社会主义市场经济体制改革目标的确立，使中国经济体制改革和社会主义现代化建设的方向更加明确，对中国经济体制改革具有重大指导意义，极大地推进了中国经济体制改革和社会主义现代化建设。

中共十四大建立社会主义市场经济体制的目标确立后，1993年11月，十四届三中全会审议通过了《中共中央关于建立社会主义市场经济体制若干问题的决定》，明确了建立社会主义市场经济体制的基本任务和要求。《决定》指出，社会主义市场经济体制是同社会主义基本制度结合在一起的。建立社会主义市场经济体制，就是要使市场在国家宏观调控下对资源配置起基础性作用。建立新体制的目的是要最大限度地解放和发展生产力，增强国家的综合国力，提高人民的生活水平。为实现这个目标，必须坚持以公有制为主体、多种经济成分共同发展的方针，进一步转换国有企业经营机制，建立适应市场经济要求，产权清晰、权责明确、政企分开、管理科学的现代企业制度；建立全国统一开放的市场体系，实现城乡市场紧密结合，国内市场与国际市场相互衔接，促进资源的优化配置；转变政府管理经济的职能，建立以间接手段为主的完善的宏观调控体系，保证国民经济健康运行；建立以按劳分配为主体，效率优先、兼顾公平的收入分配制度，鼓励一部分地区、一部分人先富起来，走共同富裕的道路；建立多层次的社会保障制度，为城乡居民提供同中国国情相适应的社会保障，促进经济发展和社会稳定。①

《决定》提出了建立社会主义市场经济体制的总体规划，勾画了社会主义市场经济体制的基本框架，回答了改革实践中提出的许多重大问题，是建立

---

① 参见《十四大以来重要文献选编》（上），中央文献出版社2011年版，第453页。

社会主义市场经济体制的纲领性文件，标志着中国经济体制改革开始向建立社会主义市场经济体制的目标整体性推进。

按照中共十四大和十四届三中全会要求，中国加快了建立社会主义市场经济体制的步伐。1997年9月，中共十五大报告正式提出坚持和完善公有制为主体、多种所有制经济共同发展的基本经济制度和按劳分配为主体、多种分配方式并存的分配制度。经过长期不懈努力，到2000年，中国成功实现了由计划经济体制向社会主义市场经济体制的转变，社会主义市场经济体制基本框架初步建立。其主要表现是：

第一，国有大中型企业建立现代企业制度的改革取得重要进展，三年脱困的目标基本实现；在公有制经济进一步发展的同时，非公经济得到较快发展，多种所有制经济共同发展的格局迅速形成。

第二，市场体系建设继续推进，资本、技术、劳动力等要素市场迅速发展，以市场价格为主的价格形成机制逐步建立，到2000年，市场调节价在社会商品零售总额、农副产品收购总额和生产资料销售总额中所占比例分别达到95.8%、92.5%和87.4%，市场在资源配置中的基础性作用明显增强。

第三，政府经济职能转变与财税体制改革继续深化，金融改革步伐加快，国家宏观调控体系进一步健全。

第四，以养老、失业、医疗保险为主要内容的社会保障体系初步建立，城镇住房制度和政府机构等方面改革取得重大进展。

社会主义市场经济体制的初步建立，意味着中国经济发展的体制环境发生重大变化。在社会主义条件下发展市场经济，是前无古人的伟大创举，是中国共产党人对马克思主义发展作出的历史性贡献，体现了中国共产党坚持理论创新、与时俱进的巨大勇气。由计划经济体制向社会主义市场经济体制的转变，打开了中国经济、政治和文化发展的崭新局面。社会主义市场经济体制的确立，为现代化建设奠定了体制基础，有力地促进了社会生产力的发展。

四、加强中国共产党的领导

加强中国共产党的领导是办好中国一切事情的关键，这是一条重要经验。加强党的领导，必须不断加强党的建设、改善党的领导。中共十二大首次提出新时期党的建设总目标和总要求，即"把党建设成为领导建设社会主义现代化事业的坚强核心"。1994年9月，中共十四届四中全会提出了加强党的建设的总目标和总任务，这就是："把党建设成为用建设有中国特色社会主义理论武装起来、全心全意为人民服务、思想上政治上组织上完全巩固、能够经受住各种风险、始终走在时代前列的马克思主义政党。"①

1997年，中共十五大系统论述了党在社会主义初级阶段的基本路线和基本纲领，把邓小平理论确立为党的指导思想，把党的建设的总目标和总任务进一步概括为："把党建设成为用邓小平理论武装起来、全心全意为人民服务、思想上政治上组织上完全巩固、能够经受住各种风险、始终走在时代前列、领导全国人民建设有中国特色社会主义的马克思主义政党。"②十五大进一步明确了党的建设的总目标，确立了党的思想、组织和作风建设的根本原则，为推进党的建设新的伟大工程进一步指明了方向。

推进党的建设新的伟大工程的重点是加强党的执政能力建设，不断提高科学判断形势的能力、驾驭市场经济的能力、应对复杂局面的能力、依法执政的能力、总揽全局的能力。中共中央强调要解决好提高领导水平和执政水平、增强拒腐防变和抵御风险的能力两大历史性课题，坚定不移推进党风廉政建设和反腐败斗争，通过加强党的思想建设、组织建设和制度建设，改革和完善党的领导方式和执政方式、领导体制和工作制度，不断提高党的领导水平和执政水平。

执政党的党风，关系党的形象，关系人心向背，关系党和国家的生死存亡。中共十三届四中全会后，党中央把作风建设摆在党的建设更加突出的位

---

① 《十四大以来重要文献选编》（中），中央文献出版社2011年版，第4页。
② 《十五大以来重要文献选编》（上），中央文献出版社2011年版，第39页。

置,通过开展以"三讲"为主要内容的党性党风教育、出台《关于加强和改进党的作风建设的决定》等措施,推动党的作风建设取得明显成效。1998年11月21日,中共中央发出《关于在县级以上党政领导班子、领导干部中深入开展以"讲学习、讲政治、讲正气"为主要内容的党性党风教育的意见》,要求通过"三讲"教育推动县级以上党政领导班子和领导干部深入学习邓小平理论和中共十五大精神。1998年11月到2000年底,为期两年的"三讲"教育活动进展顺利,发展健康,成效明显,广大干部普遍受到一次深刻的马克思主义教育,经受了一次严格的党内生活的锻炼,贯彻党的基本路线和民主集中制原则的自觉性得到提高。

2001年9月召开的中共十五届六中全会通过了《关于加强和改进党的作风建设的决定》,这是中共中央加强党风建设的又一项重大举措。《决定》把党的作风建设的总体目标确定为"八个坚持、八个反对",即:坚持解放思想、实事求是,反对因循守旧、不思进取;坚持理论联系实际,反对照抄照搬、本本主义;坚持密切联系群众,反对形式主义、官僚主义;坚持民主集中制原则,反对独断专行、软弱涣散;坚持党的纪律,反对自由主义;坚持清正廉洁,反对以权谋私;坚持艰苦奋斗,反对享乐主义;坚持任人唯贤,反对用人上的不正之风。

按照"八个坚持、八个反对"的要求,中央领导机关和地方各级党组织,紧紧围绕保持党同人民群众的血肉联系这个核心问题,把加强和改进党的作风建设摆上重要日程,制定具体措施,认真贯彻落实。第一,坚决克服因循守旧、不思进取、照抄照搬、本本主义的思想作风。第二,坚决克服脱离群众、脱离实际的形式主义、官僚主义歪风。第三,坚决克服独断专行、软弱涣散和自由主义现象。第四,坚决克服以权谋私、贪图享乐等消极腐败现象和用人上的不正之风。通过贯彻《决定》精神,党的作风有了新的进步,党群关系和干群关系有了明显改善。

在发展社会主义市场经济的条件下,中共中央坚持把党风廉政建设和反腐败斗争作为关系党和国家生死存亡的大事来抓。1993年,中共中央作出加大反腐败斗争力度的重大决策,以后每年都对党风廉政建设和反腐败工作进行专门研究，通过中央纪律检查委员会全会向全党作出部署。中共中央、国务院着重抓了对各级党政领导干部廉洁自律情况的监督检查、集中力量查办大案要案、狠刹群众反映强烈的不正之风三个方面的工作，逐步形成了反腐败三项工作格局。

为保证党政领导干部做到廉洁自律，中央先后作出一系列规定。如建立党政机关县处级以上领导干部收入申报制度、党和国家机关工作人员在国内公务活动中收受礼品登记制度、国有企业业务招待费使用情况向职代会报告制度等。为加强反腐倡廉工作，1993年1月，中央纪委、监察部合署办公，履行党的纪律检查和行政监督两项职能。1995年11月，最高人民检察院反贪污贿赂总局（即国家反贪总局）正式成立。截至2002年，全国省部级以上机关共制定党风廉政方面的党内法规及其他规范性文件2000余件。

改革开放以来，我国的社会阶层构成发生了新的变化，出现了民营科技企业的从业人员和技术人员、受聘于外资企业的管理技术人员、个体户、私营企业主、中介组织的从业人员、自由职业人员等社会阶层。这些新的社会阶层中的广大人员，通过诚实劳动和工作，通过合法经营，为发展社会主义社会的生产力和其他事业作出了贡献，也是中国特色社会主义事业的建设者。在新的社会阶层中发展党员，有利于增强党在全社会的影响力和凝聚力，扩大党的群众基础。中共中央坚持三项原则吸收新的社会阶层的优秀分子入党：一是坚持标准，严格程序，确保质量，在吸收私营企业主入党时，注重把考察现实表现同考察入党动机结合起来，严格入党手续，成熟一个，发展一个。二是加强对党员的教育和管理，教育私营企业主党员要模范遵守国家的政策法规、守法经营、照章纳税；要坚持党的理想和宗旨，增强党的意识和组织观念，严格履行党员义务，自觉接受党组织的监督；要致富不忘回报社会，把税后利润主要用于扩大再生产，热心社会公益事业；要平等对待工人，尊重工人的合法权益，真心实意为工人谋福利。三是正确处理在新的社会阶层中发展党员与在工人、农民、知识分子、军人和干部中发展党员的关系，继续把工人、农民、知识分子、军人和干部作为发展党员的重点，做好在他们中间发展党员的工作。

在推进中国特色社会主义伟大事业和党的建设新的伟大工程进程中,以江泽民同志为核心的党中央,以马克思主义的巨大勇气进行理论创新,提出了"三个代表"重要思想这一系统的科学理论。2001年7月1日,江泽民系统阐述了"三个代表"重要思想的科学内涵和基本内容,深刻回答了新的历史条件下加强和改进党的建设的重大理论和实践问题。他指出,中国共产党80年的奋斗历程和基本经验,"归结起来,就是必须始终代表中国先进生产力的发展要求,代表中国先进文化的前进方向,代表中国最广大人民的根本利益"[①]。"三个代表"是统一的整体,相互联系,相互促进。发展先进生产力,是发展先进文化,实现最广大人民根本利益的基础条件。人民群众是先进生产力和先进文化的创造主体,也是实现自身利益的根本力量。不断发展先进生产力和先进文化,归根到底都是为了满足人民群众日益增长的物质文化生活需要,不断实现最广大人民的根本利益。

"三个代表"重要思想,回答了在新的历史条件下建设一个什么样的党、怎样建设党这个重大问题。"三个代表"重要思想的提出,有力地推动了改革开放和现代化建设的跨世纪发展。2002年11月,中共十六大把"三个代表"重要思想同马克思列宁主义、毛泽东思想、邓小平理论一道确立为中国共产党必须长期坚持的指导思想,并写入党章,实现了党的指导思想的又一次与时俱进。

第二节 处理中国式现代化的重大关系

建立社会主义市场经济体制,推进中国式现代化建设,是前无古人的开创性事业,从何做起、如何推进,更是千头万绪。要把社会主义基本制度的优势与市场经济的优势结合起来,找到一条建立社会主义市场经济体制的具体路子,就必须处理好各种重大关系。

---

① 《江泽民文选》第3卷,人民出版社2006年版,第272页。

一、"十二大关系"的提出

建立社会主义市场经济体制，涉及社会生活的方方面面，牵一发而动全身，不可能一帆风顺。从 1993 年起，国内出现了经济过热。在新旧体制转换过程中，也出现了一些混乱和漏洞。面对错综复杂的经济形势，江泽民先后提出了以速度与效益相统一为原则实现经济持续、快速、健康发展的要求；主持制定了"抓住机遇、深化改革、扩大开放、促进发展、保持稳定"[1]二十个字的基本方针，提出了正确处理改革、发展、稳定关系的重要思想。1995 年，在中共十四届五中全会闭幕会上，江泽民作了题为《正确处理社会主义现代化建设中的若干重大关系》的讲话，对正确处理社会主义现代化建设中的十二个重大关系问题作了全面论述。江泽民强调："社会主义社会是全面发展、全面进步的社会。"[2] "在推进社会主义现代化建设的过程中，必须处理好各种关系，特别是若干带有全局性的重大关系。"[3] 这十二个重大关系分别是：

一、改革、发展、稳定的关系；

二、速度和效益的关系；

三、经济建设和人口、资源、环境的关系；

四、第一、二、三产业的关系；

五、东部地区和中西部地区的关系；

六、市场机制和宏观调控的关系；

七、公有制经济和其他经济成分的关系；

八、收入分配中国家、企业和个人的关系；

九、扩大对外开放和坚持自力更生的关系；

十、中央和地方的关系；

十一、国防建设和经济建设的关系；

---

[1] 《江泽民文选》第 1 卷，人民出版社 2006 年版，第 365 页。
[2] 《江泽民文选》第 1 卷，人民出版社 2006 年版，第 571 页。
[3] 《江泽民文选》第 1 卷，人民出版社 2006 年版，第 460 页。

十二、物质文明建设和精神文明建设的关系。

他要求全党解放思想、实事求是，找出解决办法，从而"把我国现代化建设更好地推向前进"。

"十二大关系"中居于第一位的是改革、发展、稳定的关系。江泽民强调，深化改革、扩大开放，是一场深刻的社会变革，是一项艰巨复杂的系统工程。"在深化改革中，要坚持按照邓小平同志所说的两句话去做，胆子要大，步子要稳。"① "既要做持久的努力，又要有紧迫感；既要坚定方向，又要从实际出发，区别不同情况，积极推进"。② 他还指出，"必须抓紧制定总体规划，有计划、有步骤地实施"③，"在具体实施时，要十分注意配套、协调，有的需要经过试验"④。

中共十一届三中全会以来，中国的改革和发展在稳定中前进，这是总结和吸取了新中国成立以来历史教训的结果。但是，仍然未能防止和避免1989年那样的政治风波；在经济高速发展过程中，经济过热、金融秩序混乱、物价上涨等问题也逐渐暴露出来。鉴于改革、发展、稳定存在的问题，中共中央提出了"抓住机遇，深化改革，扩大开放，促进发展，保持稳定"的基本方针，把改革的力度、发展的速度和社会可承受的程度统一起来，把不断改善人民生活作为处理改革、发展、稳定关系的重要结合点。1994年，江泽民明确提出："改革是动力，发展是目标，稳定是前提。没有改革，我们就不可能走出一条建设有中国特色社会主义的正确道路，我们的事业就不可能顺利前进；没有发展，我们就不可能实现现代化，也就不可能保持党和国家长治久安；没有稳定，改革和发展都无从进行。"⑤ 他形象地指出："改革、发展、稳定，好比是我国现代化建设棋盘上的三着紧密关联的战略性棋子，每一着棋都下好了，相互促进，就会全局皆活；如果有一着下不好，其他两着也会

---

① 《江泽民文选》第1卷，人民出版社2006年版，第367页。
② 《江泽民文选》第1卷，人民出版社2006年版，第228页。
③ 《江泽民文选》第1卷，人民出版社2006年版，第228页。
④ 《江泽民文选》第1卷，人民出版社2006年版，第366页。
⑤ 《江泽民文选》第1卷，人民出版社2006年版，第365页。

陷入困境，就可能全局受挫。"① 因此，必须深化改革，为我国经济的持续发展和国家的长治久安打下坚实的基础；必须抓住机遇，珍惜机遇，用好机遇，加快发展，不断满足人民群众日益增长的物质文化需要；必须正确处理新形势下的人民内部矛盾，妥善处理各种利益关系，保持稳定的政治环境和社会秩序。

在"论十二大关系"的讲话中，江泽民进一步指出，改革、发展、稳定三者存在着不可分割的内在联系。发展是硬道理，中国解决所有问题的关键要靠自己的发展。改革是经济社会发展的强大动力，是为了进一步解放和发展生产力。稳定是发展和改革的前提，发展和改革必须有稳定的政治和社会环境。讲话强调改革是动力，发展是目的，稳定是前提，要把改革的力度、发展的速度和社会可承受的程度协调统一起来，做到在政治和社会稳定中推进改革和发展，在改革和发展的推进中实现政治和社会的长期稳定。这些重要思想，为积极稳妥地推进改革开放，使改革的力度、发展的速度同社会可承受的程度相适应，提供了科学的方法指导。后来，中共十五大报告明确指出："必须把改革的力度、发展的速度和社会可以承受的程度统一起来，在社会政治稳定中推进改革、发展，在改革、发展中实现社会政治稳定。"②

为了维护人民群众的切身利益，维护社会稳定，党中央严厉打击了暴力恐怖势力、宗教极端势力、民族分裂势力和"法轮功"等邪教组织的各种破坏活动，深入开展"严打"整治斗争，严厉打击各种严重刑事犯罪活动，为进一步深化改革、加快发展创造了稳定的社会环境。妥善处理改革、发展、稳定的关系，是中国现代化建设的重要抓手，也是改革开放以来各项实践产生的重要历史经验。党所珍视和追求的稳定，不是消极的稳定、静止的稳定，而是推进着改革和发展的稳定，是由改革和发展支持着的稳定。

在"十二大关系"中，速度和效益、第一第二第三产业、公有制经济和其他经济成分、市场机制和宏观调控、收入分配中国家与企业和个人、经济

---

① 《江泽民论有中国特色社会主义（专题摘编）》，中央文献出版社 2002 年版，第 211 页。
② 《江泽民文选》第 2 卷，人民出版社 2006 年版，第 16 页。

建设和人口资源环境、国防建设和经济建设主要属于经济现代化的关系;东部地区和中西部地区、扩大对外开放和坚持自力更生、中央和地方、物质文明建设和精神文明建设主要属于社会现代化的关系。

江泽民站在时代的高度把握中国改革开放和社会主义现代化建设的全局,创造性地运用马列主义、毛泽东思想,特别是邓小平理论,对社会主义现代化建设中的若干重大关系作出的深刻的、切实的、有针对性的阐述,初步将改革和建设实践中形成的重要经验概括成为一个完整的体系。它深刻地阐明了国家的前途、命运、大局将按照什么样的轨迹发展,以及如何正确地把握这一轨迹才能获得发展这一重大问题,指明了处理这些关系时应当坚持的原则和指导思想,是新的历史条件下对毛泽东《论十大关系》的发展,是中国共产党对社会主义建设客观规律认识上的新飞跃,对推进中国式现代化建设具有重要意义。

二、"两手抓,两手都要硬"

"一个民族,物质上不能贫困,精神上也不能贫困,只有物质和精神都富有,才能成为一个有强大生命力和凝聚力的民族。"[①] 高度重视、正确处理物质文明建设和精神文明建设是推进现代化建设的题中应有之义。20世纪90年代,中共中央坚持"两手抓,两手都要硬"的方针,在大力推动物质文明建设的同时,采取一系列重大措施,动员全党全社会的力量,继续推进社会主义精神文明建设,大力发展中国特色社会主义文化,不断加强宣传舆论工作和思想道德建设,文艺领域百花齐放,体育事业成果斐然,群众精神文化生活日益丰富,社会主义精神文明建设成效显著。

1996年3月,八届全国人大四次会议批准的"九五"计划和2010年远景目标纲要,把精神文明建设的具体目标列入国民经济和社会发展规划,社会主义精神文明建设在全社会得到普遍重视,推动了物质文明建设和精神文明建设的相互促进、协调发展。

---

① 《江泽民论有中国特色社会主义(专题摘编)》,中央文献出版社2002年版,第382页。

为繁荣发展社会主义文化,中央宣传部从 1991 年开始组织实施精神文明建设"五个一工程"①奖评选活动,鼓励文化艺术坚持正确的创作思想,深入生活,深入群众,满足广大群众精神文化需求,为进一步坚持"二为"方向和贯彻"双百"方针,弘扬主旋律、提倡多样化,繁荣社会主义文化,发挥了导向作用。

根据中共十四大关于加强爱国主义教育的精神,1994 年 8 月 23 日,中央印发《爱国主义教育实施纲要》,要求各级有关部门把爱国主义作为加强社会主义精神文明建设的基础工程来抓。8 月 31 日,中央又印发《关于进一步加强和改进学校德育工作的若干意见》,要求教育战线站在历史的高度,以战略的眼光来认识新时期学校德育工作的重要性,大力加强青年学生的思想道德建设。

鉴于在一些地方和部门的领导工作中,忽视思想教育、忽视精神文明的问题仍然存在,一些领域道德失范,拜金主义、享乐主义、个人主义滋长,一些地方腐败现象蔓延,一部分人国家观念淡薄,为了加强新形势下社会主义精神文明建设,1996 年 10 月,中共十四届六中全会作出《关于加强社会主义精神文明建设若干重要问题的决议》,对新形势下社会主义精神文明建设作出部署。《决议》规定精神文明建设的指导思想是:以马克思列宁主义、毛泽东思想和邓小平建设有中国特色社会主义理论为指导,坚持党的基本路线和基本方针,加强思想道德建设,发展教育科学文化,以科学的理论武装人,以正确的舆论引导人,以高尚的精神塑造人,以优秀的作品鼓舞人,培育有理想、有道德、有文化、有纪律的社会主义公民,提高全民族的思想道德素质和科学文化素质,团结和动员各族人民把我国建设成为富强、民主、文明的社会主义现代化国家。为从组织上保证决议精神的贯彻落实,1997 年 4 月成立了中央精神文明建设指导委员会。随后,各省、自治区、直辖市也相继建立了相应机构。

中共十四届六中全会后,以创建文明城市、文明村镇、文明行业为主要

---

① "五个一工程"是指评选出一本好书、一台好戏、一部优秀影片、一部优秀电视剧(片)、一篇或几篇有创见有说服力的文章。1995 年起,一首好歌和一部好的广播剧也被列入评选范围。

内容的群众性活动在全国各地进一步开展。1997年3月，中央宣传部在已经确定300个文明行业示范点的基础上，又确定100个创建文明城市示范点和200个创建文明村镇示范点，使这项活动形成了各方面齐抓共建、广大群众积极参与的良好局面。在不断推进精神文明建设过程中，形式多样的精神文明建设活动在社会各界广泛开展，包括推广文明服务用语，制定市民、村民公约，开展"五好文明家庭"创建活动，开展百城万店无假货活动，实行社会服务承诺制，文明上岗优质服务等。一些窗口行业还开展了"为人民服务，树行业新风"等活动，收到良好效果。1993年底，共青团中央发起实施中国青年志愿者行动，组织各级团组织建立青年志愿服务队，成立青年志愿者协会，推动青年志愿者行动迅速在全国展开。团中央、中国青少年发展基金会实施的救助贫困地区失学少年儿童的"希望工程"[①]，中国儿童少年基金会组织实施的救助贫困地区失学女童重返校园的"春蕾计划"[②]，中国社会服务促进会发起的旨在提高孤儿素质、改善其生活状况的"救孤计划"[③]等活动，在全社会进一步弘扬了扶危济困的美德。

为大力推进农村精神文明建设，促进农村文化建设，满足广大农民的精神文化生活需求，改善农村社会风气，密切党群干群关系，1996年12月，中央宣传部、文化部等十部委联合发出《关于开展文化科技卫生"三下乡"活动的通知》。农村尤其是"老少边穷"地区，缺医少药，信息闭塞，科技落后，文化生活贫乏，文化、科技、卫生下乡，是农村所缺、农民所盼。"三下乡"活动如雪中送炭，使广大农村群众获得了致富信息和技术，获得了健康知识和医疗服务，获得了精神文化的享受。

---

① "希望工程"是团中央、中国青少年发展基金会于1989年发起的一项公益事业，其宗旨是建设希望小学，资助贫困地区失学儿童重返校园，改善贫困地区办学条件，促进基础教育的发展。

② "春蕾计划"是一项旨在帮助因生活贫困而辍学或濒临辍学的女童重返校园接受学校教育的爱心工程。1989年，在全国妇联领导下，由中国儿童少年基金会发起并组织实施。为了加强女童素质教育，培养女童自力更生建设家乡的本领，中国儿童少年基金会还设立了"春蕾计划实用技术培训专项基金"。

③ "救孤计划"是在民政部指导下，中国社会服务促进会于1993年10月推出的。它主要面向社会募集款物，对孤儿进行助养助学，改造福利院危旧房屋，添置医疗设备，致力于提高孤儿素质。

公民思想道德建设是精神文明建设的重要内容。2001年9月，中共中央印发《公民道德建设实施纲要》。《纲要》提出，要把法制建设与道德建设、依法治国与以德治国紧密结合起来，通过公民道德建设的不断深化和拓展，逐步形成与发展社会主义市场经济相适应的社会主义道德体系。通过道德建设，在全民族牢固树立建设有中国特色社会主义的共同理想和正确的世界观、人生观、价值观，在全社会大力倡导"爱国守法、明礼诚信、团结友善、勤俭自强、敬业奉献"的基本道德规范，努力提高公民道德素质，促进人的全面发展，培养一代又一代有理想、有道德、有文化、有纪律的社会主义公民。在党中央的号召下，各地区各部门加强领导、重在建设，各行各业注意以人为本、教育引导，广大群众注重道德培养，全社会逐渐形成重视思想道德建设的氛围和良好风尚。

中共十五大提出建设有中国特色社会主义文化的新命题，并把它作为党在社会主义初级阶段基本纲领的重要组成部分。中国特色社会主义文化建设以实施"精品战略"为核心，通过加强管理和深化改革，出现了繁荣发展的新局面。国家陆续制定和完善出版、印刷、音像制品、营业性演出以及广播电视等方面的管理条例，为文化精品进入市场提供法律保障和政策扶持，使健康的文化产品占据文化市场的主导地位。到2000年底，全国广播、电视人口覆盖率分别达到92.5%和93.7%，比1995年分别提高13.7%和9.2%。反映时代精神、贴近人民生活的优秀作品不断涌现，群众文化生活日益丰富多彩，健康文明的社会氛围逐渐形成，社会主义文化阵地更加巩固。对外文化交流不断扩大，中国文化的国际影响力显著增强。

文化体制机制和传播手段不断改革创新，经营性文化事业单位转企改制、完善文化工作管理体系、建设现代文化市场体系和文化政策法规体系等方面也取得了显著进展。截至2000年底，文化部门主管的文化娱乐业、音像业、演出业、艺术品经营等门类的产业单位有22.3万个，从业人员达91.9万人，创增加值118.9亿元。[1] 党和政府还把发展公益性文化事业作为保障人民群众

---

[1] 《中国共产党的一百年》，中共党史出版社2022年版，第827页。

基本文化权益的主要途径，不断加大财政投入力度，加强文化基础设施建设和重大文化项目建设。

精神文明建设取得积极进展和明显效果，对促进改革、发展、稳定发挥了重要作用。

三、坚持可持续发展和区域经济协调发展

"在现代化建设中，必须把实现可持续发展作为一个重大战略"[①]，"坚持区域经济协调发展"[②]。20世纪90年代中期，为适应世界经济、科技发展潮流和中国现代化建设需要，中共中央提出了可持续发展战略、西部大开发战略等一系列经济发展重大战略，有力地推动了中国式现代化。

1995年，中共十四届五中全会第一次正式将可持续发展战略写入"九五"计划和2010年远景目标的建议。1997年，中共十五大进一步明确将可持续发展战略作为我国经济发展的战略之一。2002年，中共十六大将"可持续发展能力不断增强，生态环境得到改善，资源利用效率显著提高，促进人与自然的和谐，推动整个社会走上生产发展、生活富裕、生态良好的文明发展道路"作为全面建设小康社会的四大目标之一。实施可持续发展战略的实质，是要开创一条使国民经济和社会发展逐步走上良性循环的道路，其核心的问题是实现经济社会和人口、资源、环境协调发展。

20世纪90年代后，人口问题被提高到可持续发展战略的首要位置。中央制定了《关于加强人口与计划生育工作稳定低生育水平的决定》，颁布了《中华人民共和国人口与计划生育法》等法律法规，发表了《中国21世纪人口与发展》白皮书，对人口与计划生育工作作出了具体部署，将我国推行20多年之久的基本国策以基本法律的形式予以确认，提出人口、资源、环境协调发展模式，着力抓好农村和流动人口的计划生育工作，继续严格控制人口增长，基本形成了综合治理人口问题的格局。中国人口高出生率得到控制，

---

① 《江泽民文选》第1卷，人民出版社2006年版，第463页。
② 《江泽民文选》第1卷，人民出版社2006年版，第466页。

1996年后，我国总和生育率一直保持在1.8左右，人口的出生率和自然增长率逐年下降，2002年人口出生率降至12.86‰，1998年人口自然增长率首次降到10‰以下①。2000年，全国人口总数约为12.67亿，实现了到2000年将全国人口规模控制在13亿以内的目标。

2001年11月，历经20年的全国土地资源调查工作圆满结束。此次调查，摸清了我国各级行政区土地总面积为960万平方公里，其中农民集体所有土地439.03万平方公里，国有土地505.48万平方公里；耕地占13.7%，林地占23.9%，牧草地占28%，是我国迄今为止最系统、全面、准确的土地国情国力资料。②

保护环境是中国的一项基本国策，是可持续发展战略的重要内容。③1996年，国家将环境保护纳入经济社会发展的整体加以统筹规划和安排。从1997年开始，环境保护被纳入中央工作会议议题。国家先后制定出台了相关法律法规，制定和修改了200多项环境标准。④2002年，中国第一部循环经济立法——清洁生产促进法出台，标志着污染治理模式由末端治理开始向全过程控制转变。1998年到2002年在环境保护和生态建设方面的投入达5800亿元，占同期国内生产总值的1.29%，是1950年至1997年这方面投入总和的1.8倍。⑤

"九五"期间，国务院坚持污染防治和生态保护并重的方针，实施污染物排放总量控制计划和跨世纪绿色工程规划，通过《关于环境保护若干问题的决定》，大力推进控制主要污染物排放总量、工业污染源达标和重点城市的环境质量按功能区达标工作，全面展开淮河、海河、辽河、太湖、滇池、巢湖水污染防治和酸雨污染控制区、二氧化硫污染控制区大气污染防治，以及北

---

① 《新中国五十五年统计资料汇编》，中国统计出版社2005年版，第6页。
② 《中华人民共和国简史》，人民出版社、当代中国出版社2021年版，第217页。
③ 《十五大以来重要文献选编》（下），人民出版社2003年版，第2187页。
④ 陈锦华：《中国与可持续发展》（在2000年世界可持续发展大会上的演讲摘要），《人民日报》2001年2月3日。
⑤ 刘江：《从〈中国二十一世纪议程〉到〈可持续发展行动纲要〉》，《人民日报》2003年7月25日。

京市、渤海的污染防治，环境污染防治取得初步、阶段性进展。逐年加大生态环境保护工作的力度，启动和实施"三北"防护林体系建设、天然林保护、退耕还林（还草）、京津风沙源治理、湿地保护与恢复、野生动植物保护及自然保护区建设、速生丰产林建设等工程。以解决流域、区域和城市环境问题为重点的大规模污染防治工作全面展开，部分城市和地区的环境质量有所改善。

东西部地区发展差距大且呈不断扩大的趋势，是长期以来困扰中国经济社会健康均衡发展的全局性问题。改革开放后，邓小平针对中国发展不平衡的特点，于1988年提出了"两个大局"的战略构想：一是加快沿海地区对外开放，支持沿海地区优先发展起来的大局；二是沿海地区发展到一定阶段后，要统筹更多力量帮助中西部地区更快发展的大局。

中共中央将处理东中西部地区的关系作为推进社会主义现代化建设过程中一个全局性的重大问题提了出来。江泽民在"论十二大关系"讲话中明确提出了从"九五"计划开始，要更加重视中西部地区的经济发展，逐步加大解决地区差距扩大等工作的力度，明确提出了加快中西部发展的六项政策措施。这六项政策措施主要是：

第一，优先在中西部地区安排一些资源开发项目和基础设施项目；

第二，理顺资源产品的价格，以增强中西部的自我发展能力；

第三，实行规范的中央财政转移支付制度；

第四，加快中西部改革开放的步伐，引导更多的外资投向中西部；

第五，加大扶贫力度；

第六，加强东部沿海和中西部的经济联合与技术合作。

为了逐步缩小地区发展差距，自1996年开始，中共中央组织沿海发达省、直辖市等对口帮扶少数民族比较集中的西部贫困地区，促进东西部地区优势互补，缩小贫困地区与发达地区差距。1997年3月，八届全国人大五次会议批准了中共中央和国务院关于设立重庆直辖市的决定。这是加快西部地区发展的一项重要举措。中共十五大明确要求，中西部地区要加快改革开放和开发，发挥资源优势，发展优势产业；国家要加大对中西部地区的支持力度，优先安排基础设施和资源开发项目，鼓励国内外投资者到中西部投资；进一步发展东部地区同中西部地区多种形式的联合和合作，从多方面努力，逐步缩小地区发展差距。国家实施了一系列有利于缓解地区差距扩大趋势的政策，并逐步加大工作力度。

随着中国综合国力显著增强，1999年3月，江泽民正式提出了西部大开发的战略思想。同年9月，中共十五届四中全会明确提出实施西部大开发战略。11月，中共中央、国务院召开中央经济工作会议，宣布实施西部大开发战略，这标志着中国的经济发展由改革开放以来实施的梯度发展、部分地区先富起来转入协调发展、开发西部的阶段。2000年10月，国务院发出《关于实施西部大开发若干政策措施的通知》，标志着西部大开发战略的正式实施。《通知》把巩固农业基础地位、调整工业结构、发展特色旅游业作为实施西部大开发的重点任务之一，明确规定需要实现的目标是：力争用5—10年，使西部地区基础设施和生态环境建设取得突破性进展，西部开发有一个良好开局；到21世纪中叶，要建成一个经济繁荣、社会进步、生活安定、民族团结、山川秀美的新西部。

2000年，中共十五届五中全会将西部大开发、促进地区协调发展作为一项战略任务，强调："实施西部大开发战略，加快中西部地区发展，关系经济发展、民族团结、社会稳定，关系地区协调发展和最终实现共同富裕，是实现第三步战略目标的重大举措。"[①] 西部大开发战略提出后，陆续有一系列举措纳入我国各个发展阶段决策的通盘考虑之中。

随着西部大开发战略的启动，国家制定了一系列政策，鼓励外商向西部投资，积极引导国际援助项目向西部倾斜。在中央政策的推动下，西部各省区市陆续成立了开发领导小组，国家各有关部委也相继宣布实行"西部行动"计划，东部发达地区许多单位和企业纷纷到西部地区进行开发洽谈。西部大开发战略的实施得到扎实的推进。特别是加快了基础设施建设，2000年，西

---

① 《十五大以来重要文献选编》（中），人民出版社2001年版，第1380页。

部地区的十大重点工程①全部开工。2001年，包括青藏铁路在内的一批重点工程相继开工。②

西部地区开发注意综合实施各项生态建设和环境保护工程。从2000年起，国家投入巨资，先后实施了退耕还林、退牧还草、天然林资源保护、防护林建设和京津风沙源治理五大生态建设工程，努力遏制环境恶化的趋势。同时，加强对西部地区生态状况、环境质量、资源变化、灾害性天气和地质地震灾害的监测、预报和防治。

西部开发投资对西藏、新疆作了重点安排，至2001年，直接安排援藏建设项目117个，组织有关省市对口支持建设项目70个，总投资400多亿元；在新疆安排了一批重点项目，涉及西气东输、水利开发、流域治理、退耕还林、交通建设、商品棉基地建设、优势资源开发等多个方面。2002年2月，国家计委、国务院西部开发办印发了《"十五"西部开发总体规划》，明确了"十五"时期西部开发的主要任务、重点区域和政策措施。

实施西部大开发战略，有力地推动了西部地区的经济发展和社会进步，对加强民族团结、保持社会稳定，对发展中国同相邻国家的经贸合作，平衡地缘政治力量，巩固西部边防，确保国家的发展与安全获得战略纵深和广阔的回旋余地，都具有十分重大的意义。

四、取得应对亚洲金融危机和一系列重大斗争的胜利

在深化经济体制改革的进程中，中国社会主义现代化建设的步伐突飞猛进，经济增长质量和社会发展水平都有显著提高，初步完成了现代化建设第二步战略目标。

随着社会主义市场经济体制的逐步建立，中国商品短缺的状况基本改变、

---

① 十大重点工程指：西安至南京铁路西安至合肥段、重庆至怀化铁路、西部公路建设、西部地区机场建设、重庆市高架轻轨交通、柴达木盆地涩北—西宁—兰州天然气输气管道、四川紫坪铺和宁夏黄河沙坡头水利枢纽、中西部退耕还林（草）和生态建设及种苗工程、青海钾肥工程、西部高校基础设施建设。

② 中共中央党史研究室第三研究部：《中国改革开放史》，辽宁人民出版社2002年版，第440—441页。

买方市场初步形成，出现了生产能力的结构性相对过剩，经济发展越来越受到市场的约束。由于经济体制和经济增长方式的转变尚未完成，经济结构不合理、增长质量不高的问题尚未从根本上得到解决，各种新老矛盾相互交织，许多深层次问题进一步暴露出来。城乡之间、地区之间的发展差距不断拉大，导致新的结构失衡。这些变化是新中国成立以来从未遇到过的，有些现象甚至是世界社会主义建设史上从未出现过的，严重阻碍了经济向更高水平发展。面对新情况、新问题、新挑战，党中央积极应对。1996年8月，江泽民提出了防范经济风险的问题。

1997年下半年，东南亚国家爆发金融危机，很快波及整个亚洲和世界其他地区，造成国际金融市场持续动荡，世界经济受到严重冲击。中国外贸进出口总额呈下降趋势，经济建设遇到严重困难。为应对金融危机冲击，中共中央在1998年2月明确提出"坚定信心，心中有数，未雨绸缪，沉着应付，埋头苦干，趋利避害"①的指导方针，果断采取扩大国内需求的措施，实行积极的财政政策和稳健的货币政策，决定由中央财政向商业银行增发长期建设国债，增加投资，加强基础设施建设，保持人民币汇率稳定。同时，增加中低收入者的生活保障，改善人民生活。采取提高出口退税率、打击走私等措施，千方百计增加出口，从多方面拉动经济增长。继续深化改革，克服经济发展中深层次矛盾和困难。1999年4月至8月，江泽民先后主持召开五次国有企业改革座谈会，提出了从战略上调整国有经济布局和改组国有企业结构，坚持建立现代企业制度的改革方向等一整套国有企业改革发展的思路。

这些对策措施取得明显效果。国家经济持续增长，外贸出口从1999年下半年开始大幅回升，国家外汇储备增加。到2000年，国民经济稳步回升。在许多国家因这场危机出现经济衰退、货币大幅度贬值的危急情况下，中国兑现了人民币不贬值的承诺，为缓解这场影响全球的金融危机作出了贡献。在克服金融危机的过程中，中国增强了应对挑战和抵御风险的能力。

1998年夏，长江、嫩江、松花江发生超历史纪录的特大洪水，珠江流域

---

① 《江泽民文选》第2卷，人民出版社2006年版，第101页。

的西江和福建闽江也一度发生大洪水，受灾人口达 2.3 亿。面对历史罕见的特大洪涝灾害的考验，中共中央、国务院、中央军委正确决断、周密部署，全国人民万众一心，夺取了抗洪抢险斗争的全面胜利。1999 年，针对极少数人利用"法轮功"蛊惑人心、破坏社会稳定的事件，党带领人民及时果断地进行了反对"法轮功"邪教组织的重大政治斗争，及时依法取缔"法轮功"邪教组织，发动社会各界揭批"法轮功"邪教歪理邪说，对被"法轮功"邪教组织裹胁蒙蔽的人员进行教育转化，维护了社会政治稳定。

应对亚洲金融危机和一系列重大斗争的胜利，充分显示了中国特色社会主义制度的优越性和中共中央驾驭全局、解决复杂问题的能力，使党和人民在推进改革开放和现代化建设、实现跨世纪发展奋斗目标的道路上更加充满信心。

在战胜经济风险、克服经济困难的过程中，江泽民对于我国的经济发展问题进行了深入的思考，提出了许多具有深远意义的思想。在我国出现通货紧缩趋势之后，江泽民指出：扩大国内需求、开拓国内市场是我国经济发展的基本立足点和长期战略方针，我们有必要也有条件把经济发展建立在主要依靠国内市场的基础上。①此后，他又多次强调，坚持扩大内需的方针，实质上就是坚持发展，发展是解决我们面临所有问题的关键。根据这一思想，扩大内需的方针由应对危机的应急措施升华为经济建设的长期战略。

经济发展的最终目的是满足人民群众日益增长的物质文化生活需求。面对有效需求相对不足的经济形势，改善人民生活、扩大消费需求就成为当时必要而又可能采取的一项重要措施。党和国家坚持把促进消费需求的增长作为拉动经济增长的一项重大措施，使投资和消费双向启动；千方百计地开拓城乡市场特别是农村市场，努力增加农民收入，提高城市低收入阶层的收入水平，增加市场购买力；高度重视下岗职工生活和再就业工作，将发展经济、扩大就业作为改善城镇低收入居民生活的根本途径；加强以失业、养老和医疗为重点的社会保障体系建设，建立符合社会主义市场经济发展要求的社

---

① 参见《江泽民文选》第 2 卷，人民出版社 2006 年版，第 429、432 页。

保障体系。这些部署，对于促进经济增长、改善人民生活发挥了重要作用。同时，采取积极措施，努力缩小城乡之间、地区之间的发展差距，创造新的增长空间；加快广大农村地区和中西部地区现代化建设步伐；调整农村就业结构和产业结构，走工业化、城市化的路子，逐步解决城乡二元经济社会结构问题。这些措施，开拓了经济发展空间，增强了我国的整体实力和发展后劲。

提出扩大内需的方针，并不意味着改变对外开放的政策，而是要减少对外依存度，降低经济风险，把对外开放建立在更加坚实的基础上。随着经济全球化进程的不断推进和我国经济对世界市场和资源需求的不断扩大，党和国家适时提出了实施"引进来"和"走出去"相结合的对外开放战略，积极主动地应对全球化浪潮，把我国的对外开放从理论到实践提高到一个全新的水平。

为了从根本上解决我国经济发展中存在的产业结构不合理、地区发展不协调、城镇化水平低、工农业生产技术水平落后、国民经济整体素质不高等突出矛盾和深层次问题，必须对经济结构实行战略性调整。江泽民明确提出新世纪中国经济发展的大思路是：实行经济结构的战略性调整，推动两个根本性转变，保持国民经济持续快速健康发展。[1] 推进经济结构的战略性调整必须大力依靠体制创新和科技创新。为此，他强调要推进国家知识创新体系建设、增强自主创新能力，提出了要鼓励原始性创新、教育必须以提高国民素质为根本宗旨、以信息化带动工业化实现社会生产力的跨越式发展等思想。在此基础上，他于 2000 年又提出：创新，包括理论创新、体制创新、科技创新及其他创新。[2] 这就把创新的意义提升到了新的高度，为我国进一步发展打开了新的思路。

扩大国内需求与推进对外开放相统一、投资拉动与消费拉动相结合、传统产业与新兴产业并重、城乡经济与区域经济协调发展的经济发展大思路，

---

[1] 《江泽民文选》第 3 卷，人民出版社 2006 年版，第 119 页。
[2] 《江泽民文选》第 3 卷，人民出版社 2006 年版，第 64 页。

其核心就是为我国的经济发展开拓更大的增长空间，推动我国经济发展水平更上一层楼。

随着社会主义现代化建设事业的不断发展，党对社会主义建设规律和中国特色社会主义道路的认识不断深化。2000年10月，江泽民在中共十五届五中全会上阐述了我国进入新世纪的发展方针，强调：我们要把发展作为主题，把结构调整作为主线，把改革开放和科技进步作为动力，把提高人民生活水平作为根本出发点，全面推动经济发展和社会进步。[①]这一方针，全面总结了改革开放以来特别是中共十四大、十五大以来，党领导人民进行社会主义建设的经验，科学概括了社会主义现代化建设的任务、动力、发展方向和根本目标，标志着党对于如何建设中国特色社会主义有了更加深刻的认识，也标志着社会主义现代化建设事业在冲破种种困难和挑战后进入了新境界、新阶段。

五、正确处理国际国内关系

20世纪末，香港、澳门顺利回归，祖国和平统一大业取得历史性进展。与此同时，中国特色军事变革积极推进，国防和军队建设不断迈出新步伐。中国与世界主要大国的关系得到了迅速发展。这些重大成就，为社会主义现代化建设营造了安全的国际国内环境。

20世纪80年代，根据邓小平提出的"一国两制"的构想，中国政府先后同英国和葡萄牙政府举行谈判，并分别于1984年12月和1987年4月签署了中英《关于香港问题的联合声明》和中葡《关于澳门问题的联合声明》。1997年6月30日午夜至7月1日凌晨，中英香港政权交接仪式在香港会议展览中心举行。1999年12月19日午夜至20日凌晨，中葡两国政府举行澳门政权交接仪式。12月28日，国务院将新华社香港分社、新华社澳门分社分别正式更名为中央人民政府驻香港特别行政区联络办公室、中央人民政府驻澳门特别行政区联络办公室，作为中央政府授权的工作机构继续在香港、澳门地区履

[①] 《江泽民文选》第3卷，人民出版社2006年版，第117—118页。

行职责。

中国政府恢复对香港、澳门行使主权，祖国和平统一大业取得历史性进展。香港、澳门回归祖国后，"一国两制"方针和基本法得到全面贯彻执行。在中央政府有力支持下，特别行政区政府沉着应对，香港、澳门各界人士携手努力，妥善处理一系列经济和社会问题，保持了社会稳定、经济发展。香港、澳门的回归，使"一国两制"从科学构想变为现实。

自 1987 年台湾当局有限制地开放台湾居民赴大陆探亲后，两岸人员往来和经济文化交流迅速展开。1990 年 9 月，两岸红十字会就双方居民遣返事宜达成了"金门协议"。11 月，台湾当局成立由辜振甫任董事长的海峡交流基金会（台湾海基会），负责两岸交往事务。1991 年 12 月，中国大陆成立海峡两岸关系协会（海协会），汪道涵出任会长。海协会和台湾海基会建立了双方往来。

1992 年 10 月，海协会和台湾海基会就两岸事务性商谈中如何表述一个中国原则这一问题在香港举行会谈。会后，双方以函件达成共识，核心要义是"海峡两岸同属一个中国，共同努力谋求国家统一"，史称"九二共识"。其核心意涵是大陆和台湾同属一个中国，两岸不是国与国关系，从而明确界定了两岸关系的根本性质。在此基础上，1993 年 4 月，汪道涵、辜振甫在新加坡举行会谈。"汪辜会谈"是海峡两岸高层人士在长期隔绝之后的首度正式接触，突破了台湾当局原本同大陆"不接触、不谈判、不妥协"的"三不"政策。

1993 年 8 月，国务院新闻办公室发表《台湾问题与中国的统一》白皮书，把"和平统一、一国两制"的方针概括为："一个中国、两制并存、高度自治、和平谈判"四个基本点，并把一个中国原则表述为：世界上只有一个中国，台湾是中国不可分割的一部分，中央政府在北京。1995 年 1 月，江泽民发表《为促进祖国统一大业的完成而继续奋斗》的重要讲话，提出现阶段发展两岸关系、推动祖国和平统一进程的八项主张，强调：坚持一个中国的原则，是实现和平统一的基础和前提。我们不承诺放弃使用武力，决不是针对台湾同胞，而是针对外国势力干涉中国统一和搞"台湾独立"的图谋的。① 讲话既体现中国政府完成祖国统一大业的坚定决心，又充分考虑到台湾同胞的愿望和台湾实际情况，引起海内外高度关注和积极反响。

正当两岸关系处在良性发展的关头，台湾当局在李登辉推动下背离"一个中国"的原则，并采取了一系列分裂步骤，破坏两岸关系健康平稳发展，导致两岸关系迅速转坏。针对台湾岛内和外国敌对势力不断加剧的"台独"分裂活动，中央政府果断采取措施，从政治、军事、外交、舆论等方面开展反分裂反"台独"斗争，1995年下半年至1996年上半年，人民解放军在台湾海峡和台湾附近海域进行了一系列大规模军事演习，有力打击了"台独"分裂势力和外国敌对势力的气焰。

1991年初爆发的海湾战争，是机械化战争迈向信息化战争的转折点，引发了世界性军事变革浪潮。1999年5月8日发生的中国驻南联盟大使馆遭到北约飞机轰炸事件，2001年4月1日中美战机在南海上空发生的撞机事故，也引起了中国对国防安全的反思和警觉。打赢高技术条件下局部战争，推进中国特色的军事变革，成为国防和军队建设无法回避的重大而紧迫的课题。

顺应世界新军事变革发展趋势，江泽民强调要推进中国特色军事变革，坚定不移走中国特色的精兵之路，加强人民军队革命化、现代化、正规化建设。他紧紧抓住"打得赢""不变质"两个重大历史性课题，对军队建设和军事斗争准备相继作出一系列战略规划和部署，积极推进中国特色军事变革。

1990年12月，江泽民提出新时期军队建设的总要求，即全军部队要做到政治合格、军事过硬、作风优良、纪律严明、保障有力。② 1993年1月，中央军委把军事斗争准备的基点放在打赢现代技术特别是高技术条件下的局部战争上，对军事战略方针作出重大调整。1995年12月，中央军委通过《"九五"期间军队建设计划纲要》，明确提出科技强军战略和在军事斗争准备上，由准备应付一般条件下局部战争向准备打赢现代技术特别是高技术条

---

① 《江泽民文选》第1卷，人民出版社2006年版，第421—422页。
② 参见《江泽民文选》第1卷，人民出版社2006年版，第140页。

件下局部战争转变；在军队建设上，由数量规模型向质量效能型、由人力密集型向科技密集型转变。实现这两个转变，要求重点加强国防科研，改善武器装备，提高官兵的科技素质，建立科学的体制编制，提高科技创新能力和科学管理水平，这是对人民解放军建设新模式的确定。2000年12月，中央军委又提出了军队建设要完成机械化和信息化建设双重任务以及实现跨越式发展的新思路。1998年7月，中共中央果断作出军队一律停止经商活动的重大决策，对于维护军队良好形象、促进军队党风廉政建设、巩固军政军民团结，具有十分重大的意义。军队通过精简和调整，陆军部队的比重下降，海军、空军、第二炮兵部队的比重上升，向合成和小型化、轻型化、多样化的方向迈进了一步。军队体制编制调整改革取得实质性进展，初步达到了精简员额、收缩摊子、优化结构的目的，为进一步实现"精兵、合成、高效"创造了条件。全军积极探索军事训练的新路子、新模式，加快国防科技和武器装备发展，改革兵役制度和士官制度。国防和军队建设在改革中不断迈出新步伐。

20世纪90年代，面对复杂多变的国际环境，中国以更为积极、主动的姿态，致力于营造一个有利于中国社会主义现代化建设的外部环境，以更为开放的大国姿态融入世界。中国一如既往地执行独立自主的和平外交政策，坚持反对霸权主义和强权政治，坚持在和平共处五项原则的基础上同世界上一切国家发展友好关系。同时，适时对外交作出调整。不以社会制度和意识形态的异同作为处理国家关系的依据，向国际社会表明对不同社会制度、不同文化及价值观多样性的立场，率先倡导国际关系民主化的思想；高举和平、发展、合作的旗帜，坚持走和平发展的道路，强调世界和平发展的客观趋势，强调中国是一支维护世界和平与稳定的重要力量；大力拓宽中国外交平台，打破西方资本主义国家对华制裁，使外交工作的基本任务和根本目标紧紧围绕中国改革开放和经济建设的大局，努力争取有利的和平国际环境；充分利用外部世界一切可以利用的条件和资源，集中精力进行社会主义现代化建设。

20世纪90年代中期，中国开始构筑"伙伴关系"的对外关系框架。这种伙伴关系的主要特征是不结盟、不对抗、不针对第三国。伙伴关系的建立，推动了中国与国际社会的良性互动，拓宽了中国外交的新局面。在立足中国融入国际社会的大背景下,根据国际形势的新发展与新变化,"努力把国际社会的持久和平建立在促进各国相互信任和共同利益的新安全观的基础上","通过对话增进信任,通过合作谋求安全,相互尊重主权,和平解决争端"。[①] 新安全观成为中国对外政策的一项重大理论创新。中国日益重视经济外交。转变参与多边组织和多边国际制度的态度,完成了从被动参与向主动参加、积极筹建的转变。积极与亚太各国开展安全对话与合作,不断增强中国在国际政治舞台上的影响力。至 2002 年,中国所处的国际环境得到了极大改善,中国同世界上绝大多数国家建立经贸关系,和 162 个(截至 2002 年底)国家建立正式外交关系,[②] 在联合国等重要的国际组织中发挥着越来越重要的作用。

第三节　提出和实施中国式现代化"新三步走"战略

随着改革开放和社会主义现代化建设实践的不断深入,"三步走"战略阶段目标的顺利实现,中共中央在"三步走"的基础上,提出和实施了"新三步走"战略。"新三步走"战略的提出和实施,使中国式现代化建设有了更为具体细致的蓝图,有了更为明确清晰的方向,为全党全国人民接续奋斗实现中国式现代化积累了丰富的经验。

一、"新三步走"战略明确了中国式现代化的阶段任务

20 世纪 80 年代初,中共中央提出经济建设"三步走"战略,规划了从"解决人民的温饱问题"到"人民生活达到小康水平"再到"人民生活比较富裕,基本实现现代化"的发展步骤。这成为我国制定经济社会发展规划的重要指导思想和接续推进中国式现代化的路标。

1992 年,中共十四大再次肯定中共十三大概括的邓小平的"三步走"战

[①]《江泽民文选》第 2 卷,人民出版社 2006 年版,第 407 页。
[②] 外交部:《中华人民共和国与各国建立外交关系日期简表》(截至 2010 年 6 月 12 日)。

略思想①，并将其作为中国特色社会主义理论的重要内容。经过全党和全国人民的共同努力，原定 1990 年达到国民生产总值比 1980 年翻一番的目标，于 1987 年提前完成；原定 2000 年达到国民生产总值比 1980 年翻两番的目标，于 1995 年提前完成。我国胜利实现了"三步走"战略的第一步、第二步目标，人民生活基本达到小康水平，这是中华民族发展史上一个新的里程碑。

在"三步走"战略的前两步目标基本实现之际，中共十五大规划第三步目标，提出"新三步走"战略。十五大报告提出，在 21 世纪第一个十年实现国民生产总值比 2000 年翻一番，"使人民的小康生活更加宽裕，形成比较完善的社会主义市场经济体制"；再经过 10 年的努力，到中国共产党成立 100 年时，"使国民经济更加发展，各项制度更加完善"；到 21 世纪中叶中华人民共和国成立 100 年时，"基本实现现代化，建成富强民主文明的社会主义国家"。② 十五大报告还强调社会主义初级阶段"是逐步摆脱不发达状态，基本实现社会主义现代化的历史阶段"，"是逐步缩小同世界先进水平的差距，在社会主义基础上实现中华民族伟大复兴的历史阶段"。"两个一百年"奋斗目标首次提出并成为"新三步走"战略的主要内容，是对邓小平"三步走"战略的继承和发展，是第三步战略的具体化，成为党在新世纪带领全国人民努力奋斗，实现中华民族伟大复兴的行动纲领。

2002 年中共十六大召开前夕，江泽民对"新三步走"战略作了进一步的阐述。他说："党的十五大对我国到二〇一〇年、建党一百年和建国一百年这三段时期改革和发展的任务作出了大体部署，这也可以叫做实现第三步战略目标的'小三步走'。"这三个阶段的目标的大体情况是："（一）到二〇一〇年，实现国内生产总值比二〇〇〇年翻一番，经济结构战略性调整取得明显进展，社会主义市场经济体制进一步完善，人民的小康生活更加宽裕。（二）到建党一百年时，国内生产总值比二〇一〇年再翻一番，基本完成工业化，建成经济更加发展、民主更加健全、科教更加进步、文化更加繁荣、社会更加和谐、

---

① 中共十三大概括了邓小平的"三步走"战略思想，将达到中等发达国家水平的第三步目标称为"基本实现现代化"。

② 《十五大以来重要文献选编》（上），人民出版社 2000 年版，第 4 页。

人民生活更加殷实的小康社会。（三）在此基础上再奋斗三十年，到建国一百年时，基本实现现代化，进入中等发达国家行列，把我国建成富强民主文明的社会主义现代化国家。"[1]这就使"新三步走"战略有了清晰的发展步骤，为顺利实现"三步走"战略中的第三步，即到21世纪中叶基本实现现代化指明了前进的方向。

2000年6月9日，江泽民在分析我国社会主义现代化建设进程中取得的成绩以及国内外经济形势发生的重大变化时首次提出全面建设小康社会的概念。他说："我们要在胜利完成第二步战略目标的基础上，开始实施第三步战略目标，全面建设小康社会并继续向现代化目标迈进。"[2]2000年10月11日，中共十五届五中全会在制定国民经济和社会发展第十个五年计划的建议中提出："从新世纪开始，我国将进入全面建设小康社会，加快推进社会主义现代化的新的发展阶段。"[3]全面建设小康社会的目标在党的全会上开始出现。

2002年1月14日，江泽民将全面建设小康社会目标与"新三步走"战略中的前两步紧密结合起来，明确指出："不少同志在讨论中提出，从现在起到本世纪中叶基本实现现代化这五十年，时间跨度比较大，能否划出一段时间，提出一个鲜明的阶段性目标，也就是以本世纪头二十年为期，明确提出全面建设小康社会的目标。我认真考虑了大家的意见，认为基本是可行的。"[4]他分析了四个方面可行的原因：符合邓小平关于实现现代化的战略思想；与中共十五大对新世纪的展望、中共十五届五中全会提出的我国进入新的发展阶段的要求相一致；符合党心民意，也有利于我国进一步展示良好的国际形象；符合我国国情和现代化建设的实际，同我们实现社会全面发展和共同富裕的目标也是吻合的。

2002年11月，中共十六大报告正式将全面建设小康社会作为我国在21世纪头20年的社会发展目标提了出来。十六大报告从我国正处于并将长期处

---

[1]《江泽民文选》第3卷，人民出版社2006年版，第413—414页。
[2] 江泽民：《论党的建设》，中央文献出版社2001年版，第419页。
[3]《十五大以来重要文献选编》（中），人民出版社2001年版，第1369页。
[4]《江泽民文选》第3卷，人民出版社2006年版，第414页。

于社会主义初级阶段的基本国情出发，指出已经达到的小康还是低水平的、不全面的、发展很不平衡的小康。这种"低水平、不全面、发展很不平衡"体现在七个方面：生产力和科技、教育还比较落后，实现工业化和现代化还有很长的路要走；城乡二元经济结构还没有改变，地区差距扩大的趋势尚未扭转，贫困人口还为数不少；人口总量继续增加，老龄人口比重上升，就业和社会保障压力增大；生态环境、自然资源与经济社会发展的矛盾日益突出；仍面临发达国家在经济科技等方面占优势的巨大压力；经济体制和其他方面的管理体制还不完善；民主法制建设和思想道德建设等方面还存在一些不容忽视的问题。因此，必须在"总体小康"的基础上，全面建设小康社会。

相较于已经实现的"总体小康"，"全面小康"的内涵更为丰富。邓小平提出"小康"的概念，主要是为了纠正过去我们在建设现代化问题上的急于求成的倾向。他所提出的"小康社会"，虽是物质文明和精神文明相统一的社会，但那时主要还是从经济方面着眼，解决生存的需要。邓小平曾把"小康社会"描绘为："没有太富的人，也没有太穷的人，所以日子普遍好过。"[①] 这种小康是以经济发展和生产力水平的提高为重要内涵的。中共十六大报告提出全面建设小康社会的发展目标，并将这一目标与之前确定的"新三步走"战略结合起来，要求紧紧抓住 21 世纪头 20 年这一重要战略机遇期，集中力量，"全面建设惠及十几亿人口的更高水平的小康社会，使经济更加发展、民主更加健全、科教更加进步、文化更加繁荣、社会更加和谐、人民生活更加殷实"[②]。其最大的特色在于它是惠及十几亿人口的小康，其目标不仅有物质生活方面的要求，还包含了社会主义民主与法制，全民族的思想道德、科学文化素质和健康素质，可持续发展能力，生态环境等方面，是经济、政治、文化、环境协调发展，物质文明、政治文明、精神文明共同发展，谋求人的全面发展和实现社会全面进步的社会状态。这是对十五大提出的"两个一百年"奋斗目标的进一步细化，更加明确了中国现代化建设的阶段性任务。"全面建

[①] 《邓小平文选》第 3 卷，人民出版社 1993 年版，第 161—162 页。
[②] 《江泽民文选》第 3 卷，人民出版社 2006 年版，第 543 页。

设小康社会的目标,是中国特色社会主义经济、政治、文化全面发展的目标,是与加快推进现代化相统一的目标,符合我国国情和现代化建设的实际,符合人民的愿望,意义十分重大。"①这一目标勾画出了一幅社会主义物质文明、政治文明、精神文明全面发展的宏伟图景,反映了完善和发展社会主义的新要求。

全面建设小康社会目标和"新三步走"战略是在小康社会目标和"三步走"战略的基础上产生的,它继承了小康社会的基本内涵,延续了"三步走"战略的发展趋向,对于指导我国的社会主义建设事业具有重大意义。

二、实施科教兴国战略、人才强国战略

科学技术对社会主义现代化建设具有重要推动作用。1995年5月,中共中央、国务院决定在全国实施科教兴国战略,把经济建设转移到依靠科技进步和提高劳动者素质的轨道上来。5月6日,中共中央、国务院发布《关于加速科学技术进步的决定》,第一次明确提出实施科教兴国战略。1996年3月,八届全国人大四次会议通过的《国民经济和社会发展"九五"计划和2010年远景目标纲要》,具体规划和部署了科教兴国战略。1997年,中共十五大报告专门论述了科教兴国战略。科教兴国战略提出把经济建设和社会发展真正转移到依靠科技进步和提高劳动者素质的轨道上来,为在激烈的国际竞争中如何提升竞争力、如何保持发展动力指明了方向。

根据科教兴国战略,国家致力于科技创新体系建设,推进研究机构改革,实施国家重点基础研究发展规划("973"计划),推进以中国科学院为中心的知识创新工程试点,大力推进科技成果转化,促进中国科技事业实现跨越式发展。

加强教育立法,1995年制定《中华人民共和国教育法》,初步建立起教育法律法规的基本框架。改革教育投资体制,全面推进素质教育,加快高等

---

① 《江泽民文选》第3卷,人民出版社2006年版,第544页。

教育改革发展，实施"211 工程"①和"985 工程"②，积极改善知识分子的工作、学习和生活条件，对有突出贡献的知识分子给予重奖，并形成规范化的奖励制度。1999 年 1 月 13 日，国务院批转教育部《面向 21 世纪教育振兴行动计划》，提出到 2000 年和 2010 年两个阶段性的目标，为实施科教兴国战略奠定坚实的人才和知识基础。1998 年至 2002 年，先后启动了国家重点基础研究项目 132 个。国家重视科技工业园区建设，催生了中关村试验区这样的以高新技术产业为核心的知识产业群园区。

加大科技和教育投入力度。1998 年到 2002 年，国家财政用于科技的投入累计 2500 亿元，比前 5 年增长 1 倍多。2002 年，全国教育投入总量达 5480 亿元，比 1997 年的 2532 亿元增加 2948 亿元，年均增幅达 16.7%，高于国民经济的增长速度。③中央财政主要增加了国家高技术研究发展计划、国家自然科学基金、国家创新体系建设等专项投入。同时，改革投入方式，实行公开公平评估选题制，由对科研机构、科技人员的一般支持，变为以课题和项目为主的重点支持。

到 2002 年底，全国实现基本普及九年制义务教育和基本扫除青壮年文盲的人口地区覆盖率达到 91%。1999 年，中共中央和国务院隆重表彰为"两弹一星"作出突出贡献的 23 位科技专家，授予功勋奖章。2000 年 8 月，人事部下发《关于鼓励海外高层次留学人员回国工作的意见》，加大吸引高层次留学人才回国工作的力度，鼓励银行、保险、证券业、国有大型企业以及高等院校、科研院所自主引进海外高层次留学人才，为优秀留学人员回国服务提供良好的条件和便捷的方式。至 2002 年底，中国留学回国人员总数达 15.3

---

① "211 工程"是面向 21 世纪，重点建设 100 所左右的高等学校和一批重点学科，使其在教育质量、科学研究、管理水平和办学效益方面有较大提高，成为立足国内培养高层次人才、解决经济建设和社会发展重大问题的基地。建设内容包括重点学科、公共服务体系和配套基础设施建设三大部分。

② 1998 年 5 月 4 日，江泽民在庆祝北京大学建校 100 周年大会上提出："为了实现现代化，中国要有若干所具有世界先进水平的一流大学。"建设具有世界先进水平的一流大学和一大批一流学科计划，纳入《面向 21 世纪教育振兴行动计划》实施，简称"985 工程"。

③ 《中国义务教育取得长足进展——教育部负责人就当前中国义务教育和教育经费投入等问题答记者问》，《人民日报》2003 年 11 月 3 日。

万人。

农业、工业、国防、财贸等行业和部门都提出了依靠科技振兴行业的发展战略。各省、市、自治区及各地（市）、县（市）也制定了科教兴省、科教兴市、科教兴县的发展战略和发展方针。1996年，国家科技领导小组成立，各地方随即成立了科技领导小组或科教兴省（市、区）领导小组，截至1997年6月，全国共有26个省（市、区）和计划单列市成立了科技领导小组。到1997年底，全国有20多个省、200多个城市制定了以科技促进经济发展的计划。

1998年4月，在中国科协主办的科技进步与产业发展专家论坛第3次大会上，中国学者宣布，从1981年到1997年的10多年里，中国科技进步贡献率达到31.65%。同年5月，国务院办公厅转发了财政部《关于进一步做好教育科技经费预算安排和确保教师工资按时发放的通知》，要求各级政府财政部门保证预算内教育和科技经费拨款的增长幅度高于财政经常性收入增长，第一次明确了对财政预算执行中的超收部分，也要相应增加教育和科技的拨款，确保全年预算执行结果实现法律规定的增长幅度。

进入21世纪，国际国内形势的新变化，进一步把人才问题推到了国家发展的战略层面。从国际看，经济全球化深入发展，科技进步突飞猛进，知识创新、科技创新、产业创新不断加速，以经济为基础、科技为先导的综合国力竞争日趋激烈，人才资源成为关系国家竞争力强弱的基础性、核心性、战略性资源。从国内看，中国进入全面建设小康社会、加快推进社会主义现代化的关键时期，经济社会发展要求与人才资源不足的矛盾日益突出，高层次和高技能人才严重短缺；人才结构不合理；人才管理体制、运行机制与市场经济体制不相适应等问题现实地提到党和国家的议事日程。

基于对国际国内形势的分析判断，2000年，中央经济工作会议首次提出："要制定和实施人才战略。"同年，中共十五届五中全会提出，要把培养、吸引和用好人才作为一项重大的战略任务切实抓好，努力建设一支宏大的、高素质的人才队伍。2001年发布的《中华人民共和国国民经济和社会发展第十个五年计划纲要》专章提出"实施人才战略，壮大人才队伍"。这是中国首次将人才战略确立为国家战略,将其纳入经济社会发展的总体规划和布局之中,使之成为其中一个重要组成部分。

2002年,面对中国加入世界贸易组织后的新形势,直面经济全球化和综合国力竞争,为保证建设有中国特色社会主义事业健康发展,中共中央、国务院制定下发了《2002—2005年全国人才队伍建设规划纲要》,首次提出了"实施人才强国战略",对新时期中国人才队伍建设进行了总体谋划,明确了当前和今后一个时期中国人才队伍建设的指导方针、目标任务和主要政策措施。

三、加入世界贸易组织,不断扩大对外开放

"我们搞现代化建设,必须到国际市场的大海中去游泳。"[1] 在推进社会主义市场经济改革过程中,对外开放迈出重大步伐,其中标志性的事件就是加入世界贸易组织。

加入世界贸易组织,是中共中央、国务院面对经济全球化趋势加快,从中国经济发展和改革开放需要出发,作出的重大战略决策。从1986年开始,我国一边推进多项经贸体制改革,一边推动"复关"与"入世"工作。1986年7月,中国政府就作出申请恢复中国关税及贸易总协定缔约国地位的决定,成立专门机构组织对外谈判工作。

中国"复关"和"入世"的谈判始终是在中共中央领导下进行的。1993年11月,国家主席江泽民同美国总统克林顿会晤时,阐明了中国处理"复关"问题的三项原则:第一,关贸总协定是一个国际性组织,如果没有中国这个最大的发展中国家参加是不完整的;第二,中国要参加,毫无疑问是作为发展中国家参加;第三,中国加入这个组织,其权利和义务一定要平衡。[2] 1995年,关贸总协定改为世界贸易组织,此项谈判随之成为加入世贸组织谈判。

中国"复关"和"入世"的谈判,历经15年的艰难过程,几度中断又几

---

[1] 《江泽民文选》第3卷,人民出版社2006年版,第450页。
[2] 《江泽民文选》第3卷,人民出版社2006年版,第447页。

度重启。2001年11月10日，在卡塔尔首都多哈举行的世界贸易组织第四届部长级会议审议通过了中国加入世贸组织的决定。12月11日，中国正式成为世界贸易组织的第143个成员。

加入世界贸易组织，这是中国改革开放进程中具有历史意义的一件大事。中国不仅有分享经济全球化成果的权利，还能够参与制定有关贸易规则，在建立国际经济新秩序中更好地掌握主动权，并且可以利用世贸组织争端解决机制在国际贸易战中占据更加有利位势。这是中国进一步推进全方位、多层次、宽领域对外开放的重要契机，对于中国扩大开放、促进改革和经济发展具有十分重大的意义，标志着中国对外开放进入了一个新的阶段。

面对经济全球化的新趋势，中国以加入世贸组织为契机，努力形成和完善多层次、多渠道、全方位开放的格局，不断扩大对外开放。中共中央、国务院在实施沿海经济发展战略的同时，出台了沿边开发、沿江开放和内陆开放等一系列重大政策措施，大力推动对外开放。1992年，中国决定开放长江沿岸的芜湖、九江、岳阳、武汉、重庆5个沿江城市和三峡库区，形成了以上海浦东为龙头的长江开放带。以后又陆续开放了合肥、南昌、长沙、成都、郑州、太原、西安、兰州、银川、西宁、乌鲁木齐、贵阳、昆明、南宁、哈尔滨、长春、呼和浩特17个内陆省会城市，开放珲春、黑河、绥芬河、满洲里、二连浩特、伊宁、博乐、塔城、瑞丽、畹町、河口、凭祥、东兴、普兰和樟木15个沿边城市。随后又陆续开放了一批符合条件的内陆市县。全国大陆所有地区都有对外开放旅游城市，西藏拉萨也对外国记者和普通旅客开放。为满足中国大陆公民出境旅游的需要，经国务院批准可以由指定的旅行社组织中国大陆公民出境旅游的目的国（地区）不断增加，到2001年底已达18个。[①] 到20世纪90年代中后期，在全国形成了全方位、多层次、宽领域的对外开放新格局。2000年后，随着西部大开发等战略的实施，对外开放进一步向全国腹地扩展，全方位对外开放格局更加完善。

为了加快内陆地区对外开放步伐，促进中西部地区大开发和社会经济发

---

① 《中国共产党的九十年》，中共党史出版社、党建读物出版社2016年版，第820页。

展，从 1999 年开始，国家允许内陆地区省会城市可以设立一个国家级的经济技术开发区。从 1992 年到 2002 年 3 月，国务院在全国先后分 3 批共批准设立了 49 个国家级经济技术开发区。此外，还批准在全国建立了 53 个国家级高新技术产业开发区、15 个国家级出口加工区、14 个国家级保税区和 14 个国家级边境经济合作区。这些经济、技术开发的特别区域成为所在地区经济发展的新增长点和吸收外商投资集中的热点地区，并像经济特区一样在中国扩大开放、发展外向型经济、调整产业结构等方面起到了窗口、辐射、示范和带动的作用。至 2001 年底，全国经济技术开发区和浦东、苏州、洋浦等特殊开放区的进出口额合计达 512.3 亿美元，占当年中国对外贸易总额的比重上升到 10%。已开放一类口岸 243 个，比 1989 年末增加了 105 个。同时，中国主动改善与周边国家和地区的关系，中苏、中蒙、中尼、中缅、中越边境的小额贸易、边民互市贸易和边境旅游得到迅速发展。①

中国的对外开放由南到北、由东到西层层推进，基本上形成了"经济特区—沿海开放城市—沿海开放经济带—沿江和内陆开放城市—沿边开放城市"这样一个全方位、多层次、宽领域、有重点、点线面结合的对外开放格局。中国的对外开放城市遍布全国所有省区，标志中国全面对外开放新格局的最终确立。对外开放水平不断提高，全方位对外开放格局基本形成，外向型经济迅速发展。

加入世贸组织后，中共中央适时提出并实施了对外开放"引进来"和"走出去"相结合的战略。江泽民强调指出："'引进来'和'走出去'，是我们对外开放基本国策两个紧密联系、相互促进的方面，缺一不可。"② 他形象地说："'引进来'和'走出去'是对外开放的两个轮子，必须同时转动起来。"③ "这是一个大战略，既是对外开放的重要战略，也是经济发展的重要战略。"④ 这一

---

① 参见国家统计局：《对外开放迈向新阶段》(2002 年 9 月 29 日)，国家统计局网，http://www.stats.gov.cn/zt_18555/ztfx/yjsld/202303/t20230301_1920318.html。
② 《江泽民文选》第 2 卷，人民出版社 2006 年版，第 92 页。
③ 《江泽民文选》第 3 卷，人民出版社 2006 年版，第 457 页。
④ 《江泽民文选》第 2 卷，人民出版社 2006 年版，第 92 页。

战略的实施，推动了对外开放迈上新台阶。到 2001 年，我国累计参与境外资源合作项目 195 个，总投资 46 亿美元；累计设立各种境外企业 6610 家，其中中方投资 84 亿美元。① 这项战略促进了开放型经济的发展，完善了全方位、多层次、宽领域对外开放格局，提高了利用国内国外两个市场、两种资源的能力和水平。

20 世纪 90 年代，外商直接投资和对外贸易出现高潮。1990 年至 2001 年，实际利用外资 5108 亿美元，其中外商直接投资 3780 亿美元，占改革开放以来全部外商直接投资的 96%。② 2001 年，进出口贸易总额达 5098 亿美元，比 1990 年增长 3.4 倍，在世界贸易中的排名由 1990 年的第 16 位上升到第 6 位。2001 年经常项目顺差 174 亿美元，资本和金融项目顺差 348 亿美元，国际储备增加了 473 亿美元。③ 2001 年，中国外汇储备由 1989 年的 55.5 亿美元增至 2500 亿美元，居世界第 2 位。④ 由于外资的积极参与，中国成为世界重要的生产制造基地之一，很多产品包括高新技术产品的产量跃居世界第一。

许多中国企业积极到境外投资办厂，进行经贸合作，多种形式的对外经济合作业务持续稳定增长。至 2001 年底，中国累计参与境外资源合作项目 195 个，总投资 46 亿美元；在境外设立各类企业 6610 家，协议投资总额 123 亿美元，其中中方投资额达 84 亿美元。⑤ 对外承包工程和劳务合作迅速发展，进入国际工程承包的世界 10 强。通过境外合资、境外借贷等直接方式，或者境外发行有价证券、离岸金融市场运作等间接方式吸收外资，用以收购兼并外国企业、开设跨国公司的海外机构及子企业。中国石油天然气集团公司、中国石油化工集团公司等一批大型骨干企业在实施海外投资战略中发挥了龙头作用，初具跨国公司雏形。

"引进来"和"走出去"相结合的开放战略促进了开放型经济的发展，使

---

① 《中国共产党的九十年》，中共党史出版社、党建读物出版社 2016 年版，第 832 页。
② 国家统计局：《中国统计年鉴（2002）》，中国统计出版社 2002 年版，第 629 页。
③ 国家统计局：《对外开放迈向新阶段》（2002 年 9 月 29 日），国家统计局网，http：//www.stats.gov.cn/zt_18555/ztfx/yjsld/202303/t20230301_1920318.html。
④ 《中国统计年鉴（2002）》，中国统计出版社 2002 年版，第 664 页。
⑤ 《中国共产党的一百年》，中共党史出版社 2022 年版，第 863 页。

全方位、多层次、宽领域的对外开放格局更加清晰。在对外开放中，中国通过引进外资，弥补了自身发展资金的不足；通过充分利用国际市场，促进了国内产业的发展；通过引进先进技术和设备及管理经验，提高了企业的生产技术水平和管理水平；通过积极开展国际经济合作，增强了企业的国际竞争力，与世界共同分享人类文明成果，提高了人力资源的素质。中国经济进一步融入经济全球化进程，获得了更广阔的发展空间。

四、人民生活总体上达到小康水平

2000 年是"九五"计划收官之年，完成"九五"计划与到 20 世纪末基本实现小康目标在时间节点上高度契合。2000 年，"九五"计划的主要任务完成或超额完成，国内生产总值达 89404 亿元，人均国民生产总值比 1980 年翻两番的目标在 1997 年提前 3 年完成。在经济持续增长和效益改善的基础上，2000 年国家财政收入达 13395 亿元，主要工农业产品产量位居世界前列，商品短缺状况基本结束。产业结构调整取得积极进展。粮食等主要农产品生产能力明显提高，实现了农产品供给由长期短缺到总量基本平衡、丰年有余的历史性转变。淘汰落后和压缩过剩工业生产能力取得成效，重点企业技术改造不断推进。信息产业等高新技术产业迅速成长。基础设施建设成绩显著，能源、交通、通信和原材料的"瓶颈"制约得到缓解。

在推进农村改革过程中，加大扶贫攻坚力度，效果明显。农村居民家庭人均纯收入和城镇居民家庭人均可支配收入，2000 年分别达到 2253 元和 6280 元。市场商品丰富，人民群众衣、食、住、行、用消费水平不断提高。城乡居民住房、电信和用电等生活条件有较大改善。居民储蓄存款余额、股票、债券等其他金融资产迅速增加。20 世纪 80 年代以来，党和政府在全国范围内开展了有组织、有计划的大规模扶贫工作。1994 年制定实施的《国家八七扶贫攻坚计划（1994—2000 年）》提出，力争用 7 年左右的时间，基本解决 8000 万农村贫困人口的温饱问题。到 2000 年底，全国农村没有解决温饱的贫困人口减少到 3209 万人，占农村人口的比重下降到 3.5% 左右。全国 592 个国家级贫困县生产生活条件明显改善，大部分行政村实现了通电、通路、通邮、通电话，贫困状况得到缓解。农村贫困人口大幅度减少，八七扶贫攻坚目标基本实现。

科技、教育加快发展，社会事业全面进步。"国家高技术研究发展计划"（"863"计划）顺利实施。航空航天、信息、新材料和生物工程等高技术领域收获一批重要成果。基础研究和应用研究取得新进展。部门所属应用型科研院所企业化改革基本完成，其他科研院所体制改革全面展开。科技成果市场化、产业化进程加快。各级各类教育全面发展。基本普及九年义务教育和基本扫除青壮年文盲的目标初步实现，高等教育管理体制改革取得重大进展，扩大高校招生规模受到群众普遍欢迎。

人口和计划生育工作取得新成绩，生态建设和环境保护力度明显加大，文化、卫生、体育等各项社会事业继续发展，廉政建设和反腐败斗争不断取得成效，社会治安综合治理进一步加强，社会主义精神文明建设和民主法制建设取得新进展，国防和军队建设迈出新步伐。

"九五"计划的完成，小康目标的基本实现，使人民生活总体上实现了由温饱到小康的历史性跨越，是改革开放和社会主义现代化建设事业取得的伟大成就，是中华民族发展史上的一个新的里程碑。中国现代化建设第二步战略目标的顺利实现，为实施"十五"计划、实现第三步战略目标奠定了良好基础。

"九五"期间，中国经济社会发展存在一些亟待解决的问题，主要是：产业结构不合理，地区经济发展不协调；国民经济整体素质不高，国际竞争力不强；社会主义市场经济体制尚不完善，阻碍生产力发展的体制因素仍很突出；科技、教育比较落后，科技创新能力较弱；重要资源短缺，部分地区生态环境恶化；就业压力加大，农民和城镇部分居民收入增长缓慢，收入差距拉大；一些领域市场经济秩序相当混乱，重大安全事故时有发生；贪污腐败、奢侈浪费现象和形式主义、官僚主义作风还比较严重。

面对发展中存在的问题和即将到来的21世纪，为适应我国社会主义市场经济体制初步建立和第二步战略目标实现以后的新要求，顺应人民群众新期待，2000年10月，中共十五届五中全会通过《中共中央关于制定国民经济和社会发展第十个五年计划的建议》。《建议》指出，从21世纪开始，我国将进入全面建设小康社会，加快推进社会主义现代化的新的发展阶段。今后五到十年，是我国经济和社会发展的重要时期，是进行经济结构战略性调整的重要时期，也是完善社会主义市场经济体制和扩大对外开放的重要时期。《建议》提出"十五"期间经济和社会发展的主要目标是：国民经济保持较快发展速度，经济结构战略性调整取得明显成效，经济增长质量和效益显著提高，为到2010年国内生产总值比2000年翻一番奠定坚实基础；国有企业建立现代企业制度取得重大进展，社会保障制度比较健全，完善社会主义市场经济体制迈出实质性步伐，在更大范围内和更深程度上参与国际经济合作与竞争；就业渠道拓宽，城乡居民收入持续增加，物质文化生活有较大改善，生态建设和环境保护得到加强；科技教育加快发展，国民素质进一步提高，精神文明建设和民主法制建设取得明显进展。根据中共中央的建议，国务院制定了《中华人民共和国国民经济和社会发展第十个五年计划纲要（草案）》。2001年3月，九届全国人大四次会议批准了这个计划纲要草案。

1991年，国家统计与计划、财政、卫生、教育等12个部门的研究人员组成了课题组，按照中央、国务院提出的小康社会的内涵确定了16个基本监测指标和小康临界值。这16个指标把小康的基本标准设定为：（1）人均国内生产总值2500元（按1980年的价格和汇率计算，2500元相当于900美元）；（2）城镇人均可支配收入2400元；（3）农民人均纯收入1200元；（4）城镇人均住房面积12平方米；（5）农村钢木结构住房人均使用面积15平方米；（6）人均蛋白质摄入量75克；（7）城市每人拥有铺路面积8平方米；（8）农村通公路行政村比重85%；（9）恩格尔系数50%；（10）成人识字率85%；（11）人均预期寿命70岁；（12）婴儿死亡率3.1%；（13）教育娱乐支出比重11%；（14）电视机普及率100%；（15）森林覆盖率15%；（16）农村初级卫生保健基本合格县比重100%。用综合评分方法对这16个指标进行测算，根据其结果，2001年7月，在庆祝中国共产党成立80周年大会上，江泽民宣布："十二亿多中国人不仅解决了温饱问题，而且总体上达到小康水平。"① 在新的世纪，中国就是在这个基础上全面建设小康社会。

继邓小平提出"中国式现代化"重大命题，制定中国式现代化"三步走"发展战略后，以江泽民同志为核心的党中央，高举中国特色社会主义伟大旗帜，明确了经济体制改革的目标是建立社会主义市场经济，并且逐步建立起社会主义市场经济体制。战胜在政治、经济领域和自然界出现的困难和风险，经受住一次又一次考验，在国内外形势十分复杂、世界社会主义出现严重曲折的严峻考验面前捍卫了中国特色社会主义，为中国式现代化的理论与实践积累了丰富的经验，作出了巨大的贡献。

---

① 《江泽民文选》第3卷，人民出版社2006年版，第268页。

第六章
中国式现代化的发展

2002年党的十六大以后，中国进入全面建设小康社会、加快推进社会主义现代化的新发展阶段。以胡锦涛同志为主要代表的中国共产党人团结带领人民，在全面建设小康社会进程中推进实践创新、理论创新、制度创新，深刻认识和回答了新形势下实现什么样的发展、怎样发展等重大问题，形成了科学发展观。中国抓住重要战略机遇期，坚持以人为本、全面协调可持续发展的科学发展观，着力保障和改善民生，促进社会公平正义，推进党的执政能力和先进性建设。在十分复杂的国内外形势下，中国人民经受住了严峻考验，战胜"非典"疫情，取得抗击汶川特大地震等严重自然灾害的重大胜利。中国国家经济实力和综合国力大幅度提升，人民生活水平大大提升，总体上实现了由温饱到小康的历史性跨越，在新的形势下坚持和发展了中国式现代化。

第一节 推动经济又好又快发展

进入新世纪新阶段，世界多极化和经济全球化在曲折中发展，科技进步日新月异，综合国力竞争日趋激烈。在全面深刻分析国内外形势的基础上，中国共产党制定了全面建设小康社会的中国式现代化发展目标，转变经济发展方式，推动经济又好又快发展。

一、全面建设小康社会目标的提出

在实现中华民族伟大复兴的征途上，经过全党和全国各族人民的共同努力，我国完成了国民经济和社会发展的第九个五年计划，实现了社会主义现代化建设"三步走"战略的第二步目标。到 2000 年底，初步建立起社会主义市场经济体制，人民生活总体上达到小康水平。但必须看到，我国仍处于并将长期处于社会主义初级阶段，达到的还是低水平的、不全面的、发展很不平衡的小康。

2002 年 11 月，党的十六大提出了全面建设小康社会的奋斗目标，并从经济、政治、文化等方面勾画了宏伟蓝图，强调在优化结构和提高效益的基础上，国内生产总值到 2020 年力争比 2000 年翻两番。大会指出，综观全局，21 世纪头 20 年，对我国来说，是一个必须紧紧抓住并且可以大有作为的重要战略机遇期。要集中力量，全面建设惠及十几亿人口的更高水平的小康社会，使经济更加发展、民主更加健全、科教更加进步、文化更加繁荣、社会更加和谐、人民生活更加殷实。这是实现现代化建设第三步战略目标必须经过的承上启下的发展阶段，也是完善社会主义市场经济体制和扩大开放的关键阶段。经过这个阶段的建设，再继续奋斗几十年，到 21 世纪中叶基本实现现代化，把我国建成富强民主文明的社会主义国家。① 大会指出，贯彻"三个代表"重要思想，关键在坚持与时俱进，核心在坚持党的先进性，本质在坚持执政为民。大会通过《中国共产党章程（修正案）》，把"三个代表"重要思想确立为党的指导思想并载入党章。

变革的时代产生创新的思想，思想的创新推动时代的变革。2003 年 2 月中下旬，一场突如其来的"非典"疫情袭来，4 月中下旬波及全国 26 个省、自治区、直辖市，对人民群众的身体健康和生命安全构成严重威胁，给经济社会发展带来严重冲击。中共中央、国务院坚持把人民群众的身体健康和生命安全放在第一位，及时作出坚持一手抓防治工作这件大事不放松，一手抓

---

① 《十六大以来重要文献选编》（上），中央文献出版社 2005 年版，第 14—15 页。

经济建设这个中心不动摇，齐心协力夺取抗击"非典"和促进发展双胜利的重大决策。全国各族人民大力弘扬万众一心、众志成城、团结互助、和衷共济，迎难而上、敢于胜利的精神，举国上下紧急动员，坚持群防群控，携手共克时艰，有效控制了"非典"疫情，保持了经济较快增长。

抗击"非典"的胜利，充分显示出中国特色社会主义制度的巨大优越性。同时，"非典"的发生和蔓延，也暴露出经济高速发展中存在的经济社会不够协调、突发事件应急机制不健全等新矛盾新问题，"实现什么样的发展、怎样发展"这一重大理论和实践问题，历史地摆到了中国共产党人面前。2003年4月，胡锦涛在抗击"非典"的关键时刻提出"坚持全面的发展观"；4个月后，他在江西调研时又提出"牢固树立协调发展、全面发展、可持续发展的科学发展观"；半年后，十六届三中全会第一次在党的正式文件中完整地提出了科学发展观。

以胡锦涛同志为主要代表的中国共产党人，积极探索符合实际的发展新路子。2006年10月，党的十六届六中全会通过《中共中央关于构建社会主义和谐社会若干重大问题的决定》，指出社会和谐是中国特色社会主义的本质属性，到2020年，实现全面建设惠及十几亿人口的更高水平的小康社会的目标，努力形成全体人民各尽其能、各得其所而又和谐相处的局面。[1] 中国特色社会主义事业的总体布局由经济建设、政治建设、文化建设"三位一体"发展为经济建设、政治建设、文化建设、社会建设"四位一体"。

2007年10月，党的十七大把科学发展观写入党章，明确科学发展观第一要义是发展，核心是以人为本，基本要求是全面协调可持续，根本方法是统筹兼顾。大会对实现全面建设小康社会的宏伟目标作出全面部署，在经济、政治、文化、社会、生态文明等五个方面提出新要求，提出"实现人均国内生产总值到二〇二〇年比二〇〇〇年翻两番"[2]的更高要求，使全面建设小康社会的目标更全面、内涵更丰富、要求更具体。

---

[1]《十六大以来重要文献选编》（下），中央文献出版社2008年版，第648、651页。
[2]《十七大以来重要文献选编》（上），中央文献出版社2009年版，第15页。

二、转变经济发展方式

改革开放以来,中国经济在保持较高增长速度的同时,能源、资源、环境、技术的瓶颈制约日益突出,实现可持续发展压力增大。为克服传统工业化道路大量消耗资源、能源的弊端,党的十六大作出了走新型工业化道路的重大决策,决心走出一条科技含量高、经济效益好、资源消耗低、环境污染少、人力资源优势得到充分发挥的新型工业化道路。

2003年10月,党的十六届三中全会通过《中共中央关于完善社会主义市场经济体制若干问题的决定》,将科学发展观确定为深化经济体制改革、统领经济和社会发展的指导思想和原则,提出完善社会主义市场经济体制的主要目标是:按照统筹城乡发展、统筹区域发展、统筹经济社会发展、统筹人与自然和谐发展、统筹国内发展和对外开放的要求,更大程度地发挥市场在资源配置中的基础性作用,增强企业活力和竞争力,健全国家宏观调控体系,完善政府社会管理和公共服务职能,为全面建设小康社会提供强有力的体制保障。①

为完善社会主义市场经济体制,中共中央、国务院相继作出一系列重大决策和部署,经济体制改革向财税、金融、投资、健全市场要素等重点领域和关键环节稳步推进。通过重点领域和关键环节的改革,以及宏观调控的有效实施、指导方针的适时调整,经济运行中的一些突出矛盾得到缓解,国民经济保持了增长较快、结构趋优、效益提高的良好态势,没有出现大的起落。

"十五"计划确定的主要发展目标提前实现,为"十一五"时期的发展奠定了良好基础。五年间,国内生产总值增长57.3%,年均增长9.5%,城乡人民生活进一步改善。站在一个新的历史起点上,2006年3月,十届全国人大四次会议批准了《中华人民共和国国民经济和社会发展第十一个五年规划纲要》。根据中共中央的建议,《纲要》强调坚持以科学发展观统领经济社会发

---

① 《十六大以来重要文献选编》(上),中央文献出版社2005年版,第465页。

展全局,把科学发展观贯穿于改革开放和现代化建设全过程,提出在优化结构、提高效益、降低消耗的基础上,实现 2010 年人均国内生产总值比 2000 年翻一番。这些新要求集中体现了科学发展观的本质要求和基本精神,反映了我国发展理念、经济体制、政府职能的重大变革。

2006 年 10 月,党的十六届六中全会提出"促进经济又好又快发展"的新要求。经济发展的指导方针从持续使用多年的"又快又好"调整到"又好又快",既要保持经济平稳较快增长,又要提高质量和效益,体现了科学发展的内在要求。2007 年,党的十七大提出加快转变经济发展方式的战略任务。

在推动经济又好又快发展、全面建设小康社会的进程中,2008 年爆发了一场席卷全球的金融危机。中国密切关注国际金融危机,特别是对经济发展带来的风险和冲击,并采取了一系列应对方针政策和措施。从 2009 年第二季度起,中国经济止跌回升,2009 年末在全球率先实现回升向好,全年经济增长 9.2%,与世界经济下降 0.6% 形成鲜明对照。2010 年,中国国内生产总值超过日本,成为世界第二大经济体,中国成为世界经济增长的主要稳定器和动力源。由于金融危机事发突然,同时我国经济发展中仍存在不少突出的矛盾和问题,其间采取的一些经济刺激政策会有一个消化的过程,因此要从根本上促进经济平稳健康发展,就必须继续推进和深化改革。

国际金融危机的冲击,使我国内需外需不平衡、投资消费不协调、产业结构不合理、发展方式不可持续的问题进一步凸显出来。2010 年 10 月召开的党的十七届五中全会明确指出,加快转变经济发展方式是做好"十二五"时期经济社会发展工作的主线,要求坚持把经济结构战略性调整作为主攻方向,坚持把科技进步和创新作为重要支撑,坚持把保障和改善民生作为根本出发点和落脚点,坚持把建设资源节约型、环境友好型社会作为重要着力点,坚持把改革开放作为强大动力。① 按照这一要求,党和国家相继采取一系列措施,坚持实施扩大内需战略,坚持走中国特色新型工业化道路,扎实推进节能减排和生态环境保护,深入实施区域发展总体战略,积极稳妥推进城镇化,推

---

① 《十七大以来重要文献选编》(中),中央文献出版社 2011 年版,第 1004 页。

动经济发展方式转变迈出了新步伐。

经济快速发展需要科技创新提供动力，同时又为科技进步提供了条件。继 2005 年提出建设创新型国家后，2012 年，中央进一步提出实施创新驱动发展战略。在创新战略推动下，我国科技投入持续增加，重要学科前沿和战略必争领域取得一批重大自主创新成果，载人航天、探月工程、北斗导航、超级计算机等实现重大突破。到 2011 年，我国已成为世界第一电子信息制造大国，计算机、移动电话、电视机等电子产品产量居世界第一，建成了全球最大的宽带通信网络，互联网网民数量居世界第一位。中国科技进步贡献率从 2012 年的 52.2% 迅速增至 2020 年的超过 60%，实现了到 2020 年进入创新型国家行列、科技进步贡献率达到 60% 的目标。世界知识产权组织发布的全球创新指数报告显示，中国创新能力综合排名由 2012 年的第 34 位上升到 2020 年的第 14 位，是前 30 位中唯一的中等收入经济体。

三、统筹城乡、区域协调发展

城乡、区域发展不平衡，是制约我国经济社会发展的突出问题，统筹城乡、区域发展是推动科学发展、促进社会和谐的一项重要任务。党的十六大首次提出统筹城乡经济社会发展的要求，新世纪新阶段中国对统筹城乡、区域协调发展作出新的决策部署。

经过几十年的发展，我国在总体上已进入以工促农、以城带乡的发展阶段。党的十六届四中全会深刻分析一些国家的工业化发展历程，明确提出"两个趋向"的重要论断，即"在工业化初始阶段，农业支持工业、为工业提供积累是带有普遍性的趋向；但在工业化达到相当程度以后，工业反哺农业、城市支持农村，实现工业与农业、城市与农村协调发展，也是带有普遍性的趋向"[①]。因此，必须统筹城乡经济社会发展，把解决好农业、农村和农民问题作为全党工作的重中之重，坚持"多予、少取、放活"的方针，努力增加农民收入。从 2004 年起，中央每年都印发有关"三农"问题的"一号文件"。

---

① 《十六大以来重要文献选编》（中），中央文献出版社 2006 年版，第 311 页。

2005年10月，党的十六届五中全会明确提出建设社会主义新农村的重大战略任务，对社会主义新农村建设作了部署。

国家还采取一系列重大措施，切实减轻农民负担。自2006年1月1日起废止《中华人民共和国农业税条例》，取消农业税，终结了中国历史上存在2000多年的"皇粮国税"。农业税及各种附加收费的取消，根本性地扭转了农民负担过重的状况，给亿万农民带来了看得见、摸得着的实惠。2007年，党的十七大提出建立以工促农、以城带乡长效机制，形成城乡经济社会发展一体化新格局。[①]2008年1月1日起施行的《中华人民共和国城乡规划法》通过优化城乡结构和布局，引导城镇化健康有序发展。国家还进行了包括乡镇机构、农村义务教育、县乡财政管理体制改革在内的农村综合改革和集体林权制度改革。

为了推动区域协调发展，除了继续实施西部大开发战略，中央又作出振兴东北地区等老工业基地、促进中部地区崛起等重大决策。

西部大开发战略在世纪之交实施后，按照重点先行、适当超前的方针，西部地区基础设施建设取得重要进展，重点建设了西电东送、西气东输、青藏铁路等标志性工程。2006年7月1日，经过工人、技术人员在恶劣的自然条件下完成的一系列极其艰苦的施工，在攻克了多年冻土、高寒缺氧、生态脆弱三大世界性工程技术难题后，青藏铁路终于全线建成通车。青藏铁路全长1956公里，是世界上海拔最高、线路最长的高原铁路。这些工程的建成，有利于将西部能源资源优势转化为经济优势。

在深入实施西部大开发战略的同时，党中央着眼于实现区域协调发展，相继作出振兴东北地区等老工业基地、促进中部地区崛起等重大决策，形成并丰富了区域发展总体战略。东北地区通过实施工业结构调整重大项目，大庆油田、中国一汽等一批重点企业技术水平有了显著提高，自主创新和先进制造能力不断增强，辽宁阜新等一批资源型城市经济转型试点工作取得阶段性成果。中部地区在中央的支持下全力实现崛起，一批具有竞争力的优势产业和产品不断涌现，城市群、城市带和城市圈加快形成，承东启西的区位优

---

① 《十七大以来重要文献选编》（上），中央文献出版社2009年版，第18页。

势进一步凸显。国家继续支持东部地区率先发展，在继续发挥经济特区、上海浦东新区改革开放示范作用的基础上，还积极推动长江三角洲、珠江三角洲、台湾海峡西岸等重点地区的开发开放，长三角、珠三角和京津冀三大都市圈始终保持我国经济发展的"三大引擎"地位。

为进一步推进区域协调发展，2010年12月，国务院制定并印发了《全国主体功能区规划》。随着以上发展战略的实施，中西部地区、东北地区均呈现加速发展态势，区域协调发展取得明显成效。

四、建设资源节约型、环境友好型社会

进入21世纪，由于粗放型经济增长方式没有从根本上改变，生态环境整体功能下降，我国发展面临着越来越突出的资源环境制约，人民群众对解决生态环境问题的要求越来越迫切。加大环境保护力度，切实保护好自然生态，已成为刻不容缓的战略任务。

2002年11月，党的十六大报告要求可持续发展能力不断增强，生态环境得到改善，资源利用效率显著提高，促进人与自然的和谐，推动整个社会走上生产发展、生活富裕、生态良好的文明发展道路。[①] 2005年，《中共中央关于制定国民经济和社会发展第十一个五年规划的建议》明确提出："加快建设资源节约型、环境友好型社会，促进经济发展与人口、资源、环境相协调。"[②]

要实现全面建设小康社会的现代化奋斗目标，必须把环境保护摆在更加重要的战略位置。2006年召开的第六次全国环境保护大会明确提出，做好新形势下的环保工作，关键在于加快实现"三个转变"：从重经济增长轻环境保护转变为保护环境与经济增长并重，从环境保护滞后于经济发展转变为环境保护和经济发展同步推进，从主要用行政办法保护环境转变为综合运用法律、经济、技术和必要的行政办法解决环境问题。2007年，党的十七大把建设资源节约型、环境友好型社会写入党章。2011年召开的第七次全国环境保护大

---

① 《十六大以来重要文献选编》（上），中央文献出版社2005年版，第15页。
② 《十六大以来重要文献选编》（中），中央文献出版社2006年版，第1064页。

会提出，要积极探索代价小、效益好、排放低、可持续的环境保护新道路。

这一时期，国家不断加强环保立法，加强环保规划。全国人大相继制定通过了《清洁生产促进法》《环境影响评价法》《放射性污染防治法》《可再生能源法》《循环经济促进法》，修订了《固体废物污染环境防治法》《水污染防治法》等法律，并在发展中国家中第一个制定并实施应对气候变化国家方案。国务院出台了《排污费征收使用管理条例》《全国污染源普查条例》等多项行政法规。经过不懈努力，中国初步形成了适应经济社会发展需要的环境法律和标准体系。

中国的环保管理机构逐步建立健全，环保投入力度不断加大。国家环境保护局1998年升格为总局，2008年进一步升格为环境保护部。与此相对应，省、市、县人民政府成立环境保护行政主管部门，并充实人员编制，加强机构队伍建设。各级财政对环保的投入逐年增加。"十一五"时期，中央财政环保投资是"十五"时期投资的近3倍，带动全社会环保投入达2.16万亿元，有力推动了环保基础设施和能力建设。

加大环境保护执法力度。2005年底，因严重违反环保法律法规，国家环保总局叫停30个总投资达1179亿元的在建项目。对此，群众拍手称快，称赞环保行动开始动真格的了。"十一五"期间，环保部门在国家层面对不符合要求的822个项目环评文件作出不予受理、不予审批或暂缓审批等决定，涉及投资近3.2万亿元。2007年，国务院印发《节能减排综合性工作方案》，在全国范围内组织开展"节能减排全民行动"。"十一五"期间，全国二氧化硫和化学需氧量排放总量累计分别下降14.29%和12.45%，均超额完成10%的减排任务。

大力加强生态工程建设。国家以六大林业工程为重点，大力推进生态建设。在一些重大工程建设中，从设计到施工都注意对生态环境的保护。在青藏铁路建设中，为藏羚羊迁徙预留了33条通道。为积极应对全球气候变化问题，加快发展绿色低碳能源，加大对发展清洁能源和可再生能源的支持力度。到2010年，我国核电在建规模、水电装机容量、可再生能源装机容量、农村沼气用户量均居世界第一位。全国森林覆盖率从2004年的18.2%上升到2012

年的 21.6%,沙化土地实现了从"沙进人退"到"人进沙退"的历史性转变,环境保护变成实实在在的行动。

第二节 加强党的执政能力和社会主义民主法治建设

面对执政条件和社会环境的深刻变化,中国共产党要带领全国各族人民全面建设小康社会、加快推进社会主义现代化,必须加强执政能力建设,坚持走中国特色社会主义政治发展道路。中国共产党以执政能力建设和先进性建设为主线,全面推进党的建设新的伟大工程,把党的领导、人民当家作主和依法治国统一起来,把民主法治建设和政治体制改革摆在改革发展全局的重要位置加以推进,全面落实依法治国方略。

一、加强党的执政能力和先进性建设

新世纪新阶段全面建设小康社会,对党的执政能力提出了新的更高要求。2002 年 11 月,党的十六大提出"加强党的执政能力建设"的命题,要求各级党委和领导干部要增强执政意识,不断提高科学判断形势的能力、驾驭市场经济的能力、应对复杂局面的能力、依法执政的能力和总揽全局的能力。[①]2004 年 9 月,党的十六届四中全会通过的《中共中央关于加强党的执政能力建设的决定》对加强党的执政能力建设作了全面部署,把提高构建社会主义和谐社会能力确定为加强党的执政能力建设的重要内容,要求通过全党共同努力,使党始终成为立党为公、执政为民的执政党,成为科学执政、民主执政、依法执政的执政党,成为求真务实、开拓创新、勤政高效、清正廉洁的执政党。[②]党中央坚持以执政能力建设和先进性建设为主线,紧密结合治国理政实践,继续全面推进党的建设新的伟大工程。

贯彻落实党的十六大和十六届四中全会要求,党领导国家立法机关科学

---

① 《十六大以来重要文献选编》(上),中央文献出版社 2005 年版,第 95 页。
② 《十六大以来重要文献选编》(中),中央文献出版社 2006 年版,第 276 页。

立法、民主立法，修订了宪法和人民代表大会选举法、组织法，颁布了各级人大常委会监督法，完善了根本政治制度，使党的执政体制更加健全，从而为加强党的执政能力建设提供了规范的法律框架。党中央还先后就深化行政管理体制和机构改革，加强人民政协及人民法院、人民检察院工作作出部署，把党的领导、人民当家作主和依法治国有机统一起来，扩大了人民民主，使党的科学执政、民主执政、依法执政的能力不断提高。

为确保党始终走在时代前列，2004年11月，中共中央印发文件，对在全党开展以实践"三个代表"重要思想为主要内容的保持共产党员先进性教育活动作出部署，着力解决党员和党组织在思想、组织、作风以及工作方面存在的突出问题。在先进性教育活动中，涌现出以"人民的好公仆"郑培民、"人民的忠诚卫士"任长霞等为代表的一大批优秀共产党员，体现了当代中国共产党人的先进性。

党的十七大在把科学发展观写入党章的同时，作出在全党开展深入学习实践科学发展观活动的部署。从2008年9月到2010年2月底，全党开展深入学习实践科学发展观活动。这次学习实践活动紧紧围绕党员干部受教育、科学发展上水平、人民群众得实惠的总要求，基本实现了提高思想认识、解决突出问题、创新体制机制、促进科学发展、加强基层组织的目标。在学习实践活动中，党中央根据世情、国情、党情变化，就如何加强和改进新形势下党的建设作出新的决策部署，在2009年召开的十七届四中全会上提出提高党的建设科学化水平这个重大命题和重大任务。

党的十六大以后，新一届中共中央政治局建立了集体学习制度。从2002年12月26日举行第一次集体学习开始，十六届中共中央政治局共举行了44次集体学习。2009年9月，党的十七届四中全会作出建设马克思主义学习型政党的重大决策。会议通过《关于加强和改进新形势下党的建设若干重大问题的决定》，强调要建设马克思主义学习型政党，坚持和健全民主集中制，加快推进惩治和预防腐败体系建设，不断提高党的建设科学化水平。

与保持党的先进性、提高党的执政能力建设相辅相成的，就是加强党风廉政建设和反腐败工作。党的十六大以后，中共中央注重反腐败制度的建设和创新，着力从源头上预防和解决腐败问题，建立健全与社会主义市场经济体制相适应的教育、制度、监督并重的惩治和预防腐败体系。党和国家先后出台了一系列法规，不断充实和完善反腐倡廉制度体系的内容，初步形成了以党章为核心、以监督条例为主干、以一系列配套规定为重要补充的党内监督法规制度体系。经过全党全社会的共同努力，党风廉政建设和反腐败工作取得明显成效，为党和国家事业发展提供了有力保障。但也要看到，滋生腐败的土壤依然存在，一些领域消极腐败现象易发多发，反腐败斗争形势依然严峻。坚决遏制腐败蔓延势头，还需要付出艰辛努力。

二、发展中国特色社会主义民主政治

党的十六大把发展社会主义民主政治，建设社会主义政治文明，作为全面建设小康社会的重要目标，强调发展社会主义民主政治，最根本的是要把坚持党的领导、人民当家作主和依法治国有机统一起来。[①] 在此基础上，党的十七大提出人民民主是社会主义的生命，发展社会主义民主政治是我们党始终不渝的奋斗目标；强调要坚持中国特色社会主义政治发展道路，不断推进社会主义政治制度自我完善和发展。中共中央、国务院在积极推动经济发展的同时，努力推动中国社会主义民主政治建设不断向前发展。

一是坚持和完善人民代表大会制度。自 2002 年起，全国人大常委会逐步实行听证会制度。2003 年，十届全国人大常委会对《中华人民共和国选举法》进行修改，在基层人大代表选举中引入预选制度，让被选举人与选民见面，确保人大代表选举公正。2010 年 3 月，十一届全国人大三次会议通过新修订的《中华人民共和国全国人民代表大会和地方各级人民代表大会选举法》，在城镇化不断推进、城乡人口结构比例发生巨大变化的背景下，明确全国实行城乡按相同人口比例选举人大代表。2011 年上半年到 2012 年底，全国完成修改选举法后的首次县乡两级人大换届选举，实现了新中国历史上城乡"同票同权"，人人平等、地区平等、民族平等原则得到了更好的体现。

---

① 《十六大以来重要文献选编》（上），中央文献出版社 2005 年版，第 24 页。

二是完善中国共产党领导的多党合作和政治协商制度。2005年2月,中共中央颁布《关于进一步加强中国共产党领导的多党合作和政治协商制度建设的意见》,为各民主党派和无党派人士参政议政和发挥监督作用创造了更为广阔的空间。2006年2月,中共中央印发《关于加强人民政协工作的意见》,进一步推进人民政协政治协商、民主监督、参政议政的制度化、规范化和程序化建设。中共中央在作出重大决策之前,邀请各民主党派中央领导人和无党派人士召开民主协商会、座谈会,把政治协商纳入决策程序。党的十七大以后,专题协商、界别协商、对口协商、提案办理协商等协商平台得以创立和广泛运用,协商民主在实践中有了进一步发展,人民政协作为中国共产党领导的多党合作和政治协商重要机构的作用日益突出。

三是巩固和完善民族区域自治制度。2005年5月,国务院颁布的《实施〈中华人民共和国民族区域自治法〉若干规定》开始实施,以制定自治条例和单行条例为主要内容的地方民族立法取得了新的进展,逐步建立健全了与之配套的法规体系和监督机制。截至2012年10月,民族自治地方共制定自治条例、单行条例和变通或补充规定近700个,中国民族法律法规体系初步建立,依法办事逐渐成为处理民族问题、开展民族工作的重要手段。

四是确立基层群众自治为国家基本政治制度。2002年,党的十六大提出"扩大基层民主,是发展社会主义民主的基础性工作",要求健全基层自治组织和民主管理制度,保证人民群众依法直接行使民主权利。2007年,党的十七大首次将基层群众自治制度纳入中国特色社会主义民主政治制度的基本范畴,作为发展社会主义民主政治的基础性工程重点推进。[1]为了保障农村村民实行自治,2010年10月28日,第十一届全国人大常委会第十七次会议修订通过《中华人民共和国村民委员会组织法》,将村民委员会定位为"村民自我管理、自我教育、自我服务的基层群众性自治组织",实行民主选举、民主决策、民主管理、民主监督。随着城市化进程加快,村民委员会连续减少,居民委员会逐年增加。中国建立起以农村村民委员会、城市居民委员会和企

---

[1]《十七大以来重要文献选编》(上),中央文献出版社2009年版,第23页。

事业单位职工代表大会为主要内容的基层民主自治体系，城乡基层群众自治制度日益完善。

三、推进依法治国基本方略

在中国式现代化的发展进程中，社会主义法治建设继续向前迈进。2002年，党的十六大把"社会主义法制更加完备，依法治国的基本方略得到全面落实"作为全面建设小康社会的目标，要求"到2010年形成中国特色社会主义法律体系"。[①]

加强和改进立法工作，社会主义法律体系基本形成。2003年3月，十届全国人大常委会第一次会议工作报告指出，构成中国特色社会主义法律体系的各个法律部门已经齐全，以宪法为核心的中国特色社会主义法律体系已经初步形成。在"初步形成"的基础上，十届全国人大及其常委会完成每个法律部门中支架性的、现实急需的、条件成熟的法律的制定和修改工作。2004年3月，国务院印发了《全面推进依法行政实施纲要》，确立了建设法治政府的目标。2007年召开的党的十七大明确提出全面落实依法治国基本方略，并对加强社会主义法治建设作出了全面部署。到2010年底，如期形成以宪法为统帅，以宪法相关法、民法商法等多个法律部门的法律为主干，由法律、行政法规、地方性法规等多个层次的法律规范构成的中国特色社会主义法律体系，国家和社会生活各方面总体上实现了有法可依。这是我国社会主义民主法制建设史上的重要里程碑，是中国特色社会主义制度逐步走向成熟的重要标志。截至2011年8月底，中国已制定宪法和现行有效法律240部、行政法规706部、地方性法规8600多部，涵盖社会关系各个方面的法律部门已经齐全，各法律部门中基本的、主要的法律已经制定，相应的行政法规和地方性法规比较完备。[②]

作为依法治国的重要组成部分，建设法治政府、依法行政也取得了明显

[①]《十六大以来重要文献选编》（上），中央文献出版社2005年版，第15、26页。
[②] 国务院新闻办公室：《中国特色社会主义法律体系》，人民出版社2011年版，第10页。

进展。2004年3月22日，国务院印发《全面推进依法行政实施纲要》，全面推进依法行政，建设法治政府，明确提出"经过十年左右坚持不懈的努力，基本实现建设法治政府的目标"[①]。为了贯彻落实《实施纲要》，国务院又先后重点抓了行政审批制度改革、行政执法责任制、行政复议、市县基层政府依法行政等工作。自行政处罚法、行政许可法等一系列重要法律颁布之后，一批规范行政行为的法律法规相继出台，行政听证、告知和申辩、信息公开等行政程序相继确立，标志着我们在依法行政、建立法治政府方面取得了初步成果。

适应实施依法治国方略的需要，国家稳步推进司法建设与司法改革，树立社会主义法治理念。党的十六大作出"推进司法体制改革"的决策，明确了司法体制改革的任务和要求。2003年，中央司法体制改革领导小组成立，具体负责领导和部署司法体制改革。2004年，大规模司法改革启动。12月，中共中央转发《中央司法体制改革领导小组关于司法体制和工作机制改革的初步意见》，提出了10个方面的35项改革任务。2007年，党的十七大报告进一步作出"深化司法体制改革"的决策，要求优化司法职权配置，规范司法行为，建设公正高效权威的社会主义司法制度。[②] 从2008年开始启动第二轮司法改革，以"优化司法职权配置、完善宽严相济刑事政策、加强政法队伍建设、改革司法保障体制"为重点，司法体制改革进入重点深化、系统推进的阶段。最高人民法院、最高人民检察院分别颁布《人民法院第二个五年改革纲要（2004—2008）》《人民法院第三个五年改革纲要（2009—2013）》《关于进一步深化检察改革的三年实施意见》。实施依法治国基本方略、建设社会主义法治国家，既要积极加强法制建设，又要牢固树立社会主义法治理念。

2005年底，在总结我国法治建设实践经验、借鉴世界法治文明优秀成果的基础上，中共中央作出了树立社会主义法治理念的重大决策。坚持社会主义法治理念，就是坚持以依法治国为核心内容，以执法为民为本质要求，

[①] 《十六大以来重要文献选编》（中），中央文献出版社2006年版，第3—4页。
[②] 《十七大以来重要文献选编》（上），中央文献出版社2009年版，第24页。

以公平正义为价值追求，以服务大局为重要使命，以党的领导为根本保证。2007 年底，中共中央进一步提出要坚持党的事业至上、人民利益至上、宪法法律至上。

四、建设服务型政府

深化行政管理体制，建设服务型政府，是发展社会主义市场经济和社会主义现代化建设的必然要求。为适应加入世贸组织的新要求，着力解决经济社会发展的突出问题，2002 年 11 月召开的党的十六大提出深化行政管理体制改革的任务，要求进一步转变政府职能，改进管理方式，形成"行为规范、运转协调、公正透明、廉洁高效的行政管理体制"①，第一次把"公共服务"和"经济调节、市场监管、社会管理"并列为政府职能。2003 年 3 月 10 日，十届全国人大一次会议通过《国务院机构改革方案》，对国有资产管理、宏观调控、金融监管、流通管理、食品安全、人口与计划生育等方面的体制进行了调整。改革后，除国务院办公厅外，国务院组成部门共有 28 个。

2003 年 10 月，党的十六届三中全会审议通过了《中共中央关于完善社会主义市场经济体制若干问题的决定》，要求加快转变政府职能，深化行政审批制度改革，切实把政府经济管理职能转到主要为市场主体服务和创造良好发展环境上来。②完善社会主义市场经济，要求实现政府角色的转变，确立服务型政府的新定位。增强政府服务职能，首要的是深化行政审批制度改革，从"全能型"转向"服务型"，增强政府决策的规范化、透明度和公众参与度。

2006 年 10 月，党的十六届六中全会通过《中共中央关于构建社会主义和谐社会若干重大问题的决定》，对建设服务型政府进一步提出新的要求，按照转变职能、权责一致、强化服务、改进管理、提高效能的要求，深化行政管理体制改革，优化机构设置，更加注重履行社会管理和公共服务职能。③

在这些探索实践的基础上，2007 年 10 月召开的党的十七大进一步明确提

---

① 《十六大以来重要文献选编》（上），中央文献出版社 2005 年版，第 27 页。
② 《十六大以来重要文献选编》（上），中央文献出版社 2005 年版，第 471 页。
③ 《十六大以来重要文献选编》（下），中央文献出版社 2008 年版，第 663 页。

出,加快行政管理体制改革,建设服务型政府;加大机构整合力度,探索实行职能有机统一的大部门体制,健全部门协调配合机制。在政府机构设置上,将职能相近的政府部门进行合并,拓宽管理幅度,简化公务手续和环节,提高政策执行效能。

建设服务型政府,必须抓紧制定行政管理体制改革总体方案,着力转变职能、理顺关系、优化结构、提高效能,形成权责一致、分工合理、决策科学、执行顺畅、监督有力的行政管理体制。2008年2月,党的十七届二中全会通过《关于深化行政管理体制改革的意见》,提出按照建设服务政府、责任政府、法治政府和廉洁政府的要求,到2020年建立起比较完善的中国特色社会主义行政管理体制,[1]为改革开放和社会主义现代化建设提供重要制度保障。

2008年3月,十一届全国人大一次会议审议通过《国务院机构改革方案》,围绕转变政府职能和理顺部门职责关系,探索实行职能有机统一的大部门体制,合理配置宏观调控部门职能,加强能源环境管理机构,整合完善工业和信息化、交通运输行业管理体制,以改善民生为重点加强与整合社会管理和公共服务部门。[2]此次国务院机构改革涉及调整变动的机构共15个,正部级机构减少4个,除国务院办公厅外,国务院组成部门设置27个。[3]这次改革还着力理顺部门职责关系,进一步明确部门职责分工,集中解决了宏观调控、环境资源、涉外经贸、市场监管、文化卫生等领域70多项职责交叉和关系不顺问题。全国各地都把探索大部门体制、综合设置机构作为重点,积极统筹推进地方政府机构改革,并于2009年底前基本完成。

围绕转变政府职能和理顺部门职责关系,各地方、各部门不断创新行政许可方式和行政许可实施机制,健全政府职责体系,完善公共服务体系。加快推进政企分开、政资分开、政事分开、政府与市场中介组织分开,减少和规范行政审批,减少政府对微观经济运行的干预。2008年以后的5年内,分两轮取消和调整行政审批事项498项,国务院各部门取消和调整的审批项目

---

[1] 《十七大以来重要文献选编》(上),中央文献出版社2009年版,第269页。
[2] 参见华建敏:《关于国务院机构改革方案的说明》,《人民日报》2008年3月12日。
[3] 《十七大以来重要文献选编》(上),中央文献出版社2009年版,第355—357页。

总数达到 2497 项，占原有审批项目的 69.3%。[①] 各地方、各部门不断创新行政许可方式和行政许可实施机制，一些地方引入现代企业优化业务流程的理念和方法，对政府部门原有的审批流程进行全面梳理，实现了审批层次、环节的大幅精简，提高了审批效能。到 2010 年，全国已经建立了 2.8 万个综合性行政服务中心，采取"一个窗口对外""一站式办公""一门受理、简化表格、并联审核、一口收费"等方式，简化办事程序，方便人民群众。服务型政府建设取得重要进展。

第三节 文化繁荣发展和构建社会主义和谐社会

顺应新世纪新阶段的形势发展变化和人民群众精神文化需求，中国共产党进一步深化文化体制改革，将公共文化服务置于优先地位，作出了建设社会主义文化强国的重大战略决策，促进文化事业和文化产业共同发展，推动社会主义文化的发展繁荣。为有效解决经济社会发展"一条腿长、一条腿短"的问题，在发展经济的同时，加快了以改善民生为重点的社会建设步伐，推动社会主义和谐社会建设，把保障和改善民生作为一切工作的出发点和落脚点，逐步健全公共服务体系，加强和创新社会管理，保障全体人民切实共享现代化建设的成果。

一、建设社会主义核心价值体系

进入 21 世纪，世界多极化和经济全球化的趋势深入发展，科技进步日新月异，国际环境复杂多变，综合国力竞争日趋激烈，文化越来越成为民族凝聚力和创造力的重要源泉、越来越成为综合国力竞争的重要因素，丰富精神文化生活越来越成为我国人民的热切愿望。随着改革开放和社会主义市场经济的进一步发展，人们思想活动的独立性、选择性、多变性和差异性不断增强，迫切需要建设社会主义核心价值体系，增强社会主义意识形态的吸引力

[①]《十八大以来重要文献选编》（上），中央文献出版社 2014 年版，第 178 页。

和凝聚力,打牢全党全国各族人民团结奋斗的思想道德基础。

建设和谐文化是构建社会主义和谐社会的重要任务,社会主义核心价值体系是建设和谐文化的根本。2006年10月召开的党的十六届六中全会围绕构建和谐社会的主题,提出和阐发了建设社会主义核心价值体系的任务,指出"马克思主义指导思想,中国特色社会主义共同理想,以爱国主义为核心的民族精神和以改革创新为核心的时代精神,社会主义荣辱观,构成社会主义核心价值体系的基本内容"[①];要求把社会主义核心价值体系融入国民教育和精神文明建设全过程、贯穿于现代化建设各方面。党的十七大强调,中华民族伟大复兴必然伴随着中华文化繁荣昌盛,要更加自觉、更加主动地推动文化大发展大繁荣,提高国家文化软实力。大会指出,社会主义核心价值体系是社会主义意识形态的本质体现。

2011年10月,党的十七届六中全会通过的《关于深化文化体制改革推动社会主义文化大发展大繁荣若干重大问题的决定》设专节部署"推进社会主义核心价值体系建设",把建设社会主义核心价值体系作为文化改革发展的根本任务,提出"在全党全社会形成统一指导思想、共同理想信念、强大精神力量、基本道德规范"[②]。

为推进社会主义核心价值体系建设,在全社会实施中国特色社会主义理论体系普及计划,广泛开展理想信念教育、国情教育和形势政策教育,引导干部群众增强对中国共产党的领导、社会主义制度、改革开放事业的信念和信心。哲学社会科学是推动历史发展和社会进步的重要力量,哲学社会科学的研究能力和成果是综合国力的重要组成部分,建设中国特色社会主义离不开以马克思主义为指导的哲学社会科学的繁荣发展。2004年1月,中共中央印发《关于进一步繁荣发展哲学社会科学的意见》,提出实施马克思主义理论研究和建设工程。中央办公厅转发《中央宣传思想工作领导小组关于实施马克思主义理论研究和建设工程的意见》。这一工程在全国范围内实施,持续推

---

① 《十六大以来重要文献选编》(下),中央文献出版社2008年版,第661页。
② 《十七大以来重要文献选编》(下),中央文献出版社2013年版,第564页。

出马克思主义经典著作、党的创新理论成果和重点教材等国家重大出版项目和优秀理论读物,对新形势下推进社会主义核心价值体系建设和繁荣发展哲学社会科学具有重大而深远的意义。

在全社会的共同努力下,公民思想道德建设工程也持续推进,全国上下开展了城市精神大讨论、道德模范评选等形式多样的活动,推动形成知荣辱、讲正气、树新风、促和谐的文明风尚。2007年第一届全国道德模范评选,选出助人为乐、见义勇为、诚实守信、敬业奉献、孝老爱亲等方面的53位模范人物。全国道德模范后来每两年评选一次。到2011年底,中央电视台推出的《感动中国》年度人物评选已开展整整10年,这一年参与此项评选投票的有近7000万人次,各网站总票数达3.2亿张。2012年3月,随着第49个"学雷锋纪念日"的到来,全国各地进一步掀起了学雷锋的热潮。社会主义核心价值体系的提出和贯彻,极大地凝聚了全国各族人民的思想和精神,推动了良好社会风尚的进一步形成,在加快全面建设小康社会进程中发挥了重要作用。

二、社会主义文化繁荣发展

在加快推进社会主义现代化的进程中,文化越来越成为民族凝聚力和创造力的重要源泉、综合国力竞争的重要因素,丰富精神文化生活越来越成为人民群众的热切愿望。中国共产党顺应形势发展变化和人民群众精神文化需求,作出了建设社会主义文化强国的重大战略决策,将公共文化服务置于优先地位,进一步深化文化体制改革。

2002年11月,党的十六大明确提出积极发展文化事业和文化产业的战略决策,要求抓紧制定文化体制改革的总体方案。借鉴经济体制改革的经验,文化体制改革按照积极试点、慎重推广的思路,先从地方突破带有敏感性的改革,由点到面、由易到难、由浅入深,着力解决束缚文化发展的思想观念和体制机制问题。在总结改革试点经验的基础上,2005年12月,中共中央、国务院发布了《关于深化文化体制改革的若干意见》,突出强调了发展与改革、社会效益与经济效益、文化事业与文化产业的协调统一关系,明确了区别对待、分类指导，循序渐进、逐步推开的原则要求，以加快文化领域结构调整。

为更好地保障和满足人民群众的基本文化需求，2006年9月，中共中央办公厅、国务院办公厅印发了《国家"十一五"时期文化发展规划纲要》，将公共文化服务置于优先地位。这是新中国成立以来由中央制定的第一个专门部署文化建设的规划纲要。2007年7月，中共中央办公厅、国务院办公厅印发《关于加强公共文化服务体系建设的若干意见》，部署实施文化惠民工程，优先安排关系人民群众切身利益的重大公共文化服务项目。2011年10月，党的十七届六中全会通过《中共中央关于深化文化体制改革推动社会主义文化大发展大繁荣若干重大问题的决定》，明确提出建设社会主义文化强国的目标，对新形势下的社会主义文化建设作出了全面部署。2012年2月，《国家"十二五"时期文化改革发展规划纲要》出台，提出公共文化服务建设的四方面内容以及七项公共文化服务建设工程，将公共文化服务体系建设放在文化建设的战略位置来抓。

到中共十八大前夕，文化体制改革阶段性任务基本完成，文化行政管理部门职能转变逐步到位，国有经营性文化事业单位转企改制取得决定性进展，做大做强了一批骨干文化企业，推动文化与科技、商贸、旅游、金融等深度融合。据统计，2005年至2012年，文化产业法人单位增加值年均增长超过23%，高于同期国内生产总值年均增速。① 社会主义文化事业快速发展，到2011年，公共博物馆、纪念馆、美术馆、公共图书馆、文化馆（站）都免费开放。同时，文化产品的创作生产得到加强，网络文学、微电影等新的形式也迅猛发展起来。

为增强中华文化在世界上的感召力和影响力，中共中央、国务院决定实施中华文化"走出去"工程。2006年9月，《国家"十一五"时期文化发展规划纲要》部署实施"走出去"重大工程项目。11月，胡锦涛在中国文联第八次全国代表大会、中国作家协会第七次全国代表大会上指出，把文化看作

---

① 参见白瀛、周玮、璩静：《文化体制改革取得历史性成就》，《人民日报》2013年6月14日。

综合国力的重要组成部分，谁占据了文化发展制高点，谁就能够更好在激烈的国际竞争中掌握主动权。①同月，国务院办公厅转发《关于鼓励和支持文化产品和服务出口的若干政策》，确定了中国文化"走出去"政策的基本思路和框架。

2007年10月，党的十七大提出提高文化软实力的目标，要求"加强对外文化交流，吸收各国优秀文明成果，增强中华文化国际影响力"②。2011年3月，十一届全国人大四次会议批准《中华人民共和国国民经济和社会发展第十二个五年规划纲要》，要求增强文化国际竞争力和影响力，提升国家软实力。4月，文化部颁布《关于促进文化产品和服务"走出去"2011—2015年总体规划》。10月，党的十七届六中全会就"推动中华文化走向世界"作出具体部署，开展多渠道、多形式、多层次的对外文化交流，广泛参与世界文明对话，促进文化相互借鉴。③

2012年中国出口文化产品217.3亿美元，同比增长16.3%。④2004年至2012年，中国在世界108个国家建立400所孔子学院和500多个孔子课堂，多个国家将汉语教学纳入国民教育体系。继2003年中法推出互办文化年后，到2012年，中国同145个国家签订政府间文化合作协定和近800个年度文化交流执行计划，与上千个文化组织保持着密切的合作关系。

三、以民生为重点的社会建设

为了更好地解决经济社会发展中的突出矛盾，中共中央、国务院从中国特色社会主义总体布局的高度出发，在经济发展基础上逐步提高人民物质文化生活水平，大力加强社会建设，切实保障和改善民生。

优先发展教育，建设人力资源强国。掌握加快发展的主动权，关键在人才。2003年12月，中共中央、国务院作出《关于进一步加强人才工作的决

---

① 《胡锦涛文选》第2卷，人民出版社2016年版，第538页。
② 《十七大以来重要文献选编》（上），中央文献出版社2009年版，第28页。
③ 《十七大以来重要文献选编》（下），中央文献出版社2013年版，第578页。
④ 《去年我国出口文化产品217.3亿美元》，《光明日报》2013年2月4日。

定》，把人才工作纳入国家经济和社会发展的总体规划，并对实施人才强国战略、建设高素质人才队伍作出部署。2006年6月，新修订的《中华人民共和国义务教育法》为全国义务教育长期持续发展提供了制度保证。2008年，实现城乡义务教育全部免费，确保了所有义务教育适龄儿童都能"不花钱，有学上"。2010年7月，中共中央、国务院印发《国家中长期教育改革和发展规划纲要（2010—2020年）》，提出"优先发展、育人为本、改革创新、促进公平、提高质量"[①]的方针，绘制了未来十年基本实现教育现代化的宏伟蓝图。这一时期，国民受教育程度大幅度提升，国民平均受教育年限达到9年以上，职业教育快速发展，高等教育大众化程度进一步提高。

实施积极的就业政策。21世纪初，就业形势依然十分严峻，尤其是下岗职工再就业问题已经成为带有全局性影响的重大社会问题。2002年9月，中共中央、国务院发布《关于进一步做好下岗失业人员再就业工作的通知》，2005年11月，国务院发布《关于进一步加强就业再就业工作的通知》，要求努力开辟就业门路，积极创造就业岗位。从2008年开始，受国际金融危机和国内重大自然灾害的双重冲击，就业形势愈发紧张。对此，中国政府实施更加积极的就业政策。2008年1月，《中华人民共和国就业促进法》正式施行，实施积极的就业政策，多渠道扩大就业，收到明显成效。在世界各国失业率居高不下的背景下，中国保持了就业形势总体稳定，逐步建立覆盖城乡的公共就业体系，劳动者自主择业、市场调节就业和政府促进就业的市场就业格局初步形成。

加快推进收入分配制度改革。完善分配制度，是提高人民生活水平的重要保障。党的十六大确立劳动、技术和管理等生产要素按贡献参与分配的原则，还提出"初次分配注重效率，再分配注重公平"。从2005年起逐步提高个人所得税起征点，从每月800元先后提高到1600元、2000元和3500元，使广大中低收入人群更多获益。国家采取一系列重要措施，重点改善低收入群体和困难群众生活，连续几年提高基本养老金，特别是持续提高企业退休

[①]《十七大以来重要文献选编》（中），中央文献出版社2011年版，第865页。

人员基本养老金，适当提高优抚对象等人员抚恤和生活补助标准，提高城市低保对象的补助水平，并逐步提高扶贫标准和最低工资标准，建立企业职工工资正常增长机制和支付保障机制。同时，创造条件让更多群众拥有财产性收入，并在保护合法收入的同时，调节过高收入，取缔非法收入，采取切实措施扩大转移支付，强化税收调节，打破经营垄断，创造机会公平，整顿分配秩序，努力扭转收入分配差距扩大的趋势。

四、加强和创新社会管理

随着改革发展进入关键时期，经济失调、社会失序、人们心理失衡、社会矛盾增多的问题日益突出，社会管理面临新的形势和任务。2002年，党的十六大提出深化行政管理体制改革，提出"完善政府的经济调节、市场监管、社会管理和公共服务的职能，减少和规范行政审批"[①]，把社会管理和公共服务作为政府职能。在不断探索实践的基础上，2004年，党的十六届四中全会对建设服务型政府进一步提出目标要求，更加注重履行社会管理和公共服务职能，提出建立健全党委领导、政府负责、社会协同、公众参与的社会管理格局。2011年7月5日，中共中央、国务院印发《关于加强和创新社会管理的意见》，进一步明确了加强和创新社会管理的指导思想、基本原则、目标任务和主要措施。

各地积极探索完善新形势下社会管理和公共服务的新路子、新举措，创新社会管理体系、体制和运行机制。

进一步加强和完善社会管理格局，切实加强党的领导，强化政府社会管理职能，强化各类企事业单位社会管理和服务职责，引导各类社会组织加强自身建设、增强服务社会能力，支持人民团体参与社会管理和公共服务，发挥群众参与社会管理的基础作用。2007年10月召开的党的十七大进一步提出加快行政管理体制改革，建设服务型政府，健全部门协调配合机制。党的十七届二中全会通过的《关于深化行政管理体制改革的意见》要求到2020年

---

① 《十六大以来重要文献选编》（上），中央文献出版社2005年版，第21页。

建立起比较完善的中国特色社会主义行政管理体制。①2011年6月8日，中共中央办公厅、国务院办公厅印发《关于深化政务公开加强政务服务的意见》，提出加大推进政务公开力度，把公开透明的要求贯穿于政务服务各个环节。围绕转变政府职能和理顺部门职责关系，各地方、各部门不断创新行政许可方式和行政许可实施机制，简化办事程序，方便人民群众。

加强和完善党和政府主导的维护群众权益机制，逐步建立科学有效的利益协调机制、诉求表达机制、矛盾调处机制、权益保障机制。统筹协调各方面利益关系，修订《信访条例》，积极完善信访制度，加强社会矛盾源头治理，妥善处理人民内部矛盾，把矛盾化解在基层、化解在萌芽状态。浙江省诸暨市等地加强人民调解、行政调解、司法调解相衔接的社会矛盾纠纷"大调解"工作体系建设，探索完善第三方调解机制，成立医患纠纷、征地拆迁纠纷、交通事故纠纷等行业性、专业性调解组织和工作平台。

进一步加强和完善公共安全体系，健全食品药品安全监管机制，建立健全安全生产监管体制，完善社会治安防控体系，完善应急管理机制。2003年"非典"危机以后，中国应急管理的法律法规体系不断完善，为突发公共危机事件处理提供了制度保障。2006年，国务院发布《国家突发公共事件总体应急预案》，之后，又发布了9件事故灾难类突发公共事件专项应急预案。2007年11月1日开始实施《中华人民共和国突发事件应对法》，建立统一领导、综合协调、分类管理、分级负责、属地管理为主的应急管理体制，规范突发事件应对活动。以成功应对2008年南方雪灾和汶川地震为契机，加强了应急体系建设，以"一案三制"（应急方案和应急体制、应急机制、应急法制）和"一网五库"（应急工作联络网和法规库、救援队伍库、专家库、典型案例库、救援物资库）为主要框架的全国应急管理体系基本建立。食品药品安全方面，2007年发布了《国务院关于加强食品等产品安全监督管理的特别规定》，2009年《中华人民共和国食品安全法》颁布施行，从制度上加强食品等产品安全监督管理，保证食品安全，保障公众身体健康和生命安全。

---

① 《十七大以来重要文献选编》（上），中央文献出版社2009年版，第269页。

为继续强化安全生产管理和监督，国务院于 2004 年和 2011 年先后下发《关于进一步加强安全生产工作的决定》和《关于坚持科学发展安全发展促进安全生产形势持续稳定好转的意见》，推进安全生产治理行动，推进安全生产法制体制机制建设。进一步加强社会治安综合治理，坚持打防结合、预防为主、专群结合、依靠群众的方针，完善社会治安防控体系，制定治安管理处罚法，广泛深入开展平安建设活动，依法打击违法犯罪活动，着力整治突出治安问题和治安混乱地区。

国家进一步加强和完善社会管理和服务体系，把人力、财力、物力更多投到基层，强化城乡社区自治和服务功能，健全新型社区管理和服务体制。加强和完善流动人口及特殊人群的管理和服务，建立健全实有人口动态管理机制，完善特殊人群管理和服务政策。加强和完善非公有制经济组织、社会组织管理，明确非公有制经济组织管理和服务员工的社会责任，推动社会组织健康有序发展。2004 年，中共中央办公厅、国务院办公厅印发《关于进一步加强互联网管理工作的意见》，加强和完善信息网络管理，提高对虚拟社会的管理水平，健全网上舆论引导机制。

第四节　坚持和平发展和参与全球治理

经济全球化和世界多极化的发展，为不同社会制度、不同文明、不同发展模式提供了长期共存的基础和机遇，不同国家间的经济联系更加密切，相互依存日益加深。进入 21 世纪，中国准确把握与世界联系日益紧密的发展趋势，顺应世界求和平、谋发展、促合作的时代潮流，始终不渝走和平发展道路，加强同世界各国交流合作，推动全球治理机制变革，为推进中国式现代化争取了有利的国际环境。

一、推动和谐世界建设

21 世纪初的世界，政治多极化不可逆转，经济全球化深入发展，科技革命加速推进，全球和区域合作方兴未艾，国与国相互依存日益紧密，国际力量对比朝着有利于维护世界和平方向发展，国际形势总体稳定。但世界仍然很不安宁，霸权主义和强权政治依然存在，局部冲突和热点问题此起彼伏，全球经济失衡加剧，南北差距拉大，传统安全威胁和非传统安全威胁相互交织，世界和平与发展面临诸多难题和挑战。

顺应世界求和平、谋发展、促合作的时代潮流，中国始终不渝地走和平发展道路，致力于维护世界和平，促进各国共同发展繁荣。2003年12月，胡锦涛提出中国坚持走和平崛起的发展道路，坚持在和平共处五项原则的基础上同各国友好相处，在平等互利的基础上积极开展同各国的交流合作。2004年10月发表的中俄联合声明首次提出构建和谐世界的主张，中俄双方表示，"愿同各国一道，为建立一个和平、发展、和谐的世界，实现公正合理的国际政治经济新秩序而不懈努力"。2005年4月，胡锦涛在雅加达亚非峰会上指出，亚非国家应"推动不同文明友好相处、平等对话、发展繁荣，共同构建一个和谐世界"，提出推进建设"和谐世界"的主张。9月，胡锦涛在联合国成立60周年首脑会议上发表题为《努力建设持久和平、共同繁荣的和谐世界》的讲话，全面阐述了"和谐世界"的内涵及其实现途径，希望与其他各国共建和平、繁荣、和谐的世界。

2006年6月15日，胡锦涛在上海合作组织成员国元首理事会第六次会议上指出，"面对机遇和挑战，我们应该全面加强合作，努力把本地区建设成为持久和平、共同繁荣的和谐地区"，提出了"和谐地区"的概念。中国领导人还在各种国际场合提出了建设"和谐亚洲""和谐中东""和谐东北亚"等各种建议和构想，使"和谐世界"理念的内涵进一步丰富和充实，基本主张也逐渐明确。

2007年10月，党的十七大重申"各国人民携手努力，推动建设持久和平、共同繁荣的和谐世界"，建设和谐世界的外交目标首次在党代会文件中得到体现和确认。2011年9月，中国政府发表《中国的和平发展》白皮书，系统阐述了和平发展道路战略，建设一个持久和平、共同繁荣的和谐世界是中国走和平发展道路的崇高目标，和谐世界应该是民主的世界、和睦的世界、公正的世界、包容的世界。

二、实施互利共赢的开放战略

中国的发展离不开世界,同样,世界的繁荣也需要中国。中国实施互利共赢的开放战略,是科学总结对外开放经验,紧紧抓住加入世贸组织重大机遇,积极参与经济全球化进程作出的重大战略决策,既符合本国利益,又能促进共同发展。

2005年10月,党的十六届五中全会第一次明确提出"实施互利共赢的开放战略"。2006年4月,胡锦涛在美国耶鲁大学发表的演讲中,表达了中国坚持互利共赢开放战略的态度。2007年10月,胡锦涛在党的十七大报告中全面阐述了互利共赢开放战略的基本内涵:"我们将继续以自己的发展促进地区和世界共同发展,扩大同各方利益的汇合点,在实现本国发展的同时兼顾对方特别是发展中国家的正当关切。我们将继续按照通行的国际经贸规则,扩大市场准入,依法保护合作者权益。我们支持国际社会帮助发展中国家增强自主发展能力、改善民生,缩小南北差距。我们支持完善国际贸易和金融体制,推进贸易和投资自由化便利化,通过磋商协作妥善处理经贸摩擦。中国决不做损人利己、以邻为壑的事情。"[1]

改革开放以来,中国经济越来越与国际经济接轨,逐步形成了全方位、多层次、宽领域的对外开放格局,从改革开放初期以"引进来"为主,转变为"走出去"与"引进来"并举。2002年,党的十六大指出,实施"走出去"战略是对外开放新阶段的重大举措,要坚持"引进来"和"走出去"相结合,全面提高对外开放水平。鼓励和支持各种所有制企业对外投资,带动商品和劳务出口,形成一批有实力的跨国企业和著名品牌。2005年,《中共中央关于制定国民经济和社会发展第十一个五年规划的建议》提出,支持有条件的企业"走出去",按照国际通行规则到境外投资,鼓励境外工程承包和劳务输出,扩大互利合作和共同开发。

2005年,中国提出环渤海经济区发展战略,使天津滨海新区成为继深

---

[1] 《十七大以来重要文献选编》(上),中央文献出版社2009年版,第37页。

圳、上海浦东之后又一片对外开放的热土。2005年，新修订的《中华人民共和国对外贸易法》正式实施，标志着中国外贸经营权的全面放开，为对外贸易发展增添了生机和活力。2007年，党的十七大提出坚持对外开放的基本国策，完善内外联动、互利共赢、安全高效的开放型经济体系，形成经济全球化条件下参与国际经济合作和竞争新优势。从2007年起，中国广交会正式由"中国出口商品交易会"更名为"中国进出口商品交易会"，第一次增加进口功能，为国外优质商品进入中国市场打造了一个新的平台。在扩大对外开放的同时，中国政府提出加快转变对外经济发展方式。一方面在"走出去"上要努力提高出口产品的技术含量和附加值，积极扩大出口；另一方面在"请进来"上要从引进资金向注重引进技术、管理经验、高端人才和国际品牌转变，促进国内企业转型升级。

中国参与区域经济合作不断深化，中国—东盟自由贸易区的建设进程正在加快，上海合作组织建设进入全面务实合作阶段，贸易投资便利化进程全面启动。中国还相继启动了中国—南部非洲关税同盟、中国—海湾阿拉伯国家合作委员会、中国—新西兰、中国—智利、中国—澳大利亚、中国—巴基斯坦等自由贸易区谈判，并与有关国家签署了自由贸易区协定。在亚太经济合作组织、中非合作论坛、中国—阿拉伯国家合作论坛、亚欧会议、大湄公河次区域经济合作等活动中，中国也是积极和务实的参与者。中国还与150多个国家和地区签署了双边贸易协定或议定书，与110多个国家签署了双边投资保护协定，与80多个国家签署了避免双重征税协定，成为双边贸易投资自由化和便利化的积极参与者。

国家间存在贸易摩擦，这在国际经济交往中是完全正常的。中国遵守国际惯例和世界贸易组织规则，坚持互利共赢的方针，在平等对话的基础上，利用世界贸易组织争端解决机制处理贸易摩擦问题，并在制定和实施国内经济政策时切实考虑国际因素和国际影响，注意把握中国经济发展给外部世界带来的经济效应。中国根据自身改革发展的需要，稳妥推进汇率机制改革，实行以市场供求为基础、参考一篮子货币进行调节、有管理的浮动汇率制度，使人民币汇率在合理、均衡的水平上保持基本稳定。中国不断加强知识产权保护，健全知识产权保护法律体系，加大执法力度，严厉打击各种违法行为。

中国不断加强与各种文明之间的交流和对话，促进不同文明相互包容。开放、包容、兼收并蓄，是中华文明的重要特点。在经济全球化趋势深入发展的今天，中国重视不同文明之间的交流与对话，既积极走向世界，让世界了解中国，也努力吸收、借鉴其他文明的有益成果。中国与有关国家合作举办的各种形式的"文化周""文化行""文化节""文化年"等活动，促进了中国人民与有关国家人民之间的交流与了解，为不同文明之间的平等对话开辟了新的形式。

历经30多年的改革开放，中国实现从封闭半封闭到全方位开放的伟大历史转折，基本形成了全方位、多层次、宽领域的对外开放格局。从建立经济特区到开放沿海、沿江、沿边、内陆地区，从引进外资到鼓励中国企业对外投资，从敞开国门搞建设到加入世界贸易组织，中国积极参与经济全球化和区域经济合作，对外开放水平不断提高。中国积极构建总体稳定、均衡发展、互利共赢的大国关系框架，促进形成机遇共享、共同发展的周边合作局面，巩固并加强了同发展中国家的传统友谊和团结合作，与世界各国的相互依存、利益交融日益加深，交流合作更加广泛。中国对外经济合作与交往发生了巨大的变化，进出口额近年来一直居于世界前列，其中货物出口额在2009年超过德国，跃居世界第一位，货物进口额仅次于美国，居世界第二位。截至2010年底，中国外汇储备居世界第一位，利用外资居发展中国家第一位。中国对世界经济增长的贡献率达到10%以上。中国本着平等、互利、共赢的原则，对外开放程度进一步向纵深推进。开放的中国让自己更加充满信心，也给世界带来活力。

三、全方位开展对外交往

中国坚持独立自主的和平外交政策，实施互利共赢的开放战略，走和平发展道路，按照大国是关键、周边是首要、发展中国家是基础、多边是重要舞台的外交总体布局，全方位开展对外交往，推动建设和谐世界，为中国式现代化的发展营造良好的国际环境。

中国同主要大国的关系保持稳定并有所发展。中美关系总体上保持稳定和发展，积极发展建设性合作关系，建立了多种对话合作机制。2006年4月，胡锦涛访问美国，提出全面推进21世纪中美建设性合作关系的六点建设性意见。2009年7月，首轮中美战略与经济对话在美国华盛顿举行，双方决定将采取切实行动稳步建立应对共同挑战的伙伴关系。2011年1月，胡锦涛应邀对美国进行国事访问，两国元首发表中美联合声明，双方就建设相互尊重、互利共赢的合作伙伴关系达成共识。

中俄之间战略协作伙伴关系继续深化，两国在政治、经济、军事、能源等领域的互利合作不断加强，在国际和地区问题上密切配合、协作，共同推动多边主义和国际关系民主化。2004年和2008年，中俄分别签署了《关于中俄国界东段的补充协定》和《关于中俄国界线东段补充叙述议定书》及其附件，解决了中俄历史遗留的边界问题。2011年，中俄宣布致力于发展中俄全面战略协作伙伴关系，制定了中俄关系未来10年发展规划。

中国与欧盟于2003年建立全面战略伙伴关系，此后双方经贸合作迅猛发展，欧盟连续八年保持中国第一大贸易伙伴地位。中国与欧盟及其成员国保持密切的高层往来，中欧在经济、文化、科技、教育、环保等领域的交流与合作都有所发展。

中日关系在曲折中发展，经贸合作继续推进。2001年至2006年，由于日本首相小泉纯一郎多次以首相身份参拜靖国神社，中日两国关系陷入低谷。2008年，两国共同发表《中日关于全面推进战略互惠关系的联合声明》，中日关系逐步回升。2012年9月，针对日本政府对钓鱼岛实施所谓的"国有化"，中国政府发表《关于钓鱼岛及其附属岛屿领海基线的声明》和《钓鱼岛是中国的固有领土》白皮书，并通过常态化执法巡航等措施，对钓鱼岛及其附近海域实施管理，坚决捍卫国家主权。

中国同周边国家的睦邻友好合作关系进一步扩大和深化。中国坚持与邻为善、以邻为伴、睦邻友好的周边外交方针，发展同周边国家和亚洲其他国家的友好合作关系。中国几乎同所有周边国家都实现了高层互访和交流，增加了同周边国家的政治互信，深化了各领域互利合作。2002年11月，中国与东盟国家签署《南海各方行为宣言》，中国与东盟致力于加强睦邻互信伙伴关系，以和平方式解决南海有关争议。在中国推动下，2007年，上海合作组织各成员国缔结长期睦邻友好合作条约，进入全面务实合作阶段。2010年1月，中国—东盟自由贸易区全面建成，使世界上近1/3人口得到实惠。

中国继续加强同发展中国家的团结合作。2004年，中国与阿拉伯国家和阿拉伯国家联盟共同成立了"中阿合作论坛"。2010年，双方宣布建立"全面合作、共同发展"的战略合作关系。2006年11月，中非合作论坛峰会在北京召开，通过《中非合作论坛北京峰会宣言》和《中非合作论坛—北京行动计划（2007—2009年）》，正式宣布建立中非新型战略伙伴关系。2008年11月，中国政府发布《中国对拉丁美洲和加勒比政策文件》，提出同拉美国家建立和发展平等互利、共同发展的全面合作伙伴关系。中国积极帮助其他发展中国家，继续提供力所能及的援助，促进共同发展。中国与广大发展中国家的团结合作不断加强，有效拓展了国际合作空间。

四、积极参与全球治理

中国坚持独立自主的和平外交政策，通过多边舞台积极参与国际事务和全球性问题治理，承担相应国际义务，推动国际政治经济秩序朝着更加公正合理的方向发展。

中国通过多边舞台积极参与国际事务，更加全面、深入地参与以联合国为重点的国际组织多边活动，积极发挥联合国特别是安理会的重要作用，积极承担应尽的国际责任，参与多边机制建设和联合国改革进程，参与国际宏观经济政策协调。中国推动二十国集团成为国际经济合作的主要论坛，推动国际货币金融体系改革取得实质性成果，中国在世界银行和国际货币基金组织的投票权均从第六位上升至第三位。在气候变化、粮食安全、安全反恐、公共卫生、减少贫困等事关人类前途命运的全球性问题上，在朝鲜半岛无核化、伊朗核问题、苏丹达尔富尔问题等地区热点问题的处置上，中国都积极参与，推动妥善解决，发挥独特的建设性作用。中国履行加入世界贸易组织承诺，大幅降低关税，到2010年关税总水平降至9.8%，远远低于发展中国家的平均水平。2002年至2011年的10年间，中国货物贸易额的全球排名由第六位上升到第二位。中国实行的平等、互利、合作、共赢的对外开放政策，不仅惠及了中国人民，也使世界各国人民获益，有力推动了世界经济发展。

中国在地区性国际组织中发挥着建设性作用，通过中非合作论坛、亚太经济合作组织、亚欧首脑会议、东亚合作系列峰会，积极开展多边外交活动。此外，中国与巴西、俄罗斯、印度、南非等新兴市场国家在经济领域和气候变化、减贫等全球性和地区性问题上积极合作，形成金砖国家合作机制。由中国参与推动建立的上海合作组织于2012年北京峰会发表关于构建持久和平、共同繁荣地区的宣言，中国对加强地区安全、经济和人文合作发挥着越来越大的作用。截至2010年底，中国参加了100多个政府间国际组织，签署了300多个国际公约。截至2011年7月底，中国已经同172个国家建立了外交关系。中国坚定维护国家利益和本国公民、法人在海外合法权益，妥善处理撤侨、人质解救、劳务纠纷等重大突发事件。

中国一直支持并积极参加联合国维和行动，充分展示负责任大国形象。2002年，中国加入联合国一级维和待命安排机制。2009年，组建国防部维和中心。截至2010年底，中国共参加19项联合国维和行动，累计派出维和官兵17390人次，其中9名维和官兵在执行任务中牺牲。中国是联合国安理会常任理事国派遣维和人员最多的国家之一。根据联合国安理会有关决议，中国政府于2008年12月派遣海军舰艇编队赴亚丁湾、索马里海域实施护航行动。截至2011年底，海军累计派出10批护航编队，25艘次舰艇、22架次舰载直升机，成功护送中外船舶401批4373艘，接护、解救船舶51艘，创造了被护船舶、编队自身100%安全的战绩。

从大国外交到周边外交，从巩固与发展中国家的关系到多边事务，中国全面发展与世界各国的友好合作关系。中国外交双边与多边并行，传统安全与非传统安全并重，政治、经济、外交、军事、文化等各方面相互促进、全面发展的新型模式已经初步形成。中国在国际事务中积极发挥建设性作用，国际地位显著提高，国际影响日益扩大。中国通过自身的发展日益深刻地影响着世界，为建设一个持久和平、共同繁荣的和谐世界作出了应有的贡献。

第七章
中国式现代化的创新突破

党的十八大以来，中国特色社会主义进入新时代。面对世界经济复苏乏力、局部冲突和动荡频发、全球性问题加剧的外部环境，面对中国经济发展进入新常态等一系列深刻变化，以习近平同志为核心的党中央带领全党全国各族人民，迎难而上，开拓进取，不断实现理论和实践上的创新突破，开启了中国式现代化新的篇章。在习近平新时代中国特色社会主义思想指引下，社会主义现代化建设取得历史性成就，经济向高质量发展转变，社会主义民主政治建设迈出重大步伐，社会主义文化建设取得重大进展，共同富裕扎实推进，生态文明建设取得显著成效，走和平发展道路为世界和平与发展作出了新的重大贡献。

第一节　促进经济向高质量发展转变

在推进中国式现代化进程中，以习近平同志为核心的党中央面对中国经济发展进入新常态、新一轮工业革命在全球范围内孕育兴起、全球贸易体系重构等国内外一系列深刻变化，深刻回答了新时代中国实现什么样的发展、怎样发展的问题，形成了习近平经济思想。党的十八大以来，中国坚定贯彻新发展理念，紧紧围绕使市场在资源配置中起决定性作用和更好发挥政府作用深化经济体制改革，以供给侧结构性改革为主线推进现代化经济体系建设，引领经济由高速增长向高质量发展转变。

一、引领新常态

2011年之后，中国经济增速下行。国内外热议，中国经济在经历了长时期高速增长之后，未来的发展态势究竟如何？

针对中国经济发展处于增长速度换挡期、结构调整阵痛期和前期刺激政策消化期"三期叠加"的基本特征和工作要求，习近平作出中国经济进入新常态的重大论断，科学地回答了上述问题。2013年12月10日，习近平在中央经济工作会议上首次提出要理性对待经济发展的新常态，指出：我国经济面临增长速度换挡期、结构调整阵痛期、前期刺激政策消化期"三期叠加"的状况；要注重处理好经济社会发展各类问题，既防范增长速度滑出底线，又理性对待高速增长转向中高速增长的新常态。

2014年11月9日，习近平在亚太经合组织工商领导人峰会开幕式上指出，中国经济新常态有三个主要特点：一是从高速增长转为中高速增长；二是经济结构不断优化升级，第三产业、消费需求逐步成为主体，城乡区域差距逐步缩小，居民收入占比上升，发展成果惠及更广大民众；三是从要素驱动、投资驱动转向创新驱动。新常态将给中国带来新的发展机遇。①

2014年12月9日，习近平在中央经济工作会议上，从消费需求、投资需求、出口和国际收支、生产能力和产业组织方式、生产要素相对优势、市场竞争特点、资源环境约束、经济风险积累和化解以及资源配置模式、宏观调控方式九个方面深入分析了新常态下中国经济发展的趋势性变化。习近平在这次会议上指出，我国经济正在向形态更高级、分工更复杂、结构更合理的阶段演化。经济发展方式正从规模速度型粗放增长转向质量效率型集约增长，经济结构正从增量扩能为主转向调整存量、做优增量并举的深度调整，经济发展动力正从传统增长点转向新的增长点。②

作出中国经济发展进入新常态的战略判断，引领发展观念的端正、政策

---

① 《习近平关于社会主义经济建设论述摘编》，中央文献出版社2017年版，第74页。
② 参见《十八大以来重要文献选编》（中），中央文献出版社2016年版，第241—246页。

体系的完善，增强了推进经济由高速增长阶段向高质量发展阶段转变的自觉。

认识新常态，适应新常态，引领新常态，是党的十八大以来中国经济发展的大逻辑。

二、以新发展理念为引领

理念是行动的先导，发展理念是否对头，从根本上决定着现代化成效乃至成败。党的十八届五中全会明确提出以人民为中心的发展思想，提出创新、协调、绿色、开放、共享的新发展理念。习近平在党的十八届五中全会讲话中提出要以新的发展理念引领发展，并阐明了创新、协调、绿色、开放、共享发展理念的内涵和相互关系。[①] 新发展理念是习近平经济思想的重要组成部分。坚持新发展理念成为新时代坚持和发展中国特色社会主义的基本方略。

新发展理念不是凭空得来的，是在深刻总结国内外发展经验教训、深刻分析国内外发展大势的基础上形成的，是在传承党的发展理论基础上为解决中国发展中的突出矛盾和问题提出来的，深化了中国共产党对社会主义现代化建设规律的认识，阐明了中国共产党关于发展的政治立场、价值导向、发展模式、发展道路等重大政治问题，深刻回答了发展的目的、动力、方式、路径等一系列理论和实践问题，深刻揭示了实现更高质量、更有效率、更加公平、更可持续、更加安全发展的必由之路，明确了中国现代化建设的指导原则，开拓了中国特色社会主义政治经济学新境界。

新时代坚持走贯彻新发展理念的发展壮大的必由之路。新发展理念一经提出，就贯穿到"十三五"规划的制定和实施中。党的十八届五中全会审议通过的《中共中央关于制定国民经济和社会发展第十三个五年规划的建议》，在谋篇布局上突破了既往，以新发展理念为主线。《建议》首次将生态文明建设在五年规划中单列一章，将"生态环境质量总体改善"列入全面建成小康社会新的目标要求；首次将"坚持开放发展"单列一章；首次单列一条强调确保"十三五"规划建议的目标任务落到实处，要求各级各类规划增加明确

---

① 参见《习近平谈治国理政》第2卷，外文出版社2017年版，第197—200页。

反映创新、协调、绿色、开放、共享发展理念的指标。

新发展理念引领着中国式现代化这一人类历史上前所未有的深刻变革。在新发展理念的引领下，中国坚持以创新观念提高发展质量和效益，以协调观念形成平衡发展结构，以绿色观念改善生态环境，以开放观念实现合作共赢，以共享观念增进人民福祉，推动中国式现代化的推进和拓展。

三、推进供给侧结构性改革

中国经济运行面临的突出矛盾和问题，虽然有周期性、总量性因素，但根源是实体经济结构性供需、金融和实体经济、房地产和实体经济等重大结构性失衡。面对这些问题，以习近平同志为核心的党中央基于对世界经济长周期和中国经济发展新常态的把握，形成了以推进供给侧结构性改革为主线的高质量发展思路。2015年11月，习近平在中央财经领导小组第十一次会议上提出"供给侧结构性改革"。12月，中央经济工作会议对供给侧结构性改革作出部署。2016年1月，习近平在省部级主要领导干部学习贯彻党的十八届五中全会精神专题研讨班开班式上阐述了供给侧结构性改革的内涵。他指出，供给侧结构性改革，重点是解放和发展社会生产力，用改革的办法推进结构调整，减少无效和低端供给，扩大有效和中高端供给，增强供给结构对需求变化的适应性和灵活性，提高全要素生产率。从政治经济学的角度看，供给侧结构性改革的根本，是使我国供给能力更好满足广大人民日益增长、不断升级和个性化的物质文化和生态环境需要，从而实现社会主义生产目的。[①]

围绕供给侧结构性改革，中国坚持稳增长、调结构、惠民生、防风险，实行宏观政策要稳、产业政策要准、微观政策要活、改革政策要实、社会政策要托底的总体思路，保持经济运行在合理区间，在适度扩大总需求的同时，去产能、去库存、去杠杆、降成本、补短板，提高供给体系质量和效率，推动社会生产力水平整体改善。

随着供给侧结构性改革的推进，实体经济活力释放，经济结构优化，基

---

① 《习近平关于社会主义经济建设论述摘编》，中央文献出版社2017年版，第98页。

础设施建设快速推进，传统产业加快升级，新兴产业蓬勃发展。其中，云计算、大数据、物联网、移动互联网、人工智能等新一代信息技术广泛深入应用，移动支付、共享出行、工业互联、智慧城市等数字经济加快推进，促进了发展新动能和新优势的形成，促进了中国经济发展结构性、体制性问题的解决。

四、大力实施创新驱动发展战略

面临新一轮全球科技革命与产业变革的重大机遇和挑战，党的十八大报告提出实施创新驱动发展战略。2015年3月，中共中央、国务院印发《关于深化体制机制改革加快实施创新驱动发展战略的若干意见》，对推动科技创新作出顶层设计。2016年5月，中共中央、国务院印发《国家创新驱动发展战略纲要》，提出把创新驱动发展作为国家的优先战略，以科技创新为核心带动全面创新，以体制机制改革激发创新活力，以高效率的创新体系支撑高水平的创新型国家建设，推动经济社会动力根本转变。

在回答新时代如何实现创新发展命题进程中，中国逐步健全新型举国体制。2014年6月，习近平在中国科学院第十七次院士大会、中国工程院第十二次院士大会上强调：在推进科技体制改革的过程中，我们要注意一个问题，就是我国社会主义制度能够集中力量办大事是我们成就事业的重要法宝。我国很多重大科技成果都是依靠这个法宝搞出来的，千万不能丢了！要让市场在资源配置中起决定性作用，同时要更好发挥政府作用，加强统筹协调，大力开展协同创新，集中力量办大事，抓重大、抓尖端、抓基本，形成推进自主创新的强大合力。[1]2015年10月，习近平在《关于〈中共中央关于制定国民经济和社会发展第十三个五年规划的建议〉的说明》中指出，在国家重大科技项目和重大创新领域，要"发挥市场经济条件下新型举国体制优势"[2]。

随着创新驱动发展战略的深入实施，创新型国家建设硕果累累，国家整

---

[1] 《十八大以来重要文献选编》（中），中央文献出版社2016年版，第26页。
[2] 《十八大以来重要文献选编》（中），中央文献出版社2016年版，第780页。

体科技实力和许多领域科技水平明显提升。世界知识产权组织2018年全球创新指数报告显示，2017年中国创新能力综合排名攀升至第22位，比2012年提升12位。中国科技进步贡献率从2012年的52.2%迅速提高到2017年的57.5%。①

五、构建开放型经济新体制

党的十八大报告提出完善开放型经济体系。党的十八届三中全会提出构建开放型经济新体制，强调"适应经济全球化新形势，必须推动对内对外开放相互促进、引进来和走出去更好结合，促进国际国内要素有序自由流动、资源高效配置、市场深度融合，加快培育参与和引领国际经济合作竞争新优势，以开放促改革"，明确了放宽投资准入、加快自由贸易区建设、扩大内陆沿边开放等措施。党的十八届五中全会将"开放"明确为五大新发展理念之一，并指出"开放是国家繁荣发展的必由之路。必须顺应我国经济深度融入世界经济的趋势，奉行互利共赢的开放战略，坚持内外需协调、进出口平衡、引进来和走出去并重、引资和引技引智并举，发展更高层次的开放型经济，积极参与全球经济治理和公共产品供给，提高我国在全球经济治理中的制度性话语权，构建广泛的利益共同体"。

中国加快构建开放型经济新体制取得突破性进展。党中央把实施自贸区战略作为中国探索高水平开放的重点任务之一。2013年9月，中国（上海）自由贸易试验区挂牌成立。到2017年，中国设立了11个自由贸易试验区，形成了东西南北中协调、陆海统筹的开放态势，推动形成新一轮全面开放格局。自由贸易试验区初步形成了制度创新的试验田和高水平开放的探索区，如最早建成的上海自由贸易区率先实行了以负面清单为主的市场准入开放模式，同时在服务业开放和管理体制创新方面推出了一系列改革举措，积累了众多可复制的经验，并分阶段推向全国各地的自由贸易试验区，有些还有效

---

① 国家发展和改革委员会：《关于2017年国民经济和社会发展计划执行情况与2018年国民经济和社会发展计划草案的报告——2018年3月5日在第十三届全国人民代表大会第一次会议上》，《光明日报》2018年3月24日。

地推广到全国。

中国加快构建开放型经济新体制，顺应了中国经济深度融入世界经济的大趋势，外向型经济发展取得了重大突破，国际地位和影响力日益上升。2016年，国际货币基金组织将人民币纳入特别提款权货币篮子，人民币成为五种主要国际货币之一。中国作为世界第二大经济体、第一大工业国、第一大货物国、第一大外汇储备国，连续多年对世界经济增长贡献率超过30%。

第二节 发展社会主义民主政治

发展社会主义民主政治是推进中国式现代化的题中应有之义。2012年12月，习近平在首都各界纪念现行宪法公布施行30周年大会上，概括了中国特色社会主义政治发展道路的核心内涵，强调坚持中国特色社会主义政治发展道路，关键是要坚持党的领导、人民当家作主、依法治国有机统一。2014年9月，习近平在庆祝全国人民代表大会成立60周年大会上，进一步阐述了中国特色社会主义政治发展道路的历史逻辑、理论逻辑、实践逻辑，深刻总结了中国特色社会主义政治制度的优势和特点。他指出，发展社会主义民主政治，关键是要增加和扩大我们的优势和特点，而不是要削弱和缩小我们的优势和特点。党的十八大以来，以习近平同志为核心的党中央坚持走中国特色社会主义政治发展道路，积极推进政治体制改革，党的领导、人民当家作主、依法治国有机统一的制度建设全面加强，党的领导体制机制不断完善，社会主义民主不断发展，社会主义协商民主全面展开，爱国统一战线巩固发展，社会主义民主政治建设迈出重大步伐。

一、完善党的领导体制机制

中国式现代化是中国共产党领导的社会主义现代化。办好中国的事情，关键在党。2012年11月17日，习近平在主持十八届中央政治局第一次集体学习时指出，"中国共产党是中国特色社会主义事业的领导核心，所以必须加强和改善党的领导,充分发挥党总揽全局、协调各方的领导核心作用"①。2016年10月,党的十八届六中全会明确了习近平总书记的核心地位,这对于维护党中央权威、维护党的团结和集中统一领导,对于全党全军全国各族人民凝心聚力,具有十分重大的意义。

党的十八大之后,围绕党和国家的重点工作,党中央先后成立了国家安全委员会、中央全面深化改革领导小组、中央网络安全和信息化领导小组、中央军委深化国防和军队改革领导小组、中央党的群众路线教育实践活动领导小组、中央海洋权益工作领导小组、中央统战工作领导小组等,其负责人均为中央政治局常委。

2014年10月,习近平在古田主持全军政治工作会议时强调,坚持党对军队绝对领导是强军之魂,铸牢军魂是我军政治工作的核心任务,任何时候都不能动摇。

从2015年开始,中央政治局每年召开会议,专门听取全国人大常委会、国务院、全国政协、最高人民法院和最高人民检察院党组工作汇报。随后各级党委也都确立了听取同级人大、政协、政府、法院、检察院党组工作汇报的制度。

2015年6月,中共中央印发《中国共产党党组工作条例(试行)》,这是党组工作方面第一部专门党内法规,成为规范党组设立和运行、确保党全面领导的遵循。此外,还陆续制定或修订了《关于新形势下党内政治生活的若干准则》《中国共产党党内监督条例》《中共中央政治局关于加强和维护党中央集中统一领导的若干规定》《中国共产党重大事项请示报告条例》等党内法规,强化党总揽全局、协调各方的领导核心作用。中共中央还先后印发文件,加强和改进党对基层群众自治、群团工作等的领导。

二、坚持和完善人民代表大会制度

2014年9月5日,习近平在庆祝全国人民代表大会成立60周年大会上强

---

① 《习近平谈治国理政》第1卷,外文出版社2018年版,第13页。

调:"人民代表大会制度是中国特色社会主义制度的重要组成部分,也是支撑中国国家治理体系和治理能力的根本政治制度。新形势下,我们要毫不动摇坚持人民代表大会制度,也要与时俱进完善人民代表大会制度。"①

健全人大讨论决定重大事项制度,明确各级政府重大决策出台前向本级人大报告。2014年,中共中央审议通过《关于改进完善专题询问工作的若干意见》,明确要求每年安排国务院领导同志向全国人大常委会作专项工作报告,到会听取审议意见、回答询问。2017年1月,中共中央办公厅印发《关于健全人大讨论决定重大事项制度、各级政府重大决策出台前向本级人大报告的实施意见》,要求各级党委、人大和"一府两院"在加强党的领导的同时,支持和保证人大依法行使职权,人民当家作主的制度建设又迈出重要一步。

建立全国人大专门委员会、常委会工作机构组织起草重要法律草案制度,充分发挥立法机关表达、平衡、调整社会利益的作用,最大限度凝聚立法共识。在健全立法起草、论证、协调、审议机制,防止地方保护和部门利益法制化等方面,取得了新成就。

深化拓展代表工作,十二届全国人大建立了委员长会议组成人员、常委会委员联系全国人大代表制度,实现了基层全国人大代表任期内至少列席一次常委会会议的目标。2015年6月,中共中央转发《中共全国人大常委会党组关于加强县乡人大工作和建设的若干意见》,提出"密切人大代表同人民群众的联系、探索建立代表履职激励机制"等具体措施。各级人大制定了代表密切联系人民群众的实施意见,组织代表开展调研和视察,畅通社情民意表达渠道。加强县乡两级人大工作和建设,国家政权建设和党长期执政基础进一步夯实。

完善监督工作机制。2015年11月,中共中央办公厅转发《关于改进审计查出突出问题整改情况向全国人大常委会报告机制的意见》,以健全全国人大常委会监督工作机制。

---

① 《十八大以来重要文献选编》(中),中央文献出版社2016年版,第56页。

三、全面展开社会主义协商民主

2013年9月18日，政协第十二届全国委员会第六次主席会议通过《政协全国委员会双周协商座谈会工作办法（试行）》。

党的十八届三中全会提出，协商民主是我国社会主义民主政治的特有形式和独特优势。在党的领导下，以经济社会发展重大问题和涉及群众切身利益的实际问题为内容，在全社会开展广泛协商，坚持协商于决策之前和决策实施之中，构建程序合理、环节完整的协商民主体系。2014年9月，习近平在庆祝中国人民政治协商会议成立65周年大会上强调，协商民主深深嵌入中国社会主义民主政治全过程。人民通过选举、投票行使权力和人民内部各方面在重大决策之前进行充分协商，尽可能就共同性问题取得一致意见，这是中国社会主义民主的两种重要形式。

2015年1月，中共中央印发《关于加强社会主义协商民主建设的意见》，为构建程序合理、环节完整的社会主义协商民主体系作出顶层设计。这是中国共产党历史上第一份以协商民主为主题的中央文件，也成为指导社会主义协商民主建设的纲领性文件。政党协商、人大协商、政府协商、政协协商、人民团体协商、基层协商、社会组织协商等7种形式的协商民主全面展开，极大丰富了民主形式、拓宽了民主渠道、加深了民主内涵。

2015年12月，中共中央办公厅印发《关于加强政党协商的实施意见》，对政党协商的内容、形式、程序、保障机制等作出规定，推动了中国共产党领导的多党合作和政治协商。

中共十八大以来，各种形式的民主协商取得积极成果。全国政协形成了以全体会议为龙头，以专题议政性常委会议和专题协商会为重点，以双周协商座谈会、对口协商会、提案办理协商会等为常态的协商议政格局。各种方式的民主协商，展现出"中国式商量"的独特优势。

双周协商座谈会是一大创新，就经济、政治、文化、社会、生态文明各方面的广泛议题进行深入的协商座谈，提出了大量的意见和建议，得到中共中央、国务院和有关部门高度重视，推动解决了一些重要问题。

四、巩固和发展最广泛的爱国统一战线

巩固和发展最广泛的爱国统一战线是中国共产党凝聚人心、汇聚力量的政治优势与战略方针，是推进和拓展中国式现代化的重要法宝。

党的十八大以来，以习近平同志为核心的党中央把统战工作摆在治国理政的重要位置。2015年5月，习近平在中央统战工作会议上指出："统战工作的本质要求是大团结大联合，解决的就是人心和力量问题。这是我们党治国理政必须花大心思、下大气力解决好的重大战略问题。"① 这次会上，习近平科学回答了新形势下需不需要统一战线、需要什么样的统一战线、怎样巩固和发展统一战线等重大问题，强调要巩固和发展最广泛的爱国统一战线。

构建党委统一领导下的大统战格局。2015年5月，中共中央印发《中国共产党统一战线工作条例（试行）》，对统一战线的性质、地位和作用作出新概括，对统战工作的指导思想、主要任务、范围和对象进行了完善。《条例（试行）》明确规定，坚定不移走中国特色社会主义道路，紧紧围绕全面建成小康社会、全面深化改革、全面依法治国、全面从严治党的战略布局，高举爱国主义、社会主义旗帜，坚持大团结大联合的主题，坚持正确处理一致性和多样性关系的方针，积极促进政党关系、民族关系、宗教关系、阶层关系、海内外同胞关系和谐，巩固和发展最广泛的爱国统一战线，为实现"两个一百年"奋斗目标、实现中华民族伟大复兴的中国梦服务，为维护社会和谐稳定、维护国家主权安全发展利益服务，为保持香港和澳门长期繁荣稳定、实现祖国完全统一服务。这是关于统一战线的第一部党内法规，标志着统战工作进入制度化、规范化和程序化的新阶段。

坚持和完善民族区域自治制度。2014年9月，习近平在中央民族工作会议上提出坚持打牢中华民族共同体的思想基础。这次会议强调，民族区域自治制度是一项基本政治制度，是中国特色解决民族问题的正确道路的重要内容，要坚持统一和自治相结合、民族因素和区域因素相结合，把宪法和民族

---

① 《十八大以来重要文献选编》（中），中央文献出版社2016年版，第556页。

区域自治法的规定落实好。国家实行差别化区域政策,优化转移支付和对口支援机制,重点抓好扶贫开发、民生福祉、生态保护等工作,推动少数民族和民族地区加快发展、跨越式发展,确保全面小康路上一个民族也不能少,促进各民族像石榴籽一样紧紧抱在一起。

积极引导宗教与社会主义相适应。2016年4月22日至23日,全国宗教工作会议召开。习近平在会上强调,宗教问题始终是我们党治国理政必须处理好的重大问题。这次会议提出,要全面贯彻党的宗教信仰自由政策,依法管理宗教事务,坚持独立自主自办原则,积极引导宗教与社会主义社会相适应。积极引导宗教与社会主义社会相适应,一个重要的任务就是支持我国宗教坚持中国化方向。党的十八大以来,在实施《宗教事务条例》基础上,致力于提高宗教工作法治化水平,发挥宗教界人士及信教群众的积极作用。

党委统一领导下的大统战格局的构建,为全面建成小康社会寻求最大公约数,汇聚起最强正能量。

五、坚持和完善基层群众自治制度

党的十八大以来,基层自治增加了"民主协商"的内容。2015年1月,中共中央印发《关于加强社会主义协商民主建设的意见》,明确了基层民主协商的重要地位和作用,对开展基层民主协商提出明确要求。7月,中共中央办公厅、国务院办公厅印发《关于加强城乡社区协商的意见》,规范了协商的内容、主体、形式、程序、保障等,使城乡社区协商的制度化、规范化和程序化得到进一步推进。

2017年3月,十二届全国人大五次会议通过立法明确了村民委员会、居民委员会具有基层群众性自治组织特别法人资格,可以从事履职所需的民事活动。

2017年6月,中共中央、国务院印发《关于加强和完善城乡社区治理的意见》,提升了城乡社区治理法治化、科学化、精细化水平和组织化程度,促进了城乡社区治理体系和治理能力的现代化。

根据民政部等于2016年10月印发的《城乡社区服务体系建设规划

（2016—2020年）》，北京、天津、河北等25个省（自治区、直辖市）和新疆生产建设兵团分别出台地方规划，推进村级综合服务体系建设，着力填补村级综合服务设施空白。

在基层党组织领导下，广大群众广泛实行自我管理、自我服务、自我教育、自我监督。2013年5月，根据《中华人民共和国村民委员会组织法》和有关政策规定，民政部制定了《村民委员会选举规程》，进一步明确了村民委员会选举的程序和要求。2017年8月，中央全面深化改革领导小组第三十八次会议审议通过《关于建立健全村务监督委员会的指导意见》。截至2016年，全国98%的村制定了村规民约或村民自治章程，城市社区普遍制定了居民公约或居民自治章程。农村实现村务监督委员会全覆盖，城市社区居务监督形式日渐丰富，普遍实行村（居）务公开，基层民主作用得到充分彰显。

第三节　扎实推进社会主义文化强国建设

文化兴国运兴，文化强民族强。党的十八大起的五年，中国坚持走中国特色社会主义文化发展道路，加强社会主义意识形态建设，培育和践行社会主义核心价值观，发展文化事业和文化产业，推动构建中国特色哲学社会科学，中国特色、中国风格、中国气派的中国特色社会主义文化建设取得重大进展，主旋律更加响亮，正能量更加强劲，文化自信得到彰显，中华文化影响力和国家文化软实力大幅提升，全党全社会思想上的团结统一更加巩固。文化强国建设彰显了中国式现代化的特色。

一、坚定文化自信

加强党对意识形态工作的领导。2013年8月，习近平在全国宣传思想工作会议上强调，能否做好意识形态工作，事关党的前途命运，事关国家长治久安，事关民族的凝聚力和向心力。为落实党管意识形态原则，各级党委（党组）对本地区本部门本单位意识形态工作承担起全面领导责任。加强意识形态阵地管理，落实谁主管谁主办谁负责和属地管理，党校、干部学院、社会科学院、高校等成为马克思主义学习、研究、宣传的重要阵地，马克思主义在意识形态中的指导地位更加鲜明。

从"三个自信"到"四个自信"。2016年5月17日，习近平在哲学社会科学工作座谈会上的讲话中指出："我们说要坚定中国特色社会主义道路自信、理论自信、制度自信，说到底是要坚定文化自信。文化自信是更基本、更深沉、更持久的力量。"[1]7月1日，习近平在庆祝中国共产党成立95周年大会上的讲话中指出：坚持不忘初心、继续前进，就要坚持中国特色社会主义道路自信、理论自信、制度自信、文化自信。这次讲话将"三个自信"发展为"四个自信"，是中国共产党对中国特色社会主义内涵的总体性、主体性和普遍性的科学诠释与意义把握，标志着中国特色社会主义达到了更新、更高的整体自信水平。"四个自信"是中国特色社会主义的重大理论创新，也是实现中华民族伟大复兴中国梦的精神动力。

推进传统媒体和新兴媒体融合发展与保持舆论场内的风清气正。2016年2月，习近平到人民日报社、新华社、中央电视台实地调研，随后主持召开党的新闻舆论工作座谈会，提出党的新闻舆论工作职责和使命。主流媒体以此为根本遵循，权威发声，激浊扬清，发挥了"定音鼓""风向标""压舱石"作用，保持了舆论场内的风清气正。同年4月，习近平主持召开网络安全和信息化工作座谈会，提出要建设网络良好生态，发挥网络引导舆论、反映民意的作用。中共中央先后出台《关于推动传统媒体和新兴媒体融合发展的指导意见》《关于实施网络内容建设工程的意见》等文件。传统媒体和新兴媒体融合加速发展，主流媒体实现"报、刊、台、网、微、端"传播全覆盖，在传播力、引导力、影响力和公信力方面展现出更大优势。《筑梦路上》《将改革进行到底》等纪录片、专题片，在传统与新兴媒体平台同步推出，引发全社会热烈反响。

---

[1] 《十八大以来重要文献选编》（下），中央文献出版社2018年版，第323页。

二、培育和践行社会主义核心价值观

党的十八大提出，倡导富强、民主、文明、和谐，倡导自由、平等、公正、法治，倡导爱国、敬业、诚信、友善，积极培育和践行社会主义核心价值观。2013年12月11日，中共中央办公厅印发《关于培育和践行社会主义核心价值观的意见》。2014年2月24日，习近平主持十八届中央政治局集体学习时强调，要把培育和弘扬社会主义核心价值观作为凝魂聚气、强基固本的基础工程；要切实把社会主义核心价值观贯穿于社会生活方方面面。[①]2016年12月，中共中央办公厅、国务院办公厅印发《关于进一步把社会主义核心价值观融入法治建设的指导意见》，明确了推动社会主义核心价值观入法入规强化社会治理的价值导向、用司法公正引领社会公正、弘扬社会主义法治精神的措施。

国家通过法定程序，将每年的12月13日设立为南京大屠杀死难者国家公祭日，将每年的9月30日设立为烈士纪念日。2015年12月，中共中央印发《关于建立健全党和国家功勋荣誉表彰制度的意见》，设立国家勋章和国家荣誉称号，构建党内、国家、军队功勋荣誉表彰制度体系。通过这些形式推动全社会形成见贤思齐、崇尚英雄、争做先锋的良好风气。

社会主义核心价值体系是兴国之魂，决定着中国特色社会主义发展方向。党的十八大起，中国将社会主义核心价值观融入国民教育全过程。发挥政策导向作用，使经济、政治、文化、社会等方方面面政策都有利于社会主义核心价值观的培育；用法律来推动核心价值观建设；使各种社会管理承担起倡导社会主义核心价值观的责任，注重在日常管理中体现价值导向，使符合核心价值观的行为得到鼓励、违背核心价值观的行为受到制约。通过升国旗、成人礼、入党入团入队等仪式，重大纪念日、民族传统节日等礼仪，社会主义核心价值观深入人心，公民文明素质和社会文明程度明显提高。

---

① 《习近平谈治国理政》第1卷，外文出版社2018年版，第163、164页。

三、建设社会主义文化强国

2014年10月15日，习近平主持召开文艺工作座谈会。他在会上强调，实现中华民族的伟大复兴需要中华文化繁荣兴盛，因此必须高度重视和充分发挥文艺和文艺工作者的重要作用，文艺应当坚持以人民为中心的创作导向，以中国精神为灵魂，创作无愧于时代的优秀作品。中国的文化事业由此翻开崭新一页。

2017年5月，中共中央办公厅、国务院办公厅印发《国家"十三五"时期文化发展改革规划纲要》，提出建设社会主义文化强国，更好地构筑中国精神、中国价值、中国力量、中国贡献，为实现"两个一百年"奋斗目标、实现中华民族伟大复兴的中国梦奠定更加坚实的思想文化基础。

推动中华优秀传统文化创造性转化、创新性发展。党的十八大以来，中华优秀传统文化传承发展工程得到大力实施。中国开展了第一次全国可移动文物普查，摸清国有可移动文物家底；公布了第七批全国重点文物保护单位，守护好不可移动文物；公布了第四批国家非物质文化遗产名录，为非遗传承提供支持。一系列弘扬中华优秀传统文化的影视作品持续热播，《本草中国》《我在故宫修文物》等纪录片展现出中华文明的博大精深，《中国汉字听写大会》《中国诗词大会》等文化益智节目激发起全民学习热情。一大批具有中国气派的影视动漫作品、艺术制品、服装服饰、网络游戏等，让人民群众在潜移默化中受到优秀传统文化的浸润熏陶。"感知中国""中国文化年""欢乐春节"等文化活动，向世界展现了中华文化的博大精深与当代中国的昂扬风貌。

繁荣发展社会主义文艺。2014年10月15日，习近平主持召开文艺工作座谈会时强调，文艺要坚持为人民服务、为社会主义服务这个根本方向。会后，全国文艺工作者陆续奔赴基层，开展"深入生活、扎根人民"的主题实践活动，采风创作、慰问演出，把人民作为文艺表现的主体，践行为人民抒写、为人民抒情、为人民抒怀的要求。文艺工作者把满足人民精神文化需求作为工作的出发点和落脚点，文艺作品的思想性和艺术性显著增强，文艺创作精品频出，一批批思想性、艺术性、观赏性相统一的文艺作品获得口碑和市场双丰收。

构建现代公共文化服务体系。2014年2月28日,中央全面深化改革领导小组第二次会议审议通过《深化文化体制改革实施方案》,提出建立健全现代公共文化服务体系和现代文化市场体系。中国公共文化服务建设工作全面展开,加快创新公共文化管理体制和运行机制,创新基层公共文化管理机制,出台公共文化服务保障法、公共图书馆法、文化志愿服务管理办法等法律法规,构建起现代公共文化服务体系的制度框架。制定国家公共文化服务标准和指标体系,促进基本公共文化服务标准化、均等化发展。继续实施文化惠民工程,推进基层公共文化设施共建共享,推动贫困地区公共文化服务体系建设跨越式发展。公共文化服务设施全部免费开放,基本实现了"县有公共图书馆、文化馆,乡有综合文化站"的建设目标。

推动文化事业和文化产业健康发展。国有文化企业坚持把社会效益放在首位,实现社会效益和经济效益相统一。经营性文化事业单位进行转企改制,健全现代文化产业体系和市场体系。一大批图书出版、影视制作、电影院线、图书发行、有线电视网络等文化内容生产企业和文化信息传播企业迅速成长,文化精品不断涌现,有力促进了文化产业发展和文化市场繁荣。

四、加快构建中国特色哲学社会科学

2013年6月25日,习近平在主持中央政治局集体学习时强调,历史是最好的教科书,学习党史、国史,是坚持和发展中国特色社会主义、把党和国家各项事业继续推向前进的必修课。2015年1月,中共中央办公厅、国务院办公厅印发《关于加强中国特色新型智库建设的意见》,对智库建设作出部署。12月,国家高端智库建设试点工作会议在北京召开,25家机构成为首批国家级高端智库建设试点机构。11月23日,习近平主持中央政治局第二十八次集体学习时强调,要立足我国国情和我国发展实践,揭示新特点新规律,提炼和总结我国经济发展实践的规律性成果,把实践经验上升为系统化的经济学说,不断开拓当代中国马克思主义政治经济学新境界。

2016年5月17日,习近平主持召开哲学社会科学工作座谈会,提出哲学

社会科学是人们认识世界、改造世界的重要工具，是推动历史发展和社会进步的重要力量。一个国家的发展水平，既取决于自然科学发展水平，也取决于哲学社会科学发展水平。一个没有发达的自然科学的国家不可能走在世界前列，一个没有繁荣的哲学社会科学的国家也不可能走在世界前列。坚持和发展中国特色社会主义，需要不断在实践和理论上进行探索、用发展着的理论指导发展着的实践。在这个过程中，哲学社会科学具有不可替代的重要地位，哲学社会科学工作者具有不可替代的重要作用。[①] 2017年3月，中共中央印发《关于加快构建中国特色哲学社会科学的意见》，对加快构建中国特色哲学社会科学作出全面部署。广大哲学社会科学工作者坚持马克思主义在哲学社会科学领域的指导地位，按照立足中国、借鉴国外、挖掘历史、把握当代、关怀人类、面向未来的思路，着力构建中国特色哲学社会科学，在指导思想、学科体系、学术体系、话语体系等方面日益体现出中国特色、中国风格、中国气派。

第四节 促进共同富裕

党的十八大以来，中国在推进全体人民共同富裕的现代化进程中，全面深入贯彻以人民为中心的发展思想，坚持发展为了人民、发展依靠人民、发展成果由人民共享，一大批惠民举措落地实施。在发展中保障和改善民生，就业形势稳中向好，城乡居民收入增速超过经济增速，居民生活质量显著提高，脱贫攻坚成效卓著，社会保障覆盖面持续扩大，社会治理体系更加完善，社会大局保持稳定，国家安全全面加强，人民的获得感、幸福感和安全感显著增强。

一、推动实现更高质量就业

就业是民生之本。党的十八大提出推动实现更高质量的就业，实施就业

[①] 习近平：《在哲学社会科学工作座谈会上的讲话》，《光明日报》2016年5月19日。

优先战略和更加积极的就业政策。党的十八届三中全会提出，健全促进就业创业体制机制。2015年3月2日，国务院办公厅印发《关于发展众创空间推进大众创新创业的指导意见》，要求加快形成大众创业、万众创新的生动局面。4月，国务院印发《关于进一步做好新形势下就业创业工作的意见》。6月11日，国务院印发《关于大力推进大众创业万众创新若干政策措施的意见》。2016年5月8日，国务院办公厅印发《关于建设大众创业万众创新示范基地的实施意见》，部署双创示范基地建设工作。9月16日，国务院印发《关于促进创业投资持续健康发展的若干意见》。2017年6月，国务院部署第二批大众创业万众创新示范基地的建设工作。7月21日，国务院印发《关于强化实施创新驱动发展战略进一步推进大众创业万众创新深入发展的意见》。

党的十八大起的五年，在经济增速放缓、结构调整深化、劳动力高位运行的情况下，中国突出抓好高校毕业生、农村剩余劳动力、分流安置职工、退伍军人等重点群体就业创业，牢牢稳住就业基本盘，积极推进就业转型，不断提升就业质量，实现了就业形势总体稳定、稳中向好。其中，解决了6500万人主要是青年人的新增就业问题；解决了2790多万下岗失业人员的再就业问题；解决了880多万城镇困难人员的就业问题，其中包括28万户零就业家庭实现了动态清零。

二、解决区域城乡差距

工业化、城镇化进程中的城乡二元结构和循环累积因果效应下的区域发展分化，是促进全体人民共同富裕进程中必须破解的难题。中国共产党从实现全体人民共同富裕这一中国式现代化的本质要求出发，致力于促进城乡区域协调发展。

中国农业农村尽管实现了快速发展，但与发展更快的工业城镇相比，"一条腿长、一条腿短"问题较突出，农村空心村、"三留守"是现代化进程中农村短腿问题的两个侧面。到2012年，农村与城市相比，基础设施、社会事业、社会保障水平低，农村居民人均可支配收入仅为城市居民可支配收入的34.8%。2013年11月，党的十八届三中全会作出重大判断：城乡发展不平衡不协调，是我国经济社会发展存在的突出矛盾，是全面建成小康社会、加快推进社会主义现代化必须解决的重大问题。①党的十八大以来，中国坚持农业农村优先发展，把城市和乡村作为一个整体统筹谋划，坚持工业反哺农业、城市支持农村和多予少取放活方针，推动城乡规划、基础设施、基本公共服务等一体化发展，增强城市对农村的反哺能力、带动能力，形成城乡发展一体化的新格局，促进了城乡协调发展。

中国幅员辽阔，人口众多，各地自然资源禀赋差异明显，区域发展不平衡是长期存在的问题，统筹区域发展是一个重大课题。中国共产党从实现全体人民共同富裕这一中国式现代化的本质要求出发，全国一盘棋，着力均衡布局区域生产力，建立健全区域合作机制，持续探索促进区域协调发展的实现方式。党的十八大以来，中国积极推动西部大开发形成新格局、东北振兴取得新突破、中部地区加快崛起、东部地区加快推进现代化；支持革命老区、民族地区、边疆地区、贫困地区加快发展；加强区域协调发展新机制建设，区域经济发展呈现出协调性不断增强的良好局面。

三、打响脱贫攻坚战

贫困是人类社会的顽疾。以习近平同志为核心的党中央把脱贫攻坚摆在治国理政突出位置。2012年12月底，党的十八大召开后不久，习近平在河北阜平县考察扶贫开发工作时指出，消除贫困、改善民生、实现共同富裕，是社会主义的本质要求。②2015年11月27日，习近平在中央扶贫开发工作会议上强调："我们要立下愚公移山志，咬定目标、苦干实干，坚决打赢脱贫攻坚战，为全面建成小康社会而努力奋斗！"③11月29日，中共中央、国务院印发《关于打赢脱贫攻坚战的决定》，指出中国扶贫开发已进入啃硬骨头、攻坚拔寨的冲刺期。中央扶贫开发工作会议及《关于打赢脱贫攻坚战的决定》，发出打赢脱贫攻坚战的总攻令。

---

① 《十八大以来重要文献选编》（上），中央文献出版社2014年版，第503页。
② 习近平：《做焦裕禄式的县委书记》，中央文献出版社2015年版，第15页。
③ 《十八大以来重要文献选编》（下），中央文献出版社2018年版，第51页。

一把钥匙开一把锁。各地贫困问题复杂多样，只有从实际出发，才能确保扶贫举措对症下药，取得实效。2013年11月，习近平在湖南湘西土家族苗族自治州十八洞村调研，明确提出"精准扶贫"理念，要求创新扶贫工作机制。精准扶贫精准脱贫，是扶贫开发方式的创新，是打赢脱贫攻坚战的基本方略。各地实施精准扶贫精准脱贫基本方略，实行扶持对象、项目安排、资金使用、措施到户、因村派人、脱贫成效"六个精准"，实行发展生产、易地搬迁、生态补偿、发展教育、社会保障兜底"五个一批"。

党的十八大起的五年，在中国共产党的坚强领导下，举全党全社会之力，上下同心，脱贫攻坚战取得决定性进展，全国农村贫困人口从2012年末的9899万人减少至2017年末的3046万人，贫困发生率从10.2%降至3.1%，书写了人类反贫困斗争史的新篇章。

四、建立覆盖城乡居民的社会保障体系

在基本养老保险制度上，一是打破城乡分割局面，2014年2月，国务院印发《关于建立统一的城乡居民基本养老保险制度的意见》，将新型农村社会养老保险和城镇居民社会养老保险统一为城乡居民基本养老保险制度；二是2014年底，启动机关事业单位养老保险制度改革，对机关事业单位实行与企业同样的社会统筹与个人账户结合的基本制度模式，破除养老金"双轨制"。

在医疗保险方面，2016年1月，国务院印发《关于整合城乡居民基本医疗保险制度的意见》，整合城镇居民基本医疗保险和新型农村合作医疗，全面实施城乡居民大病保险，开展长期护理保险制度试点。保障范围逐步扩大，医疗保险支付方式改革整体推进，医疗服务监管加强，医保关系转移接续、异地就医住院费用结算更为顺畅。

2014年2月，第一部统筹各项社会救助制度的行政法规《社会救助暂行办法》出台，2016年2月，国务院印发《关于进一步健全特困人员救助供养制度的意见》。

经过改革，覆盖城乡居民的社会保障体系基本建立，筑牢了民生保障底线。到2017年底，养老保险覆盖超过9亿人，覆盖率超过90%；基本医疗保险覆盖超过 13 亿人，基本实现全民医保。其他各项社会保险、社会福利、社会优抚事业加快发展，人民群众面对年老、疾病、失业、工伤、残疾、贫困等风险时都有了相应的制度保障。

五、打造共建共治共享的社会治理格局

伴随中国经济的快速发展，中国社会结构发生深刻变化，人口流动频繁，思想观念多元，利益格局复杂，矛盾分歧凸显，长期行之有效的社会管理制度难以完全适应。在这一时代背景下，党的十八大提出加强和创新社会管理，将社会管理与民生并列为社会建设的两个重要方面。

党的十八届三中全会通过《中共中央关于全面深化改革若干重大问题的决定》，提出加快形成科学有效的社会治理体制的任务。这次全会首次提出创新社会治理，提高社会治理水平。从"社会管理"到"社会治理"，一字之差，体现的是系统治理、依法治理、源头治理、综合施策，标志着中国社会建设的理念发生了深刻变革。党的十八届四中全会把"推进法治社会建设"作为全面依法治国的重要内容，明确要求提高社会治理法治化水平。党的十八届五中全会提出构建全民共建共享的社会治理格局。

随着社会治理的创新，社会治理体系和治理能力现代化建设取得明显进展，政府社会管理和公共服务职能得到加强，公共安全体系和应急管理建设逐步健全，基层社区服务管理有序推进，社会治理体系更加完善。

社会治理重心下移。按照"党委领导、政府负责、社会协同、公众参与、法治保障"的要求，中国完善了党的基层组织制度和基层群众自治制度。各地把更多资源下沉到基层，普遍推行网格化管理，把一定范围内的人、地、物、事、组织全部纳入网格，将治理触角延伸到社会末梢，把服务工作做到群众身边，更好提供精准化、精细化服务。

完善社会矛盾化解机制。2013 年 10 月，习近平要求把"枫桥经验"坚持好、发展好。各级党委和政府依托基层组织，完善矛盾排查预警机制，构建起调解、仲裁、行政裁决、行政复议、诉讼等有机衔接、相互协调的多元化纠纷解决体系。各地积极推广自治、法治、德治相融合的基层治理模式，畅通民主渠道，开展基层协商，推进城乡社会协商制度化、规范化和程序化。各地还立足自身人文特色，完善乡规民约等行为准则，大力开展乡风、家风建设，传承向上、向善美德，促进了平安社会、和谐社会建设。

社会治理与现代科技深度融合，社会治理的基础性平台纷纷建立。2014年6月，国务院印发《社会信用体系建设规划纲要（2014—2020年）》，居民身份证号码、组织机构代码、不动产登记、网络实名等制度规定相继出台，以信用信息资源共享为基础的覆盖全社会的征信系统开始建立，守信联合激励和失信联合惩戒制度日益发挥作用，中国步入以社会信用体系建设为核心的社会治理革命的新阶段。2017年，国家人口基础信息库建设项目竣工，存储包含13个数据项的有效人口信息13.99亿，其中7项数据的采集率达到100%，初步实现了对全国人口基础信息的统筹管理。互联网、大数据等信息技术手段提高了社会治理的预见性、精准性、高效性。

六、共享发展成果

中国实施了一系列促进公平分配的政策，居民收入快于经济增长，收入分配更趋合理。党的十八大提出，要坚持在经济增长的同时实现居民收入同步增长、在劳动生产率提高的同时实现劳动报酬同步提高，同时规范收入分配秩序，保护合法收入，增加低收入者收入，调节过高收入，取缔非法收入。2013年2月，国务院批转《关于深化收入分配制度改革的若干意见》，明确了初次分配、再分配、农民增收和分配秩序等方面的政策措施。2014年11月，中共中央、国务院印发《关于深化中央管理企业负责人薪酬制度改革的意见》。2016年11月，中共中央办公厅、国务院办公厅印发《关于实行以增加知识价值为导向分配政策的若干意见》。党的十八大起的五年，随着加强国企高管薪酬管理、改革机关事业单位工资制度、健全加快农民增收长效机制、调整中央对地方转移支付、完善义务教育经费保障机制等一系列政策的实施，全国居民初步实现工资增长与劳动生产率提高基本同步，居民收入增速持续超过经济增速，农村居民人均可支配收入增速持续超过城镇居民。城乡居民人均可支配收入之比，由2012年的2.88缩小为2017年的2.71。中国逐步形成世界上人口最多的中等收入群体。

教育事业全面发展。公共财政优先保障教育，国家财政性教育经费占国内生产总值比例始终保持在 4% 以上。重点改善贫困地区义务教育薄弱学校基本办学条件，实施中西部高等教育振兴计划。建成覆盖各级各类教育的家庭经济困难学生资助体系，实施农村义务教育学生营养改善计划。全面提升基础教育、职业教育、高等教育、特殊教育等的教学质量。更加重视教师队伍建设，制定乡村教师队伍专门政策，调动教师积极性，不断夯实教育强国根基。

人民健康和医疗卫生水平大幅提高。习近平指出，要把人民健康放在优先发展的战略地位，加快推进健康中国建设。中国医药卫生体制改革积极探索、扎实推进，全面实施城乡居民大病保险，推开县级公立医院改革，建立国家基本药物制度，建立起由基本医疗、大病保险、应急救助、医疗救助构成的基本医疗保障体系。中国居民主要健康指标总体上优于中高收入国家平均水平。

人民获得感显著增强。2017 年，全国居民人均消费支出 18322.1 元，比 2012 年增加 6268.4 元。发展和享受型消费占比明显上升，2017 年，全国居民恩格尔系数为 29.3%，比 2012 年下降 3.7 个百分点，进入联合国划分的 20% 至 30% 的富足区间。

第五节　建设美丽中国

党的十八大将生态文明建设纳入中国特色社会主义事业"五位一体"总体布局。党的十八届五中全会把"绿色发展理念"上升为"五大发展理念"之一。党的十八大以来，中国在推进现代化进程中，践行绿水青山就是金山银山的理念，扎实推进美丽中国建设，生态文明建设决心之大、力度之大、成效之大前所未有，创造了人与自然和谐共生的现代化，人民在良好生态上的获得感和幸福感提升。

一、践行绿水青山就是金山银山的理念

生态文明建设是关系中华民族永续发展的根本大计。在工业化的实践进程中，在生态环境和经济发展的关系上，无论是发展中国家还是发达国家，一般是先污染后治理，即便是治理生态环境，生态环境保护与经济发展也难以有机统一起来。改革开放以后，中国日益重视生态环境保护。同时，生态文明建设仍然是一个明显短板，资源环境约束趋紧、生态系统退化等问题越来越突出，特别是各类环境污染、生态破坏呈高发态势，成为国土之伤、民生之痛。如果不抓紧扭转生态环境恶化趋势，必将付出极其沉重的代价。[①]改变各类环境污染、生态破坏高发态势，需要从理念上突破。2005年8月15日，时任中共浙江省委书记的习近平到安吉县天荒坪镇余村考察时提出："我们过去讲，既要绿水青山，又要金山银山。其实，绿水青山就是金山银山。"2013年9月7日，习近平在哈萨克斯坦纳扎尔巴耶夫大学演讲后回答学生们关于环境保护的问题时强调，我们既要绿水青山，也要金山银山。宁要绿水青山，不要金山银山，而且绿水青山就是金山银山。[②]2014年3月7日，习近平在参加十二届全国人大二次会议贵州代表团审议时指出，绿水青山和金山银山决不是对立的，关键在人，关键在思路。保护生态环境就是保护生产力，改善生态环境就是发展生产力。让绿水青山充分发挥经济社会效益，不是要把它破坏了，而是要把它保护得更好。2015年4月，中共中央、国务院印发的《关于加快推进生态文明建设的意见》将"绿水青山就是金山银山"理念写入其中，并提出加快建设美丽中国。"绿水青山就是金山银山"理念的提出，实现了发展理念的重大突破。

绿水青山就是金山银山，是重要的发展理念，也是推进现代化建设的重大原则。绿水青山就是金山银山的理念，明确了经济发展和生态环境保护的关系，揭示了保护生态环境就是保护生产力、改善生态环境就是发展生产力

---

① 《中共中央关于党的百年奋斗重大成就和历史经验的决议》，《人民日报》2021年11月17日。
② 《弘扬人民友谊 共同建设"丝绸之路经济带"》，《人民日报》2013年9月8日。

的道理，指明了实现发展和保护协同共生的新路径。

绿水青山就是金山银山的理念深入人心，党的十八届五中全会提出创新、协调、绿色、开放、共享的发展理念，并提出"绿色是永续发展的必要条件和人民对美好生活追求的重要体现。必须坚持节约资源和保护环境的基本国策，坚持可持续发展，坚定走生产发展、生活富裕、生态良好的文明发展道路，加快建设资源节约型、环境友好型社会，形成人与自然和谐发展现代化建设新格局，推进美丽中国建设，为全球生态安全作出新贡献"。中共中央关于"十三五"规划建议进一步提高绿色指标在"十三五"规划全部指标中的权重，把保障人民健康和改善环境质量作为更具约束性的硬指标。

绿水青山就是金山银山的理念深刻影响着中国经济社会的发展理念、发展思路、发展方式，引领中国迈向生态文明新时代，一幅美丽中国新画卷徐徐展开。

二、构建生态文明制度体系

2013年5月24日，习近平主持十八届中央政治局第六次集体学习时指出：只有实行最严格的制度、最严密的法治，才能为生态文明建设提供可靠保障。我们一定要彻底转变观念，就是再也不能以国内生产总值增长率来论英雄了，一定要把生态环境放在经济社会发展评价体系的突出位置。

2013年11月，党的十八届三中全会审议通过的《中共中央关于全面深化改革若干重大问题的决定》提出，要紧紧围绕建设美丽中国深化生态文明体制改革，加快建立生态文明制度，健全国土空间开发、资源节约利用、生态环境保护的体制机制，推动形成人与自然和谐发展的现代化建设新格局。

根据党的十八届三中全会部署，生态文明制度建设加快推进。2014年1月22日，中央全面深化改革领导小组召开第一次会议，决定将经济体制和生态文明体制改革专项小组作为中央全面深化改革领导小组下设的6个专项小组之一。2015年4月，中共中央、国务院印发《关于加快推进生态文明建设的意见》，将生态文明重大制度基本确立明确为生态文明建设的主要目标之一，对健全生态文明制度体系作出明确规定，包括健全法律法规、完善标准体系、健全自然资源资产产权制度和用途管制制度、完善生态环境监管制度、严守资源环境生态红线、完善经济政策、推行市场化机制、健全生态保护补偿机制、健全政绩考核制度、完善责任追究制度10个方面。2015年9月，中共中央、国务院印发的《生态文明体制改革总体方案》，明确实施自然资源资产产权制度、国土空间开发保护制度、空间规划体系、资源总量管理和全面节约制度、资源有偿使用和生态补偿制度、环境治理体系、环境治理和生态保护市场体系、生态文明绩效评价考核和责任追究制度8个方面的改革。这一方案的出台，构建起生态文明制度体系的"四梁八柱"，明确了改革路线图。

根据《生态文明体制改革总体方案》，中央全面深化改革领导小组审议通过了《环境保护督察方案（试行）》《生态环境损害赔偿制度改革方案》，中共中央办公厅、国务院办公厅印发了《开展领导干部自然资源资产离任审计试点方案》《党政领导干部生态环境损害责任追究办法（试行）》，国务院办公厅印发了《生态环境监测网络建设方案》《编制自然资源资产负债表试点方案》《关于健全生态保护补偿机制的意见》等系列配套方案。2015年8月《环境保护督察方案（试行）》的实施，促进环保督察常态化。领导干部自然资源资产离任审计制度从2015年开展试点，到2017年全面推开，在严格生态文明制度执行方面形成强有力的制度约束。

党的十八大以来，促进生态文明建设的各项改革扎实推进：自然资源资产产权制度改革稳步展开，主体功能区制度逐步健全，空间规划体系改革试点全面启动，资源总量管理和全面节约制度不断强化，资源有偿使用和生态补偿制度改革持续推进，环境治理体系改革力度明显加大，环境治理和生态保护市场体系加快建立，生态文明绩效评价考核和责任追究制度全面建立。此外，生态环境损害赔偿制度、国家生态文明试验区、国家公园等改革试点进展顺利。

三、防治环境污染力度空前

清新的空气、清洁的水体、洁净的土壤是群众关切、社会关注，也是发展之基、治污之要。2013年4月，习近平在海南考察工作时指出，良好生态环境是最公平的公共产品，是最普惠的民生福祉。2015年1月，习近平在云南考察工作时指出，像保护眼睛一样保护生态环境，像对待生命一样对待生态环境。中国紧盯环保重点领域、关键问题和薄弱环节，采取标本兼治的措施，坚决遏制环境污染蔓延态势。

一方面，从适应新时代的要求出发，完善环境保护法。2014年4月，十二届全国人大常委会第八次会议通过了修订后的《中华人民共和国环境保护法》，其中增加规定"保护环境是国家的基本国策"，并规定每年6月5日为环境日。该法在打击环境违法犯罪方面力度空前，被称为"史上最严"环境保护法。党的十八届四中全会审议通过的《中共中央关于全面推进依法治国若干重大问题的决定》提出：建立健全自然资源产权法律制度，完善国土空间开发保护方面的法律制度，制定完善生态补偿和土壤、水、大气污染防治及海洋生态环境保护等法律法规。2015年8月29日，十二届全国人大常委会第十六次会议通过新修订的《中华人民共和国大气污染防治法》。2016年12月25日，十二届全国人大常委会第二十五次会议通过《中华人民共和国环境保护税法》。2017年1月，环境保护部、公安部和最高人民检察院联合印发《环境保护行政执法与刑事司法衔接工作办法》。

另一方面，针对生态环境是全面建成小康社会的突出短板，党中央团结带领全国人民坚决向污染宣战，深入实施大气、水、土壤污染防治三大行动计划。

实施大气污染防治行动计划。中国在实现经济高速增长的同时，大气污染形势严峻，以可吸入颗粒物（PM_{10}）、细颗粒物（$PM_{2.5}$）为特征污染物的区域性大气环境问题突出，损害人民群众身体健康，影响社会和谐稳定。2013年，雾霾成为年度关键词，全国雾霾天数达52年之最，年平均雾霾天数达29.9天。国务院于2013年9月印发了《大气污染防治行动计划》。其中10项措施的明确和实施，切实改善了空气质量。

实施水污染防治行动计划。在经济快速发展过程中，一些地区水环境质量差、水生态受损重、环境隐患多等问题突出，影响和损害群众健康，不利于经济社会持续发展。工业废水的排放量巨大，仅2011年就达到230.9亿吨，对自然环境和人类生存发展造成严重影响。2015年4月，国务院印发《水污染防治行动计划》，共计十条，简称"水十条"。这项计划注重发挥市场机制的决定性作用、科技的支撑作用和法规标准的引领作用，加快推进水环境质量改善。中共中央办公厅、国务院办公厅还于2016年12月印发了《关于全面推行河长制的意见》，提出实行河长制，全面建立河长体系，构建责任明确、协调有序、监管严格、保护有力的河湖管理保护机制和林草保护管理机制；贯彻"山水林田湖是一个生命共同体"的理念，全面推行河长制，对江河进行统一保护、统一修复。河长制实施后，各地积极探索各具特色的制度模式，如江苏全面推行"双河长制"，探索流域治理新思路；河南全面推行"河长+检察长"制，开启生态治河新模式；湖南长沙打通河湖"毛细血管"，推行小微水体生态治理模式；河北加强河长制信息管理平台建设，探索"互联网+河长制湖长制"管理新模式。全国最早探索河长制的浙江省长兴县，曾经的喷水织机全部迁入工业园区，取而代之的，是一批生态旅游、休闲养生等绿色低碳项目在河边湖畔落户，河湖变得明澈秀美。

实施土壤污染防治行动计划。针对中国土壤环境总体状况堪忧，部分地区污染较为严重，是全面建成小康社会的突出短板之一的问题，国务院于2016年5月28日印发《土壤污染防治行动计划》。这一计划的实施，切实加强了土壤污染防治，土壤环境质量逐步改善。

四、推动形成绿色生产生活方式

绿色循环低碳发展，是当今时代科技革命和产业变革的方向，是最有前途的发展领域。[①]2013年4月25日，习近平在中央政治局常委会会议上关于第一季度经济形势的讲话中强调，提倡绿色低碳生活方式。2017年5月26日，中央政治局就推动形成绿色发展方式和生活方式进行集体学习，习近平在主持学习时强调，推动形成绿色发展方式和生活方式，是发展观的一场深刻革命。

---

① 《习近平关于社会主义生态文明建设论述摘编》，中央文献出版社2017年版，第28页。

中国面对传统粗放的发展模式带来的资源约束趋紧、环境恶化等问题，围绕推进绿色发展方式和生活方式这一场深刻革命，把生态文明建设融入经济社会发展各方面和全过程，加快构建科学适度有序的国土空间布局体系、绿色循环低碳发展的产业体系、约束和激励并举的生态文明制度体系、政府企业公众共治的绿色行动体系等"四大体系"，加快构建生态功能保障基线、环境质量安全底线、自然资源利用上线等"三大红线"，加强绿色低碳发展体制机制建设，建立健全绿色低碳发展的产业体系和能源体系，推动形成绿色生产生活方式，走出了一条具有中国特色的绿色可持续发展道路。

全社会贯彻绿色发展理念的自觉性和主动性显著增强，忽视生态环境保护的状况明显改变。随着供给侧结构性改革的推进，压缩并淘汰"三高"产能，积极开发新能源，大力推进低碳经济发展，工业产能利用率处在较高水平，2013年到2017年清洁能源消费量占能源消费总量的比重由15.5%升为20.8%，万元国内生产总值用水量由102.9立方米降为78立方米。通过全面停止天然林商业性采伐，实施沙化土地封禁保护区试点，加大退耕退牧还林还草工程力度，全面停止新增围填海，推进大规模国土绿化等，森林、草原、湿地等重要生态功能区得以休养生息。全社会倡导简约适度、绿色低碳的生活方式，反对奢侈浪费和不合理消费，引导形成文明健康的生活风尚。绿色产品和服务供给不断增加，共享经济、服务租赁、二手交易等新业态蓬勃发展，节能环保再生产品受到消费者青睐，"光盘行动"、低碳出行等倡议得到全社会积极响应。在国民教育和培训体系中，珍惜生态、保护资源、爱护环境等内容大为加强。绿色生活方式日益成为人们的普遍共识和共同追求。

五、积极参与全球生态治理

倡导共谋全球生态文明建设之路。生态文明是人类文明发展的历史趋势，保护生态环境是现代化进程中全球面临的共同挑战和共同责任。2013年7月18日，习近平在致生态文明贵阳国际论坛2013年年会的贺信中强调：共谋全球生态文明建设，深度参与全球环境治理。2015年9月28日，习近平在第七十届联合国大会一般性辩论上讲话提出："国际社会应该携手同行，共谋全球生态文明建设之路。"①

中国作为负责任的发展中大国，在中国式现代化推进和拓展进程中，秉持人类命运共同体理念，坚持多边主义，与世界各国共谋全球生态文明建设，积极参与全球环境治理。2015年11月16日，习近平在澳大利亚布里斯班举行的二十国集团领导人第九次峰会上发表的讲话中宣布，根据二十国集团在数据透明度方面的共识，中方将定期发布石油库存数据。中国将设立气候变化南南合作基金，帮助其他发展中国家应对气候变化。11月30日，习近平在气候变化巴黎大会开幕式上发表题为《携手构建合作共赢、公平合理的气候变化治理机制》的重要讲话中庄严承诺：中国在"国家自主贡献"中提出将于2030年左右使二氧化碳排放达到峰值并争取尽早实现。②2016年，中国发布《落实2030年可持续发展议程中方立场文件》，率先批准应对气候变化的《巴黎协定》，作为2016年二十国集团主席国推动制定了《二十国集团落实2030年可持续发展议程行动计划》，展示了大国担当，得到了广泛赞誉。

中国坚持《巴黎协定》，积极倡导并推动将绿色生态理念贯穿于共建"一带一路"。中国与联合国环境规划署签署了关于建设绿色"一带一路"的谅解备忘录，与30多个沿线国家签署了生态环境保护的合作协议。建设绿色丝绸之路成为落实联合国2030年可持续发展议程的重要路径，100多个来自相关国家和地区的合作伙伴共同成立"一带一路"绿色发展国际联盟。中国在2016年担任二十国集团主席国期间，首次把绿色金融引入二十国集团议程，成立绿色金融研究小组，提交了《二十国集团绿色金融综合报告》。2017年中国发布《关于推进绿色"一带一路"建设的指导意见》《"一带一路"生态环境保护合作规划》等文件，推动落实共建"一带一路"的绿色责任和绿色标准。③

行胜于言，中国2018年单位国内生产总值二氧化碳排放下降4%，比2005年累计下降45.8%，这相当于减排52.6亿吨二氧化碳，基本扭转了二氧

---

① 《十八大以来重要文献选编》（中），中央文献出版社2016年版，第697页。
② 《习近平关于社会主义生态文明建设论述摘编》，中央文献出版社2017年版，第135页。
③ 《共建"一带一路"倡议：进展、贡献与展望》，《人民日报》2019年4月23日。

化碳排放快速增长的局面，提前实现对国际社会的承诺目标。中国的绿色不断增加，从"沙进人退"到"绿进沙退"，提前实现联合国 2030 年可持续发展议程中关于制止和扭转土地退化的目标。美国航天局卫星数据表明，全球从 2000 年到 2017 年新增的绿化面积中，约 1/4 来自中国，贡献比例居全球首位。

第六节　走和平发展道路

面对世界百年未有之大变局的风险挑战，人类又一次站在十字路口，是对抗还是合作，是零和博弈还是互利共赢？对这一重大时代命题应当作出什么样的回答？中国在疑虑和喧嚣声中，把握发展规律，倡导推动构建人类命运共同体，提出和促进"一带一路"国际合作，引领促进全球治理体系改革和建设，坚决维护国家主权、安全、发展利益，创造了走和平发展道路的现代化，为世界和平与发展作出了新的重大贡献。中国创造的走和平发展道路的现代化，是对基于恃强凌弱、巧取豪夺、零和博弈思维推进的现代化的摒弃和超越。

一、倡导推动构建人类命运共同体

中国选择走和平发展道路的现代化，致力于合作共赢，是以人类命运共同体理念为引领的。2013 年 3 月，习近平在俄罗斯莫斯科国际关系学院发表题为《顺应时代前进潮流，促进世界和平发展》的演讲指出："这个世界，各国相互联系、相互依存的程度空前加深，人类生活在同一个地球村里，生活在历史和现实交汇的同一个时空里，越来越成为你中有我、我中有你的命运共同体。"[①]2015 年 3 月，习近平在主题为"亚洲新未来：迈向命运共同体"的博鳌亚洲论坛 2015 年年会上提出，推动建设人类命运共同体。9 月，习近平在纽约联合国总部出席第七十届联合国大会一般性辩论时，发表题为《携手

---

① 《习近平谈治国理政》第 1 卷，外文出版社 2018 年版，第 272 页。

构建合作共赢新伙伴，同心打造人类命运共同体》的演讲，提出和平、发展、公平、正义、民主、自由是全人类的共同价值，也是联合国的崇高目标。我们要继承和弘扬联合国宪章的宗旨和原则，构建以合作共赢为核心的新型国际关系，打造人类命运共同体。2017年1月，习近平出席在联合国日内瓦总部召开的"共商共筑人类命运共同体"高级别会议，并发表题为《共同构建人类命运共同体》的主旨演讲，系统阐述了中国关于构建人类命运共同体的主张，提出坚持对话协商、共建共享、合作共赢、交流互鉴、绿色低碳，建设一个持久和平、普遍安全、共同繁荣、开放包容、清洁美丽的世界。

在各国联系日益紧密、各种矛盾日趋复杂的国际形势下，中国倡导和推动的构建人类命运共同体理念，是对国际秩序观的创新和发展，提出了国际关系新愿景，被越来越多的国家所接受。2017年2月10日，构建人类命运共同体理念首次载入联合国决议，3月17日首次载入联合国安理会决议，3月23日首次载入联合国人权理事会决议。构建人类命运共同体被写入联合国文件，是对世界人民追求和平发展愿望的呼应。

中国选择走和平发展道路的现代化，致力于合作共赢。"中国发展绝不以牺牲别国利益为代价，我们绝不做损人利己、以邻为壑的事情"[①]，"在追求本国利益时兼顾别国利益，在寻求自身发展时兼顾别国发展"[②]。中国摒弃丛林法则、不搞强权独霸、超越零和博弈，倡导践行人类命运共同体理念引领走和平发展道路的现代化，在国际上产生着日益广泛而深远的影响。

二、提出和促进"一带一路"国际合作

2013年9月，习近平在哈萨克斯坦纳扎尔巴耶夫大学发表演讲，提出共同建设"丝绸之路经济带"的合作倡议；10月，习近平在印度尼西亚国会发表演讲，提出共同建设21世纪"海上丝绸之路"的合作倡议；11月，党的

---

① 《习近平谈治国理政》第1卷，外文出版社2018年版，第249页。
② 《习近平谈治国理政》第1卷，外文出版社2018年版，第336页。

十八届三中全会提出,推进丝绸之路经济带、海上丝绸之路建设,形成全方位开放新格局。共建"一带一路"是党中央统揽政治、外交、经济社会发展全局作出的重大战略决策,是实施新一轮扩大开放的重要举措,也是营造有利周边环境的重要举措。

共建"一带一路"倡议及其核心理念写入了联合国、二十国集团、亚太经合组织以及其他区域组织等有关文件中。2015年7月,上海合作组织发表《上海合作组织成员国元首乌法宣言》,支持关于建设"丝绸之路经济带"的倡议。2016年9月,《二十国集团领导人杭州峰会公报》明确提出当年启动"全球基础设施互联互通联盟倡议";11月,联合国193个会员国协商一致通过决议,欢迎共建"一带一路"等经济合作倡议,呼吁国际社会为"一带一路"建设提供安全保障。2017年3月,联合国安理会一致通过第2344号决议,呼吁国际社会通过"一带一路"建设加强区域经济合作。

共建"一带一路"倡议提出以来,中国全方位推进同沿线国家的务实合作,成绩斐然、硕果累累。在各方共同努力下,"六廊六路多国多港"[①]的互联互通架构基本形成,一大批合作项目落地生根,高峰论坛的各项成果顺利落实。共建"一带一路"倡议同联合国、东盟、非盟、欧盟、欧亚经济联盟等国际和地区组织的发展与合作规划对接,同各国发展战略对接。2014年至2016年,中国同"一带一路"沿线国家贸易总额超过3万亿美元。中国对"一带一路"沿线国家投资累计超过500亿美元。截至2017年10月,中国与"一带一路"沿线国家签署130多个双边和区域运输协定,与相关国家开通了356条国际道路客货运输线路;中国与43个沿线国家实现空中直航,每周约4200个航班;中欧班列开通50多条,累计开行5000多列,从中国驶出的"钢铁驼队"到达欧洲12个国家30多个城市。从亚欧大陆到非洲、美洲、大洋洲,共建"一带一路"为世界经济增长开辟了新空间,为国际贸易和投资搭建了新平台,为完善全球经济治理拓展了新实践,为增进各国民生福祉作出了新

[①] "六廊",指新亚欧大陆桥、中蒙俄、中国—中亚—西亚、中国—中南半岛、中巴、孟中印缅等国际经济合作走廊。"六路",指铁路、公路、水路、空路、管路、信息高速路。"多国",指选取若干重要国家作为合作重点。"多港",指构建若干海上支点港口。

贡献。

共建"一带一路"成为当今世界广泛参与的国际合作平台和普遍欢迎的国际公共产品,成为和平之路、繁荣之路、开放之路、创新之路、文明之路,是促进共同繁荣发展的全新国际合作模式。

三、积极参与全球治理体系改革和建设

以习近平同志为核心的党中央从历史和现实、理论和实践、国内和国际等多角度深入思考"世界怎么了,我们怎么办"这一根本问题,积极探索完善全球治理的理念和方案。2015年10月12日,中央政治局就全球治理格局和全球治理体制进行集体学习。习近平在主持学习时指出,全球治理体制变革正处在历史转折点上。数百年来,列强通过战争、殖民、划分势力范围等方式争夺利益和霸权逐步向各国以制度规则协调关系和利益的方式演进。加强全球治理、推进全球治理体制变革已是大势所趋。这不仅事关应对各种全球性挑战,而且事关给国际秩序和国际体系定规则、定方向;不仅事关对发展制高点的争夺,而且事关各国在国际秩序和国际体系长远制度性安排中的地位和作用。①2016年9月,中央政治局就二十国集团领导人峰会和全球治理体系变革进行集体学习。习近平在主持学习时强调,要抓住机遇、顺势而为,推动国际秩序朝着更加公正合理的方向发展,更好维护中国和广大发展中国家共同利益,为促进人类和平与发展的崇高事业作出更大贡献。②

中国走和平发展道路,秉持共商共建共享的全球治理观,坚持多边主义,反对霸权主义、单边主义,为推动构建公正合理的国际治理体系提供了中国智慧和中国方案,在积极参与国际治理进程中推进和平发展。

中国举办亚太经济合作组织第二十二次领导人非正式会议、二十国集团领导人杭州峰会、金砖国家领导人第九次会晤等一系列大型主场外交,运用议题和议程设置主动权,引导形成了一系列具有开创性、引领性、机制性的

---

① 《推动全球治理体制更加公正更加合理 为我国发展和世界和平创造有利条件》,《人民日报》2015年10月14日。

② 习近平:《论坚持推动构建人类命运共同体》,中央文献出版社2018年版,第383页。

成果，促进世界经济走向强劲、可持续、平衡、包容增长之路。

中国推动成立亚洲基础设施投资银行、丝路基金、金砖国家新开发银行，以开放姿态欢迎各国搭乘中国发展"顺风车"。中国通过建立 10 亿美元的"中国—联合国和平与发展基金"，200 亿元人民币的"中国气候变化南南合作基金""南南合作援助基金"等，主动实施国际发展援助。

中国发挥维护世界和平与稳定的建设性作用，国际话语权和影响力不断提高。中国积极劝和促谈，维护朝鲜半岛和平稳定，引导促成伊朗核问题六方协定，推动南苏丹、叙利亚、乌克兰等热点难点问题政治解决进程。中国积极参与国际反恐合作，派军舰在亚丁湾、索马里海域执行护航任务。中国积极参与网络、极地、深海、外空、核安全、气候变化等新兴领域规则制定；发起并主办首届世界互联网大会，推动建立多边、民主、透明的全球互联网治理体系；积极开展国际反腐败合作，推动构建国际反腐败合作新秩序。

四、坚决维护国家主权、安全、发展利益

习近平强调："中国不觊觎他国权益，不嫉妒他国发展，但决不放弃我们的正当权益。中国人民不信邪也不怕邪，不惹事也不怕事，任何外国不要指望我们会拿自己的核心利益做交易，不要指望我们会吞下损害我国主权、安全、发展利益的苦果。"①

中国坚决捍卫领土主权和海洋权益，有效遏制侵害国土安全的各种图谋和行为。在南海问题上，坚持有理、有利、有节的维权斗争，在坚决应对域外势力干扰介入的同时，与地区有关国家加强沟通、增进互信、妥处分歧、聚焦合作。在钓鱼岛问题上，中国坚持原则，在尊重历史和国际法的基础上进行合情合理斗争，在多个外交场合和部分国家重要媒体上发表"钓鱼岛属于中国"的言论或文章，在钓鱼岛海域进行巡航执法，依法行使国家主权，充分展示了中国共产党、中国政府和中国人民捍卫国家领土主权的坚定决心和意志。中国扎实开展涉疆、涉藏外交，回击无端指责，在联合国平台和国

---

① 《十八大以来重要文献选编》（下），中央文献出版社 2018 年版，第 354 页。

际上赢得了大多数国家理解支持。

积极维护周边和平稳定,坚持通过对话协商解决问题。中国在坚持原则、不断提高管控能力的同时,坚持通过外交和军事渠道谈判沟通,维护中印边境地区的和平与安宁。中国积极践行中国特色的热点问题解决之道,坚持劝和促谈,推进朝鲜半岛问题政治解决进程。中国还在阿富汗和平和解问题上积极斡旋,在印度和巴基斯坦之间呼吁对话,在缅甸和孟加拉国之间居中协调,这些行动都为实现地区局势的稳定作出了重要贡献。

切实维护中国海外利益安全,保护海外中国公民、组织和机构的安全与正当权益,努力形成强有力的海外利益安全保障体系。2014年9月,外交部全球领事保护与服务应急呼叫中心启动,可以随时为在海外遇到困难和有所需求的中国公民提供关怀与帮助。党的十八大后的5年,中国成功从多个突发战争或重大自然灾害的国家接回滞留同胞,成功组织9次海外公民撤离行动。截至2017年9月,先后处理100多起中国公民在境外遭绑架或者袭击案件,受理各类领保救助案件30万起。在国家安全体系建设总体框架下,建立起统一高效的境外企业和对外投资安全保护体系。中国同其他国家达成多项便利人员往来协定或安排。截至2017年9月,持中国普通护照可以有条件免签或落地签的国家和地区达64个,与中国缔结简化签证手续协议的国家达41个。中国公民出行更加安全方便,利益得到有效维护。

中国不断丰富和发展维护国家利益的方式手段,坚决捍卫国家主权、安全和领土完整,坚决遏制和打击一切形式的分裂行径,积极保障经济金融安全,有效维护海外利益,防范和化解各种风险挑战,为改革发展和民族复兴提供了有力支撑,为走和平发展道路提供了有力支撑。

第八章
中国式现代化的全面深化和拓展

党的十九大以来，以习近平同志为核心的党中央统筹中华民族伟大复兴战略全局和世界百年未有之大变局，坚持加强党的全面领导和党中央集中统一领导，全力推进全面建成小康社会进程，完整、准确、全面贯彻新发展理念，着力推动高质量发展，主动构建新发展格局，蹄疾步稳推进改革，扎实推进全过程人民民主，全面推进依法治国，积极发展社会主义先进文化，突出保障和改善民生，集中力量实施脱贫攻坚战，大力推进生态文明建设，坚决维护国家安全，防范化解重大风险，保持社会大局稳定，大力推进国防和军队现代化建设，全方位开展中国特色大国外交，全面推进党的建设新的伟大工程。①五年来，党团结带领人民，全面深化和拓展中国式现代化，攻克了许多长期没有解决的难题，办成了许多事关长远的大事要事，推动党和国家事业取得举世瞩目的重大成就。

第一节 推进建设现代化经济体系

习近平总书记在党的十九大报告中指出："我国经济已由高速增长阶段转向高质量发展阶段，正处在转变发展方式、优化经济结构、转换增长动力

---

① 习近平：《高举中国特色社会主义伟大旗帜 为全面建设社会主义现代化国家而团结奋斗》，人民出版社2022年版，第2—3页。

的攻关期,建设现代化经济体系是跨越关口的迫切要求和我国发展的战略目标。"①党的十九大以来,我国坚持以供给侧结构性改革为主线,着力构建现代化经济体系,产业结构不断优化,第一产业基础地位不断稳固,第二产业创新驱动深入推进,第三产业重点领域蓬勃发展,转型升级成效显著,有力支撑国民经济持续健康发展。

一、深化供给侧结构性改革

中国经济新常态下,经济运行面临的突出矛盾和问题,有周期性、总量性因素,但根源上是重大结构性失衡因素,导致经济循环不畅、动能不足。为此,推进供给侧结构性改革,成为国家"十三五"规划纲要的主线,也是适应把握引领新常态的重大举措。在2015年提出推进供给侧结构性改革并取得初步成效基础上,2018年,党中央进一步提出深化供给侧结构性改革的"巩固、增强、提升、畅通"方针,要求更多采取改革办法,运用市场化、法治化手段,着力增强微观主体活力,提升产业链水平,推动金融和实体经济、房地产和实体经济等深层次关系调整优化。通过持续深化供给侧结构性改革,我国供给体系质量和效率明显提升,发展新动能加快成长,经济发展质量不断提高。②

随着"三去一降一补"各项工作的顺利推进,供给侧结构性改革也迈向更纵深的领域。在扎实推进"六稳"工作、全面落实"六保"任务的同时,多项供给侧结构性改革向纵深推进。新时代加快完善社会主义市场经济体制的意见出台,推动生产要素市场化改革、创业板试点注册制改革等相关规则陆续发布,中央统筹考虑短期应对和中长期发展,抓住关键布局落子,不断破除体制机制障碍,持续激发发展动力。

2020年10月召开的党的十九届五中全会,明确提出"十四五"时期经济

---

① 习近平:《决胜全面建成小康社会 夺取新时代中国特色社会主义伟大胜利》,人民出版社2017年版,第30页。
② 刘鹤:《把实施扩大内需战略同深化供给侧结构性改革有机结合起来》,《人民日报》2022年11月4日。

社会发展要以深化供给侧结构性改革为主线,这将为中国经济的高质量发展打下更为坚实的基础。①2021年,供给侧结构性改革持续深化,工业互联网、大数据、智能制造、反向定制等推广运用,新产业新产品加快培育。这一年,我国建成全球规模最大的5G独立组网网络,5G手机出货量达到2.66亿部,增长63.5%。新能源汽车产销两旺,产销量分别达到354.5万辆、352.1万辆,分别增长159.5%、157.5%。②

深化供给侧结构性改革,加快完善社会主义市场经济体制,使我国经济中生产、分配、流通、消费各环节更加畅通。经济循环的畅通无阻,为构建新发展格局发挥了至关重要的作用。

二、推动建设创新型国家

创新是驱动引领高质量发展的第一动力,是构建新发展格局的战略支撑。党的十九届五中全会进一步明确提出坚持创新在我国现代化建设全局中的核心地位,把科技自立自强作为国家发展的战略支撑,为新时代建设创新型国家提供了重要遵循。此外,我国还发布了《国家创新驱动发展战略纲要》,编制2021—2035年国家中长期科技发展规划,制定"十四五"科技创新规划,为科技自立自强、推动建设创新型国家提供了强劲引擎。

经过五年的奋斗和发展,我国科技事业发生了历史性、整体性、格局性重大变化,成功进入创新型国家行列,全球创新指数排名从2012年第34位上升到2021年第12位。从科技投入看,全社会研发投入2021年达到2.79万亿元,基础研究经费增至10年前的3.4倍。从科技产出看,科技进步贡献率超过60%,高被引论文数居世界前列,PCT(专利合作条约)国际专利申请量居全球首位,"人造太阳"、上海光源等一批大国重器为开展世界级研究夯实基础。从科技应用看,人工智能、大数据、区块链、量子通信等新兴技术加快应用,培育了智能终端、在线教育、远程医疗等新产品新业态,移动支

---

① 《经济结构不断优化 协调发展成效显著——党的十八大以来经济社会发展成就系列报告之十一》,中央人民政府网,https://www.gov.cn/xinwen/2022-09/28/content_5713447.htm,2023年9月20日。

② 《内需潜力还将持续释放》,《人民日报》2022年2月8日。

付、在线购物等新技术新模式让人们切身体验着"科技让生活更美好"的幸福感。从科技潜力看，中国特色的国家实验室体系加快构建，高水平研究型大学、国家科研院所的科研能力持续提升，一批具有国际竞争力的科技型企业成长壮大，构建起一支成体系、担使命的战略科技力量，国家创新体系更加高效顺畅。我国高新技术企业数2021年达到33万家，其中683家企业进入全球企业研发投入2500强。北京、上海、粤港澳大湾区三大国际科技创新中心跻身全球科技创新集群前10。173家高新区聚集了全国三分之一以上的高新技术企业。①

新冠疫情暴发后，中国科技界坚决贯彻党中央、国务院的决策部署，成立由科技部牵头的国务院联防联控机制科研攻关组，聚焦病毒病原学、检测技术和产品、临床救治和药物、疫苗研发、动物模型构建五个主攻方向，组织全国科研精锐力量，全力推进科研攻关，取得了一批切实管用的成果，应用于抗疫之中。从第一时间分享病毒基因序列、快速筛选有效药物、实施大规模核酸检测和疫苗的研发上市，中国疫情防控科研攻关展现出"抗疫硬核力量"。②

我国蹚出了一条从人才强、科技强，到产业强、经济强、国家强的自主创新发展道路；形成了一个坚持"四个面向"、全方位支撑发展和保障安全的科技创新整体布局；打造了一条加强基础研究、技术创新、成果转化和产业化等创新活动的科技创新全链条。

三、实施乡村振兴战略

民族要复兴，乡村要振兴。党的十九大报告提出，实施乡村振兴战略，要坚持农业农村优先发展，按照产业兴旺、生态宜居、乡风文明、治理有效、生活富裕的总要求，建立健全城乡融合发展体制机制和政策体系，加快推进

---

① 《创新中国 活力无限（奋进新征程 建功新时代·非凡十年）》，《人民日报》2022年8月12日。
② 《国务院新闻办就加快建设创新型国家全面支撑新发展格局举行发布会》，中央人民政府网，https://www.gov.cn/xinwen/2021-03/02/content_5589617.htm，2023年9月20日。

农业农村现代化。①五年来，中央连续发布五个"一号文件"，对实施乡村振兴战略作出具体部署，明确重点，逐年推进、逐项落实。2018年9月，中共中央、国务院印发《乡村振兴战略规划（2018—2022年）》，紧紧围绕乡村振兴战略总要求，明确了实施乡村振兴战略的指导思想和基本原则、发展目标、重点任务和保障措施。该规划的实施推动乡村振兴取得了明显成效，粮食产能稳步提升，脱贫攻坚成果得到巩固，富民乡村产业持续壮大，农村生产生活条件明显改善，乡村治理效能稳步提升。

牢牢守住国家粮食安全底线。近年来，我国粮食连年丰收，已经形成了一套政策体系和工作措施。实施"两藏"（即深入实施藏粮于地、藏粮于技战略），紧紧抓住种子和耕地两个要害，夯实粮食产能基础；构建"两辅"机制（即构建辅之以利、辅之以义保障机制），调动地方政府重农抓粮和农民务农种粮两个积极性；推进"两化"（即推进服务社会化和生产机械化），促进节本增效、提质增效。这三项举措构筑了粮食生产政策体系和工作措施的"四梁八柱"，也是粮食连年丰收的原因所在。2022年，我国全年粮食产量创历史新高、达到68653万吨，比上年增加368万吨，②人均粮食占有量达到485.6公斤，高于国际公认的400公斤粮食安全线，做到了谷物基本自给、口粮绝对安全。

守住不发生规模性返贫底线是农业农村工作的一项硬任务。2020年底，在现行标准下，中国9899万农村贫困人口全部脱贫，832个贫困县全部摘帽，12.8万个贫困村全部出列，区域性整体贫困得到解决。此后，农业农村部从四个方面守住不发生规模性返贫底线，即：衔接扶持政策，优化帮扶强支撑；聚焦重点群体，健全机制防返贫；突出重点帮扶，倾斜支持增后劲；抓实产业就业，拓展渠道促增收。脱贫攻坚成果得到持续巩固，33项过渡期衔接政策出台实施，防止返贫动态监测帮扶机制全面建立，确定160个国家乡村振

---

① 习近平：《决胜全面建成小康社会 夺取新时代中国特色社会主义伟大胜利》，人民出版社2017年版，第32页。

② 国家统计局：《中华人民共和国2022年国民经济和社会发展统计公报》，《人民日报》2023年3月1日。

兴重点帮扶县并继续倾斜支持，守住了不发生规模性返贫的底线。

产业振兴是乡村振兴的重中之重。五年来，乡村产业加快发展，取得了明显的成效。农产品加工流通业加快发展，加工转化率达到70.6%，农产品加工产值与农业总产值的比值提高到2.5。农文旅深度融合发展，全国休闲农庄、观光农园等休闲农业经营主体达30多万家，年营业收入超过7000亿元。农村电商蓬勃发展，各类涉农电商超过3万家，农村网络零售额超过2万亿元，直播带货等新业态不断涌现。乡村特色产业传承发展，累计认定全国"一村一品"示范村镇3673个，遴选推介乡村特色产品2438个、乡村工匠662个，创响了一批"乡字号""土字号"特色品牌。各级农业农村部门采取一系列有力措施，推进乡村产业高质量发展。此外，截至2022年6月，我国组建了50个国家现代农业产业技术体系，建成了47个国家重点实验室、100个农业科学观测试验站，取得了节水抗旱小麦、超级稻、白羽肉鸡等一批重大标志性成果，农作物种源自给率超过95%。[1]

四、实施区域协调发展战略

党的十九大以来，各地区各部门认真贯彻落实党中央、国务院关于区域协调发展的重大决策部署，持续推进区域重大战略和区域协调发展战略，有力推动各地区合理分工、优势互补，区域协调发展体制机制更加健全，经济增长潜力进一步显现，区域发展新格局逐步构建。

重大区域战略扎实推进，区域增长潜力提升。一系列区域重大战略加快落实，资源空间配置优化升级，区域经济增长新潜力进一步显现。京津冀协同发展有序推进。2021年，京津冀地区生产总值达9.6万亿元，2013—2021年年均增长6.3%。长江经济带发展取得新成效。2021年，长江经济带地区生产总值达53.0万亿元，占全国经济总量的46.6%，比2012年提高了2.8个百分点。粤港澳大湾区建设扎实推进，港珠澳大桥、广深港高铁香港段等重大基础设施项目相继建成，资本、技术、人才、信息等要素加速融合，城市间

---

[1] 《乡村振兴取得阶段性重大成就》，《农民日报》2022年9月29日。

互联互通取得新进展。长三角一体化发展进展顺利。2021年，长三角地区生产总值为27.6万亿元，占全国经济总量的24.3%，比2012年提高了0.8个百分点。黄河流域生态保护和高质量发展持续推进。黄河大保护行动稳步推进，污染防治、生态保护修复、深度节水控水等重大工程项目深入实施。2021年，黄河流域监测断面中，Ⅰ—Ⅲ类水质断面占81.9%，比上年上升2.0个百分点；劣Ⅴ类占3.8%，比上年下降1.1个百分点。[①]

区域比较优势持续发挥作用，发展协调性逐步增强。东部地区率先发展的引领作用更加凸显。2021年，东部地区生产总值占全国的比重达52.1%，比上年增长8.1%，对全国经济增长的贡献率达52.9%。中部地区加快崛起。中部六省地区生产总值占全国的比重由2012年的21.3%上升至2021年的22.0%，2021年，中部地区生产总值增速为8.7%，高于全国国内生产总值增速0.6个百分点，中部地区整体实力和竞争力进一步提升。西部大开发战略深入推进，基础设施和生态环境建设取得积极进展，陆海新通道建设加快推进，营商环境不断改善，经济持续快速发展。西部地区人均地区生产总值由2012年的29195元增加至2021年的62596元，与东部地区的相对差距由1∶1.87缩小至1∶1.67。东北地区振兴取得新进展。东北地区统筹资源型地区转型发展、老工业城市更新改造、产业转型升级示范区建设持续深入，第三产业增加值占地区生产总值的比重由2012年的40.1%上升至2021年的51.4%，产业结构进一步优化。

区域经济总量不断增加，发展差距逐步缩小。随着区域发展协调机制统筹推进，地区经济总量不断增加，区域经济发展呈现良好态势。从经济规模看，2021年，东部、中部、西部、东北地区生产总值分别为59.2万亿元、25.0万亿元、24.0万亿元和5.6万亿元。从居民人均可支配收入看，2021年，东部、中部、西部、东北四区域的居民人均可支配收入分别为44980元、29650元、27798元和30518元，最高的东部和最低的西部之间的收入比，由

[①]《经济结构不断优化 协调发展成效显著——党的十八大以来经济社会发展成就系列报告之十一》，中央人民政府网，https://www.gov.cn/xinwen/2022-09/28/content_5713447.htm，2023年9月20日。

2013 年的 1.70∶1 缩小至 1.62∶1，区域良性互动，相对差距逐步缩小。

五、完善社会主义市场经济体制

社会主义市场经济体制是中国特色社会主义的重大理论和实践创新，是社会主义基本经济制度的重要组成部分。习近平总书记强调："之所以说是社会主义市场经济，就是要坚持我们的制度优越性，有效防范资本主义市场经济的弊端。我们要坚持辩证法、两点论，继续在社会主义基本制度与市场经济的结合上下功夫，把两方面优势都发挥好，既要'有效的市场'，也要'有为的政府'，努力在实践中破解这道经济学上的世界性难题。"[①]2020 年 5 月，中共中央、国务院出台《关于新时代加快完善社会主义市场经济体制的意见》，在更高起点、更高层次、更高目标上推进经济体制改革及其他各方面体制改革，构建更加系统完备、更加成熟定型的高水平社会主义市场经济体制。

在充分发挥市场在资源配置中的决定性作用方面，坚持"两个毫不动摇"，激发各类市场主体活力，不断释放经济发展新活力。截至 2021 年末，全国企业的数量达 4842 万户，比 2012 年增长 1.7 倍；规模以上工业企业达到 40 万户，较 2012 年增长了 23.5%，一些行业领军企业已经形成较强的国际竞争力。作为中国特色社会主义经济的"顶梁柱"，国有企业靠改革增强动力，靠创新激发活力，靠管理提升竞争力。中国特色现代企业制度不断健全，国有企业发展质量和国有经济竞争力、创新力、控制力、影响力、抗风险能力显著增强。民营经济撑起了中国经济"半壁江山"。2021 年发布的中国民营企业 500 强榜单显示，资产总额超过千亿规模的民营企业增至 98 家，创新力更强、发展活力更足，民营经济正走向更加广阔的舞台。为进一步激发企业活力，我国出台一系列保护支持企业发展的政策措施，不断优化营商环境，建设有利于企业健康成长的市场体系，促进各类企业健康发展。如 2021 年 1 月，中共中央办公厅、国务院办公厅印发《建设高标准市场体系行动方案》；

---

① 习近平：《论把握新发展阶段、贯彻新发展理念、构建新发展格局》，中央文献出版社 2021 年版，第 64 页。

2022年4月,《中共中央 国务院关于加快建设全国统一大市场的意见》发布。这些文件,进一步破除了妨碍生产要素市场化配置和商品服务流通的体制机制障碍,实现市场交易规则、交易方式、标准体系等的国内外融通,使市场生态更为健康,企业茁壮成长的"土壤"更加肥沃。①

在更好发挥党和政府作用方面,充分发挥党领导经济工作的优势,创新宏观调控思路和方式,大力推进高质量发展。党的十九大以来,我国在推进政府职能转变上完成国务院及地方政府机构改革,持之以恒推进触动政府自身利益的改革,进一步简政放权,放宽市场准入,全面实施市场准入负面清单制度。清单管理措施比制度建立之初压减64%,将行政许可事项全部纳入清单管理;取消和下放行政许可事项1000多项,中央政府层面核准投资项目压减90%以上,工业产品生产许可证从60类减少到10类,工程建设项目全流程审批时间压缩到不超过120个工作日;改革商事制度,推行"证照分离"改革,企业开办时间从1个月以上压缩到平均4个工作日以内,实行中小微企业简易注销制度;坚持放管结合,加强事中事后监管,严格落实监管责任,防止监管缺位、重放轻管,强化食品药品等重点领域质量和安全监管,推行"双随机、一公开"等方式加强公正监管,规范行使行政裁量权;加强反垄断和反不正当竞争,全面落实公平竞争审查制度,改革反垄断执法体制;依法规范和引导资本健康发展,依法坚决管控资本无序扩张;制定实施优化营商环境、市场主体登记管理、促进个体工商户发展、保障中小企业款项支付等条例。②

五年来,我国社会主义市场经济体制改革全方位展开、系统性推进。基本经济制度持续巩固完善,始终坚持"两个毫不动摇",激发各类微观主体活力,各种所有制经济蓬勃发展。高标准市场体系建设稳步推进,市场化法治化国际化营商环境加快形成。不断完善的社会主义市场经济体制,为推进社会主义现代化建设提供了强劲动力和活力。

---

① 《坚持"两个毫不动摇"激发各类市场主体活力(这十年,总书记这样勉励企业高质量发展)》,《人民日报》2022年8月19日。

② 李克强:《政府工作报告》,《人民日报》2023年3月15日。

六、推动形成全面开放新格局

高水平对外开放是我们破解发展问题的重要动力。党的十九大以来，面对外部环境变化，我国实行更加积极主动的开放战略，以高水平开放更有力促改革促发展。我国成为 140 多个国家和地区的主要贸易伙伴，货物贸易总额居世界第一，吸引外资和对外投资居世界前列，形成更大范围、更宽领域、更深层次对外开放格局。

推动进出口稳中提质。加大出口退税、信保、信贷等政策支持力度，企业出口退税办理时间压缩至 6 个工作日以内。发展外贸新业态，新设 152 个跨境电商综试区，支持建设一批海外仓。发挥进博会、广交会、服贸会、消博会等重大展会作用。推进通关便利化，进口、出口通关时间分别压减 67% 和 92%，进出口环节合规成本明显下降。关税总水平从 9.8% 降至 7.4%。全面深化服务贸易创新发展试点，推出跨境服务贸易负面清单。颁布实施出口管制法，建立不可靠实体清单等制度，维护产业链供应链安全，为扩大高水平对外开放提供安全保障。

积极有效利用外资和设立自由贸易试验区。出台外商投资法实施条例，不断优化外商投资环境。持续放宽外资市场准入，全国和自由贸易试验区负面清单条数分别压减 51%、72%，制造业基本全面放开，金融等服务业开放水平不断提升。我国已设 21 个自由贸易试验区，海南自由贸易港建设稳步推进。各地创新方式加强外资促进服务，加大招商引资和项目对接力度。一批外资大项目落地，我国持续成为外商投资兴业的热土。

积极参与全球经济治理。我国坚定维护多边贸易体制，反对贸易保护主义，稳妥应对经贸摩擦，全面实施自贸区提升战略。对外签署的自贸协定数增长到 19 个，与自贸伙伴的贸易额占比提升到 35% 左右；与相关国家和地区签署并实施《区域全面经济伙伴关系协定》，积极推进加入《全面与进步跨太平洋伙伴关系协定》《数字经济伙伴关系协定》。中国国际进口博览会连续举办 5 年，已经成为中国构建新发展格局的窗口、推动高水平开放的平台、全球共享的国际公共产品。中国的开放发展为世界开放合作注入源源不断的新动力。[①]

第二节　发展全过程人民民主

人民民主是社会主义的生命。党的十九大以来，以习近平同志为核心的党中央进一步深化对民主政治发展规律的认识，创造性提出全过程人民民主的重大理念。全过程人民民主是社会主义民主政治的本质属性，是最广泛、最真实、最管用的民主。发展全过程人民民主，为中国式现代化营造生动活泼、安定团结的良好政治局面，为中国式现代化凝聚广泛共识、汇聚磅礴力量。

一、加强党的集中统一领导

中国共产党是中国特色社会主义事业的领导核心。党的领导是做好党和国家各项工作的根本保证，是战胜一切困难和风险的"定海神针"。党的十九大把"中国特色社会主义最本质的特征是中国共产党领导，中国特色社会主义制度的最大优势是中国共产党领导，党是最高政治领导力量"[②]确立为习近平新时代中国特色社会主义思想的重要内容，同时把"党是领导一切的"这一重大政治原则写入党章，把"坚持党对一切工作的领导"作为新时代坚持和发展中国特色社会主义的基本方略的第一条。2018年3月，十三届全国人大一次会议通过《中华人民共和国宪法修正案》，把"中国共产党领导是中国特色社会主义最本质的特征"载入宪法，强化了党总揽全局、协调各方的领导地位。党的十九届四中全会明确"党的领导制度是我国的根本领导制度"。

万山磅礴，必有主峰。党的十九大后，坚决维护习近平总书记党中央的核心、全党的核心地位，坚决维护党中央权威和集中统一领导，提出了一系列具体要求。党的十九大闭幕三天后，中央政治局会议审议《中共中央政

[①] 李克强：《政府工作报告》，《人民日报》2023年3月15日。
[②] 习近平：《决胜全面建成小康社会　夺取新时代中国特色社会主义伟大胜利》，人民出版社2017年版，第20页。

治局关于加强和维护党中央集中统一领导的若干规定》，指出，全面落实党的十九大关于加强和维护党中央集中统一领导的各项要求，自觉在以习近平同志为核心的党中央集中统一领导下履行职责、开展工作，坚决维护习近平总书记作为党中央的核心、全党的核心的地位。根据规定要求，中央政治局全体同志每年要向党中央和习近平总书记书面述职一次。这发展成为加强和维护党中央集中统一领导的重要制度安排。2018年8月，中共中央印发修订后的《中国共产党纪律处分条例》，增加了"两个维护""四个意识"等内容，并对在重大原则问题上不同党中央保持一致，搞山头主义、落实党中央决策部署打折扣、搞变通，搞两面派、做"两面人"等行为的处理作出具体规定。经过持续努力，党员、干部的政治站位、政治觉悟和政治能力有了明显提高，巩固了党的团结统一，确保了党中央一锤定音、定于一尊的权威。

坚持党对一切工作的全面领导，党的领导制度体系不断完善。2018年2月，党的十九届三中全会把加强党对各领域各方面工作领导作为深化党和国家机构改革的首要任务，构建坚持党的全面领导、反映最广大人民根本利益的党和国家机构职能体系这一主线，着力从制度安排上发挥党的领导这个最大的体制优势。落实党的十九届三中全会精神，党中央加强和优化了党中央决策议事协调机构，新组建了中央全面依法治国委员会、中央审计委员会、中央教育工作领导小组，将中央全面深化改革领导小组、中央网络安全和信息化领导小组、中央财经领导小组、中央外事工作领导小组改为委员会，调整优化了中央机构编制委员会领导体制，加强党中央对重大工作的集中统一领导。2019年10月，党的十九届四中全会对健全总揽全局、协调各方的党的领导制度体系作出全面部署，提出明确要求。具体制度安排是：建立不忘初心、牢记使命的制度，完善坚定维护党中央权威和集中统一领导的各项制度，健全党的全面领导制度，健全为人民执政、靠人民执政各项制度，健全提高党的执政能力和领导水平制度，完善全面从严治党制度。[①]这为新时代加强党

[①]《中共十九届四中全会在京举行》，《人民日报》2019年11月1日。

的全面领导提供了有力制度保证。2020年10月,党的十九届五中全会把坚持党的全面领导作为"十四五"时期经济社会发展必须遵循的首要原则,明确要坚持和完善党领导经济社会发展的体制机制,坚持和完善中国特色社会主义制度,不断提高贯彻新发展理念、构建新发展格局能力和水平,为实现高质量发展提供根本保证。

通过一系列有力举措,党的全面领导制度体系更加健全、更加成熟、更加定型。在领导政治建设上,对坚持和完善中国特色社会主义制度、推进国家治理体系和治理能力现代化作出总体擘画,发展全过程人民民主;在领导经济建设上,完善党领导经济工作体制机制,加强全面深化改革的系统性、整体性、协同性;在领导文化建设上,确立和坚持马克思主义在意识形态领域指导地位的根本制度,健全意识形态工作责任制,牢牢掌握意识形态工作领导权;在领导社会建设上,健全党组织领导的自治、法治、德治相结合的城乡基层治理体系,建设共建共治共享的社会治理制度,促进社会公平正义;在领导生态文明建设上,推进生态文明体制改革,建立中央生态环境保护督察制度,深入打好污染防治攻坚战;在国防和军队建设、外交工作等方面也不断加强党的全面领导。①

二、加强人民当家作主制度保障

党的十九大以来,习近平总书记提出全过程人民民主重大理念,在推动社会主义现代化过程中,健全人民当家作主制度体系,从各层次各领域扩大人民有序政治参与,推动全过程人民民主取得历史性成就,成为新时代我国民主政治领域具有重大创新意义的标志性成果,极大地增强了全党全国各族人民对中国特色社会主义民主政治的自信和底气。

中国共产党支持和保证人民当家作主的主要实现途径和制度载体就是人民代表大会制度。2021年10月,习近平总书记在中央人大工作会议上指出,人民代表大会制度能够"有效保证国家沿着社会主义道路前进","有效保证

---

① 《中共中央关于党的百年奋斗重大成就和历史经验的决议》,《人民日报》2021年11月17日。

国家治理跳出治乱兴衰的历史周期率","有效保证国家政治生活既充满活力又安定有序"。五年来,党中央推进健全人大常委会组成人员联系本级人大代表机制,人大代表中的一线工人、农民、专业技术人员代表比例和农民工代表人数均有所增加,超过90%的人大代表由选民直接选举产生;完善人大组织制度、工作制度、议事程序,果断查处拉票贿选案,坚决维护人民代表大会制度权威和尊严。

加强人民当家作主制度保障,就要健全吸纳民意、汇集民智工作机制,建设好基层联系点,始终把倾听人民呼声、凝聚人民智慧、回应人民期待作为工作的出发点和落脚点。截至2022年10月,32个全国人大常委会法工委基层立法联系点覆盖全国31个省(区、市),辐射带动全国各地设立509个省级基层立法联系点和近5000个设区的市级基层立法联系点,让人民群众更加广泛、深入地参与到人大工作之中。5个全国人大常委会预算工委基层联系点,监督财政资金直达项目直达民生情况,呈现监督工作深度、民生情怀温度、人大工作力度。[①]

实践充分证明,社会主义现代化是在人民民主制度基础上发展的,中国式现代化是充分实现人民平等参与、平等发展权利基础上发展的,没有全过程人民民主,就没有中国式现代化。

三、推动社会主义协商民主广泛、多层、制度化发展

社会主义协商民主是在中国共产党领导下,人民内部各方面围绕改革发展稳定重大问题和涉及群众切身利益的实际问题,在决策之前和决策实施之中开展广泛协商,努力形成共识的重要民主形式。

党的十九大以来,党中央先后制定社会主义协商民主建设、人民政协协商民主建设、政党协商、城乡社区协商、中国共产党政治协商工作条例等一系列制度文件,推动协商民主广泛开展。2019年9月在中央政协工作会议上,

---

① 汪洋:《加强人民当家作主制度保障》,全国人民代表大会网,www.npc.gov.cn/npc/c2/kgfb/202211/t20221122_320489.html,2023年9月22日。

习近平总书记指出："协商民主是党领导人民有效治理国家、保证人民当家作主的重要制度设计，同选举民主相互补充、相得益彰。"① 习近平总书记多次强调："社会主义协商民主，是中国社会主义民主政治的特有形式和独特优势"。其最大优势在于体现人民民主的真谛："在中国社会主义制度下，有事好商量，众人的事情由众人商量，找到全社会意愿和要求的最大公约数，是人民民主的真谛。"② 在中共中央的团结号召下，各民主党派中央、无党派人士积极投身全面建成小康社会实践，建改革发展之言、做惠民富民之事、聚同心同行之力，围绕贯彻新发展理念、构建新发展格局、推动高质量发展，以及"一带一路"建设、京津冀协同发展、长三角一体化发展、粤港澳大湾区建设等重大政策制定和重大战略实施，提出意见建议数百件，一批重要建议已转化为党和国家决策。③

有事好商量，众人的事情由众人商量，是人民民主的真谛。2020年3月30日，中共中央发出《关于对党的十九届五中全会研究"十四五"规划建议征求意见的通知》，在党内外一定范围征求意见，还专门听取了各民主党派中央、全国工商联负责人和无党派人士代表意见。2020年7—9月，习近平总书记亲自主持召开企业家、经济社会领域专家、科学家、教育文化卫生体育领域专家、基层代表等众多领域代表参加的专题座谈会，当面听取各方面意见建议。8月，规划编制工作在网上征求意见。广大人民群众踊跃参与，留言100多万条，有关方面从中整理出1000余条建议。这次规划建议征求意见范围之广、形式之新、参与人数之多前所未有，成为协商民主的一次生动实践。2022年4月15日至5月16日，党的二十大相关工作网络征求意见活动开展。这是我们党历史上第一次将党的全国代表大会相关工作面向全党全社会公开征求意见。这是全党全社会为国家发展、民族复兴献计献策的一种有效方式，也是全过程人民民主的生动体现。

---

① 《十九大以来重要文献选编》(中)，中央文献出版社2021年版，第207页。
② 《习近平著作选读》第1卷，人民出版社2023年版，第268、269页。
③ 《画出最大同心圆携手共筑中国梦——党的十八大以来统一战线工作综述》，《人民日报》2022年7月29日。

四、深化依法治国实践

党的十九大以来，以习近平同志为核心的党中央明确提出全面依法治国，并将其纳入"四个全面"战略布局予以有力推进。我国社会主义法治建设发生历史性变革、取得历史性成就，党对全面依法治国的领导更加坚强有力，全面依法治国总体格局基本形成，全面依法治国实践取得重大进展。

在全面依法治国的总体格局方面，《法治中国建设规划（2020—2025年）》《法治政府建设实施纲要（2021—2025年）》《法治社会建设实施纲要（2020—2025年）》相继颁布实施，构建起法治中国建设的"四梁八柱"。"一规划两纲要"，确立了"十四五"时期全面依法治国总蓝图、路线图、施工图，标志着新时代全面依法治国的总体格局基本形成。

在加强党对全面依法治国的领导方面，党中央组建中央全面依法治国委员会，加强党对全面依法治国的集中统一领导，统筹推进全面依法治国工作；制定出台《中国共产党政法工作条例》，把党长期以来领导政法工作的成功经验转化为制度成果；依法治省（市、县）委员会全面设立，加强各地法治建设的组织领导、统筹协调。2020年11月，党的历史上首次召开中央全面依法治国工作会议。会议强调，要认真学习领会习近平法治思想，吃透基本精神、把握核心要义、明确工作要求，切实把习近平法治思想贯彻落实到全面依法治国全过程。

在不断完善中国特色社会主义法治体系方面，2018年3月，十三届全国人大一次会议表决通过的宪法修正案中，"健全社会主义法制"改为"健全社会主义法治"。从"制"到"治"一字之变，反映法治建设从法律体系向囊括立法、执法、司法、守法各环节的法治体系全面提升。五年来，通过宪法修正案，制定民法典、外商投资法、国家安全法、监察法等法律，修改立法法、国防法、环境保护法等法律，加强重点领域、新兴领域、涉外领域立法等，以宪法为核心的中国特色社会主义法律体系更加完善，推动法治中国建设迈向良法善治的更高境界。①

五、深化机构和行政体制改革

党的十九大对深化机构改革作出重要部署，要求统筹考虑各类机构设置，科学配置党政部门及内设机构权力、明确职责。按照党的十九大部署，深化党和国家机构改革被提上了重要议事日程。2018年2月，党的十九届三中全会通过《中共中央关于深化党和国家机构改革的决定》和《深化党和国家机构改革方案》。此次改革遵循坚持党的全面领导、坚持以人民为中心、坚持优化协同高效、坚持全面依法治国等原则，目标是构建系统完备、科学规范、运行高效的党和国家机构职能体系，形成总揽全局、协调各方的党的领导体系，职责明确、依法行政的政府治理体系，中国特色、世界一流的武装力量体系，联系广泛、服务群众的群团工作体系，推动人大、政府、政协、监察机关、审判机关、检察机关、人民团体、企事业单位、社会组织等在党的统一领导下协调行动、增强合力，全面提高国家治理能力和治理水平。此次改革从完善党的全面领导的制度、优化政府机构设置和职能配置、统筹党政军群机构改革、合理设置地方机构、推进机构编制法定化等5个方面作出部署，具体落实到深化党中央机构、全国人大机构、国务院机构、全国政协机构、行政执法体制、跨军地、群团组织、地方机构改革等8个领域。

2018年3月，十三届全国人大一次会议审议通过国务院机构改革方案。新组建党中央决策议事协调机构3个、更名4个，不再保留党中央议事协调机构4个、国务院议事协调机构2个，组建和重新组建部级机构25个，调整优化领导管理体制和职责部级机构31个，组织结构全面优化。对自然资源确权登记、国土空间规划等职责作了调整优化，解决了60多项长期存在的部门职责交叉、关系不顺事项，多头分散、责任不清、推诿扯皮等问题得到有效改观，职责关系进一步理顺。机构编制资源是重要的政治资源、执政资源。

---

① 《迈出法治中国建设新步伐——新时代推进全面依法治国述评》，中央人民政府网，https://www.gov.cn/xinwen/2022-08/31/content_5707616.htm，2023年9月23日。

中央和地方机构编制总体实现精简。中央一级部门，减少司局级内设机构107个、司局领导职数274名、编制713名。地方层面，减少省级党政机构8个、行政编制1343名，市级党政机构1501个、行政编制461名，县级党政机构5362个、行政编制3092名。①同时，研究解决了一些重点领域和关键岗位急需的机构编制事项，保障实际工作需要，机构编制配置更加优化。

地方机构改革构建起上下贯通、运行顺畅、充满活力的工作体系。改革中，对以清单形式列明的省级党政机构需要对应调整的22项具体改革任务，全部落实到位，做到省级党政主要机构职能同中央基本对应、上下贯通。对于党中央统一要求设置的退役军人事务、应急管理、医疗保障等重点领域新组建机构，省市县三级上下一致抓好落实，全部组建到位，并加强相关服务保障体系建设。各地方根据本地区社会管理和公共服务需要，因地制宜设置了一些机构。

这次机构改革是对党和国家组织结构和管理体制的一次系统性、整体性重构。在党中央坚强领导下，适应新时代要求的党和国家机构职能体系主体框架初步建立，为完善和发展中国特色社会主义制度、推进国家治理体系和治理能力现代化提供了有力组织保障。

六、巩固和发展爱国统一战线

新时代统战工作取得的最大成果，是在实践中形成了习近平总书记关于做好新时代党的统一战线工作的重要思想。2022年7月，习近平总书记在中央统战工作会议上将这一重要思想概括为"十二个必须"②，涵盖了统一战线地位作用、本质要求、工作方针、任务重点、领导力量等基本问题，对加强和

---

① 《中华人民共和国简史》，人民出版社、当代中国出版社2021年版，第423—426页。
② 即：必须充分发挥统一战线的重要法宝作用，必须解决好人心和力量问题，必须正确处理一致性和多样性关系，必须坚持好发展好完善好中国新型政党制度，必须以铸牢中华民族共同体意识为党的民族工作主线，必须坚持我国宗教中国化方向，必须做好党外知识分子和新的社会阶层人士统战工作，必须促进非公有制经济健康发展和非公有制经济人士健康成长，必须发挥港澳台和海外统战工作争取人心的作用，必须加强党外代表人士队伍建设，必须把握做好统战工作的规律，必须加强党对统战工作的全面领导。

改进统战工作提出了一系列新理念新思想新战略，是一个内涵丰富、逻辑严密、系统完备的有机整体，是党的统一战线百年发展史的智慧结晶，是党对做好统战工作规律性认识的深化，是新时代统战工作的根本指针。①

党委统一领导、统战部门牵头协调、有关方面各负其责的大统战工作格局初步形成。2018年，根据《深化党和国家机构改革方案》，中央统战部统一领导国家民族事务委员会；统一管理宗教工作、侨务工作，将国家宗教事务局、国务院侨务办公室并入中央统战部，对外保留国家宗教事务局、国务院侨务办公室牌子。这进一步加强了党中央对统战工作的集中统一领导。2020年11月30日，习近平总书记主持召开中共中央政治局会议，修订《中国共产党统一战线工作条例》，同年12月21日条例发布。修订后条例的突出特点是通篇贯穿党对统一战线工作的集中统一领导，把坚持中国共产党的领导作为统一战线工作的首要原则，明确了党在统一战线工作中总揽全局、协调各方的领导地位等。②这些规定，强化了党在同心圆中居于圆心的地位作用，进一步巩固统一战线"众星拱月"的良好局面。

铸牢中华民族共同体意识，民族地区城乡面貌发生深刻变化。2021年8月，习近平总书记在中央民族工作会议上系统阐释关于加强和改进民族工作的重要思想，明确了以铸牢中华民族共同体意识为主线推进新时代党的民族工作高质量发展的指导思想、战略目标、重点任务、政策举措，为做好新时代党的民族工作指明了前进方向，提供了根本遵循，具有很强的政治性、思想性、理论性，是党的治国方略在党的民族工作领域的集中体现。经过持续发展，我国民族团结进步创建工作机制更加完善、载体更加丰富、覆盖更加全面、基础更加牢固，全社会参与创建的氛围愈发浓厚。

坚持"两个毫不动摇"，充分激发社会阶层活力，促进经济社会发展。2018年11月，习近平总书记在民营企业座谈会上强调："非公有制经济在我国经济社会发展中的地位和作用没有变！我们毫不动摇鼓励、支持、引导非

---

① 《促进海内外中华儿女团结奋斗 为中华民族伟大复兴汇聚伟力》，《光明日报》2022年7月31日。
② 《新时代统一战线工作的基本遵循——中央统战部负责人就〈中国共产党统一战线工作条例〉答记者问》，《光明日报》2021年1月6日。

公有制经济发展的方针政策没有变！我们致力于为非公有制经济发展营造良好环境和提供更多机会的方针政策没有变！"①这让民营企业家们吃下了"定心丸"。2020年9月，中共中央办公厅发布《关于加强新时代民营经济统战工作的意见》。这是改革开放以来党中央第一份关于民营经济统战工作的文件，为更好地坚持"两个毫不动摇"，促进"两个健康"作出系统谋划部署。在党和政府的大力支持下，民营企业、民营经济不断发展壮大，截至2021年底，中国民营企业已经达到4457.5万家，中国民营企业500强的整体规模和质量也都有了明显提高。民营企业在推动发展、改善民生、促进创新、深化改革、扩大开放等各方面都发挥了不可替代的重要作用，贡献了50%以上的税收，60%以上的国内生产总值，70%以上的技术创新成果，80%以上的城镇劳动就业，以及90%以上的企业数量。

团结一切可以团结的力量，推进海内外中华儿女大团结。统一战线坚定不移贯彻"一国两制"方针，坚定不移落实"爱国者治港""爱国者治澳"原则，持续发展壮大爱国爱港爱澳力量；始终坚持一个中国原则，坚持"九二共识"政治基础，广泛团结海内外台湾同胞，稳步推进反"独"促统工作，厚植支持和追求国家统一的民意基础。统一战线坚持凝心聚力同圆共享中国梦，支持海外侨胞团结抗疫，开展"暖侨行动"，助力"春苗行动"；做好海外引资引智，引导海外侨胞积极参与"一带一路"建设；打造系列平台活动，推动中外文化互融互鉴。海外统战工作和侨务工作开拓新局。②

第三节 推动社会主义文化繁荣兴盛

文化是民族的精神命脉，文化自信是更基础、更广泛、更深厚的自信，是一个国家、一个民族发展中最基本、最深沉、最持久的力量。党的十九大以来，以习近平同志为核心的党中央高度重视文化建设，紧紧围绕社会主义

---

① 习近平：《在民营企业座谈会上的讲话》，《人民日报》2018年11月2日。
② 《画出最大同心圆 携手共筑中国梦——党的十八大以来统一战线工作综述》，《人民日报》2022年7月29日。

文化强国目标，围绕举旗帜、聚民心、育新人、兴文化、展形象的使命任务，牢牢掌握意识形态工作领导权，建设具有强大凝聚力和引领力的社会主义意识形态，建设社会主义文化强国，激发全民族文化创新创造活力，推动文化建设取得历史性成就、发生历史性变革。

一、建设具有强大凝聚力和引领力的社会主义意识形态

意识形态工作是党的一项极端重要的工作。党的十九大以来，以习近平同志为核心的党中央高度重视意识形态工作，正本清源、守正创新、立破并举，推动我国意识形态领域形势发生全局性、根本性改变，建设具有强大凝聚力和引领力的社会主义意识形态。

牢牢把握意识形态工作领导权、管理权、话语权。2018年8月，习近平在全国宣传思想工作会议上指出，宣传思想工作是做人的工作的，要把培养担当民族复兴大任的时代新人作为重要职责。重中之重是要以坚定的理想信念筑牢精神之基，坚定对马克思主义的信仰，对社会主义和共产主义的信念，对中国特色社会主义道路、理论、制度、文化的自信。党的十九届四中全会首次把马克思主义在意识形态领域的指导地位作为一项根本制度明确提出来。2019年4月，中央政治局审议的《中国共产党宣传工作条例》，规定了党委的7项主要职责，其中包括"统筹社会主义精神文明建设和文化建设""领导同级人大、政府、政协、法院、检察院、人民团体、企事业单位等做好本部门本单位本领域宣传工作"等方面；规定了党委宣传部的16项工作职责，其中包括"管理新闻出版和电影工作，统筹指导广播电视工作，组织指导'扫黄打非'工作""统筹开展对外宣传工作，指导对外文化交流合作工作，协调推动中华文化走出去工作，协调人权宣传工作"等方面。2020年5月，中央政治局修订了2015年颁布的《党委（党组）意识形态工作责任制实施办法》，进一步指出要强化党管宣传、党管意识形态，牢牢把握意识形态工作的领导权主动权，把意识形态能力作为党员干部必备的核心能力加以考核，明确要求各级领导干部要把意识形态工作放在更高地位，进一步压紧压实属地管理和主管主办责任，推动各地各部门切实做到守土有责、守土负责、守土尽责。

坚持"两个巩固"的根本任务。习近平总书记立足于世情国情党情的深刻变化，从坚持和发展中国特色社会主义的战略全局出发，把宣传思想工作的根本任务最集中最鲜明地概括为"两个巩固"，为我们开创宣传思想工作新局面确定了原则、指明了方向、提供了遵循。一是着力巩固马克思主义在意识形态领域的指导地位。实践证明，马克思主义始终是我们党和国家的指导思想，是我们认识世界、把握规律、追求真理、改造世界的强大思想武器。习近平新时代中国特色社会主义思想是马克思主义中国化最新成果，是21世纪马克思主义、当代中国马克思主义。二是着力巩固全党全国人民团结奋斗的共同思想基础。党中央推动学习党史、新中国史、改革开放史、社会主义发展史，建成中国共产党历史展览馆，开展庆祝中国共产党成立100周年、中华人民共和国成立70周年、改革开放40周年和纪念中国人民志愿军抗美援朝出国作战70周年等活动，党的十九届六中全会审议通过《中共中央关于党的百年奋斗重大成就和历史经验的决议》，用重大活动、重要设施、重要文件统一思想、凝聚共识，党心民心交融、国威军威彰显，汇聚起坚不可摧的磅礴伟力，全党全国各族人民团结奋斗的共同思想基础更加巩固。

二、培育和践行社会主义核心价值观

习近平总书记指出："一个民族、一个国家的核心价值观必须同这个民族、这个国家的历史文化相契合，同这个民族、这个国家的人民正在进行的奋斗相结合，同这个民族、这个国家需要解决的时代问题相适应。"[①] 培育和践行社会主义核心价值观是强基固本的基础性工作。党的十九大把"坚持社会主义核心价值体系"作为新时代中国特色社会主义建设的基本方略，强调"必须坚持马克思主义，牢固树立共产主义远大理想和中国特色社会主义共同理想，培育和践行社会主义核心价值观"，提出"要以培养担当民族复兴大任的时代新人为着眼点，强化教育引导、实践养成、制度保障，发挥社会主义核心价值观对国民教育、精神文明创建、精神文化产品创作生产传播的引领作用，

---

① 《习近平谈治国理政》第1卷，外文出版社2018年版，第171页。

把社会主义核心价值观融入社会发展各方面，转化为人们的情感认同和行为习惯"。① 这为新时代培育和践行社会主义核心价值观工作指明了方向。

弘扬以爱国主义为核心的中华民族精神和时代精神是培育和践行社会主义核心价值观的重要内容。2019 年 11 月，中共中央、国务院印发《新时代爱国主义教育实施纲要》，提出大力弘扬爱国主义精神，把爱国主义教育贯穿国民教育和精神文明建设全过程。2020 年 6 月，教育部办公厅印发《中小学贯彻落实〈新时代爱国主义教育实施纲要〉重点任务工作方案》，要求各地教育部门坚持爱国和爱党、爱社会主义高度统一，加快构建一体贯穿、循序渐进的爱国主义教育体系，强化政府、学校、家庭、社会协同作用，在中小学扎实开展深入、持久、生动的爱国主义教育。2019 年至 2021 年 6 月，中宣部新命名三批全国爱国主义教育示范基地，使基地总数达到 585 个。这些基地成为培育民族精神的重要场所。

三、加强思想道德建设

加强和改进思想政治工作，事关党的前途命运，事关国家长治久安，事关民族凝聚力和向心力。2020 年 4 月，教育部、中组部等八部门联合印发《关于加快构建高校思想政治工作体系的意见》，要求以立德树人为根本，以理想信念教育为核心，以培育和践行社会主义核心价值观为主线，以建立完善全员、全程、全方位育人体制机制为关键，全面提升高校思想政治工作质量。2021 年 7 月，中共中央、国务院发布《关于新时代加强和改进思想政治工作的意见》，包括总体要求、把思想政治工作作为治党治国的重要方式、深入开展思想政治教育、提升基层思想政治工作质量和水平、推动新时代思想政治工作守正创新发展、构建共同推进思想政治工作的大格局六个部分。② 截至 2021 年底，高校思政课专兼职教师超过 12.7 万人，总体达到师生比 1∶350 的要求。全国高校马克思主义学院发展到 2021 年的 1440 余家，中宣

---

① 《十九大以来重要文献选编》（上），中央文献出版社 2019 年版，第 30 页。
② 《中共中央 国务院印发〈关于新时代加强和改进思想政治工作的意见〉》，《人民日报》2021 年 7 月 13 日。

部、教育部重点建设 37 家全国重点马克思主义学院，教育部支持建设 200 余个优秀教学科研团队。2016 年至 2021 年，全国马克思主义理论一级博士学位授权点由 39 个增至 104 个、一级硕士学位授权点由 129 个增至 279 个，学位点数量位居各学科前列。[①] 五年来，思想政治工作质量不断提升，思想政治工作体系日益完善。

国无德不兴，人无德不立。党的十九届四中全会强调，坚持以社会主义核心价值观引领文化建设制度，推动理想信念教育常态化、制度化，弘扬民族精神和时代精神。加强社会公德、职业道德、家庭美德、个人品德教育，以及孝老爱亲、勤劳节俭和文明礼仪教育建设。2019 年 10 月，中共中央、国务院印发《新时代公民道德建设实施纲要》，要求持续强化教育引导、实践养成、制度保障，不断提升公民道德素质，促进人的全面发展，培养和造就担当民族复兴大任的时代新人。从脱贫攻坚精神、抗疫精神，到新时代北斗精神、丝路精神，不断赓续以伟大建党精神为源头的中国共产党人精神谱系，为时代新人成长提供坚实支撑；从《新时代公民道德建设实施纲要》《新时代爱国主义教育实施纲要》先后印发，到"时代楷模""中国好人"不断涌现，爱党、爱国、爱社会主义成为时代强音；颁授"七一勋章""共和国勋章"，建立健全党和国家功勋荣誉表彰制度，全社会敬仰英雄、学习英雄、争做英雄的良好氛围日益形成；文明家庭、文明校园等精神文明创建活动深入开展，尊老爱幼、勤俭节约等植根于传统文化的文明新风吹进百姓心田，为中国特色社会主义事业提供源源不断的道德滋养。

四、繁荣发展社会主义文艺

文艺是时代前进的号角，文艺事业是党和人民的重要事业。党的十九大以来，以习近平同志为核心的党中央把文艺工作摆在重要位置，习近平总书记主持召开文艺工作座谈会，两次出席中国文联、中国作协代表大会开幕式，给内蒙古自治区苏尼特右旗乌兰牧骑队员、中央美术学院老教授、中国戏曲

---

① 《思政课教师培养培训体系加快构建》，《人民日报》2022 年 3 月 18 日。

学院师生、中国国家话剧院和中国东方演艺集团的艺术家回信。2021 年 12 月，习近平总书记在给国家话剧院的艺术家回信中强调，希望大家再接再厉，紧扣时代脉搏、坚守人民立场、坚持守正创新，用情用力讲好中国故事，创作出更多无愧于时代、无愧于人民的优秀作品，为新时代文艺事业繁荣发展、为丰富人民精神世界作出更大贡献。①中共中央印发《关于繁荣发展社会主义文艺的意见》、国务院办公厅印发《关于支持戏曲传承发展的若干政策》等文件，推动我国文艺事业进入新的发展阶段。

以创作为核心任务、以演出为中心环节的工作机制逐步形成。衡量一个时代的文艺，归根到底要看作品。《伟大征程》《奋斗吧 中华儿女》全景式描绘了党带领人民不懈奋斗的壮美画卷，全方位展现了历史性成就和变革。电视剧《觉醒年代》再现开天辟地的建党史。《我和我的祖国》《我和我的家乡》《我和我的父辈》"三部曲"及《峰爆》等优秀影片，全方位展现了中国人民奋斗自强的精神风貌。电视剧《大山的女儿》、话剧《农民院士》、彩调剧《新刘三姐》等生动解码"减贫奇迹"。电影《中国医生》、电视剧《在一起》、摄影《为天使造像》等讲述抗疫故事，唱响"人民至上、生命至上"赞歌。豫剧《焦裕禄》、评剧《革命家庭》、话剧《香山之夜》、舞剧《永不消逝的电波》等，让中国精神以人格化、场景化的方式，矗立舞台之上，常驻百姓心间，彰显了理想之美、信仰之美、人性之美。作为新时代文艺的最大增量，网络文艺蔚为大观，逐步从"野蛮生长"走向"有序繁荣"，从"以量取胜"走向"以质立身"，从"文化快消"走向"艺术精品"，产业诉求与艺术诉求、类型创作与美学表达，在调适和良性互动中逐渐形成了彼此促进的发展格局。②

五、推动文化事业和文化产业发展

文化产业是文化建设的重要方面，是大有前途的朝阳产业。党的十九大以来，文化事业和文化产业繁荣发展，公共文化设施加快普及。党的十九

---

① 《用情用力讲好中国故事 创作出更多无愧于时代无愧于人民的优秀作品》，《人民日报》2021 年 12 月 26 日。

② 李邨南：《登峰铸精品守正气象新》，《光明日报》2022 年 9 月 21 日。

届五中全会在《中共中央关于制定国民经济和社会发展第十四个五年规划和二〇三五年远景目标的建议》中明确提出，到2035年建成文化强国，并就繁荣发展文化事业和文化产业、提高国家文化软实力作出全面部署，要求着力提高社会文明程度、提升公共文化服务水平、健全现代文化产业体系，促进满足人民文化需求和增强人民精神力量相统一，推进社会主义文化强国建设。

提升文化产业吸引力，应全面统筹整合文化遗产、文旅资源。截至2021年底，全国共有5630.43万件文物藏品，5058处重点文化保护单位，10万余项非遗代表性项目，1557项国家级非物质文化遗产代表性项目，244处国家级风景名胜区，这些都是可供深度挖掘的优质文化资源。[①]与此同时，传统文化形态与新兴数字文化形态多维呈现。习近平总书记指出，"文化和科技融合，既催生了新的文化业态、延伸了文化产业链，又集聚了大量创新人才，是朝阳产业，大有前途"。[②]近年来，数字文化新业态是数字技术赋能文化发展而形成的以数字化、网络化、智能化为主要特征的新型文化资源。以数字为特征的文化产业营收规模占比超过40%，已成为推动文化产业繁荣发展的重要支撑。2021年全国共出版图书、期刊、报纸、音像制品和电子出版物426.65亿册（份、盒、张），2022年我国数字图书馆资源建设总量已超1.9万TB，这些数据背后蕴藏的是中华民族优秀文化资源的源远流长和博大精深。[③]

发展公共文化服务，是保障人民文化权益、改善人民生活品质、补齐文化发展短板的重要途径。覆盖城乡的六级公共文化服务网络日益完善，"村晚"等群众性文化活动广泛开展，智慧图书馆体系、公共文化云建设加快推进，新型公共文化空间不断涌现。截至2022年，全国共建成58.7万家农家书屋、57万个村级综合性文化服务中心、4万多个乡镇（街道）文化站、3303个公共图书馆、3503个文化馆、6565个博物馆、718个美术馆，让人们在家门口

---

① 《扎实推进社会主义文化强国建设》，《人民日报》2022年9月6日。
② 《在推动高质量发展上闯出新路子 谱写新时代中国特色社会主义湖南新篇章》，《人民日报》2020年9月19日。
③ 吴田、胡乐明：《担负新的文化使命 着力推动文化产业繁荣发展》，《光明日报》2023年10月23日。

享受优质丰富文化生活的愿望得以实现。2022年，全国群众文化机构共组织开展各类文化活动270.7万场次，服务人次超9.5亿。[①]

第四节　加强和创新社会治理

党的十九大以来，以习近平同志为核心的党中央，顺应人民对美好生活的向往，坚持以人民为中心的发展思想，把增进人民福祉、促进人的全面发展作为一切工作的出发点和落脚点，在加强和创新社会治理、推进社会建设领域取得了显著成效，真正做到了发展为了人民、发展依靠人民、发展成果由人民共享，人民群众的幸福感、安全感、获得感显著增强。

一、深化教育改革

教育是我国现代化建设的一项基础性事业，是国之大计、党之大计。以习近平同志为核心的党中央把教育摆在优先发展的战略位置，习近平总书记就教育发表一系列重要论述，在全国教育大会上明确了"九个坚持"的顶层设计、思路原则和任务要求，深刻回答了关系教育现代化的重大理论和实践问题，丰富发展了党对教育的规律性认识，引领教育改革更加深化、教育公平和质量不断提升，教育事业取得历史性成就、发生历史性变革。党的十九届五中全会明确提出，要建设高质量教育体系，到2035年建成教育强国。中共中央、国务院印发《中国教育现代化2035》，指出要坚持中国特色社会主义教育发展道路，加快推进教育现代化、建设教育强国、办好人民满意的教育，并聚焦教育发展的突出问题和薄弱环节，立足当前，着眼长远，重点部署了面向教育现代化的重大战略任务，为教育事业高质量发展描绘了宏伟蓝图。

我国教育普及水平显著提升，各级教育普及水平达到或超过中高收入国家平均水平；坚持职业教育与普通教育同等重要、协调发展，不断优化教育结构、学科专业结构、人才培养结构，建设学分银行，实现各类学习成果的

[①]《赓续中华文明　谱写当代华章》，《人民日报》2023年9月12日。

认证、积累和转换，现代教育体系更加完善；人民群众教育获得感不断增强，实施教育民生工程，进一步优化了教育生态，支撑了教育高质量发展。教育优先发展得到有力保障，国家财政性教育经费投入占国内生产总值比例连续10年不低于4%，是财政一般公共预算的第一大支出，巩固了教育优先发展的战略地位。"全面改薄"改善了832个脱贫县办学条件，99.8%的义务教育学校办学条件达到基本要求。[1]

我国已建成世界上规模最大的教育体系，教育现代化发展总体水平跨入世界中上国家行列。教育部发布的2022年全国教育事业发展统计公报显示，全国共有各级各类学校51.85万所，各级各类学历教育在校生2.93亿人，专任教师1880.36万人。各种形式的高等教育在学总规模4655万人，比上年增加225万人。高等教育毛入学率59.6%，比上年提高1.8个百分点。普通本科学校校均规模16793人，本科层次职业学校校均规模19487人，高职（专科）学校校均规模10168人。[2] 据测算，我国目前的教育强国指数居全球第23位，比2012年上升26位，是进步最快的国家。[3]

二、实现更高质量和更充分就业

就业是最大的民生工程、民心工程、根基工程，既是经济的"晴雨表"，也是民生的"温度计"、社会的"稳定器"。以习近平同志为核心的党中央高度重视就业工作，坚持就业优先战略，实施更加积极的就业政策，把就业摆在"六稳""六保"首位，全面强化就业优先政策，多措并举促就业、拓岗位，就业形势保持总体稳定。2019年《政府工作报告》首次将就业优先政策置于宏观政策层面。我国实施就业优先战略和更加积极的就业政策，大力推动大众创业、万众创新，促进高校毕业生、农村剩余劳动力、分流安置职工、退伍军人等重点群体就业创业，实现就业形势总体稳定、稳中向好。党的十九

---

[1] 孙春兰：《办好人民满意的教育》，《人民日报》2022年11月9日。
[2] 《教育强国建设迈出铿锵步伐（大数据观察）》，《人民日报》2023年7月14日。
[3] 中共中央宣传部理论局：《中国式现代化面对面》，学习出版社、人民出版社2023年版，第74页。

届五中全会强调,要千方百计稳定和扩大就业,坚持经济发展就业导向,扩大就业容量,提升就业质量,促进充分就业,保障劳动者待遇和权益。2020年12月,中央经济工作会议进一步强调,扩大内需最根本的是促进就业,要实现更加充分、更高质量就业。

我国坚持把实现更高质量和更充分就业作为重要目标,确保就业优先,强化对重点人群就业帮扶,开发公益性岗位;大规模开展职业技能培训,提升劳动者素质;支持灵活就业、新就业形态,扩大就业广度。"十三五"时期,城镇新增就业超过 6000 万人,城镇调查失业率和城镇登记失业率都保持在较低水平,1 亿农业转移人口和其他常住人口在城镇落户目标顺利实现。近年来,每年城镇新增就业人数超过 1100 万,2021 年和 2022 年均超过 1200 万,分别为 1269 万、1206 万。①

三、加强社会保障体系建设

社会保障体系是保障和改善民生、维护社会公平、增进人民福祉的基本制度保障,是促进经济社会发展、实现广大人民群众共享改革发展成果的重要制度安排,是治国安邦的大问题。党的十九届五中全会明确了"十四五"时期我国社会保障事业发展的蓝图。

五年来,我国紧扣增强公平性、适应流动性、保证可持续性,养老保险制度顶层设计更加完善;实施全民参保计划,覆盖范围持续扩大,精准推进重点群体参保。截至 2022 年 6 月,我国基本养老、失业、工伤三项社会保险参保人数分别达到 10.4 亿人、2.3 亿人、2.9 亿人,仅养老保险就增加 2.5 亿人。强化基金保障能力,各项社保基金累计结余超过 12.5 万亿元,市场化投资运营稳步扩大。服务水平显著提升,从中央到省、市、县、乡镇(街道),统筹城乡的五级社保经办管理服务网络基本形成。截至 2022 年 6 月底,社会保障卡持卡人数超过 13.6 亿人。经济运行"减震器"作用凸显,仅 2020 年,

---

① 中共中央宣传部理论局:《中国式现代化面对面》,学习出版社、人民出版社 2023 年版,第 133 页。

为有效应对新冠肺炎疫情严重冲击，我国实施了力度空前的"减免缓降返补"政策，三项社会保险共为企业减负 1.54 万亿元。①

目前，我国已建成了以社会保险为主体，包括社会救助、社会福利、社会优抚等制度在内，具有鲜明中国特色、世界上规模最大、功能完备的社会保障体系。社会保障事业稳健发展，经办服务效能提升，有效增强了人民群众获得感、幸福感、安全感。

四、历史性地解决绝对贫困问题

摆脱贫困，是中国人民孜孜以求的梦想，也是实现中华民族伟大复兴的重要内容。为打赢脱贫攻坚战，2018 年 8 月，中共中央、国务院印发《关于打赢脱贫攻坚战三年行动的指导意见》，提出打赢脱贫攻坚战三年行动的总体要求与方案。为高质量完成脱贫攻坚目标任务，2020 年 1 月，中共中央、国务院下发《关于抓好"三农"领域重点工作，确保如期实现全面小康的意见》，对收官之年的脱贫攻坚重点工作进行了部署。数年间，习近平总书记亲自挂帅，走遍了全国 14 个集中连片特困地区，先后召开 7 个专题座谈会，主题涉及革命老区、深度贫困地区、东西部扶贫协作、"两不愁三保障"等方方面面。中西部 22 个省份党政主要负责同志向中央签署《脱贫攻坚责任书》，省、市、县、乡镇层层立下"军令状"；300 多万名县级以上党政机关、国有企事业单位干部离家离岗驻村帮扶，25.5 万个驻村工作队冲在一线。东部 9 省市 14 个城市帮扶中西部 14 个省（区、市），307 家中央单位定点帮扶 592 个贫困县，全军部队就近就地帮扶 4100 个贫困村。

2021 年 2 月 25 日，习近平总书记在全国脱贫攻坚总结表彰大会上庄严宣告："我国脱贫攻坚战取得了全面胜利，现行标准下 9899 万农村贫困人口全部脱贫，832 个贫困县全部摘帽，12.8 万个贫困村全部出列，区域性整体贫困得到解决，完成了消除绝对贫困的艰巨任务，创造了又一个彪炳史册的人间

---

① 《就业保持总体稳定 社保体系不断完备（中国这十年·系列主题新闻发布）》，《人民日报》2022 年 8 月 26 日。

奇迹！"① 这一凝聚人类共同理想、反映中国共产党人初心和使命的奇迹与壮举，不仅在中国历史发展的长河中具有重要意义，而且在整个人类社会的发展中也具有重大的世界历史意义。我国提前 10 年实现联合国 2030 年可持续发展议程减贫目标，成为第一个完成联合国千年发展目标中减贫目标的发展中国家。

脱贫地区经济社会发展大踏步赶上来，整体面貌发生历史性巨变。贫困地区发展步伐显著加快，经济实力不断增强，基础设施建设突飞猛进，社会事业长足进步，行路难、吃水难、用电难、通信难、上学难、就医难等问题得到历史性解决。28 个人口较少民族全部整族脱贫，一些新中国成立后"一步跨千年"进入社会主义社会的"直过民族"，又实现了从贫穷落后到全面小康的第二次历史性跨越。

五、实施健康中国战略

人民健康是民族昌盛和国家强盛的重要标志，也是与每个人幸福生活息息相关的重大事情。以习近平同志为核心的党中央坚持把人民健康放在优先发展的战略地位，作出"全面推进健康中国建设"的重大决策部署，颁布实施《"健康中国 2030"规划纲要》，开启了健康中国建设新征程，走出了一条中国特色卫生健康事业改革发展之路，为开启全面建设社会主义现代化国家新征程奠定了坚实的健康基础。

近年来，随着健康中国战略的深入实施，人民健康得到全方位保障。我国促进健康的政策体系基本建立，成立健康中国行动推进委员会，组建专家咨询委员会，探索建立健康影响评价评估机制。在人口发展方面，建立健全生育支持政策体系，积极应对人口老龄化和少子化。建成世界上规模最大的医疗卫生体系，形成覆盖城乡的医疗卫生服务网。2021 年全国总诊疗量达 85.3 亿人次，出院人数 2.4 亿人，医疗服务总量居世界第一。医药卫生体制改革持续深化，人民群众看病难看病贵问题加速破解。历史性地全面破除以

---

① 习近平：《在全国脱贫攻坚总结表彰大会上的讲话》，人民出版社 2021 年版，第 1 页。

药补医的体制，持续推进"以治病为中心"向"以人民健康为中心"的转变，覆盖城乡的医疗卫生服务三级网络不断健全，90%的家庭15分钟内能够到达最近的医疗点。建成了全球最大的传染病疫情和突发公共卫生事件网络直报系统，突发公共卫生事件信息平均报告时间缩短到4小时以内，已经具备在72小时内检测300多种病原体的能力。

新冠疫情暴发后，党中央果断决策、沉着应对，全国上下众志成城、同舟共济，构筑起联防联控、群防群控的坚固防线，适时调整优化防控政策措施，抗疫斗争取得重大决定性胜利。总体而言，我国卫生健康事业取得长足发展，人民健康水平显著提高，人均预期寿命增长到78.2岁，孕产妇死亡率下降到15.7/10万，婴儿死亡率下降到4.9‰，主要健康指标居于中高收入国家前列，人民群众健康权益得到充分保障。①

六、加强社会治理制度建设

党的十九届四中全会在决议中提出，社会治理是国家治理的重要方面，"必须加强和创新社会治理，完善党委领导、政府负责、民主协商、社会协同、公众参与、法治保障、科技支撑的社会治理体系，建设人人有责、人人尽责、人人享有的社会治理共同体"。②同时，对于构建基层社会治理格局也进行了明确阐述，提出要"加强系统治理、依法治理、综合治理、源头治理，把我国制度优势更好转化为国家治理效能"。习近平总书记强调，我们追求的发展是造福人民的发展，我们追求的富裕是全体人民共同富裕。改革发展搞得成功不成功，最终的判断标准是人民是不是共同享受到了改革发展成果。因此，社会治理共同体建设是以增进人民福祉、实现公平正义、保障人民群众合法权益、让全体人民共享发展和治理成果为目标的。建设社会治理共同体、构筑共建共治共享的社会治理制度，既集中体现了新时代社会治理理论的与时俱进，也凸显了制度建设对社会治理现代化的推动与保障作用。

---

① 《卫生健康事业发展取得显著成就（中国这十年·系列主题新闻发布）》，《人民日报》2022年9月6日。
② 《中国共产党第十九届中央委员会第四次全体会议文件汇编》，人民出版社2019年版，第12页。

五年来，我国在全国基层社会治理中深入学习、坚持发展和大力推广新时代"枫桥经验"，积极推进和创新城乡基层社会治理。统筹推进社会治理中心、网格化服务管理中心、诉讼服务中心、公共法律服务中心、信访接待中心、网络服务中心建设，扎实开展"我为群众办实事"实践活动。为群众提供更多普惠均等、便捷高效的服务，网格化、网络化服务管理在全国基本做到全覆盖，使许多纠纷和矛盾化解于基层。在社会治理中，广泛运用现代信息技术，把体制变革与现代科学技术深度结合起来，大力推行"互联网+"服务管理，数字技术赋能社会治理，社会治理的效能不断提升。我国制定了《全国市域社会治理现代化试点工作指引》，分类指导试点地区探索创新，鼓励各市域积极探索社会治理现代化的新方式新路径，加强系统集成，完善城乡社会治理现代化体系，努力提高市域社会治理现代化能力。截至2021年年底，全国城乡社区综合服务设施达56.7万个，城市社区覆盖率达100%，农村社区覆盖率达76.6%。

七、维护国家安全

国家安全是安邦定国的重要基石，维护国家安全是全国各族人民根本利益所在。党的十九大将坚持总体国家安全观纳入新时代坚持和发展中国特色社会主义的基本方略，并写入党章，突出强调"统筹发展和安全"，并与"增强忧患意识，做到居安思危"一起，作为我们党治国理政的一个重大原则。习近平总书记主持十九届中央政治局第二十六次集体学习时，就贯彻总体国家安全观提出"十个坚持"系统要求。在总体国家安全观科学指引下，党准确把握国家安全形势变化新特点新趋势，坚持政治安全、人民安全、国家利益至上有机统一，立足国际秩序大变局来把握规律，立足防范风险的大前提来统筹，立足我国发展重要战略机遇期来谋划，不断开创新时代国家安全工作新局面，牢牢掌握了维护国家安全的全局性主动。

全面落实党委（党组）国家安全责任制。2018年4月17日，十九届中央国家安全委员会第一次会议审议通过《党委（党组）国家安全责任制规定》，明确了各级党委（党组）维护国家安全的主体责任，为加强党对国家安全工作领导，推动形成"全国一盘棋"的强大合力提供了坚实有力的制度保障。2021年，中共中央出台《中国共产党领导国家安全工作条例》，系统回答了国家安全工作"谁来领导""领导什么""怎么领导"等重大问题，进一步从制度上强化了党对国家安全工作的绝对领导。

国家安全体系不断完善，国家安全工作机制逐步建立健全。国家安全法律制度体系加紧构建形成，以国家安全法为引领，制定出台国家情报法、反恐怖主义法、境外非政府组织境内活动管理法、国防交通法、网络安全法、核安全法、外商投资法、数据安全法等一系列国家安全法律法规。特别是，根据全国人大决定，2020年6月香港国安法制定出台，堵住了香港国安漏洞，为新时代依法捍卫国家安全提供了坚实保障。制定完善国家安全战略体系，进一步明确国家安全战略指导方针、中长期目标和重点领域国家安全政策，指导统筹用好各种战略资源和国家战略手段。围绕总体国家安全观涉及的诸多领域，加强相关部门之间的协同配合，形成一体推进共同维护国家安全的协同联动工作格局。推进建立国家安全情报信息工作协调机制，完善国家安全风险评估机制、国家安全审查和监管制度、国家安全危机管控制度、国家安全保障体系等一系列制度机制，国家安全工作合力和整体效能进一步增强。通过一系列工作协调机制的建立健全，为全党全社会整体动员打好国家安全总体战提供了坚强制度保障。

切实打好捍卫政治安全主动仗。近年来，在党中央坚强领导下，通过制定香港国安法、设立驻港国安公署、完善香港选举制度等一系列立法行政"组合拳"维护宪制秩序、法治秩序，防范了向内地倒灌风险，扭转了香港在国家安全领域长期"不设防"的被动局面，历史性地在香港问题上实现了由被动到主动、由大乱到大治的重大转变。此外，在台湾、涉疆、涉藏、涉海、人权等一系列重大问题上，敢斗善斗，打赢多场硬仗，有力地回击外部势力对我国内政的干涉。[①]

---

① 钟国安：《深入把握新时代国家安全伟大成就》，《求是》2022年第10期。

第五节　大力推进生态文明建设

建设美丽中国，是中华民族功在当代、利在千秋的根本大计，是全面建设社会主义现代化国家的重要目标。党的十九大以来，党以史无前例的力度加强生态环境保护，开展了一系列开创性工作，决心之大、力度之大、成效之大前所未有，生态文明建设从理论到实践都发生了历史性、转折性、全局性变化，美丽中国建设迈出重大步伐。

一、推进绿色发展

绿色发展是顺应自然、促进人与自然和谐共生的发展，是用最少资源环境代价取得最大经济社会效益的发展，是高质量、可持续的发展，绿色发展已经成为各国共识。党的十九大以来，在习近平新时代中国特色社会主义思想指引下，我国坚持绿水青山就是金山银山的理念，坚定不移走生态优先、绿色发展之路，促进经济社会发展全面绿色转型，建设人与自然和谐共生的现代化，创造了举世瞩目的生态奇迹和绿色发展奇迹，美丽中国建设迈出重大步伐。

建设生态宜居美丽家园。我国把保护城市生态环境摆在突出位置，推进以人为核心的城镇化，科学规划布局城市的生产空间、生活空间、生态空间，打造宜居城市、韧性城市、智慧城市，把城市建设成为人与自然和谐共生的美丽家园。将绿色发展作为推进乡村振兴的新引擎，探索乡村绿色发展新路径。积极发展生态农业、农村电商、休闲农业、乡村旅游、健康养老等新产业、新业态，加强生态保护与修复，推动农业强、农村美、农民富的目标不断实现。

绿色产业规模持续壮大。我国可再生能源产业发展迅速，风电、光伏发电等清洁能源设备生产规模居世界第一，多晶硅、硅片、电池和组件占全球产量的70%以上。节能环保产业质量效益持续提升，形成了覆盖节能、节水、环保、可再生能源等各领域的绿色技术装备制造体系，绿色技术装备和产品供给能力显著增强，绿色装备制造成本持续下降，能源设备、节水设备、污染治理、环境监测等多个领域技术已达到国际先进水平。综合能源服务、合同能源管理、合同节水管理、环境污染第三方治理、碳排放管理综合服务等新业态新模式不断发展壮大，2021年节能环保产业产值超过8万亿元。

绿色生产方式广泛推行。我国加快构建绿色低碳循环发展的经济体系，大力推行绿色生产方式，推动能源革命和资源节约集约利用，系统推进清洁生产，统筹减污降碳协同增效，将绿色发展理念融入工业、农业、服务业全链条各环节，积极构建绿色低碳循环发展的生产体系，以节能、减排、增效为目标，大力推进技术创新、模式创新、标准创新，全面提升传统产业绿色化水平，实现经济社会发展和生态环境保护的协调统一。[1]

二、着力解决突出环境问题

党的十九大报告紧盯环境保护重点领域、关键问题和薄弱环节，集中力量攻克群众身边的突出生态环境问题。2018年6月，中共中央、国务院印发《关于全面加强生态环境保护、坚决打好污染防治攻坚战的意见》，对坚决打赢蓝天保卫战、着力打好碧水保卫战、扎实推进净土保卫战等提出了明确要求。开展农村人居环境整治行动，进一步提升农村人居环境水平。持续深化中央环保督察，2018年分两批对20个省份第一轮督察整改情况开展"回头看"，并针对污染防治攻坚战的标志性战役和其他重点领域统筹开展专项督察，对解决突出生态环境问题、促进经济高质量发展等发挥了关键作用。到2020年，"十三五"规划纲要确定的生态环境领域9项约束性指标和污染防治攻坚战阶段性目标任务超额完成。2021年，《中共中央、国务院关于深入打好污染防治攻坚战的意见》印发实施，明确提出了"十四五"时期乃至到2035年生态文明建设和生态环境保护的主要目标、重点任务和关键举措等。

我国还积极应对气候变化。2020年9月，习近平在联合国大会上宣布中国二氧化碳排放力争于2030年前达到峰值，努力争取2060年前实现碳中和。这一承诺体现了中国在环境保护和应对气候变化问题上的负责任大国作用和

---

[1] 国务院新闻办公室：《新时代的中国绿色发展》，《人民日报》2023年1月20日。

担当。2021年1月5日，生态环境部公布了2020年12月部务会议审议通过的《碳排放权交易管理办法（试行）》，并印发配套的配额分配方案和重点排放单位名单。这意味着自2021年1月1日起，全国碳市场发电行业第一个履约周期正式启动，2225家发电企业将分到碳排放配额。

经过数年的治理和努力，2022年，全国细颗粒物（$PM_{2.5}$）年均浓度从2015年的46微克/立方米下降至29微克/立方米，重污染天数比率首次下降到1%以内，$PM_{2.5}$历史性达到世界卫生组织（WHO）第一阶段过渡值。全国地表水Ⅰ—Ⅲ类水质断面比例为87.9%，较2012年提高23.8个百分点，劣Ⅴ类水质断面比例为0.7%。长江干流连续三年全线达到Ⅱ类水质，黄河干流首次全线达到Ⅱ类水质。累计完成农村环境综合整治村庄19.5万个。实现固体废物"零进口"目标。[①]

三、实施重要生态系统保护和修复重大工程

党的十九大以来，我国坚持保护优先、自然恢复为主，大力推动生态系统保护修复，筑牢国家生态安全屏障，筑牢中华民族永续发展的根基。

科学划定生态保护红线。中国将生态功能极重要、生态极脆弱以及具有潜在重要生态价值的区域划入生态保护红线，包括整合优化后的自然保护地，实现一条红线管控重要生态空间。截至2023年7月，中国陆域生态保护红线面积占陆域国土面积比例超过30%。通过划定生态保护红线和编制生态保护修复规划，巩固了以青藏高原生态屏障区、黄河重点生态区（含黄土高原生态屏障）、长江重点生态区（含川滇生态屏障）、东北森林带、北方防沙带、南方丘陵山地带、海岸带等为依托的"三区四带"生态安全格局。

实施重要生态系统保护和修复重大工程。我国围绕"三区四带"统筹布局，实施51个山水林田湖草沙一体化保护和修复工程，统筹各类生态要素，以流域为主要单元，实施系统治理、综合治理、源头治理，累计完成治理面积8000万亩。陆续实施三北、长江等防护林和天然林保护修复、退耕还林还

[①] 国务院新闻办公室：《新时代的中国绿色发展》，《人民日报》2023年1月20日。

草、矿山生态修复、"蓝色海湾"整治行动、海岸带保护修复、渤海综合治理攻坚战、红树林保护修复等一批具有重要生态影响的生态环境修复治理工程,科学开展大规模国土绿化行动,推动森林、草原、湿地、河流、湖泊面积持续增加,土地荒漠化趋势得到有效扭转。2021年,中国森林覆盖率达到24.02%,森林蓄积量达到194.93亿立方米,森林覆盖率和森林蓄积量连续30多年保持"双增长",是全球森林资源增长最多和人工造林面积最大的国家。中国在世界范围内率先实现了土地退化"零增长",荒漠化土地和沙化土地面积"双减少",对全球实现2030年土地退化"零增长"目标发挥了积极作用。

初步建立新型自然保护地体系。自然保护地是生态建设的核心载体。中国努力构建以国家公园为主体、自然保护区为基础、各类自然公园为补充的自然保护地体系,正式设立三江源、大熊猫、东北虎豹、海南热带雨林、武夷山首批5个国家公园,积极稳妥有序推进生态重要区域国家公园创建。截至2021年底,已建立各级各类自然保护地近万处,占国土陆域面积的17%以上,90%的陆地自然生态系统类型和74%的国家重点保护野生动植物物种得到了有效保护。

四、改革生态环境监管体制

党的十九大提出要加强对生态文明建设总体设计和组织领导,设立国有自然资源资产管理和自然生态监管机构。这一体制改革的部署,契合了山水林田湖草沙"生命共同体"系统保护的需要,体现了生态系统综合性和监管综合性,可以克服以往多头监管和"碎片化"监管问题。

近年来,我国制定和修订30多部生态环境领域法律和行政法规,覆盖各类环境要素的法律法规体系基本建立;中央层面审议通过的有关生态文明建设制度文件达60多项,逐步构建起源头预防、过程严管、后果严惩的生态文明建设和生态环境保护"四梁八柱"制度体系;开创性建立了中央生态环境保护督察制度,分六批完成了对全国31个省(区、市)和新疆生产建设兵团、2个部门和6家中央企业的两轮中央生态环境保护督察,有力推动解决突出生态环境问题,成为落实生态环境保护责任的硬招实招;建立了以排污许可制为核心的固定污染源环境监管制度体系，将全国 344.66 万个固定污染源纳入排污许可管理。

目前，国家生态文明体制改革已经取得显著成效，自然资源部和生态环境部等部门职能和人员均已调整到位，需要进一步理顺职能，分工合作，尽快推动形成自然资源产权统一管理、生态环境有效监管和国土空间有序管控的治理大格局。

第六节　推动构建人类命运共同体

习近平总书记着眼中国人民和世界人民的共同利益，深入思考"建设一个什么样的世界、如何建设这个世界"等关乎人类前途命运的重大课题，高瞻远瞩地提出构建人类命运共同体重要理念。构建人类命运共同体理念，着眼全人类的福祉，既有现实思考，又有未来前瞻；既描绘了美好愿景，又提供了实践路径和行动方案；既关乎人类的前途，也攸关每一个体的命运。坚持以维护世界和平、促进共同发展为宗旨推动构建人类命运共同体，是新时代对外工作的总目标。

一、对外工作体制机制改革

对外工作体制机制改革是推进国家治理体系和治理能力现代化的内在要求。一是进一步健全党对外事工作领导体制机制。为加强党中央对涉及党和国家事业全局的重大外事工作的集中统一领导，强化决策和统筹协调职责，将中央外事工作领导小组改为中央外事工作委员会。更好统筹外交外事与涉海部门的资源和力量，将维护国家海洋权益工作纳入中央外事工作全局中统一谋划、统一部署。二是进一步理顺地方外事工作领导体制机制。地方外事工作是党和国家对外工作的重要组成部分，对推动对外交往合作、促进地方改革发展具有重要意义。要在中央外事工作委员会集中统一领导下，统筹做好地方外事工作，从全局高度集中调度、合理配置各地资源，有目标、有步骤推进相关工作。三是稳步推进驻外机构体制机制改革。在2018年6月召开的中央外事工作会议上，习近平总书记指出，要根据党中央统一部署，落实对外工作体制机制改革，形成适应新时代要求的驻外机构管理体制。①

二、发展全球伙伴关系

发展全球伙伴关系，是中国外交理论和实践的重要创新，是当代国际关系理念的重要突破，成为我们推动构建新型国际关系的新路径和通向人类命运共同体的新起点。

大国是构建新型国际关系的关键因素，是维护世界和平稳定的重要力量。一是大力推进中俄新时代全面战略协作伙伴关系。2019年6月，习近平同普京共同宣布发展中俄新时代全面战略协作伙伴关系，共同开启中俄关系更高水平、更大发展的新时代。2022年2月，中俄双方发表《中华人民共和国和俄罗斯联邦关于新时代国际关系和全球可持续发展的联合声明》，集中阐述中俄在民主观、发展观、安全观、秩序观方面的共同立场，反映了两国共同维护以联合国为核心的国际体系、以国际法为基础的国际秩序，共同捍卫全人类共同价值的坚定意志，展现了推动完善全球治理、践行真正多边主义、捍卫国际公平正义、促进世界和平发展的大国胸怀和大国作为。② 二是推动中美关系健康稳定发展。2017年1月特朗普政府上台后，中美关系面临一些新的复杂和不确定因素。习近平与特朗普多次会晤和通话、通信。双方同意，在互惠互利基础上拓展合作，在相互尊重基础上管控分歧，共同推进以协调、合作、稳定为基调的中美关系。2021年1月以来，习近平与拜登举行多次通话或视频会晤，就事关中美关系发展的战略性、全局性、根本性问题以及共同关心的重要问题进行了充分、深入的沟通和交流。习近平强调，推动中美关系健康稳定发展，是两国人民和国际社会的共同期盼。两国应该相向而行，聚焦合作，管控分歧。台湾、涉港、涉疆等问题是中国内

---

① 《习近平外交思想学习纲要》，人民出版社、学习出版社2021年版，第26—27页。
② 《为中俄关系发展注入更多生机活力》，《人民日报》2022年2月5日。

政，事关中国主权和领土完整，美方应该尊重中国核心利益，慎重行事。① 三是提升中欧全面战略伙伴关系。2021年2月，习近平主持中国—中东欧国家领导人峰会并发表主旨讲话，阐述中国—中东欧国家合作原则和新形势下发展合作的四点建议，为新形势下中国—中东欧国家合作凝聚了新共识，提供了新动力。2021年，中国和欧盟贸易额首次突破8000亿美元，充分说明中欧经贸关系高度互补；中欧班列开行15000多列，同比增长29%，为推动国际抗疫合作，确保产业链供应链稳定以及促进全球经济复苏都发挥了积极作用。②

深化同周边国家关系，构建周边命运共同体。东盟是中国周边外交的优先方向。2021年11月，习近平在中国—东盟建立对话关系30周年纪念峰会上总结中国东盟合作宝贵经验，提出了共建和平、安宁、繁荣、美丽、友好家园5点建议，将中国东盟关系提升为全面战略伙伴关系，确立了双方关系史上新的里程碑，为构建更为紧密的中国—东盟命运共同体注入新动力。③ 上海合作组织、亚洲相互协作与信任措施会议、澜沧江—湄公河合作等机制化合作走深走实，并通过实施"一带一路"建设加强与亚洲周边国家战略对接。打造周边命运共同体的美好设想正在逐渐变为现实。如，中国—巴基斯坦，"打造成为中国同周边国家构建命运共同体的典范"；中国—老挝，"携手打造牢不可破的中老命运共同体"；中国—柬埔寨，"继续做高度互信的好朋友、肝胆相照的好伙伴、休戚相关的命运共同体"；中国—中亚，政治互信和全面合作达到前所未有的高水平，携手构建内涵丰富、成果丰硕、友谊持久的战略伙伴关系，打造更加紧密的中国—中亚命运共同体。

秉持真实亲诚理念和正确义利观，加强同广大发展中国家团结合作。发展中国家是中国在国际事务中的天然同盟军，中国始终高度重视同发展中国

---

① 《习近平外交思想学习纲要》，人民出版社、学习出版社2021年版，第125—127页。
② 《就中国外交政策和对外关系回答中外记者提问》，《人民日报》2022年3月8日。
③ 习近平：《命运与共 共建家园——在中国—东盟建立对话关系30周年纪念峰会上的讲话》，《人民日报》2021年11月23日。

家的友好合作关系。党的十九大以来，中国秉持真实亲诚理念和正确义利观，积极发展同西亚北非地区国家关系，深化同撒哈拉以南非洲地区国家关系，加强同拉丁美洲、加勒比海地区国家关系，深入推进太平洋岛国关系，并在"一带一路"倡议框架下推动同广大发展中国家的团结合作。

在元首外交引领下，中国大力构建全方位、多层次、立体化的外交布局。截至2022年9月底，中国建交国总数增至181个，同110多个国家和地区组织建立伙伴关系，"朋友圈"扩大，伙伴关系网络覆盖全球。

三、促进"一带一路"国际合作

党的十九大从统筹国内国际两个大局的高度、从理论和实践两个维度，系统回答了新时代要不要开放、要什么样的开放、如何更好推动开放等重大命题，提出要以"一带一路"建设为重点，坚持引进来和走出去并重，遵循共商共建共享原则，加强创新能力开放合作。2018年8月，习近平出席推进"一带一路"建设工作五周年座谈会并发表重要讲话，提出"一带一路"建设要从谋篇布局的"大写意"转入精耕细作的"工笔画"，向高质量发展转变。① 这标志着共建"一带一路"倡议由夯基垒台、立柱架梁阶段，正式向精耕细作的高质量发展阶段迈进。面对新形势、立足新阶段，中国适时发布了共建"一带一路"的进展总结和展望报告。2019年4月，推进"一带一路"建设工作领导小组办公室发表《共建"一带一路"倡议：进展、贡献与展望》报告，系统总结了共建"一带一路"倡议实施取得的成果，并提出了将"一带一路"建设"成为和平之路、繁荣之路、开放之路、绿色之路、创新之路、文明之路、廉洁之路，推动经济全球化朝着更加开放、包容、普惠、平衡、共赢的方向发展"的愿景。② 2019年4月，第二届"一带一路"国际合作高峰论坛召开，中国宣布了一系列新的对外开放重大举措，提出构建全球互联互通伙伴

---

① 《坚持对话协商共建共享合作共赢交流互鉴 推动共建"一带一路"走深走实造福人民》，《人民日报》2018年8月28日。

② 《共建"一带一路"倡议：进展、贡献与展望》，《人民日报》2019年4月23日。

关系、开启高质量共建"一带一路"新阶段。①

2021年4月，习近平在博鳌亚洲论坛2021年年会开幕式主旨演讲中提出"建设更紧密的卫生合作伙伴关系、互联互通伙伴关系、绿色发展伙伴关系、开放包容伙伴关系"，为疫情形势下深化"一带一路"合作指明了方向。② 同年11月，习近平在第三次"一带一路"建设座谈会上强调，完整、准确、全面贯彻新发展理念，以高标准、可持续、惠民生为目标，巩固互联互通合作基础，拓展国际合作新空间，扎牢风险防控网络，努力实现更高合作水平、更高投入效益、更高供给质量、更高发展韧性，推动共建"一带一路"高质量发展不断取得新成效。③

进入高质量发展阶段，共建"一带一路"合作伙伴深度拓展，"朋友圈"越来越大。截至2022年年底，中国已与151个国家、32个国际组织签署了200余份共建"一带一路"合作文件，④ 涵盖基础设施建设、产能合作、经贸、金融、科技、社会、人文交流、生态环保、抗击疫情等领域，带动全球国际合作效应显著，充分体现了"一带一路"倡议的共享性与开放性。作为中国为完善全球治理提供的重要公共产品，共建"一带一路"倡议及其共商共建共享的核心理念逐步成为全球治理的重要共识，屡次被写入联合国、二十国集团、亚太经济合作组织以及其他区域组织等有关文件中。亚投行、丝路基金等多边开发机构和合作平台的设立，推动全球治理体系朝着更加公正合理的方向发展。

四、参与全球治理体系改革和建设

中国始终是世界和平的建设者、全球发展的贡献者、国际秩序的维护者和公共产品的提供者，也是全球治理体系改革和建设的重要推动者。党的

---

① 《新起点 新愿景 新征程》，《人民日报》2019年4月29日。
② 《中国特色大国外交砥砺前行》，《人民日报》2021年6月24日。
③ 《以高标准可持续惠民生为目标 继续推动共建"一带一路"高质量发展》，《人民日报》2021年11月20日。
④ 《共建"一带一路"朋友圈越来越大》，《人民日报》2023年1月12日。

十九大以来，党中央以宽广的全球视野和世界胸怀，提出秉持共商共建共享的全球治理观，以中国智慧、中国主张、中国方案引领全球治理理念和实现创新发展。

维护以联合国为核心的国际体系，发挥联合国在国际事务中的核心作用。2020年9月，习近平在联合国成立75周年纪念峰会上发表重要讲话，指出《联合国宪章》仍然是世界和平与发展的重要保障。讲话围绕新形势下"世界需要一个什么样的联合国""在后疫情时代，联合国应该如何发挥作用"等重大问题，提出了四点建议[①]。这些建议和主张获得国际社会广泛赞赏。

立足自身优势领域，加快推进高水平对外开放，坚定支持多边贸易体制，坚决反对单边主义和保护主义。在全球经济领域，以自身高水平开放和高质量发展推动国际货币基金组织、世界银行、世界贸易组织改革。在全球安全治理中，推动联合国安全理事会、维和机制改革，成为联合国会费摊派数额第二、维和行动出资第二和安理会常任理事国中派出维和人员最多的国家。在贫困治理方面，带头落实联合国2030年可持续发展议程，对世界减贫贡献超过70%。在全球气候治理领域，以建设性姿态参与《联合国气候变化框架公约》下的历次大会和谈判，为《巴黎协定》的达成作出了历史性贡献。在公共卫生领域，积极同世界分享防疫经验，向各国输送大批抗疫物资、疫苗药品，实施了新中国规模最大的全球人道主义行动，践行了"中国疫苗作为全球公共产品"的郑重承诺。

在全球治理相关领域向国际社会提出高品质的中国理念和行动倡议，主导创设全球和区域治理新机制，对全球治理的贡献逐渐从量变达到质变。我国在世界银行和国际货币基金组织投票权份额不断上升，成功主办上海合作组织、金砖国家等多场峰会，创设了亚洲基础设施投资银行、金砖国家新开

---

① 四点建议，即：联合国应主持公道，恪守"大小国家相互尊重、一律平等"的《联合国宪章》首要原则；应厉行法治，毫不动摇地维护和遵循《联合国宪章》宗旨和原则是处理国际关系的根本遵循，也是国际秩序稳定的重要基石；应促进合作，始终遵循《联合国宪章》促进国际合作的宗旨和联合国成立的初衷；应聚焦行动，以解决问题为出发点，以可视成果为导向，平衡推进安全、发展、人权，特别是以落实联合国2030年可持续发展议程为契机，把应对公共卫生等非传统安全挑战作为联合国工作优先方向，把发展问题置于全球宏观框架突出位置，更加重视促进和保护生存权和发展权。

发银行等新多边金融机构，实施共建"一带一路"倡议，提出全球发展倡议、全球安全倡议、全球文明倡议，推动二十国集团成为全球宏观经济政策协调平台等，积极参与解决朝鲜半岛、伊核、叙利亚、阿富汗等热点问题，充分展现了我国积极参与全球治理体系改革的大国担当。

第九章
以中国式现代化全面推进中华民族伟大复兴

人类走向现代化的历史表明，现代化是世界各国发展的必由之路，但各国的现代化道路又各不相同，世界上不存在定于一尊的现代化模式，也不存在放之四海而皆准的现代化标准。在新中国成立特别是改革开放以来长期探索和实践基础上，经过党的十八大以来在理论和实践上的创新突破，党成功推进和拓展了中国式现代化。这一伟大实践鲜明彰显，中国式现代化切合中国实际，体现社会主义建设规律和人类社会发展规律，中国式现代化是强国建设、民族复兴的唯一正确道路。

党的二十大报告擘画全面建设社会主义现代化国家，实现中华民族伟大复兴的宏伟蓝图，对中国式现代化的中国特色、本质要求和必须牢牢把握的重大原则作出科学阐释，明确指出，"团结带领全国各族人民全面建成社会主义现代化强国、实现第二个百年奋斗目标，以中国式现代化全面推进中华民族伟大复兴"是新时代新征程中国共产党的中心任务。习近平总书记强调，推进中国式现代化是"新时代最大的政治"，要以中国式现代化理论体系为指导，正确理解和大力推进中国式现代化。党的二十大以来，在以习近平同志为核心的党中央坚强领导下，全党全国各族人民深入贯彻落实党的二十大精神，紧紧围绕推进中国式现代化，扎实推动高质量发展，加快发展新质生产力，全面建设社会主义现代化国家迈出坚实步伐。

第一节　新时代新征程中国共产党的使命任务

党的二十大，是在全党全国各族人民迈上全面建设社会主义现代化国家新征程、向第二个百年奋斗目标进军的关键时刻召开的一次十分重要的大会。2022年10月16日至22日，党的二十大胜利召开。习近平总书记在大会上作题为《高举中国特色社会主义伟大旗帜　为全面建设社会主义现代化国家而团结奋斗》的报告，指出："在新中国成立特别是改革开放以来长期探索和实践基础上，经过十八大以来在理论和实践上的创新突破，我们党成功推进和拓展了中国式现代化。"新时代新征程中国共产党的中心任务是"团结带领全国各族人民全面建成社会主义现代化强国、实现第二个百年奋斗目标，以中国式现代化全面推进中华民族伟大复兴"[①]。党的二十大深刻阐述开辟马克思主义中国化时代化新境界、中国式现代化的中国特色和本质要求等重大问题，对全面建设社会主义现代化国家、全面推进中华民族伟大复兴进行了战略谋划，对统筹推进"五位一体"总体布局、协调推进"四个全面"战略布局作出了全面部署，为新时代新征程党和国家事业发展、实现第二个百年奋斗目标指明了前进方向、确立了行动指南。

一、全面建成社会主义现代化强国总的战略部署

中国在全面建成小康社会基础上，乘势而上进入全面建设社会主义现代化国家的新发展阶段。这是社会主义初级阶段中的一个阶段，同时是其中经过几十年积累、站到新的起点上的一个阶段；是党带领人民迎来从站起来、富起来到强起来历史性跨越的新阶段。习近平总书记从历史和现实、理论和实践的角度，全面回顾总结新中国成立以来党领导人民孜孜探索中国现代化建设的艰辛历程，深刻指出："我们走过弯路，也遭遇过一些意想不到的困难和挫折，但建设社会主义现代化国家的意志和决心始终没有动摇。在这个过

---

① 习近平：《高举中国特色社会主义伟大旗帜　为全面建设社会主义现代化强国而团结奋斗》，人民出版社2022年版，第21页。

程中，我们党对建设社会主义现代化国家在认识上不断深入、在战略上不断成熟、在实践上不断丰富，加速了我国现代化发展进程，为新发展阶段全面建设社会主义现代化国家奠定了实践基础、理论基础、制度基础。"进入新发展阶段，在我国发展进程中具有里程碑意义，"是中华民族伟大复兴历史进程的大跨越"。①

党的二十大站在历史和时代的高度，从新的实际出发，深入阐述了中国式现代化，对新征程上我们朝哪走、怎么走进行了深邃思考和谋划，提出了未来一个时期的大政方针和目标任务，描绘了党和国家事业的美好发展前景，极大丰富了中国式现代化的理论和实践。党的二十大在十九大作出的战略安排基础上，对到21世纪中叶我国发展分"两步走"作了进一步阐述，提出了到2035年我国发展的总体目标，强调在基本实现现代化基础上继续奋斗，到21世纪中叶把我国建设成为综合国力和国际影响力领先的社会主义现代化强国。

党的二十大明确了未来五年的战略定位，强调这五年是全面建设社会主义现代化国家开局起步的关键时期，同时提出了这一阶段的主要目标任务。未来五年我国社会主义现代化建设的主要目标任务是：经济高质量发展取得新突破，科技自立自强能力显著提升，构建新发展格局和建设现代化经济体系取得重大进展；改革开放迈出新步伐，国家治理体系和治理能力现代化深入推进，社会主义市场经济体制更加完善，更高水平开放型经济新体制基本形成；全过程人民民主制度化、规范化、程序化水平进一步提高，中国特色社会主义法治体系更加完善；人民精神文化生活更加丰富，中华民族凝聚力和中华文化影响力不断增强；居民收入增长和经济增长基本同步，劳动报酬提高与劳动生产率提高基本同步，基本公共服务均等化水平明显提升，多层次社会保障体系更加健全；城乡人居环境明显改善，美丽中国建设成效显著；国家安全更为巩固，建军一百年奋斗目标如期实现，平安中国建设扎实推进；中国国际地位和影响进一步提高，在全球治理中发挥更大作用。围绕这一目

---

① 习近平：《论把握新发展阶段、贯彻新发展理念、构建新发展格局》，中央文献出版社2021年版，第8、5—6页。

标任务，党的二十大对经济建设、政治建设、文化建设、社会建设、生态文明建设和党的建设，以及国防和军队建设、港澳台工作、外交工作等进行了全面部署，为亿万人民奋进新征程、建功新时代提供了行动指南。

党的二十大关于中国式现代化的任务部署更加明确，顶层设计更加完善。推进强国建设、民族复兴是一项宏大的事业，涉及改革发展稳定、内政外交国防、治党治国治军方方面面，需要各方面各领域共同推进才能完成。为此，要加快构建新发展格局，着力推动高质量发展，构建高水平社会主义市场经济体制；建设现代化产业体系；全面推进乡村振兴；促进区域协调发展；推进高水平对外开放。要实施科教兴国战略，强化现代化建设人才支撑，办好人民满意的教育；完善科技创新体系；加快实施创新驱动发展战略；深入实施人才强国战略。要发展全过程人民民主，保障人民当家作主，加强人民当家作主制度保障；全面发展协商民主；积极发展基层民主；巩固和发展最广泛的爱国统一战线。要坚持全面依法治国，推进法治中国建设，完善以宪法为核心的中国特色社会主义法律体系；扎实推进依法行政；严格公正司法；加快建设法治社会。要推进文化自信自强，铸就社会主义文化新辉煌，建设具有强大凝聚力和引领力的社会主义意识形态；广泛践行社会主义核心价值观；提高全社会文明程度；繁荣发展文化事业和文化产业；增强中华文明传播力影响力。要增进民生福祉，提高人民生活品质，完善分配制度；实施就业优先战略；健全社会保障体系；推进健康中国建设。要推动绿色发展，促进人与自然和谐共生，加快发展方式绿色转型；深入推进环境污染防治；提升生态系统多样性、稳定性、持续性；积极稳妥推进碳达峰碳中和。要推进国家安全体系和能力现代化，坚决维护国家安全和社会稳定，健全国家安全体系；增强维护国家安全能力；提高公共安全治理水平；完善社会治理体系。要实现建军一百年奋斗目标，开创国防和军队现代化新局面。坚持和完善"一国两制"，推进祖国统一。要促进世界和平与发展，推动构建人类命运共同体。要坚定不移全面从严治党，深入推进新时代党的建设新的伟大工程，坚持和加强党中央集中统一领导；坚持不懈用新时代中国特色社会主义思想凝心铸魂；完善党的自我革命制度规范体系；建设堪当民族复兴重任的高素质干部队伍；增强党组织政治功能和组织功能；坚持以严的基调强化正风肃纪；坚决打赢反腐败斗争攻坚战持久战。

党的二十大报告特别对教育科技人才、全面依法治国、国家安全三个方面列出专章，相应提出了一系列重大任务部署。这在党的全国代表大会上是第一次，体现了打基础、补短板、强弱项的战略考量，反映了对现代化建设规律的深刻把握。

党的二十大科学判断时与势、辩证把握危与机，鲜明提出前进道路上必须牢牢把握的五条重大原则，即坚持和加强党的全面领导、坚持中国特色社会主义道路、坚持以人民为中心的发展思想、坚持深化改革开放、坚持发扬斗争精神。这些原则决定着中国式现代化的方向道路、价值立场和动力活力，引领和推动中国式现代化不偏向、不迷航，始终朝着既定的目标破浪前进。

二、党对中国式现代化理论体系的初步构建

为什么要实现现代化，如何实现现代化，实现什么样的现代化，是中国共产党自成立之日起就不断思索探寻的重大问题。党的百年奋斗史，就是党领导全国各族人民探寻适合中国自己的发展之路，努力回答有关实现国家现代化的历史之问、人民之问、时代之问，并最终找到"中国式现代化"这一正确答案的百年探索史。在这个漫长而艰辛的探索中，中国式现代化理论逐渐形成、不断发展，初步构建起中国式现代化理论体系。

在新民主主义革命时期、社会主义革命和建设时期，以毛泽东同志为核心的党的第一代中央领导集体开启了规模空前的社会主义现代化建设，为建立独立的比较完整的工业体系和国民经济体系奠定了坚实基础，同时运用马克思主义世界观、方法论，对世界和中国的现代化发展规律进行总结提炼，探索了一条有别于西方模式和苏联模式、适合中国特有国情的社会主义现代化道路，并提出了一系列带有鲜明自主性特征的现代化建设理念，如"四个现代化"目标，为现代化建设奠定根本政治前提和宝贵经验、理论准备、物质基础。

在改革开放和社会主义现代化建设新时期，以邓小平同志为主要代表的

中国共产党人解放思想、实事求是，给中国式现代化注入了新的内涵。党的十一届三中全会实现伟大转折，新中国进入改革开放的历史进程。党对中国式现代化的探索在理论和实践上都取得重大突破，邓小平先后提出"中国式的四个现代化""中国式的现代化"，并提出"小康社会"目标，实施"三步走"发展战略，为中国式现代化提供了充满新的活力的体制保证和快速发展的物质条件。

党的十八大以来，中国特色社会主义进入新时代，以习近平同志为核心的党中央立足中华民族伟大复兴战略全局和世界百年未有之大变局，顺应共产党执政规律、社会主义建设规律、人类社会发展规律，紧紧围绕全面建设社会主义现代化重大课题和实现中华民族伟大复兴使命任务，正式提出并系统阐释了"中国式现代化"。习近平总书记关于"中国式现代化"作出一系列重要论述，深刻阐释中国式现代化的重大意义、重要原则、战略步骤、主要内容、本质特征和实现路径，为新时代国家现代化建设提供根本遵循，推动中国式现代化理论初步构建起结构完整、逻辑完整的理论体系。党的二十大报告对这一理论体系进行高度凝练，对中国式现代化的中国特色、本质要求和必须牢牢把握的重大原则作出科学阐释。

中国式现代化是人口规模巨大的现代化、全体人民共同富裕的现代化、物质文明和精神文明相协调的现代化、人与自然和谐共生的现代化、走和平发展道路的现代化。中国式现代化的本质要求是：坚持中国共产党领导，坚持中国特色社会主义，实现高质量发展，发展全过程人民民主，丰富人民精神世界，实现全体人民共同富裕，促进人与自然和谐共生，推动构建人类命运共同体，创造人类文明新形态。这是一个完整统一的整体，是对中国式现代化本质的全面概括，深刻总结了我国和世界其他国家现代化建设的历史经验。本质要求是对我国这样一个东方大国如何加快实现现代化在认识上不断深入、战略上不断完善、实践上不断丰富而形成的思想理论结晶，标志着党对中国式现代化的科学认识得到了进一步深化、实现了新的理论升华。

全面建设社会主义现代化国家是一项伟大而艰巨的事业，推进中国式现代化是一项前无古人的开创性事业。世界进入动荡变革期，我国发展进入战略机遇和风险挑战并存、不确定难预料因素增多的时期。前进道路上必须牢牢把握以下重大原则，即坚持和加强党的全面领导、坚持中国特色社会主义道路、坚持以人民为中心的发展思想、坚持深化改革开放、坚持发扬斗争精神。坚决维护党中央权威和集中统一领导，把党的领导落实到党和国家事业各领域各方面各环节；坚持中国特色社会主义道路，坚持以经济建设为中心，坚持四项基本原则，坚持改革开放，坚持独立自主、自力更生；坚持以人民为中心的发展思想，始终坚持人民至上，维护人民根本利益，增进民生福祉，不断实现发展为了人民、发展依靠人民、发展成果由人民共享；坚持深化改革开放，着力破解深层次体制机制障碍，不断彰显中国特色社会主义制度优势，不断增强社会主义现代化建设的动力和活力，把我国制度优势更好转化为国家治理效能；坚持发扬斗争精神，增强全党全国各族人民的志气、骨气、底气，不信邪、不怕鬼、不怕压，发扬斗争精神，提高斗争本领，统筹发展和安全，全力战胜前进道路上各种困难和挑战，依靠顽强斗争打开事业发展新天地。

党的二十大以来，习近平总书记关于中国式现代化重要论述，不断丰富和发展中国式现代化的理论体系。2023年2月7日，在新进中央委员会的委员、候补委员和省部级主要领导干部学习贯彻习近平新时代中国特色社会主义思想和党的二十大精神研讨班上，习近平总书记发表重要讲话，强调党的领导直接关系着中国式现代化的根本方向、前途命运和最终成败，提出中国式现代化五个方面的中国特色既是理论概括也是实践要求，系统阐释了推进中国式现代化需要处理好的六个方面关系，强调推进中国式现代化是一个系统工程，需要统筹兼顾、系统谋划、整体推进，正确处理好顶层设计与实践探索、战略与策略、守正与创新、效率与公平、活力与秩序、自立自强与对外开放等一系列重大关系。中国式现代化理论体系，是科学社会主义的最新重大成果，为全党全国人民正确认识和大力推进中国式现代化提供了根本遵循。

第二节　把推进中国式现代化作为新时代最大的政治

习近平总书记指出："以中国式现代化全面推进强国建设、民族复兴伟业，是新时代新征程党和国家的中心任务，是新时代最大的政治。"[1] "最大的政治"，从来就是党在各个历史时期的总路线，即要完成的主要任务。邓小平在改革开放之初就指出："社会主义现代化建设是我们当前最大的政治。"习近平总书记强调推进中国式现代化是新时代最大的政治，是党深刻把握世界潮流、历史大势、民心民意，对世界之问、时代之问、人民之问作出的坚定回答，是一个百年大党对新时代新征程自身历史使命和政治责任的深刻把握，为党和国家事业发展提供了根本遵循。

一、中国式现代化是中国共产党领导的社会主义现代化

中国式现代化是中国共产党领导的社会主义现代化。党的领导直接关系中国式现代化的根本方向、前途命运、最终成败。

习近平总书记指出："中国式现代化是我们党领导全国各族人民在长期探索和实践中历经千辛万苦、付出巨大代价取得的重大成果，我们必须倍加珍惜、始终坚持、不断拓展和深化。"[2] 中国共产党担负探索中国现代化道路重任，经过革命、建设和改革等时期逐渐探索出一条适应中国国情的现代化道路。在新民主主义革命时期，党团结带领人民，浴血奋战、百折不挠，推翻帝国主义、封建主义、官僚资本主义三座大山，建立了人民当家作主的中华人民共和国，实现了民族独立、人民解放，为实现现代化创造了根本社会条件。新中国成立后，党团结带领人民进行社会主义革命，确立社会主义基本制度，建立起独立的比较完整的工业体系和国民经济体系，为现代化建设奠定根本政治前提和宝贵经验、理论准备、物质基础。改革开放和社会主义建设新时期，党作出把党和国家工作中心转移到经济建设上来、实行改革开放

---

[1] 习近平：《在全国政协新年茶话会上的讲话》，《人民日报》2023年12月30日。
[2] 《习近平关于中国式现代化论述摘编》，中央文献出版社2023年版，第31页。

的历史性决策，实现了从生产力相对落后的状况到经济总量跃居世界第二的历史性突破，实现了人民生活从温饱不足到总体小康、奔向全面小康的历史性跨越，为中国式现代化提供了充满新的活力的体制保证和快速发展的物质条件。党的十八大以来，党不断实现理论和实践上的创新突破，成功推进和拓展了中国式现代化。对中国式现代化的内涵和本质的认识进一步深化，初步构建起中国式现代化的理论体系。在实践上不断丰富，推进一系列变革性实践、实现一系列突破性进展、取得一系列标志性成果，推动党和国家事业取得历史性成就、发生历史性变革，为中国式现代化提供了更为完善的制度保证、更为坚实的物质基础、更为主动的精神力量。实践证明，中国式现代化走得通、行得稳，是强国建设、民族复兴的唯一正确道路。

党的领导决定中国式现代化的根本性质。中国式现代化是社会主义现代化，以中国特色社会主义制度为支撑，中国特色社会主义制度的最本质特征和最大优势就是中国共产党的领导。党的领导是做好党和国家各项工作的根本保证，是我国政治稳定、经济发展、民族团结、社会稳定的根本点，绝对不能有丝毫动摇。党的性质宗旨、初心使命、信仰信念、政策主张决定了中国式现代化是社会主义现代化，而不是别的什么现代化。党始终高举中国特色社会主义伟大旗帜，既坚持科学社会主义基本原则，又不断赋予其鲜明的中国特色和时代内涵，坚定不移地走中国特色社会主义道路，确保中国式现代化在正确的轨道上顺利推进。党坚持把马克思主义作为根本指导思想，不断深化对共产党执政规律、社会主义建设规律、人类社会发展规律的认识，不断开辟马克思主义中国化时代化新境界，为中国式现代化提供科学指引。党坚持和完善中国特色社会主义制度，不断推进国家治理体系和治理能力现代化，形成包括中国特色社会主义根本制度、基本制度、重要制度等在内的一整套制度体系，为中国式现代化稳步前行提供坚强制度保证。党坚持和发展中国特色社会主义文化，激发全民族文化创新创造活力，为中国式现代化提供强大精神力量。可以说，只有毫不动摇坚持党的领导，中国式现代化才能前景光明、繁荣兴盛；否则，中国式现代化就会偏离航向、丧失灵魂，甚至犯颠覆性错误。①

党的领导激发强劲动力、凝聚磅礴力量、确保中国式现代化锚定奋斗目标行稳致远。办好中国的事情，关键在党。党是中国特色社会主义事业的领导核心，处在总揽全局、协调各方的地位。新中国成立特别是改革开放以来，党以伟大历史主动精神不断变革生产关系和生产力之间、上层建筑和经济基础之间不相适应的方面，不断推进各领域体制改革，形成和发展符合当代中国国情、充满生机活力的体制机制，让一切劳动、知识、技术、管理和资本的活力竞相迸发，让一切创造社会财富的源泉充分涌流。党的十八大以来，党以巨大的政治勇气全面深化改革，突出问题导向，敢于突进深水区，敢于啃硬骨头，敢于涉险滩，敢于面对新矛盾新挑战，冲破思想观念束缚，突破利益固化藩篱，坚决破除各方面体制机制弊端，改革由局部探索、破冰突围到系统集成、全面深化，许多领域实现历史性变革、系统性重塑、整体性重构，为中国式现代化注入不竭动力源泉。② 历史由人民创造，人民是真正的英雄。党坚持把人民对美好生活的向往作为奋斗目标，坚持以人民为中心的发展思想，着力保障和改善民生，着力解决人民急难愁盼问题，让中国式现代化建设成果更多更公平地惠及全体人民。党发展全过程人民民主，拓展民主渠道，丰富民主形式，扩大人民有序政治参与，确保人民依法通过各种途径和形式管理国家事务，管理经济和文化事业，管理社会事务，以主人翁精神满怀热忱地投入到现代化建设中来。党以中国式现代化的美好愿景激励人、鼓舞人、感召人，有效促进政党关系、民族关系、宗教关系、阶层关系、海内外同胞关系和谐，促进海内外中华儿女团结奋斗，凝聚起全面建设社会主义现代化国家的磅礴伟力。③

二、中国式现代化是强国建设、民族复兴的唯一正确道路

将推进中国式现代化作为新时代最大的政治，根源在于中国式现代化是

---

① 参见习近平：《中国式现代化是中国共产党领导的社会主义现代化》，《求是》2023年第11期。
② 参见习近平：《中国式现代化是中国共产党领导的社会主义现代化》，《求是》2023年第11期。
③ 参见习近平：《中国式现代化是中国共产党领导的社会主义现代化》，《求是》2023年第11期。

强国建设、民族复兴的唯一正确道路。中国共产党人不懈追求实现国家现代化的艰辛历程和显著成效证明了中国式现代化道路的唯一正确性。党自成立起，就以实现民族独立、国家富强为己任，而实现国家富强就必须推进现代化建设。毛泽东是中国社会主义现代化建设的伟大奠基者。他指出："没有独立、自由、民主和统一，不可能建设真正大规模的工业。没有工业，便没有巩固的国防，便没有人民的福利，便没有国家的富强。""在新民主主义的政治条件获得之后，中国人民及其政府必须采取切实的步骤，在若干年内逐步地建立重工业和轻工业，使中国由农业国变为工业国。"[①]《中国人民政治协商会议共同纲领》明确指出："中华人民共和国必须取消帝国主义国家在中国的一切特权，没收官僚资本归人民的国家所有，有步骤地将封建半封建的土地所有制改变为农民的土地所有制，保护国家的公共财产和合作社的财产，保护工人、农民、小资产阶级和民族资产阶级的经济利益及其私有财产，发展新民主主义的人民经济，稳步地变农业国为工业国。"新中国的成立，彻底结束了旧中国半殖民地半封建社会的历史，中国人民从此站起来了，中国发展从此开启了新纪元。

党领导人民进行社会主义革命和建设，为实现中华民族伟大复兴奠定根本政治前提和制度基础。在国民经济恢复的基础上进行社会主义改造，党提出并实施"一化三改"过渡时期总路线，明确指出："党在这个过渡时期的总路线和总任务，是要在一个相当长的时期内，逐步实现国家的社会主义工业化，并逐步实现国家对农业、对手工业和对资本主义工商业的社会主义改造。"1957 年，毛泽东在建设社会主义工业化基础上，提出现代化国家不仅有对物质文明的追求，还有对精神文明的追求。即"将我国建设成为一个具有现代工业、现代农业和现代科学文化的社会主义国家"。"要使几亿人口的中国人生活得好，要把我们这个经济落后、文化落后的国家，建设成为富裕的、强盛的、具有高度文化的国家，这是一个很艰巨的任务。"[②]20 世纪 60

[①]《毛泽东选集》第 3 卷，人民出版社 1991 年版，第 1080 页。
[②]《建国以来重要文献选编》第 10 册，中央文献出版社 1994 年版，第 64、119 页。

年代初，毛泽东提出了完整的"四个现代化"口号，即"建设社会主义，原来要求是工业现代化、农业现代化、科学文化现代化，现在要加上国防现代化"①。1964年12月，周恩来在三届全国人大会议上的政府工作报告中提出了实现"四个现代化"的步骤，即第一步，建立一个独立的比较完整的工业体系和国民经济体系；第二步，全面实现农业、工业、国防和科学技术的现代化，使我国经济走在世界前列。为此，党领导人民开展全面的大规模的社会主义建设，逐步在我国建立起独立的比较完整的工业体系和国民经济体系，为在新的历史时期开创中国特色社会主义提供了宝贵经验、理论准备、物质基础。

党领导人民进行改革开放和社会主义现代化建设，继续探索中国建设社会主义的正确道路。党的十一届三中全会前夕，邓小平在访日时说："中国人民决心在本世纪内把中国建设成为社会主义的现代化强国。"十一届三中全会实现了党和国家工作中心战略转移，作出改革开放的历史性决策，实现了新中国成立以来党的历史上具有深远意义的伟大转折。1979年3月21日，邓小平会见马尔科姆·麦克唐纳为团长的英中文化协会执行委员会代表团时，提出"中国式的四个现代化"的概念，即我们要实现的"四个现代化"，是"中国式的四个现代化"。我们的"四个现代化"的概念，是"小康之家"。到20世纪末，中国的"四个现代化"即使达到了某种目标，我们的国民生产总值人均水平也还是很低的。要达到第三世界中比较富裕一点的国家的水平，比如国民生产总值人均1000美金，也还得付出很大的努力。就算是达到那样的水平，同西方来比，也还是落后的。他指出，中国到那时也还是一个小康的状态。②党的十二大提出，党在新的历史时期的总任务是：团结全国各族人民，自力更生，艰苦奋斗，逐步实现工业、农业、国防和科学技术现代化，把我国建设成为高度文明、高度民主的社会主义国家。党的十三大指出，把我国建成富强、民主、文明的社会主义现代化国家，首次提出"基本实现现代

---

① 《毛泽东文集》第8卷，人民出版社1999年版，第116页。
② 《邓小平文选》第2卷，人民出版社1994年版，第237页。

化",作出"三步走"现代化战略设想,即从1980年到1990年,实现国民生产总值比1980年翻一番,解决人民的温饱问题;1991年到20世纪末,国民生产总值再增长一倍,使人民生活达到小康水平;到21世纪中叶,人民生活比较富裕,基本实现现代化,人均国民生产总值达到中等发达国家水平,人民过上比较富裕的生活。党的十四大明确提出建立社会主义市场经济体制改革的目标,十四届三中全会通过《中共中央关于建立社会主义市场经济体制若干问题的决定》,制定了建设社会主义市场经济体制的总体规划。党的十五大把"有条件的地方要率先基本实现现代化"作为"基本实现现代化"的重要补充。党的十六大把中国"基本实现现代化"的第三步战略发展目标进一步细分为两个阶段,对"基本实现现代化"作了战略调整和新的部署,把"全面建设小康社会"作为"基本实现现代化"的一个重要阶段性目标和重要步骤。党的十七大对中国的发展战略目标提出了新的更高要求,明确提出"建设富强民主文明和谐的社会主义现代化国家"的发展战略目标。在党中央正确领导下,我国实现了从高度集中的计划经济体制到充满活力的社会主义市场经济体制、从封闭半封闭到全方位开放的历史性转变,实现了从生产力相对落后的状况到经济总量跃居世界第二的历史性突破,实现了人民生活从温饱不足到总体小康、奔向全面小康的历史性跨越,中国大踏步赶上了时代,为实现中华民族伟大复兴提供了充满新的活力的体制保证和快速发展的物质条件。

党的十八大以来,中国特色社会主义进入新时代。党的十八大提出,建设中国特色社会主义,总依据是社会主义初级阶段,总布局是"五位一体",总任务是实现社会主义现代化和中华民族伟大复兴。新时代十年,党在认识上不断深化,创立了习近平新时代中国特色社会主义思想,实现了马克思主义中国化时代化新的飞跃,为中国式现代化提供了根本遵循;进一步深化对中国式现代化的内涵和本质的认识,概括形成中国式现代化的中国特色、本质要求和重大原则,初步构建中国式现代化的理论体系,使中国式现代化更加清晰、更加科学、更加可感可行。新时代十年,党统筹把握中华民族伟大复兴战略全局和世界百年未有之大变局,统筹推进经济建设、政治建设、文化建设、社会建设、生态文明建设"五位一体"总体布局，协调推进全面建设社会主义现代化国家、全面深化改革、全面依法治国、全面从严治党"四个全面"战略布局，完善和发展中国特色社会主义制度，推进国家治理体系和治理能力现代化，统筹发展和安全，推动高质量发展，推动构建人类命运共同体。

新时代十年伟大变革，全面建成小康社会目标如期实现，党和国家事业取得历史性成就、发生历史性变革，推动我国迈上全面建设社会主义现代化国家新征程，为中国式现代化提供了更为完善的制度保证、更为坚实的物质基础、更为主动的精神力量，在党史、新中国史、改革开放史、社会主义发展史、中华民族发展史上具有里程碑意义。2021年7月，习近平总书记在庆祝中国共产党成立100周年大会上明确提出了"中国式现代化新道路"概念，强调"走自己的路，是党的全部理论和实践立足点，更是党百年奋斗得出的历史结论"，指出"中国特色社会主义是党和人民历经千辛万苦、付出巨大代价取得的根本成就，是实现中华民族伟大复兴的正确道路。我们坚持和发展中国特色社会主义，推动物质文明、政治文明、精神文明、社会文明、生态文明协调发展，创造了中国式现代化新道路，创造了人类文明新形态"[①]。2021年11月，党的十九届六中全会通过《中共中央关于党的百年奋斗重大成就和历史经验的决议》，指出"党领导人民成功走出中国式现代化道路，创造了人类文明新形态，拓展了发展中国家走向现代化的途径，给世界上那些既希望加快发展又希望保持自身独立性的国家和民族提供了全新选择"[②]。历史和实践证明，中国式现代化走得通、行得稳，是强国建设、民族复兴的唯一正确道路。

三、中国式现代化的鲜明特色和实践要求

在人类社会发展史上，一个国家选择什么样的现代化道路，是由其历史传统、社会制度、发展条件、外部环境等诸多因素决定的。中国式现代化植

---

① 习近平：《在庆祝中国共产党成立100周年大会上的讲话》，《人民日报》2021年7月2日。
② 《中共中央关于党的百年奋斗重大成就和历史经验的决议》，人民出版社2021年版，第73页。

根于中国国情和历史文化传统，既有各国现代化的共同特征，更有基于自己国情的鲜明特色。党的十九届五中全会从五个方面对中国式现代化的中国特色作了强调，党的二十大报告进一步作出概括。2023年2月7日，新进中央委员会的委员、候补委员和省部级主要领导干部学习贯彻习近平新时代中国特色社会主义思想和党的二十大精神研讨班在中央党校（国家行政学院）开班。开班式上，习近平总书记对中国式现代化五个方面的中国特色又进一步深入阐释，为全面建成社会主义现代化强国、实现中华民族伟大复兴指明了一条康庄大道。[①]

人口规模巨大的现代化。这是中国式现代化的显著特征。人口规模不同，现代化的任务就不同，其艰巨性、复杂性就不同，发展途径和推进方式也必然具有自己的特点。一方面，人口规模巨大对中国自身的现代化道路产生深刻影响。习近平总书记强调："人口问题始终是我国面临的全局性、长期性、战略性问题。"[②] "超大规模的人口，既能提供充足的人力资源和超大规模市场，也带来一系列难题和挑战。光是解决14亿多人的吃饭问题，就是一个不小的挑战。还有就业、分配、教育、医疗、住房、养老、托幼等问题，哪一项解决起来都不容易，哪一项涉及的人群都是天文数字。我们想问题、作决策、办事情，首先要考虑人口基数问题，考虑我国城乡区域发展水平差异大等实际，既不能好高骛远，也不能因循守旧，要保持历史耐心，坚持稳中求进、循序渐进、持续推进。"[③] 人口规模巨大的现代化将对世界产生深远影响。习近平总书记指出："我国十四亿人口要整体迈入现代化社会，其规模超过现有发达国家的总和，将彻底改写现代化的世界版图，在人类历史上是一件有深远影响的大事。"[④] 中国实现现代化，注定要走一条属于自己的道路。

全体人民共同富裕的现代化。这是中国式现代化的本质特征，也是区别

[①] 习近平：《中国式现代化是强国建设、民族复兴的康庄大道》，《求是》2023年第16期。
[②] 《推动计划生育基本国策贯彻落实 促进人口长期均衡发展与家庭和谐幸福》，《人民日报》2016年5月19日。
[③] 习近平：《中国式现代化是强国建设、民族复兴的康庄大道》，《求是》2023年第16期。
[④] 《习近平著作选读》第2卷，人民出版社2023年版，第367页。

于西方现代化的显著标志。西方现代化是以资本为中心的现代化,始终追求资本利益的最大化,导致巨大的贫富差距和两极分化。习近平总书记指出:"资本主义文明是建立在资本主义剥削制度基础上的,它无法克服和消除文明下的野蛮本性。从根本上讲,生产资料私有制和社会化大生产之间的矛盾,是资本主义制度无法克服的固有矛盾,尽管资本主义制度和西方现代化模式也在不断演变,但其骨子里的资本至上、弱肉强食、两极分化、霸道强权的本性没有任何改变,其弊端愈益明显。"① 相比之下,中国式现代化始终坚持发展为了人民、发展依靠人民、发展成果由人民共享,坚持把实现人民对美好生活的向往作为现代化建设的出发点和落脚点,着力维护和促进社会公平正义,着力促进全体人民共同富裕,坚决防止两极分化。习近平总书记强调:"我们必须把促进全体人民共同富裕摆在更加重要的位置,脚踏实地,久久为功,向着这个目标更加积极有为地进行努力。"② "要在推动高质量发展、做好做大'蛋糕'的同时,进一步分好'蛋糕',着力解决好就业、分配、教育、医疗、住房、养老、托幼等民生问题,构建三次分配协调配套的制度体系,规范收入分配秩序,规范财富积累机制,依法引导和规范资本健康发展,逐步扩大中等收入群体、缩小收入分配差距,让现代化建设成果更多更公平惠及全体人民,坚决防止两极分化。"③ 因此,实现共同富裕是一个长期任务,必须久久为功,咬定青山不放松,不断取得新进展。

物质文明和精神文明相协调的现代化。既要物质富足也要精神富有,是中国式现代化的崇高追求。实现中华民族伟大复兴,需要物质文明极大发展,也需要精神文明极大发展。中国式现代化既要物质财富极大丰富,也要精神财富极大丰富、在思想文化上自信自强。要坚持两手抓、两手硬,促进物质文明和精神文明相互协调、相互促进,让全体人民始终拥有团结奋斗的思想基础、开拓进取的主动精神、健康向上的价值追求。要顺应人民日益增长的精神文化需求,建设具有强大凝聚力和引领力的社会主义意识形态,加强理

---

① 《习近平关于中国式现代化论述摘编》,中央文献出版社2023年版,第294页。
② 《习近平谈治国理政》第4卷,外文出版社2022年版,第116页。
③ 习近平:《中国式现代化是强国建设、民族复兴的康庄大道》,《求是》2023年第16期。

想信念教育，培育和弘扬社会主义核心价值观，发展社会主义先进文化，推出更多优秀文艺作品，不断丰富人民精神世界，提高全社会文明程度，促进人的全面发展。①

人与自然和谐共生的现代化。尊重自然、顺应自然、保护自然，促进人与自然和谐共生，是中国式现代化的鲜明特点。党的十八大以来，党中央对生态文明建设的重视程度提高到新的高度，习近平总书记指出："生态文明是人类社会进步的重大成果。人类经历了原始文明、农业文明、工业文明，生态文明是工业文明发展到一定阶段的产物，是实现人与自然和谐发展的新要求。历史地看，生态兴则文明兴，生态衰则文明衰。"② "生态文明建设是关系中华民族永续发展的根本大计，是关系党的使命宗旨的重大政治问题，是关系民生福祉的重大社会问题。"③中国人均能源资源禀赋严重不足，加快发展面临更多的能源资源和环境约束，这就决定了我国不可能走西方现代化的老路。中国式现代化坚持可持续发展，坚持节约优先、保护优先、自然恢复为主的方针，坚定不移走生产发展、生活富裕、生态良好的文明发展道路，为实现中华民族永续发展开辟了广阔前景。牢固树立和践行绿水青山就是金山银山的理念，坚持山水林田湖草沙一体化保护和系统治理，推进生态优先、节约集约、绿色低碳发展，加快发展方式绿色转型，提升生态系统多样性、稳定性、持续性，积极稳妥推进碳达峰碳中和，以高品质的生态环境支撑高质量发展。④

走和平发展道路的现代化。坚持和平发展，在坚定维护世界和平与发展中谋求自身发展，又以自身发展更好维护世界和平与发展，推动构建人类命运共同体，是中国式现代化的突出特征。近现代以来，中华民族历经西方列强侵略、凌辱，深知和平的宝贵，因此决不可能走西方国家战争、贩奴、殖

---

① 习近平：《中国式现代化是强国建设、民族复兴的康庄大道》，《求是》2023年第16期。
② 习近平：《论坚持人与自然和谐共生》，中央文献出版社2022年版，第29页。
③ 《全社会行动起来做绿水青山就是金山银山理念的积极传播者和模范践行者》，《人民日报》2023年8月16日。
④ 习近平：《中国式现代化是强国建设、民族复兴的康庄大道》，《求是》2023年第16期。

民、掠夺的现代化老路。习近平总书记指出:"中国不认同'国强必霸'的陈旧逻辑。当今世界,殖民主义、霸权主义的老路还能走得通吗?答案是否定的。不仅走不通,而且一定会碰得头破血流。只有和平发展道路可以走得通。"① 中国走和平发展道路,是从历史、现实、未来的客观判断中得出的结论,是思想自信和实践自觉的有机统一。中国式现代化坚持独立自主、自力更生,依靠全体人民的辛勤劳动和创新创造发展壮大自己,通过激发内生动力与和平利用外部资源相结合的方式来实现国家发展,不以任何形式压迫其他民族、掠夺他国资源财富,而是为广大发展中国家提供力所能及的支持和帮助。始终高举和平、发展、合作、共赢旗帜,奉行互利共赢的开放战略,不断以中国新发展为世界提供新机遇。积极参与全球治理体系改革和建设,践行真正的多边主义,弘扬全人类共同价值,推动落实全球发展倡议和全球安全倡议,努力为人类和平与发展作出更大贡献。②

四、中国式现代化是一种全新的人类文明形态

文明指人类社会进步的状态,不是从来就有,也不是一成不变,而是在生产力发展的推动下逐步演进升级、生长传播的。人类历史不会终结于一种文明、一种制度。在长期探索实践中,中国共产党团结带领人民坚持和发展中国特色社会主义,推动物质文明、政治文明、精神文明、社会文明、生态文明协调发展,创造了中国式现代化新道路,创造了人类文明新形态。中国式现代化,深深植根于中华优秀传统文化,体现科学社会主义的先进本质,借鉴吸收一切人类优秀文明成果,代表人类文明进步的发展方向,展现了不同于西方现代化模式的新图景,是一种全新的人类文明形态。③

中国式现代化体现了人类文明演进的一般规律,同时又是对西方现代化理论和实践的重大超越。中国式现代化不仅取得了经济上的"世界奇迹",同时也走出了一条区别于西方现代化的道路。习近平总书记指出:"世界文明是

---

① 《习近平外交演讲集》第 1 卷,中央文献出版社 2022 年版,第 118 页。
② 习近平:《中国式现代化是强国建设、民族复兴的康庄大道》,《求是》2023 年第 16 期。
③ 《习近平关于中国式现代化论述摘编》,中央文献出版社 2023 年版,第 293 页。

多样的，世界上既不存在定于一尊的现代化模式，也不存在放之四海而皆准的现代化标准。中国式现代化，打破了'现代化＝西方化'的迷思，展现了现代化的另一幅图景，拓展了发展中国家走向现代化的路径选择，为人类对更好社会制度的探索提供了中国方案。"①中国式现代化是对传统中西文明的"扬弃"，是继承与创新的辩证统一。习近平总书记指出："中国式现代化中蕴含的独特世界观、价值观、历史观、文明观、民主观、生态观等及其伟大实践，是对世界现代化理论和实践的重大创新。"②

中国式现代化作为人类文明新形态，与全球其他文明相互借鉴，必将极大丰富世界文明百花园。中国式现代化为广大发展中国家提供了全新选择。习近平总书记指出："我们无意也没有输出中国式现代化、'中国模式'，但中国式现代化为广大发展中国家独立自主迈向现代化树立了典范，必然会为一些发展中国家所借鉴。"③中国式现代化是走和平发展道路的现代化，强调同世界各国互利共赢，推动构建人类命运共同体，努力为人类和平与发展作出贡献，为世界发展提供机遇。从人类文明新形态出发，既能把握中国式现代化的世界意义，同时也能够深刻领悟中国式现代化作为新文明形态根基的重大意义。

第三节 大力推进中国式现代化

党把中国式现代化置于新时代新征程中国共产党中心任务的战略高度，对全面建成社会主义现代化强国作出了战略安排，从加快构建新发展格局、实施科教兴国战略、发展全过程人民民主、坚持全面依法治国、推进国家安全体系和能力现代化，聚焦实现高质量发展这个主题，进一步统筹推进"五位一体"总体布局、协调推进"四个全面"战略布局，完整、准确、全面贯彻新发展理念，把新发展理念贯彻到经济社会发展全过程和各领域，抓紧解

---

① 《习近平关于中国式现代化论述摘编》，中央文献出版社2023年版，第293—294页。
② 《习近平关于中国式现代化论述摘编》，中央文献出版社2023年版，第294页。
③ 《习近平关于中国式现代化论述摘编》，中央文献出版社2023年版，第294—295页。

决不平衡不充分的发展问题，协调推进创新发展、协调发展、绿色发展、开放发展、共享发展，着力提高发展质量和效益。习近平总书记要求，要深刻理解中国式现代化理论和全面建设社会主义现代化国家战略布局的关系，认识到前者是后者的理论支撑，从而深刻理解全面建设社会主义现代化国家战略布局的科学性和必然性。要全面把握党的二十大作出的各项战略部署，紧密联系我国发展面临的新的战略机遇、新的战略任务、新的战略阶段、新的战略要求、新的战略环境，深刻认识实现全面建设社会主义现代化国家各项目标任务的艰巨性和复杂性，增强贯彻落实的自觉性和坚定性。①

一、系统谋划、统筹兼顾、整体推进中国式现代化

推进中国式现代化是一个复杂工程，需要处理好重大关系。

关于顶层设计与实践探索的关系。进行顶层设计，深刻洞察世界发展大势，准确把握人民群众的共同愿望，深入探索经济社会发展规律，使制定的规划和政策体系体现时代性、把握规律性、富于创造性，做到远近结合、上下贯通、内容协调。同时，推进中国式现代化是一个探索性事业，还有许多未知领域，需要在实践中去大胆探索，通过改革创新来推动事业发展，决不能刻舟求剑、守株待兔。各地区各部门要结合各自具体实际开拓创新，特别是在前沿实践、未知领域，鼓励大胆探索、敢为人先，寻求有效解决新矛盾新问题的思路和办法，努力创造可复制、可推广的新鲜经验。②

关于战略与策略的关系。推进中国式现代化，增强战略的前瞻性，准确把握事物发展的必然趋势，敏锐洞悉前进道路上可能出现的机遇和挑战，以科学的战略预见未来、引领未来。增强战略的全局性，谋划战略目标、制定战略举措、作出战略部署，着眼于解决事关党和国家事业兴衰成败、牵一发而动全身的重大问题。增强战略的稳定性，战略一经形成，就要长期坚持、

---

① 《全面学习把握落实党的二十大精神 奋力夺取全面建设社会主义现代化国家新胜利》，《人民日报》2022 年 10 月 27 日。

② 习近平：《推进中国式现代化需要处理好若干重大关系》，《求是》2023 年第 19 期。

一抓到底、善作善成。①

关于守正与创新的关系。守正才能不迷失方向、不犯颠覆性错误，创新才能把握时代、引领时代。习近平总书记强调："在推进中国式现代化新征程上，首先要守好中国式现代化的本和源、根和魂，毫不动摇坚持中国式现代化的中国特色、本质要求和重大原则，坚持党的基本理论、基本路线、基本方略，坚持党的十八大以来的一系列重大方针政策，确保中国式现代化的正确方向。同时，要把创新摆在国家发展全局的突出位置，顺应时代发展要求，着眼于解决重大理论和实践问题，积极识变应变求变，大力推进理论创新、实践创新、制度创新、文化创新以及其他各方面创新，不断开辟发展新领域新赛道，塑造发展新动能新优势。"②

关于效率与公平的关系。为了创造比资本主义更高的效率，就要更有效地维护社会公平。坚持和完善社会主义基本经济制度，毫不动摇巩固和发展公有制经济，毫不动摇鼓励、支持、引导非公有制经济发展，充分发挥市场在资源配置中的决定性作用，更好发挥政府作用。构建全国统一大市场，深化要素市场化改革，建设高标准市场体系，营造市场化、法治化、国际化营商环境，持续优化劳动、资本、土地、资源等生产要素配置，着力提高全要素生产率。加快建立以权利公平、机会公平、规则公平为主要内容的社会公平保障体系，保证人民平等参与、平等发展权利。深入推进司法体制改革，努力让人民群众在每一项法律制度、每一个执法决定、每一宗司法案件中都感受到公平正义。破除阶层固化的体制机制障碍，畅通社会上升通道。健全基本公共服务体系，提高公共服务水平，增强均衡性和可及性，扎实推进共同富裕取得更为明显的实质性进展。③

关于活力与秩序的关系。中国式现代化应当而且能够实现活而不乱、活跃有序的动态平衡。深化各方面体制机制改革，充分释放全社会创造潜能，鼓励科学家、企业家、文艺家等各方面人才特别是青年人才创新、创造。积

---

① 习近平：《推进中国式现代化需要处理好若干重大关系》，《求是》2023年第19期。
② 习近平：《推进中国式现代化需要处理好若干重大关系》，《求是》2023年第19期。
③ 习近平：《推进中国式现代化需要处理好若干重大关系》，《求是》2023年第19期。

极发展党内民主，保障党员权利，采取切实有效措施解决不愿担当、不敢担当、不善担当等问题，充分调动广大党员干部干事创业的积极性。加强社会舆论引导，形成劳动创造财富、实干创造业绩、奋斗创造幸福的正确导向，防止轻视劳动、不劳而获、一夜暴富、坐享其成、消极躺平等不良思想滋长蔓延，充分激发全社会创造活力。统筹发展和安全，贯彻总体国家安全观，健全国家安全体系，增强维护国家安全能力，坚定维护国家政权安全、制度安全、意识形态安全和重点领域安全。提高公共安全治理水平，完善社会治理体系，提升社会治理效能。发展全过程人民民主，正确处理新形势下人民内部矛盾，努力把矛盾纠纷化解在基层、化解在萌芽状态，教育引导人民群众通过理性合法途径表达利益诉求、维护合法权益。强化社会治安整体防控，依法严惩群众反映强烈的各类违法犯罪活动，确保人民安居乐业。①

关于自立自强与对外开放的关系。习近平总书记强调："推进中国式现代化，必须坚持独立自主、自立自强，坚持把国家和民族发展放在自己力量的基点上，坚持把我国发展进步的命运牢牢掌握在自己手中。"加快构建新发展格局，实现内部可循环，并依托我国超大规模市场优势吸引全球资源要素，增强国内国际两个市场两种资源联动效应。维护好经济安全特别是粮食安全、能源安全、产业链供应链安全。健全新型举国体制，强化国家战略科技力量，以国家战略需求为导向，集聚力量进行原创性引领性科技攻关，坚决打赢关键核心技术攻坚战。不断扩大高水平对外开放，提升贸易投资合作质量和水平，稳步扩大规则、规制、管理、标准等制度型开放，推动共建"一带一路"高质量发展，优化区域开放布局，实施自由贸易试验区提升战略，扩大面向全球的高标准自由贸易区网络，深度参与全球产业分工和合作，维护多元稳定的国际经济格局和经贸关系，拓展中国式现代化的发展空间。②

中国式现代化是经济、政治、文化、社会、生态文明"五位一体"的全面现代化，只有整体推进才能全面向前发展。在现代化进程中，中国之所以

---

① 习近平：《推进中国式现代化需要处理好若干重大关系》，《求是》2023年第19期。
② 习近平：《推进中国式现代化需要处理好若干重大关系》，《求是》2023年第19期。

仅用几十年时间就走完发达国家 200 多年走过的工业化历程，就在于走的是一条不同于西方发达国家从工业化、城镇化向农业现代化、信息化顺序发展的"串联式"发展道路，而是工业化、信息化、城镇化、农业现代化叠加发展的"并联式"发展。这种发展道路和模式面临多种生产要素、社会要素短期内的剧烈变化和相互作用，只有处理好多方面关系，才能理顺各种要素形成合力，才能促进经济发展，同时保持政治和社会稳定。

全面推进中国式现代化需要不断提高党的执政能力，不断推进全面深化改革。2022 年 12 月，中共中央政治局召开民主生活会。会议强调，中国式现代化是前无古人的开创性事业，需要我们探索创新。这对各级党组织和领导干部的素质能力提出了新的更高要求，对我们的精神状态、作风形象提出了新的更高要求。要按照党的二十大要求，不断增强推动高质量发展本领、服务群众本领、防范化解风险本领。①

全面深化改革开放，为中国式现代化持续注入强劲动力。改革开放是当代中国大踏步赶上时代的重要法宝，是决定中国式现代化成败的关键一招。推进中国式现代化，必须进一步全面深化改革开放，不断解放和发展社会生产力、解放和增强社会活力。改革开放以来，我国经济社会发展取得了重大成就，根本原因就是我们通过不断调整生产关系激发了社会生产力发展活力，通过不断完善上层建筑适应了经济基础发展要求。提出进行全面深化改革，就是要适应我国社会基本矛盾运动的变化来推进社会发展。社会基本矛盾总是不断发展的，所以调整生产关系、完善上层建筑需要相应地不断进行下去。要解决我们面临的突出矛盾和问题，仅仅依靠单个领域、单个层次的改革难以奏效，必须加强顶层设计、整体谋划，增强各项改革的关联性、系统性、协同性。只有既解决好生产关系中不适应的问题，又解决好上层建筑中不适应的问题，这样才能产生综合效应。实践发展永无止境，解放思想永无止境，改革开放也永无止境，停顿和倒退没有出路。②

---

① 《坚持团结奋斗 贯彻落实好党的二十大重大决策部署》，《人民日报》2022 年 12 月 28 日。
② 习近平：《全面深化改革开放，为中国式现代化持续注入强劲动力》，《求是》2024 年第 10 期。

党的二十大提出了一系列重大改革举措，这是党中央对新时代新征程全面深化改革作出的重大战略部署。2023年4月21日，二十届中央全面深化改革委员会第一次会议审议通过《关于强化企业科技创新主体地位的意见》《关于加强和改进国有经济管理有力支持中国式现代化建设的意见》《关于促进民营经济发展壮大的意见》和《中央全面深化改革委员会工作规则》《中央全面深化改革委员会专项小组工作规则》《中央全面深化改革委员会办公室工作细则》《中央全面深化改革委员会2023年工作要点》。全面深化改革开放，要顺应时代发展新趋势、实践发展新要求、人民群众新期待，以改革到底的坚强决心，动真格、敢碰硬，精准发力、协同发力、持续发力，坚决破除一切制约中国式现代化顺利推进的体制机制障碍。要深化经济体制改革，充分发挥市场在资源配置中的决定性作用，更好发挥政府作用，加快构建新发展格局，构建全国统一大市场，健全宏观经济治理体系，激发各类经营主体活力，加快形成有利于高质量发展的体制机制。深化科技体制改革，发挥新型举国体制优势，强化国家战略科技力量，强化企业科技创新主体地位，优化配置创新资源，努力突破关键核心技术，推动实现高水平科技自立自强。要协同推进文化体制、社会体制、生态文明体制等各领域改革，全方位为中国式现代化源源不断注入新的动力。

人口发展是关系中华民族伟大复兴的大事，必须着力提高人口整体素质，以人口高质量发展支撑中国式现代化。[①] 现代化产业体系是现代化国家的物质技术基础。推动经济现代化，必须构建现代化的产业体系，把发展经济的着力点放在实体经济上，为实现第二个百年奋斗目标提供坚强物质支撑。全面推进乡村振兴、加快建设农业强国，是党中央着眼全面建成社会主义现代化强国作出的战略部署。强国必先强农，农强方能国强。没有农业强国就没有整个现代化强国；没有农业农村现代化，社会主义现代化就是不全面的。坚持农业农村优先发展，坚持城乡融合发展，有力有效推进乡村全面振兴，抓

---

① 《加快建设以实体经济为支撑的现代化产业体系 以人口高质量发展支撑中国式现代化》，《人民日报》2023年5月6日。

好以乡村振兴为重心的"三农"各项工作，大力推进农业农村现代化，以加快农业农村现代化更好推进中国式现代化建设。①

先进文化是推动社会发展进步的重要力量源泉。2023年6月2日，习近平总书记在文化传承发展座谈会上发表重要讲话强调，在五千多年中华文明深厚基础上开辟和发展中国特色社会主义，把马克思主义基本原理同中国具体实际、同中华优秀传统文化相结合是必由之路。这是我们在探索中国特色社会主义道路中得出的规律性的认识，是我们取得成功的最大法宝。"结合"的前提是彼此契合。马克思主义和中华优秀传统文化来源不同，但彼此存在高度的契合性。相互契合才能有机结合。"结合"的结果是互相成就，造就了一个有机统一的新的文化生命体，让马克思主义成为中国的，中华优秀传统文化成为现代的，让经由"结合"而形成的新文化成为中国式现代化的文化形态。"结合"筑牢了道路根基，让中国特色社会主义道路有了更加宏阔深远的历史纵深，拓展了中国特色社会主义道路的文化根基。中国式现代化赋予中华文明以现代力量，中华文明赋予中国式现代化以深厚底蕴。"结合"打开了创新空间，让我们掌握了思想和文化主动，并有力地作用于道路、理论和制度。更重要的是，"第二个结合"是又一次的思想解放，让我们能够在更广阔的文化空间中，充分运用中华优秀传统文化的宝贵资源，探索面向未来的理论和制度创新。"结合"巩固了文化主体性，创立新时代中国特色社会主义思想就是这一文化主体性的最有力体现。"第二个结合"，是我们党对马克思主义中国化时代化历史经验的深刻总结，是对中华文明发展规律的深刻把握，表明我们党对中国道路、理论、制度的认识达到了新高度，表明我们党的历史自信、文化自信达到了新高度，表明我们党在传承中华优秀传统文化中推进文化创新的自觉性达到了新高度。②

教育是推进中国式现代化的基础工程。教育兴则国家兴，教育强则国家强。建设教育强国，是全面建成社会主义现代化强国的战略先导，是实现高

---

① 《中央农村工作会议在京召开》，《人民日报》2023年12月21日。
② 习近平：《在文化传承发展座谈会上的讲话》，《求是》2023年第17期。

水平科技自立自强的重要支撑，是促进全体人民共同富裕的有效途径，是以中国式现代化全面推进中华民族伟大复兴的基础工程。我们要建设的教育强国，是中国特色社会主义教育强国，必须以坚持党对教育事业的全面领导为根本保证，以立德树人为根本任务，以为党育人、为国育才为根本目标，以服务中华民族伟大复兴为重要使命，以教育理念、体系、制度、内容、方法、治理现代化为基本路径，以支撑引领中国式现代化为核心功能，最终是办好人民满意的教育。[①]

中国式现代化是人与自然和谐相处的现代化。要坚持以人民为中心，牢固树立和践行绿水青山就是金山银山的理念，把建设美丽中国摆在强国建设、民族复兴的突出位置，推动城乡人居环境明显改善、美丽中国建设取得显著成效，以高品质生态环境支撑高质量发展，加快推进人与自然和谐共生的现代化。2023年7月20日，习近平总书记在二十届中央财经委员会第二次会议上关于加强耕地保护和盐碱地综合改造利用讲话时强调，要把耕地保护放到建设人与自然和谐共生的中国式现代化中来考量，落实好主体功能区战略，坚持山水林田湖草沙一体化保护和系统治理。[②]

能源安全事关经济社会发展全局。2024年3月，习近平总书记在中共中央政治局第十二次集体学习时强调，积极发展清洁能源，推动经济社会绿色低碳转型，已经成为国际社会应对全球气候变化的普遍共识。我们要顺势而为、乘势而上，以更大力度推动我国新能源高质量发展，为中国式现代化建设提供安全可靠的能源保障，为共建清洁美丽的世界作出更大贡献。[③]

领导中国式现代化，必须不断加强党的建设。2023年1月9日，习近平总书记在二十届中央纪委二次全会上强调，面对全面建成社会主义现代化强国、以中国式现代化全面推进中华民族伟大复兴的崇高使命，面对前进道路上风高浪急甚至惊涛骇浪的重大挑战，面对长期存在的"四大考验""四种危

[①] 习近平：《扎实推动教育强国建设》，《求是》2023年第18期。
[②] 习近平：《切实加强耕地保护 抓好盐碱地综合改造利用》，《求是》2023年第23期。
[③] 《大力推动我国新能源高质量发展 为共建清洁美丽世界作出更大贡献》，《人民日报》2024年3月2日。

险",解决大党独有难题必然是一个长期而艰巨的过程,这就决定了全面从严治党永远在路上,党的自我革命永远在路上。我们一定要站在事关党长期执政、国家长治久安、人民幸福安康的高度,把全面从严治党作为党的长期战略、永恒课题,坚决摒弃权宜之计、一时之举的思想,坚决克服松劲歇脚、疲劳厌战的情绪,坚决防止转变风向、降调变调的错误期待,始终坚持问题导向,保持战略定力,发扬彻底的自我革命精神,永远吹冲锋号,把严的基调、严的措施、严的氛围长期坚持下去,把党的伟大自我革命进行到底。①

中国各地区的资源禀赋、社会经济条件和战略定位都有所不同。党的二十大以来,习近平总书记对不同地区现代化建设的定位和重点作出重要指示,推动各个地方中国式现代化新实践。

广东是改革开放的排头兵、先行地、实验区,在中国式现代化建设的大局中地位重要、作用突出。习近平总书记强调,要锚定强国建设、民族复兴目标,围绕高质量发展这个首要任务和构建新发展格局这个战略任务,在全面深化改革、扩大高水平对外开放、提升科技自立自强能力、建设现代化产业体系、促进城乡区域协调发展等方面继续走在全国前列,在推进中国式现代化建设中走在前列。对于粤港澳大湾区的建设,习近平总书记指出,粤港澳大湾区在全国新发展格局中具有重要战略地位。广东要认真贯彻党中央决策部署,把粤港澳大湾区建设作为广东深化改革开放的大机遇、大文章抓紧做实,摆在重中之重,以珠三角为主阵地,举全省之力办好这件大事,使粤港澳大湾区成为新发展格局的战略支点、高质量发展的示范地、中国式现代化的引领地。②

关于深入推进京津冀协同发展,习近平总书记强调,要坚定信心,保持定力,增强抓机遇、应挑战、化危机、育先机的能力,统筹发展和安全,以更加奋发有为的精神状态推进各项工作,推动京津冀协同发展不断迈上新台

---

① 习近平:《时刻保持解决大党独有难题的清醒和坚定,把党的伟大自我革命进行到底》,《求是》2024年第6期。
② 《坚定不移全面深化改革扩大高水平对外开放 在推进中国式现代化建设中走在前列》,《人民日报》2023年4月14日。

阶，努力使京津冀成为中国式现代化建设的先行区、示范区。①

江苏拥有产业基础坚实、科教资源丰富、营商环境优良、市场规模巨大等优势，有能力也有责任在推进中国式现代化中走在前、做示范。习近平总书记指出，要完整准确全面贯彻新发展理念，继续在改革创新、推动高质量发展上争当表率，在服务全国构建新发展格局上争做示范，在率先实现社会主义现代化上走在前列，奋力推进中国式现代化江苏新实践，谱写"强富美高"新江苏现代化建设新篇章。②

关于推动新时代治蜀兴川再上新台阶，习近平总书记强调，要牢牢把握新时代新征程党的中心任务，牢牢把握中国式现代化的科学内涵和本质要求，牢牢把握高质量发展这个首要任务，把贯彻新发展理念、构建新发展格局、促进共同富裕贯穿经济社会发展各方面全过程，深入推进发展方式、发展动力、发展领域、发展质量变革，开创我国高质量发展新局面。四川要进一步从全国大局把握自身的战略地位和战略使命，立足本地实际，明确发展思路和主攻方向，锻长板、补短板，努力在提高科技创新能力、建设现代化产业体系、推进乡村振兴、加强生态环境治理等方面实现新突破。③

关于完整准确全面贯彻新时代党的治疆方略，习近平总书记指出，要牢牢把握新疆在国家全局中的战略定位，扭住工作总目标，把依法治疆、团结稳疆、文化润疆、富民兴疆、长期建疆各项工作做深做细做实，稳中求进、绵绵用力、久久为功，在中国式现代化进程中更好建设团结和谐、繁荣富裕、文明进步、安居乐业、生态良好的美丽新疆。构建新发展格局、推动高质量发展、推进中国式现代化，新疆面临新机遇，要有新作为。要立足资源禀赋、区位优势和产业基础，大力推进科技创新，培育壮大特色优势产业，积极发展新兴产业，加快构建体现新疆特色和优势的现代化产业体系，推动新疆迈

---

① 《以更加奋发有为的精神状态推进各项工作 推动京津冀协同发展不断迈上新台阶》，《人民日报》2023 年 5 月 13 日。
② 《在推进中国式现代化中走在前做示范 谱写"强富美高"新江苏现代化建设新篇章》，《人民日报》2023 年 7 月 8 日。
③ 《推动新时代治蜀兴川再上新台阶 奋力谱写中国式现代化四川新篇章》，《人民日报》2023 年 7 月 30 日。

上高质量发展的轨道,同全国一道全面建设社会主义现代化国家。实现新疆社会稳定和高质量发展,最艰巨的任务在农村。要把巩固拓展脱贫攻坚成果、推进乡村振兴作为发展的重要抓手,加大经济发展和民生改善工作力度,加强水利设施建设和水资源优化配置,积极发展现代农业和光伏等产业园区,根据资源禀赋,培育发展新增长极。要做好对口支援工作,加强新疆与内地产业合作、人员往来,鼓励和引导新疆群众到内地就业,鼓励和支持内地人口到新疆创业、居住。要发挥新疆独特的区位优势,积极服务和融入新发展格局,从实际出发抓好对外开放工作,加快"一带一路"核心区建设,使新疆成为我国向西开放的桥头堡。①

关于新时代推动东北全面振兴,习近平总书记强调,东北资源条件较好,产业基础比较雄厚,区位优势独特,发展潜力巨大。当前,推动东北全面振兴面临新的重大机遇:实现高水平科技自立自强,有利于东北把科教和产业优势转化为发展优势;构建新发展格局,进一步凸显东北的重要战略地位;推进中国式现代化,需要强化东北的战略支撑作用。②

习近平总书记在浙江考察时强调,要完整准确全面贯彻新发展理念,围绕构建新发展格局、推动高质量发展,聚焦建设共同富裕示范区、打造新时代全面展示中国特色社会主义制度优越性的重要窗口,坚持一张蓝图绘到底,持续推动"八八战略"走深走实,始终干在实处、走在前列、勇立潮头,奋力谱写中国式现代化浙江新篇章。③

关于进一步推动长江经济带高质量发展,习近平总书记指出,要完整、准确、全面贯彻新发展理念,坚持共抓大保护、不搞大开发,坚持生态优先、绿色发展,以科技创新为引领,统筹推进生态环境保护和经济社会发展,加强政策协同和工作协同,谋长远之势、行长久之策、建久安之基,进一步推

---

① 《牢牢把握新疆在国家全局中的战略定位 在中国式现代化进程中更好建设美丽新疆》,《人民日报》2023 年 8 月 27 日。
② 《牢牢把握东北的重要使命 奋力谱写东北全面振兴新篇章》,《人民日报》2023 年 9 月 10 日。
③ 《始终干在实处走在前列勇立潮头 奋力谱写中国式现代化浙江新篇章》,《人民日报》2023 年 9 月 26 日。

动长江经济带高质量发展，更好支撑和服务中国式现代化。①2023年12月，习近平总书记主持召开深入推进长三角一体化发展座谈会时强调，深入推进长三角一体化发展，进一步提升创新能力、产业竞争力、发展能级，率先形成更高层次改革开放新格局，对于我国构建新发展格局、推动高质量发展，以中国式现代化全面推进强国建设、民族复兴伟业，意义重大。要完整、准确、全面贯彻新发展理念，紧扣一体化和高质量这两个关键词，树立全球视野和战略思维，坚定不移深化改革、扩大高水平开放，统筹科技创新和产业创新，统筹龙头带动和各扬所长，统筹硬件联通和机制协同，统筹生态环保和经济发展，在推进共同富裕上先行示范，在建设中华民族现代文明上积极探索，推动长三角一体化发展取得新的重大突破，在中国式现代化中走在前列，更好发挥先行探路、引领示范、辐射带动作用。②

习近平总书记在考察上海时强调，上海要完整、准确、全面贯彻新发展理念，围绕推动高质量发展、构建新发展格局，聚焦建设国际经济中心、金融中心、贸易中心、航运中心、科技创新中心的重要使命，以科技创新为引领，以改革开放为动力，以国家重大战略为牵引，以城市治理现代化为保障，勇于开拓、积极作为，加快建成具有世界影响力的社会主义现代化国际大都市，在推进中国式现代化中充分发挥龙头带动和示范引领作用。③

关于新时代推动中部地区崛起，习近平总书记强调，中部地区是我国重要粮食生产基地、能源原材料基地、现代装备制造及高技术产业基地和综合交通运输枢纽，在全国具有举足轻重的地位。要一以贯之抓好党中央推动中部地区崛起一系列政策举措的贯彻落实，形成推动高质量发展的合力，在中国式现代化建设中奋力谱写中部地区崛起新篇章。④

---

① 《进一步推动长江经济带高质量发展 更好支撑和服务中国式现代化》，《人民日报》2023年10月13日。
② 《推动长三角一体化发展取得新的重大突破 在中国式现代化中更好发挥引领示范作用》，《人民日报》2023年12月1日。
③ 《聚焦建设"五个中心"重要使命 加快建成社会主义现代化国际大都市》，《人民日报》2023年12月4日。
④ 《在更高起点上扎实推动中部地区崛起》，《人民日报》2024年3月21日。

推进中国式现代化，坚持稳字当头、稳中求进，更好统筹国内国际两个大局，更好统筹疫情防控和经济社会发展，更好统筹发展和安全，全面深化改革开放，推动高质量发展。

二、加快发展新质生产力，扎实推进高质量发展

高质量发展是全面建设社会主义现代化国家的首要任务，发展新质生产力是推动高质量发展的内在要求和重要着力点。

加快发展新质生产力，是抢占新一轮全球科技革命和产业变革制高点、开辟发展新领域新赛道、培育发展新动能、增强竞争新优势的战略选择。习近平总书记指出，发展新质生产力，必须进一步全面深化改革，形成与之相适应的新型生产关系。要深化经济体制、科技体制等改革，着力打通束缚新质生产力发展的堵点卡点，建立高标准市场体系，创新生产要素配置方式，让各类先进优质生产要素向发展新质生产力顺畅流动。同时，要扩大高水平对外开放，为发展新质生产力营造良好国际环境。①

新质生产力的科学内涵与时代价值。习近平总书记提出的"新质生产力"概念，是马克思主义生产力理论中国化时代化的最新成果。习近平总书记指出："新质生产力是创新起主导作用，摆脱传统经济增长方式、生产力发展路径，具有高科技、高效能、高质量特征，符合新发展理念的先进生产力质态。它由技术革命性突破、生产要素创新性配置、产业深度转型升级而催生，以劳动者、劳动资料、劳动对象及其优化组合的跃升为基本内涵，以全要素生产率大幅提升为核心标志，特点是创新，关键在质优，本质是先进生产力。"②这一表述科学阐释了新质生产力的特征、基本内涵、核心标志、特点、关键、本质等基本问题，为我们准确把握新质生产力理论的科学内涵提供了根本遵循。

发展新质生产力是时代要求，具有鲜明时代价值。高质量发展不只是一

---

① 《加快发展新质生产力 扎实推进高质量发展》，《人民日报》2024年2月2日。
② 《加快发展新质生产力 扎实推进高质量发展》，《人民日报》2024年2月2日。

个经济要求，而是对经济社会发展的全方位总要求，只有追求强调经济、政治、文化、社会和生态的一体化协同发展的新质生产力，才能改善高质量发展结构、优化高质量发展要素。立足现实国情，习近平总书记明确指出，"新质生产力已经在实践中形成并展示出对高质量发展的强劲推动力、支撑力"①，发展新质生产力是掌握全球科技竞争和科技产业革命先机的现实需要和根本要求。当前经济全球化下的国际竞争不仅是商品、资源和信息的竞争，更是科技的竞争。习近平总书记指出："历史经验表明，那些抓住科技革命机遇走向现代化的国家，都是科学基础雄厚的国家；那些抓住科技革命机遇成为世界强国的国家，都是在重要科技领域处于领先行列的国家。""如果我们不识变、不应变、不求变，就可能陷入战略被动，错失发展机遇，甚至错过整整一个时代"。② 发展新质生产力是实现人民对美好生活向往的本质要求和关键举措。实现人民幸福是中国共产党的初心和宗旨。中国特色社会主义发展进入新时代，人民期盼有更好的教育、更稳定的工作、更满意的收入、更可靠的社会保障、更高水平的医疗卫生服务、更舒适的居住条件、更优美的环境、更丰富的精神文化生活。只有发展新质生产力才能够为满足这些需求提供基础和条件。提出和推进发展新质生产力，也体现了中国共产党在深刻把握新时代中国特色社会主义建设规律的基础上，追求人民至上，践行初心使命的的政治自觉和价值追求。

创新在新质生产力发展过程中起主导作用。人类已经经历了机械化、电气化、自动化等三次科技革命，与前三次科技革命相比，第四次科技和产业革命最鲜明的特点是创新迅速、覆盖广大、影响深刻。技术更新和成果转化更加快捷，产业更新换代不断加快。在这一背景下，创新必然成为生产力跃升的主导力量。

质优是新质生产力的关键，其质态必须体现高科技、高效能、高质量特征。在经济增长方式和生产力发展路径方面，新质生产力区别于以往依靠

---

① 《加快发展新质生产力 扎实推进高质量发展》，《人民日报》2024年2月2日。
② 习近平：《论科技自立自强》，中央文献出版社2023年版，第150、151页。

大量资源投入、高度消耗资源能源的方式，追求更加注重创新性、融合性的内涵型增长，能够有效减少资源消耗、提升资源利用效率。新质生产力要求"高质量"。习近平明确指出："绿色发展是高质量发展的底色，新质生产力本身就是绿色生产力。"① 发展新质生产力必须坚定不移走生态优先、绿色发展之路，突破以往将增长物质财富作为唯一目标的生产方式，不以牺牲生态为代价，从注重"量"的积累到更加强调"质"的提升，通过加快绿色科技创新和先进绿色技术推广应用，构建绿色低碳循环经济体系。高科技、高效能、高质量三者是密不可分的有机整体，三者互为基础和保障，新质生产力在三者相互协进、协同作用的过程中彰显其质优的关键。

科技创新是发展新质生产力的核心要素。科技创新能够催生新产业、新模式、新动能，是发展新质生产力的核心要素。② 近十年信息技术产业、战略性技术产业、数字经济在国内生产总值的比重显著增长，拉动经济增长的作用愈加重要。2014 年至 2023 年，中国新一代信息技术产业增长值占国内生产总值比重由 8.2% 增至 8.4%，年均拉动经济增长 0.7 个百分点；战略性新兴产业增加值占国内生产总值比重由 7.6% 升至 13% 以上；数字经济占国内生产总值比重由 21.6% 升至 41.5%，预计到 2027 年将达到 60%。发展新质生产力必须加强科技创新特别是原创性、颠覆性科技创新，加快实现高水平科技自立自强，打好关键核心技术攻坚战，使原创性、颠覆性科技创新成果竞相涌现，培育发展新质生产力的新动能。

党的十八大以来，我国科技创新取得显著进步，为发展新质生产力提供了坚实基础。据世界知识产权组织（WIPO）发布的《2023 年全球创新指数》统计，中国位列第 12 位，是排名前 30 中唯一的中等收入经济体，在全球五大科技集群中占据三席。从天津市滨海新区国家超级计算天津中心的千万亿次超级计算机到首次发布火星全球影像图，从"神舟飞天"到"蛟龙入海"，从"嫦娥揽月"到"天问探火"，从"北斗指路"到"墨子传信"，近年来，

---

① 《加快发展新质生产力 扎实推进高质量发展》，《人民日报》2024 年 2 月 2 日。
② 《加快发展新质生产力 扎实推进高质量发展》，《人民日报》2024 年 2 月 2 日。

中国不断加强基础研究和原始创新，破解"卡脖子"难题，一些关键核心技术实现突破。2023年，企业创新主体地位进一步强化，中国高新技术企业数量从2012年的4.9万家增加至约40万家，增长达8倍，拥有的全球百强科技创新集群数量已跃居世界第一。实现科技创新，要及时将科技创新成果应用到具体产业和产业链上，改造提升传统产业，培育壮大新兴产业，布局建设未来产业，完善现代化产业体系。要围绕发展新质生产力布局产业链，提升产业链供应链韧性和安全水平，保证产业体系自主可控、安全可靠。要围绕推进新型工业化和加快建设制造强国、质量强国、网络强国、数字中国和农业强国等战略任务，科学布局科技创新、产业创新。要大力发展数字经济，促进数字经济和实体经济深度融合，打造具有国际竞争力的数字产业集群。[①]

党的二十大以来，党中央强调科技创新在构建现代产业体系中的重大意义和引领效应。2023年底召开的中央经济工作会议对2024年经济工作做出全面部署，把"以科技创新引领现代化产业体系建设"摆在重点任务的第一位。2024年3月发布的政府工作报告中，"大力推进现代化产业体系建设，加快发展新质生产力"更是居于2024年政府工作十大任务首位。产业是加快形成新质生产力的重要载体。习近平总书记强调，要围绕推进新型工业化和加快建设制造强国、质量强国、网络强国、数字中国和农业强国等战略任务，科学布局科技创新、产业创新。要大力发展数字经济，促进数字经济和实体经济深度融合，打造具有国际竞争力的数字产业集群。[②]

人才是加快形成新质生产力的原动力。人才是形成新质生产力最活跃、最具决定意义的能动因素。习近平总书记强调，要按照发展新质生产力要求，畅通教育、科技、人才的良性循环，完善人才培养、引进、使用、合理流动的工作机制。要根据科技发展新趋势，优化高等学校学科设置、人才培养模式，为发展新质生产力、推动高质量发展培养急需人才。要健全要素参与收入分配机制，激发劳动、知识、技术、管理、资本和数据等生产要素活力，

---

① 《加快发展新质生产力 扎实推进高质量发展》，《人民日报》2024年2月2日。
② 《加快发展新质生产力 扎实推进高质量发展》，《人民日报》2024年2月2日。

更好体现知识、技术、人才的市场价值，营造鼓励创新、宽容失败的良好氛围。①建设教育强国、科技强国、人才强国具有内在一致性和相互支撑性，要把三者有机结合起来、一体统筹推进，形成推动高质量发展的倍增效应。②发展新质生产力，就要深化科技体制、教育体制、人才体制等改革，打通束缚新质生产力发展的堵点卡点。要进一步加大工程技术人才自主培养力度，不断提高工程师的社会地位，为他们成才建功创造条件，营造见贤思齐、埋头苦干、攻坚克难、创新争先的浓厚氛围，加快建设规模宏大的卓越工程师队伍。据统计，中国研发人员由 2012 年的 324.7 万人年提高到 2022 年的 635.4 万人年，稳居世界首位。入选世界高被引科学家数量从 2014 年的 111 人次增至 2022 年的 1169 人次，排名世界第二，顶尖科技人才国际学术影响力持续提升。③党的二十大提出，实施科教兴国战略，强化现代化建设人才支撑。要求必须坚持科技是第一生产力、人才是第一资源、创新是第一动力，深入实施科教兴国战略、人才强国战略、创新驱动发展战略，开辟发展新领域新赛道，不断塑造发展新动能新优势。要坚持教育优先发展、科技自立自强、人才引领驱动，加快建设教育强国、科技强国、人才强国，坚持为党育人、为国育才，全面提高人才自主培养质量，着力造就拔尖创新人才，聚天下英才而用之。具体要办好人民满意的教育，完善科技创新体系，加快实施创新驱动发展战略，深入实施人才强国战略。

因地制宜发展新质生产力。中国幅员辽阔、人口众多，各地资源禀赋、社会经济发展水平千差万别，发展的重点难点不尽相同，难以简单套用单一发展模式。不同地方的发展阶段、资源禀赋、产业水平、优势短板各异，所适合的产业、承担的角色也各不相同，发展新质生产力不能千篇一律，也不能整齐划一，而是要实事求是，充分发挥比较优势，因时因势各展所长。习近平总书记要求："各地要坚持从实际出发，先立后破、因地制宜、分类指导，根据本地的资源禀赋、产业基础、科研条件等，有选择地推动新产业、新模

---

① 《加快发展新质生产力 扎实推进高质量发展》，《人民日报》2024 年 2 月 2 日。
② 《加快建设教育强国 为中华民族伟大复兴提供有力支撑》，《人民日报》2023 年 5 月 30 日。
③ 《我国研发人员全时当量达 635.4 万人年》，新华社，2023 年 12 月 15 日。

式、新动能发展，用新技术改造提升传统产业，积极促进产业高端化、智能化、绿色化。"①

发展新质生产力不是忽视、放弃传统产业。对传统产业与新质生产力的关系，要用全面、辩证、发展的眼光观察和理解。在传统产业集聚的地区，加快发展新质生产力，不是简单的"弃旧迎新"，将资源投入自身发展条件"摸不着""碰不到"的新兴产业。传统产业不等于落后产业、无效产业，在不少地方还是"特色产业"，对一地的经济基础、民生就业等往往起到"稳定器"的作用。只要统筹推进科技创新和产业创新，加强科技成果转化应用，实现传统产业转型升级，实现传统产业高端化、智能化、绿色化转型，传统产业就能够为新质生产力提供支撑，形成新的活力和增长点。对东部沿海等人力资源丰富、科研实力雄厚、产业体系完备的地区，无论是培育壮大新一代信息技术、新能源、新材料、等新兴产业，还是布局人形机器人、未来显示、未来网络等未来产业，都具有良好的发展基础。这些地区发展新质生产力要以战略性新兴产业、未来产业为主阵地。根据本地的资源禀赋、产业基础、科研条件等，善于创新性保护开发利用本地资源，有选择地推动新产业、新模式、新动能发展。紧扣科技创新的核心要素，在固长板、补短板、锻新板上狠下功夫，探索出发挥本地优势、展现本地特长的新路子。要顺应产业结构转型升级大趋势，以实体经济为支撑的新质生产力已经在实践中形成并展示出对高质量发展的强劲推动力、支撑力。

高水平开放营造良好国际环境。我国坚持以改革开放作为民族复兴和实现现代化的基本国策，不仅开启了高速增长的工业化进程，取得举世瞩目的现代化建设成就，而且极大地改变了世界经济版图，彰显了中国在经济全球化进程中的重要角色。要扩大高水平对外开放，为发展新质生产力营造良好国际环境。中国特色社会主义进入新时代以来，国内国际环境的深刻变化导致我国以往简单融入发达国家推动的经济全球化进程，通过跟随和模仿创新的发展战略和技术进步路径已经失效。传统开放模式已经难以适应中国式现

---

① 《因地制宜发展新质生产力》，《人民日报》2024年3月6日。

代化建设的现实需要。必须建设更高水平的开放体制机制，抓住以数字技术为代表的新一轮信息技术革命和产业革命的战略机遇，以开放和创新引领新质生产力发展。

2024年政府工作报告制定的十大任务中，"扩大高水平对外开放"也是其中之一。政府工作报告指出：扩大高水平对外开放应"主动对接高标准国际经贸规则，稳步扩大制度型开放，培育国际经济合作和竞争新优势"。这说明我国对外开放已进入全新阶段，开放形式、深度发生根本转变。2024年政府工作报告中还提出要"营造市场化、法治化、国际化一流营商环境"，重点在"落实好外资企业国民待遇"，"保障平等参与政府采购、招标投标、标准制定等经济活动"，"推动解决数据跨境流动"等实际问题，为生产要素内外流动提供便利，为外商投资提供更好服务保障，优化企业竞争环境，进一步提升投资新引力和增长潜力，为发展新质生产力提供机遇和保障。

总之，中国式现代化是中国共产党和中国人民长期实践探索的成果，是一项伟大而艰巨的事业，符合中国实际、反映中国人民意愿、适应时代发展要求，既体现社会主义建设规律，也体现人类社会发展规律。

奋进新时代，迈上新征程，推进中国式现代化，要坚持党的基本理论、基本路线、基本方略不动摇，坚定道路自信、理论自信、制度自信、文化自信，坚持独立自主、自力更生，坚持道不变、志不改，坚定不移走好自己的路，牢牢把握新时代新征程党的中心任务，牢牢把握中国式现代化的科学内涵和本质要求，牢牢把握高质量发展这个首要任务，以中国式现代化全面推进中华民族伟大复兴。

附录　党的二十大以来中国式现代化大事记

（2022年10月—2024年4月）

2022年

10月16日　党的二十大胜利召开，习近平总书记作大会报告《高举中国特色社会主义伟大旗帜　为全面建设社会主义现代化国家而团结奋斗》。大会指出，中国式现代化，是中国共产党领导的社会主义现代化，既有各国现代化的共同特征，更有基于自己国情的中国特色。中国式现代化是人口规模巨大的现代化、全体人民共同富裕的现代化、物质文明和精神文明相协调的现代化、人与自然和谐共生的现代化、走和平发展道路的现代化。中国式现代化的本质要求是：坚持中国共产党领导，坚持中国特色社会主义，实现高质量发展，发展全过程人民民主，丰富人民精神世界，实现全体人民共同富裕，促进人与自然和谐共生，推动构建人类命运共同体，创造人类文明新形态。全面建成社会主义现代化强国，总的战略安排是分两步走：从2020年到2035年基本实现社会主义现代化；从2035年到本世纪中叶把我国建成富强民主文明和谐美丽的社会主义现代化强国。到2035年，我国发展的总体目标是：经济实力、科技实力、综合国力大幅跃升，人均国内生产总值迈上新的大台阶，达到中等发达国家水平；实现高水平科技自立自强，进入创新型国家前列；建成现代化经济体系，形成新发展格局，基本实现新型工业化、信息化、城镇化、农业现代化；基本实现国家治理体系和治理能力现代化，全过程人民民主制度更加健全，基本建成法治国家、法治政府、法治社会；建成教育强国、科技强国、人才强国、文化强国、体育强国、健康中国，国家文化软实力显著增强；人民生活更加幸福美好，居民人均可支配收入再上新台阶，中等收入群体比重明显提高，基本公共服务实现均等化，农村基本具备现代生活条件，社会保持长期稳定，人的全面发展、全体人民共同富裕取得更为明显的实质性进展；广泛形成绿色生产生活方式，碳排放达峰后稳中有降，生态环境根本好转，美丽中国目标基本实现；国家安全体系和能力全面加强，基本实现国防和军队现代化。在基本实现现代化的基础上，我们要继续奋斗，到本世纪中叶，把我国建设成为综合国力和国际影响力领先的社会主义现代化强国。

未来五年是全面建设社会主义现代化国家开局起步的关键时期，主要目标任务是：经济高质量发展取得新突破，科技自立自强能力显著提升，构建新发展格局和建设现代化经济体系取得重大进展；改革开放迈出新步伐，国家治理体系和治理能力现代化深入推进，社会主义市场经济体制更加完善，更高水平开放型经济新体制基本形成；全过程人民民主制度化、规范化、程序化水平进一步提高，中国特色社会主义法治体系更加完善；人民精神文化生活更加丰富，中华民族凝聚力和中华文化影响力不断增强；居民收入增长和经济增长基本同步，劳动报酬提高与劳动生产率提高基本同步，基本公共服务均等化水平明显提升，多层次社会保障体系更加健全；城乡人居环境明显改善，美丽中国建设成效显著；国家安全更为巩固，建军一百年奋斗目标如期实现，平安中国建设扎实推进；中国国际地位和影响进一步提高，在全球治理中发挥更大作用。

全面建设社会主义现代化国家，是一项伟大而艰巨的事业，前途光明，任重道远。当前，世界百年未有之大变局加速演进，新一轮科技革命和产业变革深入发展，国际力量对比深刻调整，我国发展面临新的战略机遇。同时，世纪疫情影响深远，逆全球化思潮抬头，单边主义、保护主义明显上升，世界经济复苏乏力，局部冲突和动荡频发，全球性问题加剧，世界进入新的动荡变革期。我国改革发展稳定面临不少深层次矛盾躲不开、绕不过，党的建设特别是党风廉政建设和反腐败斗争面临不少顽固性、多发性问题,来自外部的打压遏制随时可能升级。我国发展进入战略机遇和风险挑战并存、不确定难预料因素增多的时期,各种"黑天鹅""灰犀牛"事件随时可能发生。我们必须增强忧患意识,坚持底线思维,做到居安思危、未雨绸缪,准备经受风高浪急甚至惊涛骇浪的重大考验。前进道路上,必须牢牢把握以下重大原则。

——坚持和加强党的全面领导。坚决维护党中央权威和集中统一领导,把党的领导落实到党和国家事业各领域各方面各环节,使党始终成为风雨来袭时全体人民最可靠的主心骨,确保我国社会主义现代化建设正确方向,确保拥有团结奋斗的强大政治凝聚力、发展自信心,集聚起万众一心、共克时艰的磅礴力量。

——坚持中国特色社会主义道路。坚持以经济建设为中心,坚持四项基本原则,坚持改革开放,坚持独立自主、自力更生,坚持道不变、志不改,既不走封闭僵化的老路,也不走改旗易帜的邪路,坚持把国家和民族发展放在自己力量的基点上,坚持把中国发展进步的命运牢牢掌握在自己手中。

——坚持以人民为中心的发展思想。维护人民根本利益,增进民生福祉,不断实现发展为了人民、发展依靠人民、发展成果由人民共享,让现代化建设成果更多更公平惠及全体人民。

——坚持深化改革开放。深入推进改革创新,坚定不移扩大开放,着力破解深层次体制机制障碍,不断彰显中国特色社会主义制度优势,不断增强社会主义现代化建设的动力和活力,把我国制度优势更好转化为国家治理效能。

——坚持发扬斗争精神。增强全党全国各族人民的志气、骨气、底气,不信邪、不怕鬼、不怕压,知难而进、迎难而上,统筹发展和安全,全力战胜前进道路上各种困难和挑战,依靠顽强斗争打开事业发展新天地。

10月25日 二十届中共中央政治局召开会议,习近平总书记主持会议。会议研究部署学习宣传贯彻党的二十大精神,审议《中共中央政治局关于加强和维护党中央集中统一领导的若干规定》《中共中央政治局贯彻落实中央八项规定实施细则》。会议指出,学习宣传贯彻党的二十大精神是当前和今后一个时期全党全国的首要政治任务。要引导广大干部群众原原本本学习研读党的二十大报告和党章,认真领悟党的二十大提出的新思想新论断、作出的新部署新要求。要紧密联系党的百年奋斗历程特别是党的十八大以来新时代十年的伟大变革,深刻领悟"两个确立"的决定性意义,加深对习近平新时代中国特色社会主义思想、马克思主义中国化时代化、中国式现代化等重大问题的认识,深刻理解党的二十大对全面建设社会主义现代化国家作出的战略部署,切实把思想和行动统一到党中央精神上来。要把好基调、把好导向,组织开展内容丰富、形式多样的宣传教育活动,切实增强感召力、凝聚力、影响力,努力营造奋进新征程的良好社会氛围。中央宣讲团要发挥好示范作用,各地区各部门要抽调骨干力量组建宣讲队伍,组织好面向基层的宣讲,紧密联系广大干部群众思想实际和工作实际开展宣讲,让人民群众听得懂、能领会、可落实,推动党的二十大精神走进基层、走进群众。

10月25日 二十届中共中央政治局就学习贯彻党的二十大精神进行第一次集体学习,习近平总书记在主持学习时强调,党的二十大在政治上、理论上、实践上取得了一系列重大成果,就新时代新征程党和国家事业发展制定了大政方针和战略部署,是我们党团结带领人民全面建设社会主义现代化国家、全面推进中华民族伟大复兴的政治宣言和行动纲领。全党要在全面学习、全面把握、全面落实上下功夫,坚定不移把党的二十大提出的目标任务落到实处,奋力夺取全面建设社会主义现代化国家新胜利。他指出,要全面把握中国式现代化的中国特色、本质要求和必须牢牢把握的重大原则,深刻理解中国式现代化理论和全面建设社会主义现代化国家战略布局的关系,认识到前者是后者的理论支撑,从而深刻理解全面建设社会主义现代化国家战略布局的科学性和必然性。要全面把握党的二十大作出的各项战略部署,紧密联系我国发展面临的新的战略机遇、新的战略任务、新的战略阶段、新的战略要求、新的战略环境,深刻认识实现全面建设社会主义现代化国家各项目标任务的艰巨性和复杂性,增强贯彻落实的自觉性和坚定性。

10月29日 《人民日报》报道,习近平总书记近日在陕西省延安市、河南省安阳市考察时强调，全面建设社会主义现代化国家，最艰巨最繁重的任务仍然在农村。要全面学习贯彻党的二十大精神，坚持农业农村优先发展，发扬延安精神和红旗渠精神，巩固拓展脱贫攻坚成果，全面推进乡村振兴，为实现农业农村现代化而不懈奋斗。

11月5日 国家主席习近平以视频方式出席在武汉举行的《湿地公约》第十四届缔约方大会开幕式并发表题为《珍爱湿地 守护未来 推进湿地保护全球行动》的致辞，指出中国湿地保护取得了历史性成就，构建了保护制度体系，出台了《湿地保护法》。中国将建设人与自然和谐共生的现代化，推进湿地保护事业高质量发展。中国制定了《国家公园空间布局方案》，将陆续设立一批国家公园，把约1100万公顷湿地纳入国家公园体系，实施全国湿地保护规划和湿地保护重大工程。中国将推动国际交流合作，在深圳建立"国际红树林中心"，支持举办全球滨海论坛会议。让我们共同努力，谱写全球湿地保护新篇章。

11月15日 二十国集团领导人第十七次峰会在印度尼西亚巴厘岛举行，国家主席习近平出席并发表题为《共迎时代挑战 共建美好未来》的重要讲话。讲话指出，我们要推动更加包容的全球发展。团结就是力量，分裂没有出路。我们生活在同一个地球村，面对各种风险挑战，应该同舟共济。以意识形态划线，搞集团政治和阵营对抗，只会割裂世界，阻碍全球发展和人类进步。人类文明已经进入21世纪，冷战思维早已过时。我们应该携手努力，开辟合作共赢的新境界。各国应该相互尊重，求同存异，和平共处，推动建设开放型世界经济，不应该以邻为壑，构筑"小院高墙"，搞封闭排他的"小圈子"。二十国集团要坚守团结合作初心，传承同舟共济精神，坚持协商一致原则。分裂对抗不符合任何一方利益，团结共生才是正确选择。我们要推动更加普惠的全球发展。各国共同发展才是真发展。世界繁荣稳定不可能建立在贫者愈贫、富者愈富的基础之上。每个国家都想过上好日子，现代化不是哪个国家的特权。走在前面的国家应该真心帮助其他国家发展，提供更多全球公共产品。大国要有大国的担当，都应为全球发展事业尽心出力。中方提出全球发展倡议，创设全球发展和南南合作基金，将加大对中国—联合国和平与发展基金投入，同 100 多个国家和国际组织推进这一倡议，为落实联合国 2030 年可持续发展议程提供新助力。我们要推动更有韧性的全球发展。经济全球化遭遇逆风，世界经济面临衰退风险，大家日子都不好过，发展中国家首当其冲。我们要比以往任何时候都更加重视发展问题。要建设全球经济复苏伙伴关系，坚持发展优先、以人民为中心，始终想着发展中国家的难处，照顾发展中国家关切。中方支持非洲联盟加入二十国集团。各方要继续深化抗疫国际合作，遏制全球通胀，化解系统性经济金融风险，特别是发达经济体要减少货币政策调整的负面外溢效应。国际金融机构和商业债权人作为发展中国家的主要债权方，应该参与对发展中国家减缓债行动。中方全面落实二十国集团缓债倡议，缓债总额在二十国集团成员中最大，为有关发展中国家渡过难关提供了支持。我们要继续维护以世界贸易组织为核心的多边贸易体制，积极推动世界贸易组织改革，推进贸易和投资自由化便利化。中方提出了数字创新合作行动计划，期待同各方一道营造开放、公平、非歧视的数字经济发展环境，缩小南北国家间数字鸿沟。应对气候变化挑战、向绿色低碳发展转型，必须本着共同但有区别的责任原则，在资金、技术、能力建设等方面为发展中国家提供支持。要坚持对腐败零容忍，加强追逃追赃国际合作。

11 月 16 日 习近平总书记在第 22 期《求是》杂志发表重要文章《在二十届中央政治局常委同中外记者见面时的讲话》。文章强调，经过全党全国各族人民共同努力，我们如期全面建成小康社会、实现了第一个百年奋斗目标。现在，我们正意气风发迈上全面建设社会主义现代化国家新征程，向第二个百年奋斗目标进军，以中国式现代化全面推进中华民族伟大复兴。文章指出，新征程上，我们要始终保持昂扬奋进的精神状态。全面建设社会主义现代化国家寄托着中华民族的夙愿和期盼，凝结着中国人民的奋斗和汗水。中国式现代化是中国共产党和中国人民长期实践探索的成果，是一项伟大而艰巨的事业。

12 月 23 日至 24 日 中央农村工作会议在北京举行，习近平总书记发表重要讲话强调，全面推进乡村振兴、加快建设农业强国，是党中央着眼全面建成社会主义现代化强国作出的战略部署。强国必先强农，农强方能国强。

没有农业强国就没有整个现代化强国；没有农业农村现代化，社会主义现代化就是不全面的。要铆足干劲，抓好以乡村振兴为重心的"三农"各项工作，大力推进农业农村现代化，为加快建设农业强国而努力奋斗。

2023 年

1月1日 第1期《求是》杂志发表习近平总书记在党的二十届一中全会上的重要讲话《为实现党的二十大确定的目标任务而团结奋斗》。讲话指出，党的二十大是在全党全国各族人民迈上全面建设社会主义现代化国家新征程、向第二个百年奋斗目标进军的关键时刻召开的一次十分重要的大会，是一次高举旗帜、凝聚力量、团结奋进的大会，为新时代新征程党和国家事业发展、实现第二个百年奋斗目标指明了前进方向、确立了行动指南。

1月8日 新华社电，习近平总书记近日对政法工作作出重要指示强调，政法工作是党和国家工作的重要组成部分。要全面贯彻落实党的二十大精神，坚持党对政法工作的绝对领导，提高政治站位和政治判断力、政治领悟力、政治执行力，坚持以人民为中心，坚持中国特色社会主义法治道路，坚持改革创新，坚持发扬斗争精神，奋力推进政法工作现代化，全力履行维护国家政治安全、确保社会大局稳定、促进社会公平正义、保障人民安居乐业的职责使命，为全面建设社会主义现代化国家、全面推进中华民族伟大复兴贡献力量。各级党委要加强对政法工作的领导，为推进政法工作现代化提供有力保障。

1月9日 习近平总书记在中国共产党第二十届中央纪律检查委员会第二次全体会议上发表重要讲话，指出健全党统一领导、全面覆盖、权威高效的监督体系，是实现国家治理体系和治理能力现代化的重要标志。

1月16日 习近平总书记在第2期《求是》杂志发表重要文章《在二十届中央政治局第一次集体学习时的讲话》。文章指出，要全面把握新时代中国特色社会主义思想的世界观、方法论和贯穿其中的立场观点方法；全面把握新时代10年伟大变革的深刻内涵和重大意义；全面把握中国式现代化的中国特色、本质要求和必须牢牢把握的重大原则；全面把握党的二十大作出的各项战略部署。

2月7日 新进中央委员会的委员、候补委员和省部级主要领导干部学习贯彻习近平新时代中国特色社会主义思想和党的二十大精神研讨班在中央党校（国家行政学院）开班。习近平总书记在开班式上发表重要讲话强调，概括提出并深入阐述中国式现代化理论，是党的二十大的一个重大理论创新，是科学社会主义的最新重大成果。中国式现代化是我们党领导全国各族人民在长期探索和实践中历经千辛万苦、付出巨大代价取得的重大成果，我们必须倍加珍惜、始终坚持、不断拓展和深化。他强调，党的十八大以来，我们党在已有基础上继续前进，不断实现理论和实践上的创新突破，成功推进和拓展了中国式现代化。我们在认识上不断深化，创立了新时代中国特色社会主义思想，实现了马克思主义中国化时代化新的飞跃，为中国式现代化提供了根本遵循。我们进一步深化对中国式现代化的内涵和本质的认识，概括形成中国式现代化的中国特色、本质要求和重大原则，初步构建中国式现代化的理论体系，使中国式现代化更加清晰、更加科学、更加可感可行。我们在战略上不断完善，深入实施科教兴国战略、人才强国战略、乡村振兴战略等一系列重大战略，为中国式现代化提供坚实战略支撑。我们在实践上不断丰富，推进一系列变革性实践，实现一系列突破性进展，取得一系列标志性成果，推动党和国家事业取得历史性成就、发生历史性变革，特别是消除了绝对贫困问题，全面建成小康社会，为中国式现代化提供了更为完善的制度保证、更为坚实的物质基础、更为主动的精神力量。他指出，党的领导直接关系中国式现代化的根本方向、前途命运、最终成败。党的领导决定中国式现代化的根本性质，只有毫不动摇坚持党的领导，中国式现代化才能前景光明、繁荣兴盛；否则就会偏离航向、丧失灵魂，甚至犯颠覆性错误。党的领导确保中国式现代化锚定奋斗目标行稳致远，我们党的奋斗目标一以贯之，一代一代地接力推进，取得了举世瞩目、彪炳史册的辉煌业绩。党的领导激发建设中国式现代化的强劲动力，我们党勇于改革创新，不断破除各方面体制机制弊端，为中国式现代化注入不竭动力。党的领导凝聚建设中国式现代化的磅礴力量，我们党坚持党的群众路线，坚持以人民为中心的发展思想，发展全过程人民民主，充分激发全体人民的主人翁精神。他强调，一个国家走向现代化，既要遵循现代化一般规律，更要符合本国实际，具有本国特色。中国式现代化既有各国现代化的共同特征，更有基于自己国情的鲜明特色。党的二十大报告明确概括了中国式现代化是人口规模巨大的现代化、是全体人民共同富裕的现代化、是物质文明和精神文明相协调的现代化、是人与自然和谐共生的现代化、是走和平发展道路的现代化这 5 个方面的中国特色，深刻揭示了中国式现代化的科学内涵。这既是理论概括，也是实践要求，为全面建成社会主义现代化强国、实现中华民族伟大复兴指明了一条康庄大道。新中国成立特别是改革开放以来，我们用几十年时间走完西方发达国家几百年走过的工业化历程，创造了经济快速发展和社会长期稳定的奇迹，为中华民族伟大复兴开辟了广阔前景。实践证明，中国式现代化走得通、行得稳，是强国建设、民族复兴的唯一正确道路。他指出，中国式现代化，深深植根于中华优秀传统文化，体现科学社会主义的先进本质，借鉴吸收一切人类优秀文明成果，代表人类文明进步的发展方向，展现了不同于西方现代化模式的新图景，是一种全新的人类文明形态。中国式现代化，打破了"现代化＝西方化"的迷思，展现了现代化的另一幅图景，拓展了发展中国家走向现代化的路径选择，为人类对更好社会制度的探索提供了中国方案。中国式现代化蕴含的独特世界观、价值观、历史观、文明观、民主观、生态观等及其伟大实践，是对世界现代化理论和实践的重大创新。中国式现代化为广大发展中国家独立自主迈向现代化树立了典范，为其提供了全新选择。他强调，推进中国式现代化是一个系统工程，需要统筹兼顾、系统谋划、整体推进，正确处理好顶层设计与实践探索、战略与策略、守正与创新、效率与公平、活力与秩序、自立自强与对外开放等一系列重大关系。进行顶层设计，需要深刻洞察世界发展大势，准确把握人民群众的共同愿望，深入探索经济社会发展规律，使制定的规划和政策体系体现时代性、把握规律性、富于创造性，做到远近结合、上下贯通、内容协调。推进中国式现代化是一个探索性事业，还有许多未知领域，需要我们在实践中去大胆探索，通过改革创新来推动事业发展，决不能刻舟求剑、守株待兔。要增强战略的前瞻性，准确把握事物发展的必然趋势，敏锐洞悉前进道路上可能出现的机遇和挑战，以科学的战略预见未来、引领未来。要增强战略的全局性，谋划战略目标、制定战略举措、作出战略部署，都要着眼于解决事关党和国家事业兴衰成败、牵一发而动全身的重大问题。要增强战略的稳定性，战略一经形成，就要长期坚持、一抓到底、善作善成，不要随意改变。要把战略的原则性和策略的灵活性有机结合起来，灵活机动、随机应变、临机决断，在因地制宜、因势而动、顺势而为中把握战略主动。要守好中国式现代化的本和源、根和魂，毫不动摇坚持中国式现代化的中国特色、本质要求、重大原则，确保中国式现代化的正确方向。要把创新摆在国家发展全局的突出位置，顺应时代发展要求，着眼于解决重大理论和实践问题，积极识变应变求变，大力推进改革创新，不断塑造发展新动能新优势，充分激发全社会创造活力。既要创造比资本主义更高的效率，又要更有效地维护社会公平，更好实现效率与公平相兼顾、相促进、相统一。要统筹发展和安全，贯彻总体国家安全观，健全国家安全体系，增强维护国家安全能力，坚定维护国家政权安全、制度安全、意识形态安全和重点领域安全。要坚持独立自主、自立自强，坚持把国家和民族发展放在自己力量的基点上，坚持把我国发展进步的命运牢牢掌握在自己手中。要不断扩大高水平对外开放，深度参与全球产业分工和合作，用好国内国际两种资源，拓展中国式现代化的发展空间。他指出，推进中国式现代化，是一项前无古人的开创性事业，必然会遇到各种可以预料和难以预料的风险挑战、艰难险阻甚至惊涛骇浪，必须增强忧患意识，坚持底线思维，居安思危、未雨绸缪，敢于斗争、善于斗争，通过顽强斗争打开事业发展新天地。要保持战略清醒，对各种风险挑战做到胸中有数；保持战略自信，增强斗争的底气；保持战略主动，增强斗争本领。要加强能力提升，让领导干部特别是年轻干部经受严格的思想淬炼、政治历练、实践锻炼、专业训练，在复杂严峻的斗争中经风雨、见世面、壮筋骨、长才干。注重在严峻复杂斗争中考察识别干部，为敢于善于斗争、敢于担当作为、敢抓善管不怕得罪人的干部撑腰鼓劲，看准的就要大胆使用。

2月16日 第4期《求是》杂志发表习近平总书记2022年12月15日

在中央经济工作会议上重要讲话的一部分《当前经济工作的几个重大问题》。文章指出，要加快建设现代化产业体系。我们要练好内功、站稳脚跟。我国有世界最完整的产业体系和潜力最大的内需市场，要切实提升产业链供应链韧性和安全水平，抓紧补短板、锻长板。一是确保国民经济循环畅通。我国经济必须确保国家安全，确保基本民生，确保基础设施、基础产业总体正常运转。二是加快实现产业体系升级发展。要在重点领域提前布局，全面提升产业体系现代化水平，既巩固传统优势产业领先地位，又创造新的竞争优势。

2月26日至28日 中国共产党第二十届中央委员会第二次全体会议在北京举行。全会认为，党的十八大以来，以习近平同志为核心的党中央把深化党和国家机构改革作为推进国家治理体系和治理能力现代化的一项重要任务，按照坚持党的全面领导、坚持以人民为中心、坚持优化协同高效、坚持全面依法治国的原则，深化党和国家机构改革，党和国家机构职能实现系统性、整体性重构，为党和国家事业取得历史性成就、发生历史性变革提供了有力保障，也为继续深化党和国家机构改革积累了宝贵经验。全会指出，党的二十大对深化机构改革作出重要部署，对于全面建设社会主义现代化国家、全面推进中华民族伟大复兴意义重大而深远。必须以习近平新时代中国特色社会主义思想为指导，以加强党中央集中统一领导为统领，以推进国家治理体系和治理能力现代化为导向，坚持稳中求进工作总基调，适应统筹推进"五位一体"总体布局、协调推进"四个全面"战略布局的要求，适应构建新发展格局、推动高质量发展的需要，坚持问题导向，统筹党中央机构、全国人大机构、国务院机构、全国政协机构，统筹中央和地方，深化重点领域机构改革，推动党对社会主义现代化建设的领导在机构设置上更加科学、在职能配置上更加优化、在体制机制上更加完善、在运行管理上更加高效。

3月5日 中共中央总书记、国家主席、中央军委主席习近平在参加十四届全国人大一次会议江苏代表团审议时强调，高质量发展是全面建设社会主义现代化国家的首要任务。必须完整、准确、全面贯彻新发展理念，始终以创新、协调、绿色、开放、共享的内在统一来把握发展、衡量发展、推动发展；必须更好统筹质的有效提升和量的合理增长，始终坚持质量第一、效益优先，大力增强质量意识，视质量为生命，以高质量为追求；必须坚定不移深化改革开放、深入转变发展方式，以效率变革、动力变革促进质量变革，加快形成可持续的高质量发展体制机制；必须以满足人民日益增长的美好生活需要为出发点和落脚点，把发展成果不断转化为生活品质，不断增强人民群众的获得感、幸福感、安全感。

3月6日 中共中央总书记、国家主席、中央军委主席习近平看望了参加全国政协十四届一次会议的民建、工商联界委员，并参加联组会，听取意见和建议，指出中国式现代化是全体人民共同富裕的现代化。无论是国有企业还是民营企业，都是促进共同富裕的重要力量，都必须担负促进共同富裕的社会责任。民营企业家要增强家国情怀，自觉践行以人民为中心的发展思想，增强先富带后富、促进共同富裕的责任感和使命感。民营企业要在企业内部积极构建和谐劳动关系，推动构建全体员工利益共同体，让企业发展成果更公平惠及全体员工。民营企业和民营企业家要筑牢依法合规经营底线，弘扬优秀企业家精神，做爱国敬业、守法经营、创业创新、回报社会的典范。要继承和弘扬中华民族传统美德，积极参与和兴办社会公益慈善事业，做到富而有责、富而有义、富而有爱。

3月8日 中共中央总书记、国家主席、中央军委主席习近平在出席十四届全国人大一次会议解放军和武警部队代表团全体会议时强调，巩固提高一体化国家战略体系和能力，是党中央把握强国强军面临的新形势新任务新要求，着眼于更好统筹发展和安全、更好统筹经济建设和国防建设作出的战略部署。贯彻落实好这一部署，对全面建设社会主义现代化国家、全面推进中华民族伟大复兴，对实现建军一百年奋斗目标、加快把我军建成世界一流军队，都具有十分重要的意义。要统一思想认识，强化使命担当，狠抓工作落实，努力开创一体化国家战略体系和能力建设新局面。

3月13日 国家主席习近平在第十四届全国人民代表大会第一次会议上发表重要讲话，指出从现在起到本世纪中叶，全面建成社会主义现代化强国、全面推进中华民族伟大复兴，是全党全国人民的中心任务。强国建设、民族复兴的接力棒，历史地落在我们这一代人身上。我们要按照党的二十大的战略部署，坚持统筹推进"五位一体"总体布局、协调推进"四个全面"战略布局，加快推进中国式现代化建设，团结奋斗，开拓创新，在新征程上作出无负时代、无负历史、无负人民的业绩，为推进强国建设、民族复兴作出我们这一代人的应有贡献！

3月15日 中共中央总书记、国家主席习近平在北京出席中国共产党与世界政党高层对话会，并发表题为《携手同行现代化之路》的主旨讲话。他强调，面对一系列现代化之问，政党作为引领和推动现代化进程的重要力量，有责任作出回答。中国共产党将始终把自身命运同各国人民的命运紧紧联系在一起，努力以中国式现代化新成就为世界发展提供新机遇，为人类对现代化道路的探索提供新助力，为人类社会现代化理论和实践创新作出新贡献。中国共产党与世界政党高层对话会以"现代化道路：政党的责任"为主题，来自150多个国家的500多个政党和政治组织的领导人出席会议。

3月16日 习近平总书记在第6期《求是》杂志发表重要文章《加快建设农业强国 推进农业农村现代化》。文章指出，要锚定建设农业强国目标，切实抓好农业农村工作。全面推进乡村振兴，到2035年基本实现农业现代化，到本世纪中叶建成农业强国，是党中央着眼全面建成社会主义现代化强国作出的战略部署。强国必先强农，农强方能国强。没有农业强国就没有整个现代化强国；没有农业农村现代化，社会主义现代化就是不全面的。必须把加快建设农业强国摆上建设社会主义现代化强国的重要位置。建设农业强国，基本要求是实现农业现代化。我们要建设的农业强国、实现的农业现代化，既有国外一般现代化农业强国的共同特征，更有基于自己国情的中国特色。一是依靠自己力量端牢饭碗；二是依托双层经营体制发展农业；三是发展生态低碳农业；四是赓续农耕文明；五是扎实推进共同富裕。文章指出，要大力推进农村现代化建设。农村现代化是建设农业强国的内在要求和必要条件，建设宜居宜业和美乡村是农业强国的应有之义。要一体推进农业现代化和农村现代化，实现乡村由表及里、形神兼备的全面提升。要瞄准"农村基本具备现代生活条件"的目标，组织实施好乡村建设行动，让农民就地过上现代文明生活。要完善党组织领导的自治、法治、德治相结合的乡村治理体系，让农村既充满活力又稳定有序。推进农村现代化，不仅物质生活要富裕，精神生活也要富足，要加强农村精神文明建设。

3月30日 中共中央政治局就学习贯彻习近平新时代中国特色社会主义思想进行第四次集体学习。习近平总书记在主持学习时强调，要把党的创新理论运用到贯彻落实党的二十大提出的重大战略部署中去。要善于运用新时代中国特色社会主义思想观察时代、把握时代、引领时代，更好统筹中华民族伟大复兴战略全局和世界百年未有之大变局，深刻洞察时与势、危与机，积极识变应变求变。要善于运用这一思想推进中国式现代化取得新进展、新突破，强化政治领导，丰富战略支撑，拓展实践路径，破解发展难题，激发动力活力，使中国式现代化的中国特色更加鲜明、优势更加彰显、前景更加光明。要善于运用这一思想解决经济社会发展中的各种矛盾和问题，完整、准确、全面贯彻新发展理念，加快构建新发展格局，推动高质量发展，促进共同富裕。要善于运用这一思想防范化解重大风险，增强忧患意识，坚持底线思维，居安思危、未雨绸缪，时刻保持箭在弦上的备战姿态，下好先手棋，打好主动仗，对各种风险见之于未萌、化之于未发，坚决防范各种风险失控蔓延，坚决防范系统性风险。要善于运用这一思想深入推进全面从严治党，时刻保持解决大党独有难题的清醒和坚定，既注重解决好出现的新问题，又注重解决好存在的深层次问题，确保党永远不变质、不变色、不变味。

4月3日 习近平总书记在学习贯彻习近平新时代中国特色社会主义思想主题教育工作会议上发表重要讲话，指出我们党始终高度重视理论武装，每逢重大历史关头，都要用党的创新理论统一全党思想，每次党内集中教育也都坚持把理论学习作为首要任务并贯穿始终，为全党团结统一奠定坚实思想基础。他强调，要深刻认识开展这次主题教育的重大意义。第一，这是统一全党思想意志行动、始终保持党的强大凝聚力、战斗力的必然要求。思想上的统一是党的团结统一最深厚最持久最可靠的保证。我们这么大一个党，领导着这么大一个国家，肩负着带领全国各族人民实现国家强盛、民族复兴这个艰巨任务，全党必须统一思想、统一意志、统一行动。第二，这是推动全党积极担当作为、不断开创事业发展新局面的必然要求。我们党百年奋斗的伟大成就都是党团结带领全国各族人民拼出来、干出来的，要把党的二十大描绘的宏伟蓝图变成现实，仍然要靠拼、要靠干。第三，这是深入推进全面从严治党、以党的自我革命引领社会革命的必然要求。全面从严治党永远在路上，党的自我革命永远在路上，解决大党独有难题是一个长期而艰巨的过程，既需要常抓不懈，又需要集中发力，及时消除一切影响党的先进性纯洁性的因素，清除一切侵蚀党的肌体健康的病毒，确保党永远不变质、不变色、不变味。他指出，要全面准确把握主题教育的目标要求。这次主题教育的总要求是"学思想、强党性、重实践、建新功"。这四句话体现了我们党认识与实践相结合、理论与实际相联系、改造主观世界与改造客观世界相统一的一贯要求，是一个紧密联系、相互贯通、内在统一的整体。要把这一总要求贯穿这次主题教育全过程。开展这次主题教育，根本任务是坚持学思用贯通、知信行统一，把新时代中国特色社会主义思想转化为坚定理想、锤炼党性和指导实践、推动工作的强大力量，使全党始终保持统一的思想、坚定的意志、协调的行动、强大的战斗力，努力在以学铸魂、以学增智、以学正风、以学促干方面取得实实在在的成效。具体要达到以下目标，一是凝心铸魂筑牢根本，二是锤炼品格强化忠诚，三是实干担当促进发展，四是践行宗旨为民造福，五是廉洁奉公树立新风。这次主题教育不划阶段、不分环节，要把理论学习、调查研究、推动发展、检视整改等贯通起来，有机融合、一体推进。中央和国家机关各部门要带好头、作表率，示范带动主题教育走深走实。

4月3日 新华社电，中共中央文献编辑委员会编辑的《习近平著作选读》第一卷、第二卷开始在全国发行。《习近平著作选读》第一卷、第二卷，生动记录了以习近平同志为核心的党中央团结带领全党全国各族人民进行伟大斗争、建设伟大工程、推进伟大事业、实现伟大梦想，推动党和国家事业取得历史性成就、发生历史性变革，开创中国特色社会主义新时代的历史进程，科学总结了我们党领导人民如期全面建成小康社会，迈上全面建设社会主义现代化国家新征程，以中国式现代化推进中华民族伟大复兴的宝贵经验，集中反映了我们党坚持把马克思主义基本原理同中国具体实际相结合、同中华优秀传统文化相结合，推进马克思主义中国化时代化取得的重大理论创新成果，是全党全国各族人民深入学习贯彻习近平新时代中国特色社会主义思想的权威教材。

4月13日 习近平总书记听取广东省委和省政府工作汇报，指出粤港澳大湾区在全国新发展格局中具有重要战略地位。广东要认真贯彻党中央决策部署，把粤港澳大湾区建设作为广东深化改革开放的大机遇、大文章抓紧做实，摆在重中之重，以珠三角为主阵地，举全省之力办好这件大事，使粤港澳大湾区成为新发展格局的战略支点、高质量发展的示范地、中国式现代化的引领地。

4月16日 习近平总书记在第8期《求是》杂志发表重要文章《加快构建新发展格局 把握未来发展主动权》。文章强调，我国14亿多人口整体迈进现代化社会，规模超过现有发达国家人口的总和，其艰巨性和复杂性前所未有，必须把发展的主导权牢牢掌握在自己手中；我国是一个超大规模经济体，而超大规模经济体可以也必须内部可循环。事实充分证明，加快构建新发展格局，是立足实现第二个百年奋斗目标、统筹发展和安全作出的战略决策，是把握未来发展主动权的战略部署。我们只有加快构建新发展格局，才能夯实我国经济发展的根基、增强发展的安全性稳定性，才能在各种可以预见和难以预见的狂风暴雨、惊涛骇浪中增强我国的生存力、竞争力、发展力、持续力，确保中华民族伟大复兴进程不被迟滞甚至中断，胜利实现全面建成社会主义现代化强国目标。

4月21日 习近平总书记主持召开二十届中央全面深化改革委员会第一次会议并发表重要讲话。他强调，今年是全面贯彻党的二十大精神的开局之年，也是改革开放45周年和党的十八届三中全会召开10周年。实现新时代新征程的目标任务，要把全面深化改革作为推进中国式现代化的根本动力，作为稳大局、应变局、开新局的重要抓手，把准方向、守正创新、真抓实干，在新征程上谱写改革开放新篇章。会议审议通过了《关于强化企业科技创新主体地位的意见》《关于加强和改进国有经济管理有力支持中国式现代化建设的意见》《关于促进民营经济发展壮大的意见》和《中央全面深化改革委员会工作规则》《中央全面深化改革委员会专项小组工作规则》《中央全面深化改革委员会办公室工作细则》《中央全面深化改革委员会 2023 年工作要点》。

4 月 21 日 国家主席习近平向在上海"世界会客厅"举办的"中国式现代化与世界"蓝厅论坛致贺信，指出实现现代化是近代以来中国人民的不懈追求，也是世界各国人民的共同追求。一个国家走向现代化，既要遵循现代化的一般规律，更要符合本国实际、具有本国特色。中国共产党团结带领全国各族人民，经过长期艰辛探索找到了符合中国国情的发展道路，正在以中国式现代化全面推进强国建设、民族复兴。中方愿同各国一道，努力以中国式现代化新成就为世界发展提供新机遇，为人类探索现代化道路和更好社会制度提供新助力，推动构建人类命运共同体。

4 月 28 日 中共中央政治局召开会议，分析研究当前经济形势和经济工作。习近平总书记主持会议。会议指出，要加快建设以实体经济为支撑的现代化产业体系，既要逆势而上，在短板领域加快突破，也要顺势而为，在优势领域做大做强。要夯实科技自立自强根基，培育壮大新动能。要巩固和扩大新能源汽车发展优势，加快推进充电桩、储能等设施建设和配套电网改造。要重视通用人工智能发展，营造创新生态，重视防范风险。

4 月 30 日 新华社电，在五一国际劳动节到来之际，习近平总书记代表党中央，向全国广大劳动群众致以节日的祝贺和诚挚的慰问，希望广大劳动群众大力弘扬劳模精神、劳动精神、工匠精神，诚实劳动、勤勉工作，锐意创新、敢为人先，依靠劳动创造扎实推进中国式现代化，在强国建设、民族复兴的新征程上充分发挥主力军作用。

5 月 5 日 习近平总书记主持召开二十届中央财经委员会第一次会议，强调做好新一届中央财经委员会工作，研究加快建设现代化产业体系问题，研究以人口高质量发展支撑中国式现代化问题。会议强调，加快建设以实体经济为支撑的现代化产业体系，关系我们在未来发展和国际竞争中赢得战略主动。要把握人工智能等新科技革命浪潮，适应人与自然和谐共生的要求，保持并增强产业体系完备和配套能力强的优势，高效集聚全球创新要素，推进产业智能化、绿色化、融合化，建设具有完整性、先进性、安全性的现代化产业体系。要坚持以实体经济为重，防止脱实向虚；坚持稳中求进、循序渐进,不能贪大求洋;坚持三次产业融合发展,避免割裂对立;坚持推动传统产业转型升级,不能当成"低端产业"简单退出;坚持开放合作,不能闭门造车。会议指出,要着眼强国建设、民族复兴的战略安排,完善新时代人口发展战略,认识、适应、引领人口发展新常态,着力提高人口整体素质,努力保持适度生育水平和人口规模,加快塑造素质优良、总量充裕、结构优化、分布合理的现代化人力资源,以人口高质量发展支撑中国式现代化。要以系统观念统筹谋划人口问题,以改革创新推动人口高质量发展,把人口高质量发展同人民高品质生活紧密结合起来,促进人的全面发展和全体人民共同富裕。

5月11日至12日 习近平总书记在河北考察并主持召开深入推进京津冀协同发展座谈会,强调要坚定信心,保持定力,增强抓机遇、应挑战、化危机、育先机的能力,统筹发展和安全,以更加奋发有为的精神状态推进各项工作,推动京津冀协同发展不断迈上新台阶,努力使京津冀成为中国式现代化建设的先行区、示范区。

5月17日 习近平总书记在西安主持中国—中亚峰会前夕,指出陕西要实现追赶超越,必须在加强科技创新、建设现代化产业体系上取得新突破。他强调,全面建设社会主义现代化国家,扎实推进共同富裕,最艰巨最繁重的任务仍然在农村,必须逐步缩小城乡差距。

5月19日 国家主席习近平在陕西省西安市主持首届中国—中亚峰会,指出中国共产党第二十次全国代表大会明确了全面建成社会主义现代化强国、实现第二个百年奋斗目标、以中国式现代化全面推进中华民族伟大复兴的中心任务。我们愿同中亚国家加强现代化理念和实践交流,推进发展战略对接,为合作创造更多机遇,协力推动六国现代化进程。让我们携手并肩,团结奋斗,积极推进共同发展、共同富裕、共同繁荣,共同迎接六国更加美好的明天!

5月21日 国家主席习近平向康复国际百年庆典致贺信,强调中国对残疾人格外关心、格外关注,在中国式现代化进程中,将进一步完善残疾人社会保障制度和关爱服务体系,促进残疾人事业全面发展。中国愿同世界各国一道，共同推进国际残疾人事业交流与合作，不断增进人类健康福祉。

5月23日 习近平总书记回信勉励澳门科技大学师生，指出建设世界科技强国，推进中国式现代化，为澳门高校、澳门科技工作者提供了更为广阔的发展空间。希望继续传承爱国爱澳的优良传统，积极融入国家发展大局，积极参与粤港澳大湾区建设，助力澳门经济适度多元发展，为"一国两制"在澳门的成功实践作出新的贡献。

5月23日 习近平总书记主持召开二十届中央审计委员会第一次会议。会议强调，审计是党和国家监督体系的重要组成部分，是推动国家治理体系和治理能力现代化的重要力量。

5月23日 习近平总书记向"2023·中国西藏发展论坛"致贺信，强调在推进中国式现代化的新征程上，希望西藏完整、准确、全面贯彻新发展理念，加快推进高质量发展，努力建设团结富裕文明和谐美丽的社会主义现代化新西藏，让人民过上更加幸福美好的生活。

5月29日 中共中央政治局就建设教育强国进行第五次集体学习，习近平总书记在主持学习时强调，教育兴则国家兴，教育强则国家强。建设教育强国，是全面建成社会主义现代化强国的战略先导，是实现高水平科技自立自强的重要支撑，是促进全体人民共同富裕的有效途径，是以中国式现代化全面推进中华民族伟大复兴的基础工程。要全面贯彻党的教育方针，坚持以人民为中心发展教育，主动超前布局、有力应对变局、奋力开拓新局，加快推进教育现代化，以教育之力厚植人民幸福之本，以教育之强夯实国家富强之基，为全面推进中华民族伟大复兴提供有力支撑。

5月30日 习近平总书记主持召开二十届中央国家安全委员会第一次会议，在会上发表重要讲话强调，要全面贯彻党的二十大精神，深刻认识国家安全面临的复杂严峻形势，正确把握重大国家安全问题，加快推进国家安全体系和能力现代化，以新安全格局保障新发展格局，努力开创国家安全工作新局面。

6月1日 习近平总书记在第11期《求是》杂志发表重要文章《中国式现代化是中国共产党领导的社会主义现代化》，强调党的领导直接关系中国式现代化的根本方向、前途命运、最终成败。文章指出，党的领导决定中国式现代化的根本性质。党的性质宗旨、初心使命、信仰信念、政策主张决定了中国式现代化是社会主义现代化，而不是别的什么现代化。我们党始终高举中国特色社会主义伟大旗帜，坚定不移地走中国特色社会主义道路，确保中国式现代化在正确的轨道上顺利推进。我们党坚持把马克思主义作为根本指导思想，不断开辟马克思主义中国化时代化新境界，为中国式现代化提供科学指引。我们党坚持和完善中国特色社会主义制度，为中国式现代化稳步前行提供坚强制度保证。我们党坚持和发展中国特色社会主义文化，为中国式现代化提供强大精神力量。只有毫不动摇坚持党的领导，中国式现代化才能前景光明、繁荣兴盛；否则，中国式现代化就会偏离航向、丧失灵魂，甚至犯颠覆性错误。

6月2日 习近平总书记在北京出席文化传承发展座谈会并发表重要讲话。讲话强调，在五千多年中华文明深厚基础上开辟和发展中国特色社会主义，把马克思主义基本原理同中国具体实际、同中华优秀传统文化相结合是必由之路。这是我们在探索中国特色社会主义道路中得出的规律性的认识，是我们取得成功的最大法宝。第一，"结合"的前提是彼此契合。马克思主义和中华优秀传统文化来源不同，但彼此存在高度的契合性。相互契合才能有机结合。第二，"结合"的结果是互相成就，造就了一个有机统一的新的文化生命体，让马克思主义成为中国的，中华优秀传统文化成为现代的，让经由"结合"而形成的新文化成为中国式现代化的文化形态。第三，"结合"筑牢了道路根基，让中国特色社会主义道路有了更加宏阔深远的历史纵深，拓展了中国特色社会主义道路的文化根基。中国式现代化赋予中华文明以现代力量，中华文明赋予中国式现代化以深厚底蕴。第四，"结合"打开了创新空间，让我们掌握了思想和文化主动，并有力地作用于道路、理论和制度。更重要的是，"第二个结合"是又一次的思想解放，让我们能够在更广阔的文化空间中，充分运用中华优秀传统文化的宝贵资源，探索面向未来的理论和制度创新。第五，"结合"巩固了文化主体性，创立新时代中国特色社会主义思想就是这一文化主体性的最有力体现。"第二个结合"，是我们党对马克思主义中国化时代化历史经验的深刻总结，是对中华文明发展规律的深刻把握，表明我们党对中国道路、理论、制度的认识达到了新高度，表明我们党的历史自信、文化自信达到了新高度，表明我们党在传承中华优秀传统文化中推进文化创新的自觉性达到了新高度。

6月8日 新华社电，习近平总书记近日在内蒙古考察时强调，要牢牢把握党中央对内蒙古的战略定位，完整、准确、全面贯彻新发展理念，紧紧围绕推进高质量发展这个首要任务，以铸牢中华民族共同体意识为主线，坚持发展和安全并重，坚持以生态优先、绿色发展为导向，积极融入和服务构建新发展格局，在建设"两个屏障""两个基地""一个桥头堡"上展现新作为，奋力书写中国式现代化内蒙古新篇章。

6月8日 习近平总书记听取内蒙古自治区党委和政府工作汇报，强调要加快优化产业结构，积极发展优势特色产业。内蒙古是国家重要能源和战略资源基地、农畜产品生产基地和我国向北开放的重要桥头堡，优化产业结构必须立足这些禀赋特点和战略定位，大力发展优势特色产业，积极探索资源型地区转型发展新路径，加快构建体现内蒙古特色优势的现代化产业体系。

6月14日 国家主席习近平向全球人权治理高端论坛致贺信。贺信指出，当前，人类又一次站在历史的十字路口，全球人权治理面临严峻挑战。我们主张以安全守护人权，尊重各国主权和领土完整，同走和平发展道路，践行全球安全倡议，为实现人权创造安宁的环境；以发展促进人权，践行全球发展倡议，提高发展的包容性、普惠性和可持续性，以各具特色的现代化之路保障各国人民公平享有人权；以合作推进人权，相互尊重，平等相待，践行全球文明倡议，加强文明交流互鉴，通过对话凝聚共识，共同推动人权文明发展进步。贺信强调，中国坚持人民至上，坚持走顺应时代潮流、适合本国国情的人权发展道路，在推进中国式现代化的进程中不断提升人权保障水平，促进人的自由全面发展。中国愿同国际社会一道，践行《维也纳宣言和行动纲领》精神，推动全球人权治理朝着更加公平公正合理包容的方向发展，推动构建人类命运共同体，共建更加美好的世界。

6月16日 国家主席习近平在北京会见美国比尔及梅琳达·盖茨基金会

联席主席比尔·盖茨,强调中国致力于以中国式现代化全面推进中华民族伟大复兴,我们决不走国强必霸的老路,而是同其他国家一道实现共同发展,推动构建人类命运共同体。中方愿同世界各国开展广泛科技创新合作,积极参与并推动应对气候变化、抗击疫情、公共卫生等全球性挑战。

6月17日 习近平总书记向第十五届海峡论坛致贺信,强调中国式现代化新征程前景光明,国家好,民族好,两岸同胞才会好。我们将一如既往尊重、关爱、造福台湾同胞,持续促进两岸经济文化交流合作,深化两岸各领域融合发展,共同弘扬中华文化,促进两岸同胞心灵契合。希望两岸同胞共同把握历史大势,坚守民族大义,为推动两岸关系和平发展、推进祖国统一大业作出贡献,共创中华民族绵长福祉,共享民族复兴伟大荣光!

6月26日 习近平总书记在中南海同团中央新一届领导班子成员集体谈话并发表重要讲话。他强调,共青团要坚持围绕中心、服务大局,主动对接国家重大战略和重大任务,组织动员广大青年立足本职岗位,积极投身中国式现代化建设,在科技创新、乡村振兴、绿色发展、社会服务、卫国戍边等各领域各方面工作中争当排头兵和生力军,展现青春的朝气锐气。

6月28日 第十四届全国人民代表大会常务委员会第三次会议通过《中华人民共和国对外关系法》。

6月29日 新华社电,习近平总书记近日对党的建设和组织工作作出重要指示指出,全面建设社会主义现代化国家,全面推进中华民族伟大复兴,关键在党,关键在人。党的十八大以来,党中央坚持和加强党的全面领导,坚持党要管党、全面从严治党,提出并实施一系列新理念新思想新战略,开辟了百年大党自我革命新境界。

6月30日 中共中央政治局就开辟马克思主义中国化时代化新境界进行第六次集体学习。习近平总书记在主持学习时强调,要牢固树立大历史观,以更宽广的视野、更长远的眼光把握世界历史的发展脉络和正确走向,认清我国社会发展、人类社会发展的大逻辑大趋势,把握中国式现代化的历史沿革和实践要求,在新一轮科技变革、全球经济发展大格局和我国发展的阶段性特征中深化对推动高质量发展、构建新发展格局的规律性认识,在世界马克思主义政党命运比较和我们党长期执政面临的现实考验中深化对党的自我革命战略思想的规律性认识，全面系统地提出解决现实问题的科学理念、有效对策，让当代中国马克思主义、21世纪马克思主义展现出更为强大、更有说服力的真理力量。

6月30日 中共中央政治局召开会议，审议《关于支持高标准高质量建设雄安新区若干政策措施的意见》。习近平总书记主持会议。会议强调，要结合雄安新区现阶段的实际需要，紧紧围绕疏解人员利益关切，有针对性地采取支持措施。要坚持稳步有序、量力而行，持续推进标志性疏解项目在雄安新区落地建设，积极探索和遵循城市建设发展规律，强化节约集约、绿色低碳，合理把握建设规模和节奏，创造"雄安质量"。要坚持探索创新、先行先试，处理好当前和长远、政府和市场等关系，有针对性地推动相关领域改革创新举措在雄安新区落地实施，优化营商环境，加强科技创新，发展高端高新产业，不断增强雄安新区自身建设发展能力。要聚焦城市治理架构、公共服务制度等，加强雄安新区未来城市建设运营管理体制的前瞻设计，积极探索具有中国特色的现代化城市治理新模式。

6月30日 习近平总书记在第13期《求是》杂志发表重要文章《努力成长为对党和人民忠诚可靠、堪当时代重任的栋梁之才》。文章指出，党的十八大以来，我们之所以能够在加强党的全面领导、全面建成小康社会、打赢脱贫攻坚战、加强科技攻关、把握宣传思想文化主导权、保障和改善民生、有效开展疫情防控、加强生态环境治理、推进重大改革、加快国防和军队现代化建设、推动香港由乱转治、推动反腐败斗争取得压倒性胜利并全面巩固等方面取得突出成绩，关键就在于以钉钉子精神抓部署、抓落实、抓督查，不获全胜决不收兵。

7月3日 国家主席习近平向主题为"落实全球文明倡议，携手绘就现代化新图景"的第三届文明交流互鉴对话会暨首届世界汉学家大会致贺信。贺信指出，在人类历史的漫长进程中，世界各民族创造了具有自身特点和标识的文明。不同文明之间平等交流、互学互鉴，将为人类破解时代难题、实现共同发展提供强大的精神指引。贺信强调，中方愿同各方一道，弘扬和平、发展、公平、正义、民主、自由的全人类共同价值，落实全球文明倡议，以文明交流超越文明隔阂、文明互鉴超越文明冲突、文明包容超越文明优越，携手促进人类文明进步。希望各国汉学家作为融通中外文明的使者，为沟通中外文化、增进理解友谊合作作出更加积极的努力。

7月3日 习近平总书记在二十届中央机构编制委员会第一次会议上发表重要讲话，指出坚持把健全与中国式现代化相适应的机构职能体系和体制机制作为新时代机构编制工作的中心任务。在推进中国式现代化的伟大进程中，要紧紧围绕解决制约构建新发展格局、推动高质量发展的卡点瓶颈和短板弱项，围绕推进共同富裕、增进民生福祉等一系列重大问题，从持续健全党对重大工作领导的体制机制、加强党政机构科学设置和职能优化配置、提高部门履职尽责能力、更好发挥中央和地方两个积极性等方面，研究提出完善机构职能体系、破解深层次体制机制障碍的办法措施，不断彰显中国特色社会主义制度优势，不断增强中国式现代化建设的动力和活力。

7月4日 国家主席习近平在上海合作组织成员国元首理事会第二十三次会议上发表重要讲话《牢记初心使命坚持团结协作实现更大发展》。讲话指出，当前，中国人民正在中国共产党领导下推进中国式现代化建设。中国式现代化主要特征是人口规模巨大、全体人民共同富裕、物质文明和精神文明相协调、人与自然和谐共生、走和平发展道路，创造了人类文明新形态。我们愿以中国式现代化新成就，为包括上海合作组织国家在内的世界各国提供新的发展机遇，推动建设更加美好的世界。

7月5日至7日 习近平总书记在江苏考察时强调，江苏拥有产业基础坚实、科教资源丰富、营商环境优良、市场规模巨大等优势，有能力也有责任在推进中国式现代化中走在前、做示范。要完整准确全面贯彻新发展理念，继续在改革创新、推动高质量发展上争当表率，在服务全国构建新发展格局上争做示范，在率先实现社会主义现代化上走在前列，奋力推进中国式现代化江苏新实践，谱写"强富美高"新江苏现代化建设新篇章。

7月7日 习近平总书记听取江苏省委和省政府工作汇报，希望江苏在科技创新上取得新突破，在强链补链延链上展现新作为，在建设中华民族现代文明上探索新经验，在推进社会治理现代化上实现新提升。他指出，中国式现代化关键在科技现代化，强调要把坚守实体经济、构建现代化产业体系作为强省之要，巩固传统产业领先地位，加快打造具有国际竞争力的战略性新兴产业集群，推动数字经济与先进制造业、现代服务业深度融合，全面提升产业基础高级化和产业链现代化水平，加快构建以先进制造业为骨干的现代化产业体系。要畅通国内国际双循环，积极打通堵点、接通断点，不断创新吸引外资、扩大开放的新方式新举措，建设具有世界聚合力的双向开放枢纽，推动外贸创新发展，不断巩固和拓展国际市场。他指出，建设中华民族现代文明，是推进中国式现代化的必然要求，是社会主义精神文明建设的重要内容。江苏要加强对优秀传统文化的保护传承和创新发展，积极参与建设长江和大运河两大国家文化公园。要大力发展现代科技、教育事业，全面提升人民群众的科学文化素质。要繁荣发展文化事业和文化产业，持续推进城乡公共文化服务标准化、均等化，扎实开展城乡精神文明创建，加强公民道德建设，推进书香社会建设，提高社会现代文明程度。

7月11日 习近平总书记主持召开中央全面深化改革委员会第二次会议并强调，要锚定实现农业农村现代化、建设农业强国的战略目标，以处理好农民和土地关系为主线，加快补齐农业农村发展短板，为全面建设社会主义现代化国家打下坚实基础。会议审议通过了《关于建设更高水平开放型经济新体制促进构建新发展格局的意见》《深化农村改革实施方案》《关于推动能耗双控逐步转向碳排放双控的意见》《关于高等学校、科研院所薪酬制度改革试点的意见》《关于进一步深化石油天然气市场体系改革提升国家油气安全保障能力的实施意见》《关于深化电力体制改革加快构建新型电力系统的指导意见》。

7月15日 《人民日报》报道，习近平总书记近日对网络安全和信息化工作作出重要指示。指示强调，新时代新征程，网信事业的重要地位作用日益凸显。要以新时代中国特色社会主义思想为指导，全面贯彻落实党的二十大精神，深入贯彻党中央关于网络强国的重要思想，切实肩负起举旗帜聚民心、防风险保安全、强治理惠民生、增动能促发展、谋合作图共赢的使命任务，坚持党管互联网，坚持网信为民，坚持走中国特色治网之道，坚持统筹发展和安全，坚持正能量是总要求、管得住是硬道理、用得好是真本事，坚持筑牢国家网络安全屏障，坚持发挥信息化驱动引领作用，坚持依法管网、依法办网、依法上网，坚持推动构建网络空间命运共同体，坚持建设忠诚干净担当的网信工作队伍，大力推动网信事业高质量发展，以网络强国建设新成效为全面建设社会主义现代化国家、全面推进中华民族伟大复兴作出新贡献。

7月16日 习近平总书记在第14期《求是》杂志发表重要文章《深化党和国家机构改革 推进国家治理体系和治理能力现代化》。文章强调，深化党和国家机构改革，是贯彻落实党的二十大精神的重要举措，是推进国家治理体系和治理能力现代化的集中部署。继续推进党和国家机构改革，目的是推动党对社会主义现代化建设的领导在机构设置上更加科学、在职能配置上更加优化、在体制机制上更加完善、在运行管理上更加高效。党和国家机构改革是一项复杂系统工程，不可能一蹴而就，也不会一劳永逸，需要根据新的使命任务、新的战略安排、新的工作需要，不断调整优化党和国家机构职能体系，使之更好适应党和国家事业发展需要。

7月17日至18日 全国生态环境保护大会在北京召开。习近平总书记发表重要讲话强调，今后5年是美丽中国建设的重要时期，要深入贯彻新时代中国特色社会主义生态文明思想，坚持以人民为中心，牢固树立和践行绿水青山就是金山银山的理念，把建设美丽中国摆在强国建设、民族复兴的突出位置，推动城乡人居环境明显改善、美丽中国建设取得显著成效，以高品质生态环境支撑高质量发展，加快推进人与自然和谐共生的现代化。

7月20日 习近平总书记在二十届中央财经委员会第二次会议上，就加强耕地保护和盐碱地综合改造指出，系统推进，就是要把耕地保护放到建设人与自然和谐共生的中国式现代化中来考量，落实好主体功能区战略，坚持山水林田湖草沙一体化保护和系统治理。

8月16日 习近平总书记在第16期《求是》杂志发表重要文章《中国式现代化是强国建设、民族复兴的康庄大道》。文章强调，一个国家走向现代化，既要遵循现代化一般规律，更要符合本国实际，具有本国特色。中国式现代化既有各国现代化的共同特征，更有基于自己国情的鲜明特色。党的二十大报告明确概括了中国式现代化5个方面的中国特色，深刻揭示了中国式现代化的科学内涵。这既是理论概括，也是实践要求，为全面建成社会主义现代化强国、实现中华民族伟大复兴指明了一条康庄大道。文章指出，要把中国式现代化的中国特色变为成功实践，把鲜明特色变成独特优势，需要付出艰巨努力。第一，人口规模巨大的现代化。这是中国式现代化的显著特征。中国14亿多人口整体迈入现代化，规模超过现有发达国家人口的总和，将极大地改变现代化的世界版图。这是人类历史上规模最大的现代化，也是难度最大的现代化。我们想问题、作决策、办事情，首先要考虑人口基数问题，考虑我国城乡区域发展水平差异大等实际，既不能好高骛远，也不能因循守旧，要保持历史耐心，坚持稳中求进、循序渐进、持续推进。第二，全体人民共同富裕的现代化。这是中国式现代化的本质特征，也是区别于西方现代化的显著标志。要在推动高质量发展、做好做大"蛋糕"的同时，进一步分好"蛋糕"，让现代化建设成果更多更公平惠及全体人民，坚决防止两极分化。第三，物质文明和精神文明相协调的现代化。既要物质富足、也要精神富有，是中国式现代化的崇高追求。要坚持两手抓、两手硬，促进物质文明和精神文明相互协调、相互促进。要建设具有强大凝聚力和引领力的社会主义意识形态，不断丰富人民精神世界，提高全社会文明程度，促进人的全面发展。第四，人与自然和谐共生的现代化。尊重自然、顺应自然、保护自然，促进人与自然和谐共生，是中国式现代化的鲜明特点。要牢固树立和践行绿水青山就是金山银山的理念，以高品质的生态环境支撑高质量发展。第五，走和平发展道路的现代化。坚持和平发展，在坚定维护世界和平与发展中谋求自身发展，又以自身发展更好维护世界和平与发展，推动构建人类命运共同体，是中国式现代化的突出特征。我们要始终高举和平、发展、合作、共赢旗帜，奉行互利共赢的开放战略，践行真正的多边主义，弘扬全人类共同价值，努力为人类和平与发展作出更大贡献。文章强调，新中国成立特别是改革开放以来，我们用几十年时间走完西方发达国家几百年走过的工业化历程，创造了经济快速发展和社会长期稳定的奇迹，为中华民族伟大复兴开辟了广阔前景。实践证明，中国式现代化走得通、行得稳，是强国建设、民族复兴的唯一正确道路。

8月23日　国家主席习近平在金砖国家领导人第十五次会晤上发表《团结协作谋发展　勇于担当促和平》的重要讲话，指出金砖国家是塑造国际格局的重要力量。我们自主选择发展道路，共同捍卫发展权利，共同走向现代化，代表着人类社会前进方向，必将深刻影响世界发展进程。我们要加强人文交流，促进文明互鉴。文明多姿多彩、发展道路多元多样，这是世界应有的样子。人类历史不会终结于一种文明、一种制度。金砖国家要弘扬海纳百川的精神，倡导不同文明和平共处、和合共生，尊重各国自主选择的现代化道路。要用好金砖国家治国理政研讨会、人文交流论坛、女性创新大赛等机制，深化人文交流，增进民心相通。

8月26日　习近平总书记听取新疆维吾尔自治区党委和政府、新疆生产建设兵团工作汇报，强调要完整准确全面贯彻新时代党的治疆方略，牢牢把握新疆在国家全局中的战略定位，扭住工作总目标，把依法治疆、团结稳疆、文化润疆、富民兴疆、长期建疆各项工作做深做细做实，稳中求进、绵绵用力、久久为功，在中国式现代化进程中更好建设团结和谐、繁荣富裕、文明进步、安居乐业、生态良好的美丽新疆。构建新发展格局、推动高质量发展、推进中国式现代化，新疆面临新机遇，要有新作为。要立足资源禀赋、区位优势和产业基础，大力推进科技创新，培育壮大特色优势产业，积极发展新兴产业，加快构建体现新疆特色和优势的现代化产业体系，推动新疆迈上高质量发展的轨道，同全国一道全面建设社会主义现代化国家。

8月31日　中共中央政治局召开会议，审议《干部教育培训工作条例》《全国干部教育培训规划（2023—2027年）》。习近平总书记主持会议。会议指出，干部教育培训是建设高素质干部队伍的先导性、基础性、战略性工程，在推进中国特色社会主义伟大事业和党的建设新的伟大工程中具有不可替代的重要地位和作用。要全面贯彻习近平新时代中国特色社会主义思想，认真落实新时代党的建设总要求和新时代党的组织路线，深刻领悟"两个确立"

的决定性意义，增强"四个意识"、坚定"四个自信"、做到"两个维护"，以坚定理想信念宗旨为根本，以全面增强执政本领为重点，培养造就政治过硬、适应新时代要求、具备领导社会主义现代化建设能力的高素质干部队伍。

9月1日 习近平总书记在第 17 期《求是》杂志发表重要文章《在文化传承发展座谈会上的讲话》。

9月1日 习近平总书记致信祝贺国防科技大学建校 70 周年。致信强调，希望国防科技大学以建校 70 周年为新的起点，深入贯彻新时代强军思想，全面落实新时代军事教育方针，坚持立德树人、为战育人，坚持面向世界军事和科技前沿、面向国防和军队现代化，勇担时代重任，锐意开拓进取，大力培养高素质专业化新型军事人才，加快国防科技自主创新步伐，努力在实施科技强军战略、人才强军战略中发挥重要作用，为实现建军一百年奋斗目标、开创国防和军队现代化新局面作出更大贡献。

9月2日 国家主席习近平在北京向 2023 年中国国际服务贸易交易会全球服务贸易峰会发表视频致辞。他强调今年是中国改革开放 45 周年，中国将坚持推进高水平对外开放，以高质量发展全面推进中国式现代化，为各国开放合作提供新机遇。中国愿同各国各方一道，以服务开放推动包容发展，以服务合作促进联动融通，以服务创新培育发展动能，以服务共享创造美好未来，携手推动世界经济走上持续复苏轨道。我们将共享中国式现代化建设成果。着力扩大国内需求，加快建设强大国内市场，主动扩大优质服务进口，鼓励扩大知识密集型服务出口，以中国大市场机遇为世界提供新的发展动力，以高质量发展为全球提供更多更好的中国服务，增强世界人民的获得感。

9月6日至8日 习近平总书记在黑龙江考察，强调黑龙江要当好国家粮食安全"压舱石"。要以发展现代化大农业为主攻方向，加快建设现代农业大基地、大企业、大产业，率先实现农业物质装备现代化、科技现代化、经营管理现代化、农业信息化、资源利用可持续化。强化数字技术和生物技术赋能，优先把黑土地建成高标准农田，切实把黑土地保护好。把发展农业科技放在更加突出的位置，统筹推进科技农业、绿色农业、质量农业、品牌农业，推进现代种业提升工程，配套推广先进适用科技和高端农机装备，发展农业循环经济。创新农业经营方式，发展规模化经营、社会化服务。打造食品和饲料产业集群，提高粮食生产综合效益。加快推进乡村振兴，让农村具备现代化生产生活条件。

9月7日 习近平总书记在黑龙江省哈尔滨市主持召开新时代推动东北全面振兴座谈会并发表重要讲话，指出推进中国式现代化，需要强化东北的战略支撑作用。要以科技创新推动产业创新，加快构建具有东北特色优势的现代化产业体系。推动东北全面振兴，根基在实体经济，关键在科技创新，方向是产业升级。要以发展现代化大农业为主攻方向，加快推进农业农村现代化。当好国家粮食稳产保供"压舱石"，是东北的首要担当。要加快建设现代化基础设施体系，提升对内对外开放合作水平。东北是我国向北开放的重要门户，在我国加强东北亚区域合作、联通国内国际双循环中的战略地位和作用日益凸显。要提高人口整体素质，以人口高质量发展支撑东北全面振兴。要进一步优化政治生态，营造良好营商环境。

9月15日 习近平总书记给东北大学全体师生回信，强调着眼国家战略需求培养高素质人才，做强优势学科，不断推出高水平科研成果，为推动东北全面振兴、推进中国式现代化作出新的更大贡献。

9月16日 习近平总书记在第18期《求是》杂志发表重要文章《扎实推动教育强国建设》。文章强调，教育兴则国家兴，教育强则国家强。建设教育强国，是全面建成社会主义现代化强国的战略先导，是实现高水平科技自立自强的重要支撑，是促进全体人民共同富裕的有效途径，是以中国式现代化全面推进中华民族伟大复兴的基础工程。

9月20日至21日 习近平总书记在浙江考察，强调要完整准确全面贯彻新发展理念，围绕构建新发展格局、推动高质量发展，聚焦建设共同富裕示范区、打造新时代全面展示中国特色社会主义制度优越性的重要窗口，坚持一张蓝图绘到底，持续推动"八八战略"走深走实，始终干在实处、走在前列、勇立潮头，奋力谱写中国式现代化浙江新篇章。

9月22日 新华社电，在第六个"中国农民丰收节"到来之际，中共中央总书记、国家主席、中央军委主席习近平代表党中央，向全国广大农民和工作在"三农"战线上的同志们致以节日祝贺和诚挚问候，强调各级党委和政府要深入贯彻党中央决策部署，锚定建设农业强国目标，稳住农业基本盘，扎实做好新时代新征程"三农"工作，全面推进乡村振兴，加快农业农村现代化步伐，坚持把增加农民收入作为"三农"工作的中心任务，千方百计拓宽农民增收致富渠道，让农民腰包越来越鼓、生活越来越美好，绘就宜居宜业和美乡村新画卷！

9月24日 《人民日报》报道，习近平总书记近日就推进新型工业化作出重要指示指出，新时代新征程，以中国式现代化全面推进强国建设、民族复兴伟业，实现新型工业化是关键任务。要完整、准确、全面贯彻新发展理念，统筹发展和安全，深刻把握新时代新征程推进新型工业化的基本规律，积极主动适应和引领新一轮科技革命和产业变革，把高质量发展的要求贯穿新型工业化全过程，把建设制造强国同发展数字经济、产业信息化等有机结合，为中国式现代化构筑强大物质技术基础。

9月27日 中共中央政治局就世界贸易组织规则与世界贸易组织改革进行第八次集体学习。习近平总书记指出，以开放促改革、促发展是我国现代化建设不断取得新成就的重要法宝。

9月28日 习近平总书记在庆祝中华人民共和国成立74周年招待会上发表重要讲话。讲话指出，我国由一穷二白到全面小康，已踏上以中国式现代化全面推进强国建设、民族复兴的新征程，这是中国共产党团结带领全国各族人民艰苦奋斗取得的巨大成就。

10月1日 习近平总书记在第19期《求是》杂志发表重要文章《推进中国式现代化需要处理好若干重大关系》。文章指出，推进中国式现代化是一个系统工程，需要统筹兼顾、系统谋划、整体推进，正确处理好一系列重大关系。一是顶层设计与实践探索的关系。党的二十大报告深刻阐述了中国式现代化的中国特色、本质要求和重大原则，是对推进中国式现代化的最高顶层设计。中国式现代化是分阶段、分领域推进的，实现各个阶段发展目标、落实各个领域发展战略同样需要进行顶层设计。同时，推进中国式现代化是一个探索性事业，还有许多未知领域，需要我们在实践中去大胆探索，通过改革创新来推动事业发展，决不能刻舟求剑、守株待兔。二是战略与策略的关系。战略与策略是我们党领导人民改造世界、变革实践、推动历史发展的有力武器。要增强战略的前瞻性、全局性、稳定性，把历史、现实、未来贯通起来，把中国和世界连接起来，使我们制定的战略符合实际、行之有效，为中国式现代化提供强大的战略支撑。策略为战略实施提供科学方法。要把战略的原则性和策略的灵活性有机结合起来，灵活机动、随机应变、临机决断，在因地制宜、因势而动、顺势而为中把握战略主动。三是守正与创新的关系。守正创新是我们党在新时代治国理政的重要思想方法。中国式现代化的探索就是一个在继承中发展、在守正中创新的历史过程。在推进中国式现代化新征程上，首先要守好中国式现代化的本和源、根和魂，毫不动摇坚持中国式现代化的中国特色、本质要求和重大原则，确保中国式现代化的正确方向。同时，要把创新摆在国家发展全局的突出位置，顺应时代发展要求，着眼于解决重大理论和实践问题，积极识变应变求变，大力推进理论创新、实践创新、制度创新、文化创新以及其他各方面创新，不断开辟发展新领域新赛道，塑造发展新动能新优势。四是效率与公平的关系。中国式现代化既要创造比资本主义更高的效率，又要更有效地维护社会公平，更好实现效率与公平相兼顾、相促进、相统一。五是活力与秩序的关系。在现代化的历史进程中，处理好这对关系是一道世界性难题。中国式现代化应当而且能够实现活而不乱、活跃有序的动态平衡。六是自立自强与对外开放的关系。推进中国式现代化，必须坚持独立自主、自立自强，坚持把国家和民族发展放在自己力量的基点上，坚持把我国发展进步的命运牢牢掌握在自己手中。要不断扩大高水平对外开放，拓展中国式现代化的发展空间。

10月8日 习近平总书记对宣传思想文化工作作出重要指示。指示强调新时代新征程，世界百年未有之大变局加速演进，中华民族伟大复兴进入关键时期，战略机遇和风险挑战并存，宣传思想文化工作面临新形势新任务，必须要有新气象新作为。要坚持以新时代中国特色社会主义思想为指导，全面贯彻党的二十大精神，聚焦用党的创新理论武装全党、教育人民这个首要政治任务，围绕在新的历史起点上继续推动文化繁荣、建设文化强国、建设中华民族现代文明这一新的文化使命，坚定文化自信，秉持开放包容，坚持守正创新，着力加强党对宣传思想文化工作的领导，着力建设具有强大凝聚力和引领力的社会主义意识形态，着力培育和践行社会主义核心价值观，着力提升新闻舆论传播力引导力影响力公信力，着力赓续中华文脉、推动中华优秀传统文化创造性转化和创新性发展，着力推动文化事业和文化产业繁荣发展，着力加强国际传播能力建设、促进文明交流互鉴，充分激发全民族文化创新创造活力，不断巩固全党全国各族人民团结奋斗的共同思想基础，不断提升国家文化软实力和中华文化影响力，为全面建设社会主义现代化国家、全面推进中华民族伟大复兴提供坚强思想保证、强大精神力量、有利文化条件。

10月9日 国家主席习近平在人民大会堂会见美国国会参议院多数党领袖舒默率领的美国国会参议院两党代表团时指出，中华文明绵延不断五千多年，始终坚持与时俱进、兼收并蓄、合作交流的和平理念。中国创造了经济快速发展和社会长期稳定两大奇迹，历史性解决了绝对贫困问题，全面建成小康社会，根本原因是找到了一条符合中国国情、符合人民期待、得到人民支持拥护的成功发展道路。中国将继续坚持走中国特色社会主义道路，全面推进中国式现代化，坚持和平发展不动摇，同世界各国一道，推动构建人类命运共同体。

10月11日 习近平总书记在上饶市婺源县秋口镇王村石门自然村，对村民们说："中国式现代化既要有城市的现代化，又要有农业农村现代化，我很关注乡村振兴。希望你们保护好自然生态，把传统村落风貌和现代元素结合起来，坚持中华民族的审美情趣，把乡村建设得更美丽，让日子越过越开心、越幸福！"

10月12日 习近平总书记在江西省南昌市主持召开进一步推动长江经济带高质量发展座谈会并发表重要讲话，强调要完整、准确、全面贯彻新发展理念，坚持共抓大保护、不搞大开发，坚持生态优先、绿色发展，以科技创新为引领，统筹推进生态环境保护和经济社会发展，加强政策协同和工作协同，谋长远之势、行长久之策、建久安之基，进一步推动长江经济带高质量发展,更好支撑和服务中国式现代化。

10月13日 习近平总书记在听取江西省委和省政府工作汇报时指出,构建现代化产业体系,既要有雄心壮志,积极抢位发展,又要立足实际,善于错位发展。要找准定位、明确方向,整合资源、精准发力,加快传统产业改造升级,加快战略性新兴产业发展壮大,积极部署未来产业,努力构建体现江西特色和优势的现代化产业体系。有针对性地部署创新链,积极对接国家战略科技资源,突破一批关键核心技术,打造一批高新技术产业,形成在全国有影响力的产业集群。积极推进数字经济和实体经济融合,发展壮大数字经济。坚定不移走生态优先、绿色发展之路,推动全面绿色转型,打造生态文明建设高地。

10月16日 习近平总书记在第20期《求是》杂志发表重要文章《开辟马克思主义中国化时代化新境界》,指出要牢固树立大历史观,以更宽广的视野、更长远的眼光把握世界历史的发展脉络和正确走向,认清我国社会发展、人类社会发展的大逻辑大趋势,把握中国式现代化的历史沿革和实践要求,全面系统地提出解决现实问题的科学理念、有效对策,让当代中国马克思主义、21世纪马克思主义展现出更为强大、更有说服力的真理力量。

10月18日 国家主席习近平在北京人民大会堂出席第三届"一带一路"国际合作高峰论坛开幕式并发表题为《建设开放包容、互联互通、共同发展的世界》的主旨演讲,指出中国正在以中国式现代化全面推进强国建设、民族复兴伟业。我们追求的不是中国独善其身的现代化,而是期待同广大发展中国家在内的各国一道,共同实现现代化。世界现代化应该是和平发展的现代化、互利合作的现代化、共同繁荣的现代化。中方愿同各方深化"一带一路"合作伙伴关系,推动共建"一带一路"进入高质量发展的新阶段,为实现世界各国的现代化作出不懈努力。

10月24日 国家主席习近平向纪念亲诚惠容周边外交理念提出10周年国际研讨会发表书面致辞,强调新的时代背景下,我们将赋予亲诚惠容理念新的内涵,弘扬以和平、合作、包容、融合为核心的亚洲价值观,为地区团结、开放和进步提供新的助力。我们将推动亲诚惠容理念新的发展,让中式现代化更多惠及周边，共同推进亚洲现代化进程，使中国高质量发展与良好周边环境相互促进、相得益彰。中国将继续践行亲诚惠容理念，同地区国家携手构建和平安宁、繁荣美丽、友好共生的亚洲家园，共同谱写推动构建亚洲命运共同体和人类命运共同体的新篇章。

10月27日 习近平总书记主持中共中央政治局第九次集体学习，就铸牢中华民族共同体意识指出，要促进各民族广泛交往交流交融，以中华民族大团结促进中国式现代化。

10月30日 习近平总书记在中南海同全国妇联新一届领导班子成员集体谈话并发表重要讲话，强调以中国式现代化全面推进强国建设、民族复兴伟业，需要全体人民团结奋斗，妇女的作用不可替代。要坚定不移走中国特色社会主义妇女发展道路，激励广大妇女自尊自信、自立自强，奋进新征程、建功新时代，为中国式现代化建设贡献巾帼智慧和力量。

10月30日至31日 中央金融工作会议在北京举行，强调金融是国民经济的血脉，是国家核心竞争力的重要组成部分，要加快建设金融强国，全面加强金融监管，完善金融体制，优化金融服务，防范化解风险，坚定不移走中国特色金融发展之路，推动我国金融高质量发展，为以中国式现代化全面推进强国建设、民族复兴伟业提供有力支撑。

11月15日 国家主席习近平在美国旧金山斐洛里庄园同美国总统拜登举行中美元首会晤，深刻阐释了中国式现代化的本质特征和内涵意义，以及中国的发展前景和战略意图，指出中国的发展有自身的逻辑和规律，中国正在以中国式现代化全面推进中华民族伟大复兴，中国不走殖民掠夺的老路，也不走国强必霸的歪路，不搞意识形态输出，也不同任何国家搞意识形态对抗。中国没有超越或者取代美国的规划，美国也不要有打压遏制中国的打算。

11月15日 国家主席习近平在美国友好团体联合欢迎宴会上发表演讲，指出中国式现代化是以人民为中心的现代化，其中一个重要目标就是在不断提高国家经济实力、人民生活水平的同时，不断丰富人民的精神世界、提高全社会文明程度、促进人的全面发展。

11月16日 习近平总书记在第22期《求是》杂志发表重要文章《推进

生态文明建设需要处理好几个重大关系》。文章强调，在中国式现代化建设全过程中，我们都要把握好高质量发展和高水平保护的辩证统一关系。要站在人与自然和谐共生的高度谋划发展，把资源环境承载力作为前提和基础，自觉把经济活动、人的行为限制在自然资源和生态环境能够承受的限度内。通过高水平保护，不断塑造发展的新动能、新优势，着力构建绿色低碳循环经济体系，有效降低发展的资源环境代价，持续增强发展的潜力和后劲。

11月16日 国家主席习近平向在旧金山举行的亚太经合组织工商领导人峰会发表题为《同心协力 共迎挑战 谱写亚太合作新篇章》的书面演讲，强调中国式现代化的出发点和落脚点是让14亿多中国人过上更加美好的生活，这对世界意味着更加广阔的市场和前所未有的合作机遇，也将为世界现代化注入强大动力。欢迎全球工商界积极参与中国式现代化进程，共享中国高质量发展带来的巨大机遇。

11月17日 国家主席习近平出席亚太经合组织第三十次领导人非正式会议并发表重要讲话，强调中国正在以中国式现代化全面推进强国建设、民族复兴伟业。中国坚持走和平发展道路，坚持高质量发展，坚持高水平对外开放，以中国式现代化为推动实现世界各国的现代化提供新机遇。中国愿同各方一道努力，推动亚太合作取得更多丰硕成果，共同打造亚太下一个"黄金三十年"。

11月24日 国家主席习近平向世界中国学大会·上海论坛致贺信，指出中国学是历史中国之学，也是当代中国之学。中华文明源远流长，在同世界其他文明的交流互鉴中丰富发展，赋予中国式现代化以深厚底蕴。溯历史的源头才能理解现实的世界，循文化的根基才能辨识当今的中国，有文明的互鉴才能实现共同的进步。希望各国专家学者当融通中外文明的使者，秉持兼容并蓄、开放包容，不断推进世界中国学研究，推动文明交流互鉴，为繁荣世界文明百花园注入思想和文化力量。

11月27日 习近平总书记在主持中共中央政治局第十次集体学习时，就加强涉外法制建设强调，加强涉外法治建设既是以中国式现代化全面推进强国建设、民族复兴伟业的长远所需，也是推进高水平对外开放、应对外部风险挑战的当务之急。要从更好统筹国内国际两个大局、更好统筹发展和安全的高度，深刻认识做好涉外法治工作的重要性和紧迫性，建设同高质量发展、高水平开放要求相适应的涉外法治体系和能力，为中国式现代化行稳致远营造有利法治条件和外部环境。

11月28日 习近平总书记到浦东新区张江科学城，参观上海科技创新成果展，在同科研人员代表交流时指出，推进中国式现代化离不开科技、教育、人才的战略支撑，上海在这方面要当好龙头，加快向具有全球影响力的科技创新中心迈进。要着力造就大批胸怀使命感的尖端人才，为他们发挥聪明才智创造良好条件。

11月30日 习近平总书记在上海主持召开深入推进长三角一体化发展座谈会并发表重要讲话，强调深入推进长三角一体化发展，进一步提升创新能力、产业竞争力、发展能级，率先形成更高层次改革开放新格局，对于我国构建新发展格局、推动高质量发展，以中国式现代化全面推进强国建设、民族复兴伟业，意义重大。要完整、准确、全面贯彻新发展理念，紧扣一体化和高质量这两个关键词，树立全球视野和战略思维，坚定不移深化改革、扩大高水平开放，统筹科技创新和产业创新，统筹龙头带动和各扬所长，统筹硬件联通和机制协同，统筹生态环保和经济发展，在推进共同富裕上先行示范，在建设中华民族现代文明上积极探索，推动长三角一体化发展取得新的重大突破，在中国式现代化中走在前列，更好发挥先行探路、引领示范、辐射带动作用。

12月1日上午 习近平在听取上海市委和市政府工作汇报时指出，坚持党的领导是中国式现代化的本质要求，也是根本保证。

12月2日 国家主席习近平向2023年"读懂中国"国际会议（广州）致贺信，指出读懂中国，关键要读懂中国式现代化。今天，中国正在以中国式现代化全面推进强国建设、民族复兴伟业，推动构建人类命运共同体，中国的前途命运和人类的前途命运紧密联系在一起。我们坚持以高水平开放促进高质量发展，持续打造市场化、法治化、国际化营商环境，稳步扩大规则、规制、管理、标准等制度型开放。我们坚定不移致力于扩大同各国利益的汇合点，不断以中国新发展为世界带来新动力、新机遇。中国期待同各国携手努力，实现和平发展、互利合作、共同繁荣的世界现代化。

12月4日 习近平总书记在第十个国家宪法日到来之际作出重要指示，强调新征程上，要坚定维护宪法权威和尊严，推动宪法完善和发展，更好发挥宪法在治国理政中的重要作用，为以中国式现代化全面推进强国建设、民族复兴伟业提供坚实保障。

12月7日 国家主席习近平在钓鱼台国宾馆会见来华举行第二十四次中国—欧盟领导人会晤的欧洲理事会主席米歇尔和欧盟委员会主席冯德莱恩，强调中国式现代化和欧洲一体化是中欧各自着眼未来作出的战略选择，中欧应该相互尊重，相互支持，加强发展战略对接，实现共同发展。

12月12日 国家主席习近平在赴河内对越南进行国事访问之际，在越南《人民报》发表题为《构建具有战略意义的中越命运共同体 开启携手迈向现代化的新篇章》的署名文章，指出无论世界如何沧桑巨变，中国坚持走人间正道。中国正以中国式现代化全面推进强国建设、民族复兴伟业，将持续推动高质量发展，坚持高水平对外开放，加快构建新发展格局。中国将保持周边外交政策的延续性和稳定性，坚持与邻为善、以邻为伴和睦邻、安邻、富邻方针，同时赋予亲诚惠容理念新的内涵，让中国式现代化更多惠及周边，共同推动亚洲现代化进程，为包括越南在内的亚洲国家提供新的发展机遇。

12月11日至12日 中央经济工作会议在北京举行。会议认为，必须把推进中国式现代化作为最大的政治，在党的统一领导下，团结最广大人民，聚焦经济建设这一中心工作和高质量发展这一首要任务，把中国式现代化宏伟蓝图一步步变成美好现实。会议强调，要谋划进一步全面深化改革重大举措，为推动高质量发展、加快中国式现代化建设持续注入强大动力。

12月13日 国家主席习近平在河内同越共中央总书记阮富仲共同会见中越两国青年和友好人士代表，发表题为《赓续传统友谊，开创中越命运共同体建设新征程》的重要讲话，指出中国正在以中国式现代化全面推进强国建设、民族复兴伟业，越南正在大力推进工业化现代化建设。中国坚定不移走和平发展道路，坚持与邻为善、以邻为伴的周边外交方针和亲诚惠容的周边外交理念，让中国式现代化更多惠及周边国家。

12月18日 国家主席习近平在中南海会见来京述职的香港特别行政区行政长官李家超，强调新时代新征程，我们正以中国式现代化全面推进强国建设、民族复兴伟业。中央全面准确、坚定不移贯彻"一国两制"方针长期不变，全面落实"爱国者治港"原则，全力支持行政长官和特别行政区政府团结带领社会各界，抓住国家发展带来的历史机遇，巩固提升香港国际金融中心、航运中心、贸易中心地位，推动香港实现更好发展，"一国两制"的生命力和优越性必将不断显现，我们对香港的光明前景充满信心。

12月18日 国家主席习近平在中南海会见来京述职的澳门特别行政区行政长官贺一诚，强调新时代新征程，我们正以中国式现代化全面推进强国建设、民族复兴伟业。中央将一如既往全面准确、坚定不移贯彻"一国两制"方针，全面落实"爱国者治澳"原则，全力支持行政长官和特别行政区政府团结带领社会各界，抓住国家发展带来的历史机遇，不断推进具有澳门特色的"一国两制"成功实践，以新的发展成果迎接澳门回归祖国25周年。

12月19日至20日 中央农村工作会议在北京召开。会前，中央政治局常委会会议就开好这次会议，做好"三农"工作提出明确要求。习近平总书记对"三农"工作作出重要指示指出，2023年，我们克服较为严重的自然灾害等多重不利影响，粮食产量再创历史新高，农民收入较快增长，农村社会和谐稳定。推进中国式现代化，必须坚持不懈夯实农业基础，推进乡村全面振兴。

12月21日至22日 中共中央政治局召开学习贯彻习近平新时代中国特色社会主义思想主题教育专题民主生活会。习近平总书记在主持会议时指出，团结奋斗是党领导人民创造历史伟业的必由之路。团结奋斗要靠目标凝心聚力，新征程上我们就要靠中国式现代化进一步凝心聚力、团结奋斗。中国式现代化是全体人民的共同事业，也是一项充满风险挑战、需要付出艰辛努力的宏伟事业，必须坚持全体人民共同参与、共同建设、共同享有，紧紧依靠全体人民和衷共济、共襄大业。

12月26日 中共中央在人民大会堂举行座谈会，纪念毛泽东同志诞辰130周年。习近平总书记发表重要讲话强调，毛泽东同志是伟大的马克思主义者，伟大的无产阶级革命家、战略家、理论家，是马克思主义中国化的伟大开拓者、中国社会主义现代化建设事业的伟大奠基者，是近代以来中国伟大的爱国者和民族英雄，是党的第一代中央领导集体的核心，是领导中国人民彻底改变自己命运和国家面貌的一代伟人，是为世界被压迫民族的解放和人类进步事业作出重大贡献的伟大国际主义者。毛泽东思想是我们党的宝贵精神财富，将长期指导我们的行动。对毛泽东同志的最好纪念，就是把他开创的事业继续推向前进。他指出，中国式现代化为党的理论创新开辟了广阔前景，提出了新的更加艰巨繁重的任务。要坚持把马克思主义基本原理同中国具体实际相结合、同中华优秀传统文化相结合，深入探索中国式现代化建设规律，不断回答实践遇到的崭新课题，以理论创新引领实践创新。

12月27日至28日 中央外事工作会议在北京举行。会议要求，当前和今后一个时期，对外工作要以习近平新时代中国特色社会主义思想特别是习近平外交思想为指导，对标中国式现代化目标任务，坚持自信自立、开放包容、公道正义、合作共赢的方针原则，围绕推动构建人类命运共同体这条主线，与时俱进加强战略部署，深化完善外交布局，突出问题导向，运用系统思维，更加立体、综合地明确外交战略任务，以更加积极主动的历史担当、更加富有活力的创造精神，开创中国特色大国外交新局面。会议指出，外交守正创新是新征程上开创中国特色大国外交新局面的必然要求，是更好支撑中国式现代化的必然要求。要加强思想理论武装，深化体制机制改革，推动外交队伍建设，不断增强对外工作的科学性、预见性、主动性、创造性。

12月29日 国家主席习近平在全国政协新年茶话会上发表重要讲话，指出2024年是新中国成立75周年，是实现"十四五"规划目标任务的关键一年。我们要坚持稳中求进工作总基调，把稳中求进、以进促稳、先立后破的要求贯穿各项工作之中，努力在构建新发展格局、推动高质量发展、全面深化改革开放、实现高水平科技自立自强、全面推进乡村振兴等方面取得更大进展，巩固和增强经济回升向好态势，增进民生福祉，保持社会稳定，扎实稳健推进中国式现代化建设。

12月31日 国家主席习近平发表2024年新年贺词，指出明年是新中国成立 75 周年。我们要坚定不移推进中国式现代化，完整、准确、全面贯彻新发展理念，加快构建新发展格局，推动高质量发展，统筹好发展和安全。要坚持稳中求进、以进促稳、先立后破，巩固和增强经济回升向好态势，实现经济行稳致远。要全面深化改革开放，进一步提振发展信心，增强经济活力，以更大力度办教育、兴科技、育人才。要继续支持香港、澳门发挥自身优势，在更好融入国家发展大局中保持长期繁荣稳定。祖国统一是历史必然，两岸同胞要携手同心，共享民族复兴的伟大荣光。

2024 年

1月4日 中共中央政治局常务委员会召开会议，听取全国人大常委会、国务院、全国政协、最高人民法院、最高人民检察院党组工作汇报，听取中央书记处工作报告。习近平总书记主持会议并发表重要讲话。会议强调，要以习近平新时代中国特色社会主义思想为指导，深刻领悟"两个确立"的决定性意义，增强"四个意识"、坚定"四个自信"、做到"两个维护"，全面贯彻党的二十大和二十届二中全会精神，坚持党中央集中统一领导这个最高政治原则，紧紧围绕推进中国式现代化这个最大的政治，不忘初心、牢记使命，锐意进取、敢作善为，在党中央统一指挥下形成合奏，紧扣一个"实"字抓好党的二十大战略部署的贯彻落实，为推进强国建设、民族复兴伟业作出更大贡献。

1月16日 省部级主要领导干部推动金融高质量发展专题研讨班在中央党校（国家行政学院）开班。习近平总书记在开班式上发表重要讲话强调，各级领导干部要增强金融思维和金融工作能力，坚持经济和金融一盘棋思想，认真落实中央金融工作会议的各项决策部署，统筹推进经济和金融高质量发展，为以中国式现代化全面推进强国建设、民族复兴伟业作出新的更大贡献。

1月19日 "国家工程师奖"表彰大会在京召开。在"国家工程师奖"首次评选表彰之际，习近平总书记作出重要指示，强调面向未来，要进一步加大工程技术人才自主培养力度，不断提高工程师的社会地位，为他们成才建功创造条件，营造见贤思齐、埋头苦干、攻坚克难、创新争先的浓厚氛围，加快建设规模宏大的卓越工程师队伍。希望全国广大工程技术人员坚定科技报国、为民造福理想，勇于突破关键核心技术，锻造精品工程，推动发展新质生产力，加快实现高水平科技自立自强，服务高质量发展，为以中国式现代化全面推进强国建设、民族复兴伟业作出更大贡献。

1月31日 中共中央政治局召开会议，审议《中央政治局常委会听取和研究全国人大常委会、国务院、全国政协、最高人民法院、最高人民检察院党组工作汇报和中央书记处工作报告的综合情况报告》《关于在全党深入开展学习贯彻习近平新时代中国特色社会主义思想主题教育总结报告》《关于巩固拓展学习贯彻习近平新时代中国特色社会主义思想主题教育成果的意见》和《中国共产党巡视工作条例》。习近平总书记主持会议。会议强调，2024年是新中国成立75周年，是实现"十四五"规划目标任务的关键一年，全国人大常委会、国务院、全国政协、最高人民法院、最高人民检察院党组要以习近平新时代中国特色社会主义思想为指导，坚持党中央集中统一领导这个最高政治原则，紧紧围绕推进中国式现代化这个最大的政治，持续抓好党的二十大战略部署的贯彻落实。要抓好高质量发展这个首要任务，深化改革开放，确保中央经济工作会议确定的重点任务落地落实，推动经济实现质的有效提升和量的合理增长。要树牢造福人民的政绩观，增进民生福祉，维护社会公平正义。要统筹高质量发展和高水平安全，坚持底线思维，增强斗争意识，提高斗争本领。要认真履行全面从严治党主体责任，带头贯彻执行中央八项规定及其实施细则精神，以身作则、率先垂范，把党的自我革命抓具体、抓深入。

2月1日 习近平总书记到天津古文化街考察，指出中国式现代化离不开优秀传统文化的继承和弘扬，天津是一座很有特色和韵味的城市，要保护和利用好历史文化街区，使其在现代化大都市建设中绽放异彩。

2月8日 习近平总书记在2024年春节团拜会上发表重要讲话指出，面对异常复杂的国际环境和艰巨繁重的改革发展稳定任务，我们以中国式现代化凝心聚力，统筹国内国际两个大局，顽强拼搏、勇毅前行，战胜多重困难挑战，在全面建设社会主义现代化国家新征程上迈出坚实步伐。他强调，以中国式现代化全面推进强国建设、民族复兴伟业，既是中国人民追求美好幸福生活的光明之路，也是促进世界和平和发展的正义之路。他指出，要进一步全面深化改革，着力破解深层次体制机制障碍和结构性矛盾，充分激发全社会创业创新创造活力，为推进中国式现代化注入强大动力，使中国式现代化建设披荆斩棘、一往无前。

2月19日 习近平总书记主持召开中央全面深化改革委员会第四次会议，审议通过《关于改革土地管理制度增强对优势地区高质量发展保障能力的意见》《关于促进经济社会发展全面绿色转型的意见》《关于进一步提升基层应急管理能力的意见》《关于加快形成支持全面创新的基础制度的意见》《中央全面深化改革委员会2023年工作总结报告》《中央全面深化改革委员会2024年工作要点》。会议指出，要科学谋划进一步全面深化改革重大举措，聚焦妨碍中国式现代化顺利推进的体制机制障碍，明确改革的战略重点、优先顺序、主攻方向、推进方式，突出改革问题导向，突出各领域重点改革任务。改革举措要有鲜明指向性，奔着解决最突出的问题去，改革味要浓、成色要足。要充分调动各方面改革积极性，进一步凝聚改革共识，举全党全国之力抓好重大改革任务推进和落实，广泛听取各方面意见和建议，及时总结基层和群众创造的新鲜经验，激励广大党员、干部担当作为，推动形成勇于创新、真抓实干、开拓奋进的浓厚改革氛围。

2月29日 新华社电讯，习近平总书记为即将出版发行的第六批全国干部学习培训教材作序。他强调，中国式现代化是强国建设、民族复兴的康庄大道，开辟的是人类迈向现代化的新道路，开创的是人类文明新形态。对我们党而言，这既是光荣的历史使命，也是严峻的现实考验，迫切需要以理论武装推动全党团结、事业发展。

2月29日 中共中央政治局就新能源技术与我国的能源安全进行第十二次集体学习。习近平总书记在主持学习时强调，能源安全事关经济社会发展全局。积极发展清洁能源，推动经济社会绿色低碳转型，已经成为国际社会应对全球气候变化的普遍共识。我们要顺势而为、乘势而上，以更大力度推动我国新能源高质量发展，为中国式现代化建设提供安全可靠的能源保障，为共建清洁美丽的世界作出更大贡献。

3月5日 习近平总书记在参加他所在的十四届全国人大二次会议江苏代表团审议时强调，要牢牢把握高质量发展这个首要任务，因地制宜发展新质生产力。面对新一轮科技革命和产业变革，我们必须抢抓机遇，加大创新力度，培育壮大新兴产业，超前布局建设未来产业，完善现代化产业体系。发展新质生产力不是忽视、放弃传统产业，要防止一哄而上、泡沫化，也不要搞一种模式。各地要坚持从实际出发，先立后破、因地制宜、分类指导，根据本地的资源禀赋、产业基础、科研条件等，有选择地推动新产业、新模式、新动能发展，用新技术改造提升传统产业，积极促进产业高端化、智能化、绿色化。

3月7日 习近平总书记在出席十四届全国人大二次会议解放军和武警部队代表团全体会议时强调，新兴领域战略能力是国家战略体系和能力重要组成部分，关系我国经济社会高质量发展，关系国家安全和军事斗争主动，对以中国式现代化全面推进强国建设、民族复兴伟业具有重要意义。要强化使命担当，深化改革创新，全面提升新兴领域战略能力。

3月20日 习近平总书记在湖南省长沙市主持召开新时代推动中部地区崛起座谈会并发表重要讲话，强调中部地区是我国重要粮食生产基地、能源原材料基地、现代装备制造及高技术产业基地和综合交通运输枢纽，在全国具有举足轻重的地位。要一以贯之抓好党中央推动中部地区崛起一系列政策举措的贯彻落实，形成推动高质量发展的合力，在中国式现代化建设中奋力谱写中部地区崛起新篇章。

3月27日 国家主席习近平在北京人民大会堂集体会见美国工商界和战略学术界代表，指出中国经济是健康、可持续的。去年中国经济增速在世界主要经济体中名列前茅，对世界经济增长贡献率继续超过30%，这是中国人民干出来的，也离不开国际合作。中国的发展历经各种困难挑战才走到今天，过去没有因为"中国崩溃论"而崩溃，现在也不会因为"中国见顶论"而见顶。我们将持续推动高质量发展，持续推进中国式现代化，既让中国人民不断过上更好生活，也为世界可持续发展作出更大贡献。中国发展前景是光明的，我们有这个底气和信心。

4月3日 习近平总书记在参加首都义务植树活动时强调，清明前后，神州大地处处生机盎然，正是植树的好时节。今天我们一起种树，就是要号召大家都行动起来，积极参与植树造林，人人争当绿色使者、生态先锋，为建设美丽中国增绿添彩，共同谱写人与自然和谐共生的中国式现代化新篇章。

4月10日 习近平总书记在京会见马英九一行时指出，我们始终以台湾同胞福祉为念，率先同台湾同胞分享中国式现代化发展机遇，共享祖国大陆发展进步成果，积极为台湾同胞办实事、做好事、解难事，让台湾同胞利益更多、福祉更实、未来更好。

4月23日 习近平总书记在重庆主持召开新时代推动西部大开发座谈会并发表重要讲话强调，西部地区在全国改革发展稳定大局中举足轻重。要一以贯之抓好党中央推动西部大开发政策举措的贯彻落实，进一步形成大保护、大开放、高质量发展新格局，提升区域整体实力和可持续发展能力，在中国式现代化建设中奋力谱写西部大开发新篇章。

4月30日 在"五一"国际劳动节到来之际，习近平总书记代表党中央，向全国广大劳动群众致以节日祝贺和诚挚慰问，强调劳动谱写时代华章，奋斗创造美好未来。希望广大劳动群众大力弘扬劳模精神、劳动精神、工匠精神，爱岗敬业、创新创造，踊跃投身以高质量发展推进中国式现代化的火热实践，为全面推进强国建设、民族复兴伟业而不懈奋斗。各级党委和政府要关心爱护广大劳动群众，切实实现好、维护好、发展好劳动者合法权益，激励广大劳动群众在辛勤劳动、诚实劳动、创造性劳动中成就梦想。

4月30日 中共中央政治局召开会议，决定2024年7月在北京召开中国共产党第二十届中央委员会第三次全体会议，主要议程是，中共中央政治局向中央委员会报告工作，重点研究进一步全面深化改革、推进中国式现代化问题。会议分析研究当前经济形势和经济工作，审议《关于持续深入推进长三角一体化高质量发展若干政策措施的意见》。中共中央总书记习近平主持会议。会议指出，改革开放是党和人民事业大踏步赶上时代的重要法宝。当前和今后一个时期是以中国式现代化全面推进强国建设、民族复兴伟业的关键时期。面对纷繁复杂的国际国内形势，面对新一轮科技革命和产业变革，面对人民群众新期待，必须继续把改革推向前进。这是坚持和完善中国特色社会主义制度、推进国家治理体系和治理能力现代化的必然要求，是贯彻新发展理念、更好适应我国社会主要矛盾变化的必然要求，是坚持以人民为中心、让现代化建设成果更多更公平惠及全体人民的必然要求，是应对重大风险挑战、推动党和国家事业行稳致远的必然要求，是推动构建人类命运共同体、在日趋激烈的国际竞争中赢得战略主动的必然要求，是解决大党独有难题、建设更加坚强有力的马克思主义政党的必然要求。全党必须自觉把改革摆在更加突出位置，紧紧围绕推进中国式现代化进一步全面深化改革。

后 记

中国式现代化，是中国共产党领导全国各族人民在长期探索和实践中历经千辛万苦、付出巨大代价取得的重大成果，是强国建设、民族复兴的康庄大道。党的领导决定中国式现代化的根本性质，只有毫不动摇坚持党的领导，中国式现代化才能前景光明、繁荣兴盛。概括提出并深入阐述中国式现代化理论，是党的二十大的一个重大理论创新，是科学社会主义的最新重大成果。中国式现代化蕴含的独特世界观、价值观、历史观、文明观、民主观、生态观等及其伟大实践，是对世界现代化理论和实践的重大创新。

中国式现代化史是新中国史的重要组成部分、时代内涵和鲜明特色。中国式现代化的方向与道路、历史与现实、理论与实践，极其深刻地反映着新中国史的发展进程、中华民族伟大复兴的历史进程，深刻揭示着中国式现代化的本和源、根和魂，深刻彰显着中国式现代化的中国特色、本质要求和重大原则。研究和编纂中国式现代化史，有利于牢牢把握新中国史的主题主线、主流本质，深刻领悟中华文明的突出特性和新时代十年伟大变革在党史、新中国史、改革开放史、社会主义发展史和中华民族发展史上的里程碑意义，推动构建和发展新时代中国学，讲好中国故事、传播好中国声音，为国家修史、为人民立传、为时代明德，推进中国和世界文明交流互鉴。

当代中国研究所2021年完成《中华人民共和国简史》研究、编纂和出版，在党史学习教育中深入开展新中国史研究，特别是深入学习贯彻党的二十大精神，把推进中国式现代化作为新时代最大的政治，编写出版了《中国式现代化发展史大事记》丛书（姜辉主编，当代中国出版社2023年版），并于

2023 年初成立了《中国式现代化简史》课题组。本课题组围绕中国共产党成立特别是新中国成立以来中国式现代化的探索、奠基、发展、突破、推进、拓展，聚焦中国式现代化是中国共产党领导的社会主义现代化，中国式现代化的理论体系，中国式现代化的根本遵循、战略支撑、动力、制度保证、物质基础和精神力量，从新中国建设和发展的历史进程中反映中国式现代化的历史发展底蕴、脉络、面貌、机理、成就与经验。中国式现代化是新中国建设和发展的历史必然，走得通、行得稳，是强国建设、民族复兴的唯一正确道路。

本书编写分工如下：

绪论　李正华；

第一章　"为求索中国式现代化创造根本社会条件"，宋月红、谭扬芳、王晓慧、冯钧可；

第二章　"中国式现代化的奠基"，刘国新；

第三章　"中国式现代化的艰辛探索"，陈东林；

第四章　"中国式现代化的开创"，王爱云；

第五章　"在改革开放中推进中国式现代化"，李正华；

第六章　"中国式现代化的发展"，吴超；

第七章　"中国式现代化的创新突破"，郑有贵；

第八章　"中国式现代化的全面深化和拓展"，周进、宋月红；

第九章　"以中国式现代化全面推进中华民族伟大复兴"，宋月红、冯维；

附录　"党的二十大以来中国式现代化大事记（2022 年 10 月—2024 年 4 月）"，宋月红。

新时代新征程，全面建设社会主义现代化国家、以中国式现代化全面推进中华民族伟大复兴。推进中国式现代化，是一项前无古人的开创性事业，是在不断向前发展的伟大历史进程。我们研究编纂的这本《中国式现代化简史》，无论是从中国式现代化史发展的广度、长度和深度，还是从认识和研究的内涵、逻辑与编纂的体裁、体例来看，都还是初步的、简约的，必将随着历史发展、研究的推进而不断丰富和发展。加之，我们认识不足、水平有限，书中肯定有不妥之处，恳望广大读者给予批评指正，以便适时修订，以飨读者。

宋月红

2024 年 5 月